Christian Kummer

Der Fall
DARWIN

Christian Kummer

Der Fall DARWIN

Evolutionstheorie contra Schöpfungsglaube

PATTLOCH

Bibliografische Information: Deutsche Nationalbibliothek

Die Deutsche Nationalbibliothek verzeichnet diese Publikation
in der Deutschen Nationalbibliographie; detaillierte bibliographische
Daten sind im Internet über http://dnb.d-nb.de abrufbar.

Umschlaggestaltung: ZERO Werbeagentur, München
Lektorat: Michael Schönberger
Satz und Gestaltung: Hartmut Czauderna
Reproduktion: Vornehm, München
Druck und Bindung: CPI – Ebner & Spiegel, Ulm
Printed in Germany

ISBN 978-3-629-02216-5

www.pattloch.de

5 4 3 2 1

Inhalt

Vorwort 9

1. Am Berg der Unwahrscheinlichkeit 15

Evolution und ihre Theorie 17
Muss man als Biologe Atheist sein? 26

2. Wie alles anfing: Darwins fruchtbare Idee 33

Ein Theologe als Naturforscher 34
Physikotheologische Beweiskraft 41
Auf dem Weg zu einem neuen Deutungsrahmen 45
Transformismus und Selektion 52
Zum Beispiel: Orchideen 57

3. Das Grundproblem: die leidige Frage nach dem Zweck in der Natur 63

Haldanes Mätresse 65
Innere Teleologie: Was programmiert die Organismen? 73
Abschied vom ›genetischen Programm‹ 75
Epigenetische Kontrolle 80
Gene wie im Warenhaus 88
Äußere Teleologie: die Frage nach der Höherentwicklung 90
Stufenleiterdenken 90
Kriterien für die Höherentwicklung 99
Die vier Ursachen des Aristoteles 108
Teleologie in der menschlichen Erfahrung 111

4. Intelligentes Design 117

Die Mausefalle des Herrn Behe 124
Der Nanomotor der Bakteriengeißel 131
1:0 für Darwin: die Augenentwicklung 134
Präzisionsaugen ohne Gehirn 142
Birkenspanner und ›Wedge‹-Strategie 147
Kreationistischer Joker 151

5. Schöpfung in Darwins Kontext 157

Eine zweifelhafte Analogie 158
Naturdinge und Artefakte 163
Materielle Ordnung und Geist 166
Metaphysische Schnittstelle:
das Modell der radialen und tangentialen Energie 172
Gottes Wirken in einer evolutiven Welt 186
Biblische Konsonanz 191

6. Die Sprödheit der Theologie 197

Teilhard de Chardin: ein kühnes System und seine Brüche 199
Enge der kirchlichen Reaktion 209
Das doppelte Spiel mit der Seele 219
Gotteserfahrung zwischen naturwissenschaftlicher
Erklärung und theologischem Desinteresse 224
Unerwartete Lösung 232
Drei Nachbemerkungen 235

7. Naturalistischer Vorbehalt 241

Ein erkenntnistheoretisches Programm 243
Materialistische Ontologie nach Bunge & Mahner 246

Probleme mit der Emergenz 251
Probleme mit der Natur der Zahlen 255
Probleme mit dem Realismus 256
Keine Nullhypothese 260
Gibt es eine ›theistische‹ Evolution? 262

8. Warum Biologie und Theologie nicht voneinander lassen sollten 267

Gegenseitige Herausforderung 268
Evolution – ein Segen für die Theologie 270
Kohärenz des Weltbilds 274
Kritisches Wissenschaftsverständnis 277
Kreativität des Lebendigen 280
Lesen im Buch der Natur 284

Literaturverzeichnis 289

Register
Namenregister 294
Sachregister... 297

Bildnachweis
S. 47 aus L. Stebbins, *Evolutionsprozesse*, G. Fischer Verlag Stuttgart 1980; S. 52, 53, 54 privat; S. 58 © C. H. Dodson & R. J. Gillespie, *The Biology of the Orchids*, Benson Printing Co., Inc: Nashville 1967; S. 71 o. und u. privat; S. 91 Charles Bonnets »Stufenleiter der irdischen Körper« aus: Walter Zimmermann, *Evolution. Die Geschichte ihrer Probleme und Erkenntnisse*, Orbis Academicus Bd. II/3, S. 210 f., © Verlag Karl Alber Freiburg/München 1953/Ursprungswerk: *Idée d'une échelle des êtres naturels* 1745, Oeuvres Bd. I S. 215; S. 93 T. Junker und Uwe Hoßfeld (Uni Jena), *Die Entdeckung der Evolution*, WBG Darmstadt 2001, 125; S. 97 Prof. Dr. Friedemann Schrenk, *Frühzeit des Menschen*, C. H. Beck Verlag; S. 130 Nature Reviews Microbiology 4 (2006) 784–790, box 1; S. 130 A. Remane *Systematische Zoologie*, G. Fischer Stuttgart/Jena 1978; S. 134, 138 aus Remane/Storch/Welsch 1978; S. 136, 137 Prof. Dan E. Nielsson/Oxford Univ. Press; S. 138, 139, 141 W. H. Freeman/Sinauer USA; S. 143 Prof. M. F. Land and Prof. Dan E. Nielsson; S. 168, 175, 178 privat; S. 183 aus W. Fr. Gutmann, *Autonomie und Autodestruktion der Organismen*, in: Jahrbuch der Geschichte und Theorie der Biologie 4/1997, VWB-Verlag für Wissenschaft und Bildung; S. 201 privat.

Vorwort

Ein Buch mehr zum Darwinjahr 2009. Gibt es noch irgendetwas an seiner Person, das der Erhellung bedarf? Biographien wurden seit dem letzten Jubeljahr (1959) und danach genügend verfasst, und auch an theoretischen Untersuchungen zu seinem Werk herrscht kein Mangel. Es war darum von Anfang an nicht geplant, mit diesem Buch noch einmal eine Biographie vorzulegen. Wer sich unter solcher Rücksicht für den 200. Geburtstag präparieren möchte, findet im Literaturverzeichnis entsprechende Hinweise, wobei mein persönlicher Favorit, ganz subjektiv und durchaus anfechtbar, Irving Stones Darwin-Roman ist. Auf eine lockere und spannende Weise bekommt man da eine ganze Menge an Details mit, die auch für eine wissenschaftliche Würdigung von Bedeutung sind. Wer sich vor allem für den entstehungsgeschichtlichen Hintergrund der Evolutionstheorie interessiert, für den noch ein Außenseitertipp: die Spektrum-Biographie »Darwin: ein Leben für die Evolutionstheorie« von 1999.

Von solcher Werbung in fremder Sache zurück – was zeichnet dieses Buch aus? Es ist, der Untertitel verrät es in etwa, ein Blick auf Darwins Werk und Wirkungsgeschichte aus theologischer Perspektive. Nicht als Auseinandersetzung mit der inzwischen sattsam beschworenen Darwinschen »Kränkung« der menschlichen Sonderstellung, sondern als Blick von jemandem, der als Biologe ebenso gewohnt ist, in der Dimension der Evolution zu denken, wie ihm als Theologen bewusst ist, dass Darwins Theorie weltanschaulich Schule gemacht hat und für ein gut Teil des wissenschaftlichen Atheismus Pate steht. Dass aus diesem Zwiespalt kein »Zwei-Seelen-Zustand« in meiner Brust geworden ist, verdanke ich meinem naturphilosophischen Lehrer Adolf Haas SJ (1914–1982), der uns junge Ordensstudenten ebenso für die biologische Evolution wie für eine damit in Einklang stehende Sicht der Schöpfung zu begeistern verstand.

Dass diese damals freudig aufgenommene Synthese zu einem Gegensatz hochstilisiert werden könnte, war eine späte Erfahrung für mich, die vor allem im Kontakt mit der Intelligent-Design-Bewegung Konturen annahm. Ihrem Versuch, Gott durch Verneinung der Evolution einen Platz in dieser Welt zu sichern, musste aus meiner biologischen wie theologischen Ausbildung heraus genauso widersprochen werden, wie ihre Hinweise auf Schwachstellen im evolutionstheoretischen Schulgebäude Aufmerksamkeit verdienten. Im Nu geriet ich damit in einen ideologischen Zwei-Fronten-Krieg, der unter den Parolen »Kreationismus« und »Naturalismus« seit Jahren ausgefochten wird. Dem durch diesen Streit verunsicherten Gläubigen, der nicht recht weiß, was er von »der« Evolution halten soll, aber auch dem kreationistischen Missionseifer gegenüber misstrauisch ist, musste hier in doppelter Weise geholfen werden: Auf der einen Seite soll ihm gezeigt werden, was Darwins Theorie gebracht hat, und das ist eine ganze Menge. Auf der anderen Seite ist ihm zu versichern, dass diese Theorie keinen Todesstoß für seinen Glauben bedeutet, sondern ihn im Gegenteil erweitert und befreit. Dazu ist mir der Rückgriff auf Teilhard de Chardin wichtig, dessen visionäres System zunehmend in Vergessenheit zu geraten droht, aber meines Erachtens immer noch konkurrenzlos geeignet ist, das Versöhnungspotenzial von christlichem Glauben und wissenschaftlicher Weltsicht zum Vorschein zu bringen. Gleichzeitig galt es aber auch dem Durchschnittsbiologen einen Dienst zu leisten. Er soll davor gewarnt werden, der scheinbar unumgänglichen naturalistischen Basis des wissenschaftlichen Weltbilds gar zu blindlings zu vertrauen – sie ist weniger solide, als behauptet wird. Und er sollte einen Begriff davon bekommen, wie sich der Glaube an eine Schöpfung vernünftig und ohne Schaden für die Evolutionstheorie vertreten lässt – ganz im Unterschied zu den dazu existierenden atheistischen Zerrbildern. Bei aller Auseinandersetzung in der Sache hoffe ich doch, dass dieser versöhnlich gemeinte Dienstleistungscharakter sichtbar bleibt und nicht als bloße Apologetik missverstanden wird. Dazu waren mir vor allem im Hinblick auf biologische Adressaten die metaphysische Begründung des Schöpfungsglaubens und ihre

Verortung in empirischen Befunden wichtig, ohne behaupten zu können, ich wäre mit der vorgelegten Fassung restlos zufrieden. Wahrscheinlich ist dieses Thema eine Lebensaufgabe (unter vielen), aber es wäre schlechter Stil, dem Interessierten den derzeitigen »Zwischenstand« vorzuenthalten nur um des Vorteils willen, von der Fachwelt keine kritischen Hiebe dafür zu bekommen.

Es handelt sich also viel eher um eine metaphysische Reflexion als um eine theologische. Was unter ›Metaphysik‹ zu verstehen ist, wird an mehreren Stellen im Buch verdeutlicht, soll hier aber eigens zusammengefasst werden. Zum einen wird der Begriff in einer unscharfen Weise gebraucht für Phänomene, die vom naturwissenschaftlichen Erklärungsanspruch nicht genügend erfasst werden – also ganz in dem Sinn, den Aristoteles mit seinem ›meta ta physika‹ (= hinter der Physik liegend) verband, wobei ›Physik‹ damals freilich mehr ausmachte als in der heutigen Naturwissenschaft. Von da aus erhält Metaphysik eine zweite, präzisiere Bedeutung als Suche nach den letzten Gründen des Seins, also einer nicht mehr weiter hinterfragbaren Begründung für das, was ist und wie es ist. Das muss nicht unbedingt in eine (vielfach verschriene) Prinzipien-Deduktion ausarten, sondern kann auch, bescheidener, darin bestehen, die letzten, unbeweisbaren Voraussetzungen unserer Erkenntnis abzuklären. In diesem Sinn misstraue ich aller Einsicht in absolute Notwendigkeiten und favorisiere eine »hypothetische Metaphysik«, wie Hans Driesch diese Form vorsichtiger und revidierbarer metaphysischer Reflexion genannt hat. – Warum ich mich überhaupt auf das steinige Feld der Metaphysik begebe und mich nicht mit meinem theologischen Leisten begnüge? Erstens, weil es meiner Profession als Naturphilosoph entspricht, die ich salopp gesagt darin sehe, theoretische Biologie mit einem (gehörigen) Schuss Metaphysik zu »taufen«. Und zweitens, weil ich nicht sehe, wie eine Vernünftigkeit des Glaubens, an der mir sehr gelegen ist, anders aufgewiesen werden kann. Ich weiß, dass nicht wenige Theologen hier anderer Meinung sind und metaphysische Begründungen für antiquiert und wissenschaftlich obsolet halten. Ich weiß allerdings auch, dass diese Fragen »von vorgestern« viele Menschen immer noch beschäftigen und ihnen für das Problem von Evolution und Schöpfung mit Teilhard de Chardin mehr gedient ist als, sagen wir, mit narrativer Theologie. Manche moderne Theologie wird sich überdies fragen lassen müssen, ob nicht ihr antimetaphysischer Affekt eine der Ursachen dafür ist, dass viele theologische Laien und insbesondere Naturwissenschaftler nur Beliebigkeit in ihren wortschöpferischen Ausführungen zu finden vermögen.

Eine zweite – kleine – definitorische Klärung betrifft meinen Gebrauch des Wortes ›Kirche‹. Es ist immer die katholische Kirche damit gemeint, und ich entschuldige mich bei allen Angehörigen anderer Kirchen für diese scheinbare Vereinnahmung. Sie hat nichts mit der seit der Enzyklika *Dominus Jesus* wieder so urgierten Vorrangstellung der katholischen (als einzig wahrer) Kirche zu tun, sondern ist schlichter Insiderjargon. Angezielt ist mit diesem Gebrauch immer nur die Institution, insbesondere wenn man sich an ihr reibt. Womöglich ist das in anderen Kirchen ähnlich.

Für wen ist dieses Buch geschrieben? Viele meiner Freunde haben mich gefragt: »Was, du schreibst ein Buch über Darwin. Kann ich das auch lesen?« Diese Frager standen mir bei der Abfassung geistig vor Augen, manchmal einige mehr im Vordergrund als andere, und ihnen allen, aus ganz unterschiedlichen Berufen und Bildungsschichten, wollte ich gerecht werden. Das konnte natürlich nur teilweise gelingen, und so habe ich mich *à la longue* dafür entschieden, dem Stil treu zu bleiben, den ich bei meinen öffentlichen Vorträgen und Bildungsveranstaltungen an den Tag lege, denn daraus rekrutiert sich vermutlich der größte Teil der Leserschaft. Einige Stellen, wo es schwieriger wird, habe ich im Text zum Überspringen für Nichteingeweihte markiert. Das betrifft besonders den Abschnitt über die epigenetische Genkontrolle im dritten Kapitel, im fünften Kapitel die Metaphysik als »Schnittstelle« zwischen Naturwissenschaft und Glauben und das siebte Kapitel mit seiner Kritik des Naturalismus. In ihm hatte ich konkrete »Gegner« vor Augen, mit denen ich die erkenntnistheoretischen Fragen auf genügend wissenschaftlichem Niveau diskutieren wollte, und das muss jemanden, den der Naturalismus nicht berührt, nicht wirklich interessieren. Vermutlich ist es aber wie im Mietshaus oder Hotelzimmer: Unbeteiligt Zeuge eines fremden Streits zu sein hat durchaus seinen Unterhaltungswert – Hape Kerkelings diesbezügliche Erfahrungen auf dem Jakobusweg lassen grüßen. Für die übrigen Kapitel möchte ich meine philosophischen Kollegen um Nachsicht gegenüber mangelnder wissenschaftlicher Präzision bitten – vom Zitieren bis zur begrifflichen Differenzierung. Das Manuskript wurde wie ein (ziemlich lang geratener) Brief mit Füller und Block unter dem Kirschbaum eines Pfarrgartens verfasst. Die dadurch erhoffte Lockerheit sollte der nachfolgenden Phase der Textverarbeitung nicht vollständig zum Opfer fallen.

Ein Wort noch zum Titel. Ich bin offen gestanden nicht ganz glücklich damit, aber Marktüberlegungen konkurrieren hier mit Vorlieben des Autors. Mein persönlicher Wunschtitel hätte gelautet: »Darwin ist kein Hennendreck«, was natürlich, schon ob des doch zu erwartenden bzw. erhofften Vertriebs auch außerhalb Bayerns, von Anfang an chancenlos war. Dennoch will ich erklären, wie ich darauf verfallen bin.

Es gibt im Tegernseer Tal einen kleinen, schroff aus dem Wald herausragenden Felszacken, den Leonhardistein. Vom Süden aus wegen seiner Steilheit unbegehbar, führt über seine grüne Nordflanke ein günstiger Weg hinauf. Eine bequeme Halbtagestour, so dachte ich lang, bis ich letzten Herbst einmal oben war. Von wegen bequem! Die Flanke wird je höher, desto steiler, und der Weg geht an ihr in ziemlich gerader Linie hinauf. Kurz vor dem Gipfel muss man sogar noch ein wenig Hand an den Fels anlegen. Wie ich glücklich oben war, belächelt von einigen konditionserprobten jungen Damen und beschnuppert von ihren Hunden, höre ich ein Schnaufen unter mir (zu sehen war dank der Steilheit des letzten Aufschwungs nichts). Und dann kam es stoßweise: »Also … der Leonhardistoa … des … is koa Hennadreck!« Ich musste auf die Zunge beißen, um nicht laut heraus zu lachen – schon weil ich diesen schönen bayrischen Ausdruck so lange nicht mehr gehört hatte (›Hühnerklacks‹ ist nur eine blasse Vernorddeutschung dafür). Beim Hinuntersteigen habe ich ihn dann gesehen, meinen Herrn Nachbarn, der den Weg auch unterschätzt hatte, und ich konnte ihn beruhigen, dass es droben am Gipfelkreuz doch ganz behaglich sei. – Genau ein solcher ›Leonhardistein‹ ist in meinen Augen auch Richard Dawkins' *Mount Improbable,* von dem im ersten Kapitel die Rede sein wird, und genau deshalb macht mich seine propagierte ›Darwin-Route‹ über die Rückseite misstrauisch. Aber das sollen Sie, liebe Leser, selbst beurteilen.

Es ist mehr als eine Anstandspflicht, wenn ich abschließend dem Verlagsleiter des Pattloch Verlags, Herrn Bernhard Meuser, zu danken habe. Ohne seine stimulierende wie kulinarische Kontaktaufnahme wäre ich nie auf die Idee gekommen, ein Darwinbuch zu schreiben. (Auch das könnte ein Beispiel mehr für Teilhards tangential-radiales Energiemodell sein, aber um diese Anspielung zu verstehen, muss man sich bis ins fünfte Kapitel vorarbeiten.) Ihm und dem verantwortlichen Lektor, Herrn Michael Schönberger, jedenfalls ganz herzlichen Dank für die angenehme Zusammenarbeit. Nicht minder groß ist meine Dankesschuld gegenüber meiner wissenschaftlichen Hilfskraft, Herrn cand. phil. Andreas Mischke, der die mühsame Aufgabe hatte, meine, sagen wir einmal eigenwillige, Handschrift in lesbaren Computertext zu verwandeln. Dass die Arbeit bei meinem ›Inselaufenthalt‹ im Pfarrgarten von Aufkirchen so zügig voranging, verdanke ich neben vielen schönen Sommertagen dem Hausherrn, Herrn Diakon Sebastian Lenz, der mich konsequent vor zu viel seelsorglicher Ablenkung bewahrte, und, (nicht) selbstverständlich, der großzügigen Beurlaubung vom Hochschulbetrieb durch den amtierenden Rektor, Herrn Prof. Michael Bordt SJ. Endlich, wenn auch nicht zuletzt, gilt es einer zahlreichen Zuhörerschaft zu danken, durch deren aktives Interesse bei vielen Tagungen und Vorträgen zum Thema ›Evolution und Schöpfung‹ der Grundstock zu diesem Buch entstand.

1 Am Berg der Unwahrscheinlichkeit

Im Jahr 1996 hat Richard Dawkins (muss man hinzufügen: britischer Zoologe und Inhaber des Lehrstuhls für Public Understanding of Science an der Universität Oxford, oder reicht es, »der große R. D.« zu sagen?) ein Buch über die Wunder der Evolution mit dem Titel »Climbing Mount Improbable« (zu Deutsch: »Gipfel des Unwahrscheinlichen«) veröffentlicht. Es ist sein gelungenstes Buch über Evolution. Zumindest halte ich es dafür, denn ich habe es als Urlaubslektüre mit viel Vergnügen und in einem Zug ausgelesen – ganz im Gegensatz zu seinem jüngsten, dem »Gotteswahn« (»God Delusion«). Das hat mich, um ehrlich zu sein, mit seinem missionarischen Unglaubenseifer nicht weniger ermüdet wie die fundamentalistische Unbeirrbarkeit gelegentlich auftauchender Sektenprediger an unseren Haustüren.

Dawkins benützt in diesem Buch ein geschickt gewähltes Bild für unsere Verwunderung über all die Formen und Leistungen, welche das Leben in seiner Vielfalt hervorgebracht hat. Er sagt, wir stünden davor wie ein Bergsteiger vor einer schroffen Wand mit bizarren Zacken, zu denen kein Weg hinaufführt. Wir sehen den Gipfel im Licht, er zieht uns an, und wir möchten dort hin, aber müssen uns eingestehen, dass das unsere Fähigkeiten bei weitem übersteigt. So bleiben wir, gebannt von so viel Schönheit, am Fuß der Wand stehen, um kopfschüttelnd zu konstatieren: »Da kann keiner hinauf! *Mount Improbable* eben. Was das Leben an Wunderbarem zu bieten hat, ist so unwahrscheinlich, übersteigt jeden Erklärungsrahmen so sehr, dass wir nur in Ehrfurcht und Unwissenheit staunen können und das unerreichbare Erlebnis des Gipfelblicks durch ein unbeweisbares Bekenntnis ersetzen: »Das muss ein Gott gemacht haben.« Dabei, so fährt Dawkins fort, müssten diese staunenden Menschen nur um die Wand herumgehen, um zu sehen, dass von der anderen Seite dieser Gipfel keineswegs unbezwingbar ist, sondern ein grün bewaldeter Rücken zu ihm hinaufführt, der für einen geübten Bergwanderer keine sonderliche Mühe bedeutet. (Der Leonhardistein des Vorworts lässt grüßen!) Und wenn der Anstieg tatsächlich einmal in unwegsamem Gelände enden sollte, gibt es früher oder später sicher die Möglichkeit zu einer Querung, um auf einer anderen Flanke weiterzukommen.

Klar, dass diese Route der Weg Darwins ist, der findig genug war, eine Methode auszuhecken, mit der sich die Unwahrscheinlichkeit des Aufstiegs des Lebens in Etappen zerlegen lässt, die für unser Denken zu bewältigen sind. Evolution heißt das Zauberwort hierfür, Erklärung des Komplexen aus einfachen Vorformen, die Schritt für Schritt aneinandergereiht das Erreichen eines Endzustandes verständlich erscheinen lassen, der vom ursprünglichen Ausgangspunkt schlechterdings nicht vorherzusehen war. »Was, so hoch sind wir schon«, freut sich der Wanderer auf Darwins Route und schaut guten Mutes von einem Vorsprung hinunter auf diejenigen, die immer noch ungläubig (trotz ihres Glaubens) am Fuß der Wand verharren. Nicht von ungefähr hat dieses Vorgehen den Namen »Evolution« erhalten. Darwin hat ihn noch nicht verwendet, sondern stattdessen von Deszendenz, von Abstammung, gesprochen. So wie der Blick von den äußersten Spitzen eines Baumgipfels über Zweige, Äste und Stamm bis zur Wurzel absteigen (= lat. *descendere*) kann, lässt sich der Gipfel des *Mount Improbable* über Zwischenstationen mit dem Boden verbinden. Das Aufstellen von ›Stammbäumen‹ war darum anfangs auch das bevorzugte Darstellungsmittel in der Evolutionsbiologie. Ernst Haeckel, Zoologe in Jena und fast ein Zeitgenosse Darwins (er lebte von 1834 bis 1919), war ein Meister darin und hat diesen Zweig der Biologie dementsprechend ›Phylogenie‹, Stammesgeschichte, genannt.

Evolution und ihre Theorie

Der Begriff ›Evolution‹ hat im Unterschied dazu ursprünglich einen ganz anderen Hintergrund. Er kommt aus der Embryologie, der Lehre von der Keimesentwicklung, und bezeichnet den Vorgang, wie aus einer kleinen, undifferenzierten Eizelle ein ganzer, komplexer Organismus wird. Durch *evolutio*, durch »Auseinanderwickeln«, war hier eine erste mechanistische Antwort. Was die Mannigfaltigkeit des Organismus ausmacht, ist dieser Auffassung nach unsichtbar im Ei, *en miniature,* schon vorhanden und braucht nur noch wie die Blütenanlage in einer Knospe durch Wachsen aus den verbergenden Hüllen hervorzutreten. Als ›Präformismus‹ wird diese Auffassung von Entwicklung bezeichnet. Mit ihr wollte Darwin nichts zu tun haben. Nicht so sehr, weil sie nicht stimmt, wie wir heute wissen, sondern weil sie ein zu falsches Modell für seine Theorie vorspiegelt. Nicht zum Vorschein bringen des schon Vorhandenen soll Evolution im stammesgeschichtlichen Sinn sein, sondern Abwandlung des schon Vorhandenen zu etwas Neuem. Das, was uns als neu vor Augen tritt, ist nicht nur scheinbar neu, in Wirklichkeit aber immer schon da, sondern wirklich neu, aber nur scheinbar vom Bisherigen unabhängig. Auch eine solche Auffassung gab es schon in der klassischen Entwicklungsbiologie – sie wurde dort als ›Epigenese‹ bezeichnet. Hierbei handelte es sich im Gegensatz zum Präformismus um ein ›vitalistisches‹ Konzept. Vitalismus ist, grob gesagt, jene Auffassung in der Biologie, nach der das Leben nicht nur den allgemein gültigen Naturgesetzen der Physik und Chemie genügt, sondern zu seiner Erklärung zusätzliche Lebensprinzipien immaterieller Natur braucht. Im Fall der Epigenese wird etwa die richtige Beobachtung, dass während der Entwicklung neue Strukturen entstehen, durch die Annahme einer besonderen Bildungskraft, einer immateriellen *vis formativa,* erklärt, welche die amorphe Materie gestaltet und organisiert. Mit solchen Annahmen verlässt die Biologie allerdings den Boden einer strikten Naturwissenschaft und steht fortwährend in der Versuchung, sich bei Erklärungsnot in unsichere Spekulationen zu flüchten.

Als naturwissenschaftliche Theorie hatte da der Präformismus von Anfang an die besseren Karten – außer dass er auf falschen Beobachtungen beruhte, und die sind nun einmal die Grundlage aller empirischen Wissenschaft. Falsche Theorien sind nicht so schlimm, denn sie können nach Bedarf korrigiert oder über Bord geworfen werden. Wenn aber die Beobachtungsdaten selbst nicht stimmen, gerät das ganze Gebäude von Grund auf ins Wanken. Deshalb ist das Entsetzen in der *Scientific Community* so groß, wenn jemand aus ihren Reihen mit gezinkten Daten an die Öffentlichkeit tritt. Die Reaktion darauf ist dann entsprechend massiv. Man erinnere sich nur an den Skandal um den koreanischen Stammzellforscher Woo Suk Hwang im Jahre 2006. Er gab vor, als Erster patientenspezifische embryonale Stammzellen beim Menschen hergestellt zu haben, und musste später, als allseits gefeierter Nationalheld der koreanischen Wissenschaft, einräumen, dass seine zwei einschlägigen Publikationen im Wissenschaftsjournal *Science* samt und sonders auf gefälschten Daten beruhten. Obwohl außer Frage steht, dass Hwang ein exzellenter Klon-Spezialist ist, war seine internationale Reputation damit auf einen Schlag ruiniert. Man kann als Außenstehender ins Grübeln kommen, ob die Unerbittlichkeit, mit der ein derart eklatanter Wissenschaftsbetrug öffentlich geahndet wird, der persönlichen Tragik des betroffenen Forschers Rechnung trägt und nicht Ausdruck eines unberechtigten Pharisäismus seiner Gegner ist. Welchem Druck mag sich Hwang ausgesetzt gesehen haben, bis er zu solchen Mitteln griff; wie viel Realitätsverlust des steten Erfolg gewöhnten Spitzenforschers muss dem vorausgegangenen sein? Wer die Szene kennt, weiß, wie viel ›Aufbereitung‹ von Daten gerade in den Lebenswissenschaften erforderlich ist, wo Messgenauigkeit nicht so einfach zu erreichen ist wie in der Physik und der Schritt vom ›Verwerfen‹ falscher Ergebnisse zur Schönung der ›richtigen‹ oft äußerst klein ist. Naturwissenschaft beruht auf der Beobachtung von Tatsachen, auf, wie man sagt, »empirischen Daten«. Aber diese werden nicht einfach erhoben, am Instrument abgelesen, wie der Laie naiv meint, sondern sie werden, im striktesten Sinn des Wortes, »gemacht«. Wie viel theorieabhängige Manipulation ist nötig, bis die Natur, von der Folter des Experiments gepeinigt, wie Galilei so schön sagte, etwas von ihren Gesetzen preisgibt? Man muss nicht extremer Konstruktivist sein und meinen, Gesetze gäbe es überhaupt nur als unsere Erfindungen, die wir dann der Natur unterschöben wie der Gluckhenne fremde Eier. Aber das Gegenteil, Naturwissenschaft käme ohne jedes spekulative Moment aus, wäre in der Tat ein hoffnungslos naiver Realismus.

Nun, in den Zeiten von Präformismus und Epigenese war die Biologie noch längst keine solide Naturwissenschaft, und Spekulation war nicht nur ein notwendiges Übel, sondern gehörte auf beiden Seiten zum guten Ton. Das änderte sich erst mit dem Einsatz besserer Instrumente. Mikroskope mit höher korrigierten Linsen konnten klären, dass die undeutlichen Schatten im menschlichen Spermium keine Gliedmaßen von ineinandergeschachtelten Homunculi waren, sondern optische Täuschungen. Im Nu wurde aus dieser Niederlage des Präformismus ein Beweis für die Richtigkeit der Epigenese gemacht – trotz ihrer nur der Spekulation entstammenden ›Bildungskraft‹. Darwin tat also gut daran, sich nicht von den Denkmodellen der embryologischen *evolutio* beeinflussen zu lassen, um die »Entstehung der Arten« zu erklären. Eine solide naturwissenschaftliche Theorie wollte er dafür vorlegen, keine bloße Spekulation. Und auf Beobachtung sollte sie beruhen, auf präzisen, jederzeit überprüfbaren Daten. Letztere standen ihm in der Variabilität der Arten zur Verfügung, in der Tatsache, dass die Angehörigen einer Art eben nur wie ein Ei dem anderen gleichen, d.h. in Wirklichkeit nie völlig gleich sind, sondern individuelle Unterschiede besitzen. Die ganze Haustierzucht beruht darauf, solche Unterschiede auszunützen, und es ist erstaunlich, was sich damit alles machen lässt. Denken wir beispielsweise daran, dass die verschiedenen Hunderassen allesamt von ein und derselben Ausgangsform, dem Wolf, abstammen. Darwin hat viel mit Züchtern korrespondiert, Taubenzüchtern und anderen, um eine Erfahrungsgrundlage für die Bandbreite innerartlicher Variabilität zu bekommen. Und es ist eine unter Züchtern ebenso altbekannte Tatsache, dass die herausgezüchteten Rassenunterschiede rasch wieder verschwinden, wenn man die Paarung den Tieren selbst überlässt, statt mit ordnender Hand dem Zuchtziel entsprechend auszuwählen. Was bringt dann in der Natur die Unterschiede zwischen den Rassen hervor, erhält und steigert sie sogar, so dass sie zu verschiedenen Arten werden können, wenn eine solche ordnende Hand dort nicht im Spiel ist? Das war die Frage.

Da es Vielfalt gibt in der Natur und nicht alles einerlei ist, muss diese wohl entsprechend den Bedingungen in der Tierzucht ebenfalls mit Zuchtwahl erklärt werden – mit keiner vom Menschen durchgeführten freilich, sondern einer natürlichen. Dass diese ›natürliche Zuchtwahl‹ kein bloßes Postulat, keine naive Spekulation ist wie die Bildungskraft der Epigenetiker, ist Darwins große theoretische Leistung. Die Konkurrenz zwischen den Individuen ist es, der Wettstreit um dieselben lebensnotwendigen Ressourcen wie Nahrung, Nistplätze, Paarungspartner usw., was die Ungleichheit zwischen den »Eiern«, sprich Nachkommen, bewertet, und mögen diese Unterschiede noch so klein sein. Gesetzt, es gibt mehr Nachkommen als Ressourcen, und das ist im Reich des Lebendigen die Regel, muss es stets so sein, dass einige im Wettstreit der Fortpflanzung auf der Strecke bleiben. Wer diejenigen sind, die übrig bleiben, lässt sich mit analytischer Sicherheit voraussagen: diejenigen, die unter den herrschenden Bedingungen ihren Konkurrenten überlegen sind. Deshalb ist die Theorie der natürlichen Zuchtwahl, die Selektionstheorie, jedoch noch keine Tautologie, wie ihr oft unterstellt wird. Die zirkuläre Formulierung, dass angepasst ist, wer überlebt, und überlebt, wer angepasst ist, sagt ja noch nichts darüber, worin im Einzelfall inhaltlich der Anpassungsvorteil besteht, d. h., welche Eigenschaft im jeweiligen Konkurrenzkampf entscheidend ist. Wenn sich die Ausgangsbedingungen ändern, zeigt sich die inhaltliche Seite dieses Selektionsvorgangs sehr schnell: Eine Eigenschaft, die bisher im Konkurrenzkampf keine Rolle spielte, kann plötzlich zum entscheidenden neuen Faktor werden.

Man hat Darwin oft vorgeworfen, er habe dieses Selektionsprinzip gar nicht selbst erfunden, sondern dem englischen Sozialphilosophen Thomas R. Malthus (1766–1834) abgeschaut. Es stimmt zwar, dass Darwin in seiner Autobiographie notiert, er habe im

Oktober 1838 »zur Unterhaltung« Malthus' Werk »Über die Bevölkerung« (»Essay on the Principle of Population«, erschienen 1798) gelesen, kurz bevor er seinen vermutlich ersten Essay über die Entstehung der Arten verfasst hat. Dennoch bleibt es sein ureigenes Verdienst, das in den Lebewesen steckende Vermehrungspotenzial, das nicht linear (von eins zu zwei zu drei … usw.) wächst, sondern, wie er sagt, »geometrisch« (von eins zu zwei zu vier zu acht zu sechzehn … usw.), zum eigentlichen Schlüssel für die Erzeugung von Mannigfaltigkeit gemacht zu haben. (Natürlich stimmt dieser Ausdruck nur in der Theorie, denn nur unter der Voraussetzung der Vermehrung durch Zweiteilung, wie sie bei Einzellern, namentlich Bakterien, der Fall ist, beträgt die Zahl der Nachkommen nach n Generationen 2^n). Darwin hat im dritten Kapitel der »Entstehung der Arten« umständliche Rechnungen zur Nachkommenschaft bei geschlechtlicher Fortpflanzung angestellt und gezeigt, dass selbst bei der als besonders niedrig geltenden Vermehrungsrate der Elefanten ein einziges Paar nach neun Generationen etwa 19 Millionen Nachkommen haben könnte. Bei Malthus führt die Einsicht, dass die Nachkommenschaft stets schneller zunimmt als die Nahrungsmittelproduktion, zu der Konsequenz, keine Fürsorge für die Armen zu leisten, da mit diesem Fass ohne Boden die Vernichtung des Wohlstandes einer Nation nur eine Frage der Zeit wäre. Für Malthus ist also das Fazit aus ungebremstem Bevölkerungswachstum und Begrenztheit der Ressourcen die Bewahrung der vorhandenen (sozialen) Unterschiede einer Nation, während dieses Missverhältnis für Darwin zur Ursache der Veränderung, der Entstehung von Neuem wird: Wenn immer nur die Tauglichsten übrig bleiben, diejenigen, die beim Austesten des Lebensraums ihre Nase am weitesten vorn haben und geeignet sind, in Neuland vorzustoßen, dann fördert dies, um den Preis all der Opfer, die dabei auf der Strecke bleiben, die Innovation. Das Evolutionsprinzip von erblicher Variation und Selektion (dass ersteres durch Mutation entsteht, wurde erst später entdeckt) mag grausam sein oder zumindest ohne Mitleid, aber es ist effektiv.

Hat der Wanderer mit diesem Prinzip der natürlichen Zuchtwahl schon die nötige Anleitung zur Hand, um den Berg lebendiger Unwahrscheinlichkeiten zu ersteigen? Ja und nein. Einerseits, als anwendbaren Erklärungsmechanismus, schon. Auf der anderen Seite geht aber doch noch etwas vom Evolutionsbegriff der alten Entwicklungsmechanik in dieses Erklärungsprinzip mit ein: die Überzeugung, dass aus Einfachem Komplexeres werden kann. Für den Entwicklungsbiologen ist diese Tatsache selbstverständlich; er sieht sie alle Tage bei der Entstehung eines Organismus aus keimhaften Anfängen. Ob er diese Tatsache mechanistisch (mittels Präformismus) oder vitalistisch (als Epigenese) oder mit modernen genetischen Konzepten erklärt, ist demgegenüber sekundär. Umgekehrt der Evolutionsbiologe. Für ihn steht die Offensichtlichkeit des Mechanismus – Variation und Selektion – am Anfang. Ob dieser alles erklärt, was an Unwahrscheinlichkeit des Lebendigen existiert, ist eine der großen Fragen, mit denen Darwin sich die langen Jahre herumgeschlagen hat, bis er sich getraute bzw. genötigt sah, sein berühmtes Buch der Öffentlichkeit zu übergeben. Das war bekanntlich erst im Jahr 1859, obwohl er bereits bald nach der Rückkehr von seiner Weltreise mit der »Beagle« begonnen hatte, sich über die »Umwandlung der Arten« Notizen zu machen. Es ist bekannt, dass Darwin mit dem Abfassen seines auf zwei voluminöse Bände angelegten Werks noch länger gezögert hätte, wäre ihm nicht von seinen Freunden die Gefahr des Prioritätsverlustes für seine Theorie vor Augen gehalten worden. Der Grund war vor allem, dass der auf dem Malaiischen Archipel arbeitende Naturforscher Alfred R. Wallace (1823–1913) im Jahr 1854 einen Aufsatz veröffentlichte, »On the law which has regulated the introduction of new species«, der zu einem ganz ähnlichen Ergebnis kam wie Darwin. Darwin musste sich von da an mit der Publikation seiner Evolutionstheorie beeilen, und so ist das unter Zeitdruck entstandene »Origin of Species« ein in seinen Augen unvollständiges Werk. Das sollten sich die Kritiker immer vor Augen halten. Auf der anderen Seite ist es dafür sicher ein gutes Stück lesbarer geworden.

Die Auseinandersetzung mit der Frage, ob der formulierbare Evolutionsmechanismus von Variation, Mutation und Selektion genügt, um alle Phänomene der Mannigfaltigkeit des Lebens zu erklären, beschäftigt Anhänger wie Gegner der Evolutionstheorie bis auf den heutigen Tag. Wenn die Anhänger zuversichtlich erklären, der Mechanismus müsse genügen, da wir keine andere Erklärung zur Verfügung hätten, und worin solle eine solche auch bestehen, dann ist diese Zuversicht im Voranschreiten auf dem Rücken des *Mount Improbable* genau von jenem alten entwicklungsbiologischen Selbstverständnis gespeist, dass Mannigfaltigkeit aus Einfachheit entstehen kann. Ein stringenter Beweis ist das zwar nicht, aber zweifellos eine Motivation. Sie kann helfen, Lücken zu überwinden; übersehen werden sollten sie dadurch allerdings nicht.

Der Gerechtigkeit halber ist an dieser Stelle anzumerken, dass es auch Anhänger der Evolutionstheorie gibt, vermutlich ziemlich viele, denen der hier dargestellte ›darwinistische‹ Erklärungsansatz nicht genügt. In der Regel hegen sie Zweifel, ob die von der Theorie vorgesehene vererbbare Variationsbreite ausreicht, um das Auftreten neuer Eigenschaften in allen Fällen zu erklären. Während das Wirken der natürlichen Zuchtwahl durch Übriglassen bzw. Weitergabe der tauglichsten Genkombinationen hinreichend plausibel ist, schweigt sich die Theorie über das Zustandekommen von Variationen völlig aus. Man hält sie, in der heutigen Fassung von Darwins Theorie, für eine schlichte Folge der genetischen Mutationen und, weil diese definitionsgemäß ungerichtet und spontan erfolgen, für keiner weiteren Überlegung wert. Alles Richtende, Angepasste, Nützliche daran wird ja von der Selektion bewerkstelligt, so dass es vernünftig erscheint, die gesamte Aufmerksamkeit auf deren Wirken zu richten. Dabei wird aber übersehen, dass der Zusammenhang zwischen Mutation und Selektion und, wichtiger noch, zwischen Zusammensetzung des Erbguts (›Genotyp‹) und Erscheinung des Organismus (›Phänotyp‹) nur indirekt ist. Weder setzt die Selektion an den Genen an (es sind vielmehr die vorhandenen Phänotypen, die der Auswahl unterliegen), noch ist in der Regel der Weg klar, wie eine Mutation im Erbgut zu einem neuen organismischen Erscheinungsbild führt. Man hat sich darum angewöhnt, die Ebene der Veränderung möglichst ›mikromutativ‹ zu wählen, d. h. so geringfügig, dass dafür ein direkter Zusammenhang zwischen mutiertem Gen und abgeändertem ›Phän‹ angenommen werden kann. (Ein diesbezügliches Beispiel werden wir im vierten Kapitel kennenlernen.) Solche Fälle kennt die klassische Vererbungslehre in der Tat. Man denke nur an die Kreuzungen, mit denen Gregor Mendel seine Vererbungsgesetze aufgestellt hat. Warum aber die Evolutionstheorie bei diesem aus heutiger Sicht viel zu engen Gen-Verständnis der ›Faktoren-Genetik‹ stehengeblieben ist, hat eher zufällige, wissenschaftshistorische als methodisch reflektierte Gründe.

Die andere Seite, auf welche Weise nämlich Gene zur Ausprägung eines Phänotyps beitragen, wird nicht von der Evolutions-, sondern von der Entwicklungsbiologie untersucht, wenn sie nach der genetischen Steuerung des Wandels im Erscheinungsbild eines Lebewesens während seiner Entwicklung von der Eizelle bis zum fertigen Organismus fragt. Und hier wurde in den letzten Jahrzehnten mehr und mehr offenbar, dass Mutationen nicht nur zu kleinen Abwandlungen führen, die sich erst über viele Generationen akkumulieren müssen, um als evolutive Veränderung sichtbar zu werden, sondern auch drastische Auswirkungen haben können, durch die mit einem Schlag Neues hervorgebracht wird. Das gilt z. B. für so genannte ›Mastergene‹, die weit oben in der Hierarchie des genetischen Schaltplans die Weichenstellung für bestimmte Entwicklungswege einer Körperregion kontrollieren. Bei der Taufliege *Drosophila* ist z. B. gezeigt worden, dass durch eine einzige Mutation eines solchen Gens aus einer Antenne am Kopf ein Bein werden kann oder sich ein Körpersegment in ein anderes verwandelt. Solche Entdeckungen geben natürlich Anlass, über Erweiterungen der organismischen Variabilität nachzudenken und entsprechende Spekulationen populärwissenschaftlich zu verbreiten. So hat etwa der amerikanische Paläontologe Jeffrey Schwartz in seinem Buch »Sudden origins« (1999) versucht, aus den genannten Mutationen von Mastergenen evolutionstheoretisches Kapital zu schlagen und ein Modell für eine rasche und sprunghafte Abwandlung tierischer Baupläne zu entwerfen. Ein anderer Ansatz besinnt sich darauf, dass neue ›Phänotypen‹ nicht einfach durch Mutation von Genen entstehen, sondern vielfach durch die Neukombination von in den Genen schon längst kodierten Bauelementen. Auf dieser Überlegung baut die von M. W. Kirschner und J. C. Gerhart vertretene Theorie der »erleichterten Variation« auf, die sie 2005 in ihrem Buch »The plausibility of life« der Öffentlichkeit vorgestellt haben. Es war der vielversprechende Titel der deutschen Übersetzung (»Die Lösung von Darwins Dilemma. Wie die Evolution komplexes Leben schafft«), der mich veranlasst hat, derartige Neuansätze wenigstens zu erwähnen, auch wenn ich nicht den Eindruck habe, dass die Autoren den mit diesem Titel verbundenen Anspruch schon hinreichend eingelöst hätten.

Es gibt also sehr wohl ernst zu nehmende Bedenken namhafter Biologen am Genügen der Evolutionstheorie in ihrer als ›Synthetische Theorie‹ bezeichneten offiziellen Lesart, und es gibt Vorschläge für ihre Erweiterung bzw. Modifizierung gerade auf dem Gebiet der bisher so vernachlässigten Mechanismen innovativer Variabilität. Auch Darwin hatte sich diese Frage nicht leicht gemacht, bei der Suche nach einer befriedigenden Antwort aber auch seine größte theoretische Niederlage erlitten. In einem umfangreichen, zweibändigen Werk mit dem Titel »Das Variieren der Tiere und Pflanzen im Zustand der Domestikation« hat er 1868 vieles von dem nachgetragen, was er neun Jahre zuvor in der »Entstehung der Arten« aus Zeitmangel weglassen musste, und darin eine Theorie zur Vererbung erworbener Eigenschaften vorgelegt, die, wäre sie richtig gewesen, die Bedeutung seiner nun wirklich fundamentalen Selektionstheorie nachträglich wieder entkräftet hätte. Glücklicherweise erwies sich jedoch diese als ›Pangenesis‹ bezeichnete Theorie aufgrund ihres Mangels an genetischen Grundlagen als rettungslos falsch. Nun scheint die Zeit gekommen, wo eine Verbindung von Evolutions- und Entwicklungsbiologie (im amerikanischen Jargon ›evo-devo‹ genannt) in der Lage ist, das seither vorhandene Manko im Verständnis der organismischen Variabilität endlich abzubauen. Zu einer Abschaffung der Evolutionstheorie führt das – es ist wichtig, das mit aller Deutlichkeit festzustellen – aber auf keinen Fall. Das Kernstück der Theorie, die Wirkung der natürlichen Selektion auf erbliche Variabilität, bleibt ja weiterhin unangetastet, auch wenn ein modifiziertes Verständnis für den Umfang dieser Variabilität und damit die Geschwindigkeit der Evolution in sie Einzug hält. Dass die genannten (und andere) Vorschläge die offizielle Lesart der Evolutionstheorie bisher kaum zu beeinflussen vermochten, liegt neben dem noch weitgehend Hypothetischen dieser Vorschläge an der Schwerfälligkeit etablierter Theorien gegenüber Neuformulierungen. Aber auch das ist noch einmal ein Beweis für die Gültigkeit der Selektion, setzen sich doch gemäß dem amerikanischen Wissenschaftshistoriker Thomas S. Kuhn (1922–1996) neue Theorien nicht schon auf Grund ihres Wahrheitsgehalts durch, sondern erst mit dem Aussterben der alten Lehrstuhlinhaber.

Muss man als Biologe Atheist sein?

Ist nun mit Darwins Theorie nur eine Anleitung gegeben, wie man zum Gipfel der Unwahrscheinlichkeit vordringen kann, oder soll man damit das Zustandekommen des ganzen Gebirges selbst beschreiben können? Das soll heißen: Ist Darwins Theorie nur dafür gut, die Unwahrscheinlichkeit organischer Komplexität plausibel erklärbar zu machen, einen Weg aufzuzeigen, wie man sich den schöpferischen Einfallsreichtum lebendiger Gestaltbildung auf natürliche Weise vorstellen kann, oder soll damit gesagt werden, wie es »wirklich war«? So reizvoll diese Frage ist, ob Darwins Theorie konstruktivistisch oder realistisch zu interpretieren sei (er selbst hat sie zweifellos realistisch verstanden), wir wollen auf eine andere Frage eingehen, die mit Darwins Bild vom *Mount Improbable* unmittelbarer zusammenhängt. Der religiöse Mensch, das war der Ausgangspunkt, steht vor diesem unwahrscheinlichen Gebirge lebendiger Schöpfungskraft mit gläubiger Bewunderung und erwartet die Erklärung dafür von dem »Licht aus der Höhe«, vor dem sich die Zacken des Berges in aller Deutlichkeit abheben. Der wissenschaftlich Denkende findet dafür eine natürliche Erklärung und gelangt damit selbst auf den Gipfel. Er fühlt sich dem Gläubigen überlegen und belächelt dessen unfruchtbares Staunen. Nur – ist damit das Licht auf dem Berg überflüssig? Hat er es nicht für seinen eigenen Aufstieg auch gebraucht? Mag sein, dass es ihm, weil er es im Rücken hat, nicht blendet und er die Helligkeit als Selbstverständlichkeit voraussetzt. Aber berechtigt ihn das, das Licht über seinem Weg abzulehnen oder zu ignorieren? Er hat ja recht, den Frommen zu tadeln, dass dieser untätig in das (Gegen-)Licht schaut, aber das heißt ja noch nicht, dass er deshalb selbst auf das Licht verzichten kann.

Man soll Bilder nicht über Gebühr beanspruchen, sonst verlieren sie ihren Sinn. Aber es ist doch eigenartig, zumindest für jemanden, der Biologie und Theologie, Wissenschaft und Glaube für sich selbst zu verbinden sucht, mit welcher Vehemenz gerade Biologen bereit sind, ihre Wissenschaftlichkeit mit einem Bekenntnis zum Atheismus zu unterstreichen. Das muss nicht so plump geschehen wie bei dem Kasseler Evolutionsbiologen Ulrich Kutschera, der sein Buch »Streitpunkt Evolution« mit den Sätzen beschließt:

> »Diese Betrachtungen zeigen, dass der konsequent verfolgte (fundamentalistische) christliche Glaube mit dem evolutionären (naturalistischen) Denken unvereinbar ist. Obwohl manche Evolutionsbiologen, wie z. B. der große Theoretiker T. Dobzhansky, liberale Christen waren, ist die Mehrheit der Naturforscher ungläubig: Nahezu 95 % der bedeutenden Biowissenschaftler der USA sind reine Verstandesmenschen (Atheisten), für die eine mystisch-magische supranaturalistische ›Glaubenswelt‹ entbehrlich ist.«

Ich habe dieses Zitat schon oft verwendet, nicht, weil es überaus leicht kritisierbar ist, sondern in erster Linie, weil es so viel von dem Vorurteil gegen Religion offenbart, mit dem der Durchschnittsbiologe in der Regel behaftet ist. Glaube an etwas Übernatürliches ist hier von vornherein irrational, ein Mischmasch aus Magie und Mystik (ohne dass man sich Klarheit darüber verschaffte, was diese Ausdrücke eigentlich bedeuten), und führt in letzter Konsequenz zur Unvereinbarkeit mit naturwissenschaftlichem Denken. Gläubige Naturwissenschaftler sind damit definitionsgemäß inkonsequent, sei es im Hinblick auf ihre naturwissenschaftlichen oder ihre religiösen Überzeugungen. ›Liberale‹ Christen, die für Kutschera als ernsthafte Naturwissenschaftler akzeptabel wären, sind wohl solche, die es mit ihrem Glauben nicht sonderlich genau nehmen. Nicht so genau jedenfalls wie die Fundamentalisten (d.h. Gläubige, für die eine Wörtlichnahme der Bibel fundamental ist), die für Kutschera die ›eigentlichen‹ Vertreter religiöser Überzeugungen sind. Dass bei einer solchen Aufteilung, die das Wesen des Glaubens nur aus ultraorthodoxer Traktätchen-Perspektive wahrnimmt, Atheisten mit ›Verstandesmenschen‹ gleichgesetzt werden, muss dann nicht mehr überraschen. Herr Kutschera würde sich allerdings wundern, wenn er sich auf die gedankliche Schärfe wirklicher (in seiner Diktion wohl ›bedeutender‹) Theologen einließe, wie viel da von der Rationalität seiner Argumentation übrig bliebe.

Sicher ist das ein extremes Beispiel, und es fordert, Newtons drittem Axiom *(actio = reactio)* sei Dank, unwillkürlich zum Widerspruch heraus. Dem soll hier nicht weiter nachgegeben werden; im siebten Kapitel wird das noch ausführlich genug besorgt. Ich

kenne aber auch andere, fast rührende Beispiele für dieses Verlangen nach bekennendem Atheismus. Ein Physikstudent fällt mir ein, der in der ersten Stunde eines gemeinsamen Seminars mit Philosophen den staunenden Anwesenden erklärte: »Also, um es gleich zu sagen, ich bin Atheist. Als Physiker weiß ich, dass Wirkungen nur real sind, wenn man sie messen kann. Von Gott aber kann man nichts messen. Also gibt es ihn auch nicht.« – Es gibt in Bayern einen gängigen Spruch, mit dem neunmalkluge Touristenkinder aus Norddeutschland ein bisschen auf landesüblichen Hausgebrauch zurechtgestutzt werden: »Mei, so jung und scho a Preiss!« Der kam mir, in leichter Abwandlung, unwillkürlich in den Sinn: »Mei, im ersten Semester, und schon ein Atheist«, aber ich hütete mich wohlweislich, das laut zu sagen. Seinen Begriff von Metaphysik haben dann unsere Studentinnen in der Hochschul-Bar viel nachhaltiger korrigiert, als das meine Argumente je vermocht hätten, und es ist daraus eine langjährige Anhänglichkeit entstanden, bei der vom Vorurteil der ersten Stunde nicht viel übrig blieb.

Wieder ernsthafter und wieder zurück zur Biologie. Bei der Fertigstellung meiner philosophischen Habilitationsschrift, die »Nüsslein-Volhards Fliege« zum Thema hatte, d. h. die das erste wirklich verstandene genetische Entwicklungsprogramm auf seine Relevanz für eine philosophische Organismustheorie untersuchte, gab ich Teile davon einem Entwicklungsbiologen am Martinsrieder Max-Planck-Institut für Biochemie zum Lesen. Heute noch habe ich den Diskussionsabend (und den Rotwein, den es dabei gab) in guter Erinnerung. Gleich an der Wohnungstür wurde ich mit der Frage empfangen: »Herr Kummer, was wollen Sie eigentlich mit dieser Arbeit?« Und dann sofort der (für mich damals noch unerwartete) Zusatz: »Um es Ihnen gleich zu sagen, meiner Weltanschauung nach bin ich Atheist.« Ich bin ihm dankbar, dass er mich darauf hingewiesen hat, bei einer wissenschaftlichen Arbeit bereits am Beginn zu sagen, was man damit beabsichtigt, statt wie bei einer Predigt die (fromme) Anwendung erst am Schluss herauszulassen.

Aber warum der – sicher klärend gemeinte – Zusatz? Würde ein Physiker, mit dem ich mich über Gravitation unterhalten möchte, auch gleich vorwarnen: »Passen Sie ja auf, Sie haben es mit einem Atheisten zu tun«? Mag ja sein, dass meine Habilitation zwischen den Zeilen schon so mit Metaphysik verseucht war, dass sie auf mein Gegenüber wirken musste wie der Auslöser in Lorenz' Instinktmodell. Der Vergleich mit der Gravitation zeigt aber doch wohl, dass es auch an einem Unterschied im Fach selbst liegen muss. Dazu ein letztes Beispiel.

Eine Studentin am einstigen Seewiesener Max-Planck-Institut für Verhaltensphysiologie (von Konrad Lorenz gegründet) brachte mich mit ihrem dortigen Doktorvater zusammen – zu einem privaten Streitgespräch über Schöpfung und Evolution. In dessen Verlauf fragte mich dieser Verhaltensbiologe, selbst von Haus aus Katholik, warum denn die Theologie so sehr auf ihrer Kausalvorstellung von Schöpfung beharre: »Warum muss Gott denn die Ursache von allem sein? Kann man das nicht fallenlassen?« – »Und was setzen Sie dann an dessen Stelle?« – »Nun, zum Beispiel den ersten Johannesbrief, ›Gott ist die Liebe‹, genügt das nicht?« Als ich ihm erwiderte, dass darin ja doch auch ein Ursachenverhältnis stecke, wenn Gott als Grund für die Liebe angegeben wird, und, würde man darauf verzichten wollen, nur noch ›Liebe ist Liebe‹ übrig bliebe, schloss er das Gespräch: »Na ja, dann halt so.«

Das ist es wohl: Liebe ist eben Liebe. Was ist, das ist. Nichts weiter. In der Welt der Physik scheint eine solche Haltung angebrachter zu sein als gegenüber dem Lebendigen. Und darum wird sie von Biologen umso eifriger, ja man möchte sagen ängstlicher, beschworen, um ja den Anspruch der Wissenschaftlichkeit nicht aufzugeben. Wenn ich meinem Freund Harald Lesch folge, wer kennt ihn nicht von seinen Fernsehsendungen in Bayern Alpha her, dann spielt Gott als Ursache im ganzen Ablauf der Weltentstehung keine Rolle, und damit diese Kosmologie auch nicht für seinen Glauben. Wir haben zusammen ein kleines Büchlein konzipiert mit dem Titel »Das Universum und die Traubenhyazinthe«. Darin erzählt er die Geschichte des Universums vom Big Bang bis zur Entstehung unserer Planeten, und ich spule die Evolution der Traubenhyazinthe zurück bis zu ihren ersten Anfängen am Beginn des Lebens. Eine Tunnelbohrung von zwei Seiten sozusagen, verbunden mit der Hoffnung, dass sich die beiden Stollen irgendwo treffen. Natürlich nicht in der Mitte, denn sein Part ist weitaus größer als meiner. Aber er ist auch leichter erzählt. Je mehr sich das Universum ausdehnt, desto kühler wird es und desto mehr gravitationsbedingte Strukturbildung gibt es dabei. Das geht wunderbar deterministisch, bis wir auf der abgekühlten Erdoberfläche stehen und uns wundern, wie rasch das Leben darauf entstanden ist (für geologische Verhältnisse wohlgemerkt, wo nicht nur tausend, sondern Millionen Jahre wie ein Tag sind). Um die Strukturbildung des Lebendigen zu verstehen, helfen Abkühlung und Gravitation allein nicht weiter. Hier kommt eine neue Art von ›Korpuskelbildung‹ ins Spiel, die durch Abgrenzung gegenüber der Umwelt ›Zellen‹ hervorbringt, die sich in ihrer Identität erhalten und vervielfältigen wollen. Dieses ›Wollen‹ ist die naturwissenschaftlich harte Nuss, weil es irgendwann im Zuge der Evolution des Lebens die Anführungszeichen verliert, wenn aus den zellulären Systemen zunehmend sich selbst bestimmende Subjekte werden, die am Ende auch noch mit einer erlebnisfähigen ›Innenseite‹ begabt sind, die sich naturwissenschaftlicher Objektivierung entzieht. »Wie es ist, eine Fledermaus zu sein« (»What is it like to be a bat«) hat Thomas Nagel dieses Problem in einem berühmten und oft zitierten Aufsatz genannt. Für Darwins Theorie bleiben Lebewesen Systeme, die den Mechanismen von Mutation und Selektion ebenso unterworfen sind wie die Gestirne der Gravitation und der Abkühlung. Und diese Theorie ist erfolgreich und kann eine ganze Menge erklären, wie uns Richard Dawkins mit seinem *Mount-Improbable*-Beispiel eindrücklich vor Augen führt. Ob sie aber, um im Bild zu bleiben, die ganze Gebirgsbildung erklärt? Hier hat das Veto des biologischen Atheismus seinen Sitz im Leben. »No God, please!« Wir sind erfolgreich geworden, wir Biologen, nachdem wir aufgegeben haben, auf das Licht in der Höhe zu starren und unsere Augen auf den Weg am Boden richten. Und wir wollen uns diese Sicht der Dinge nicht mehr durch metaphysische Vernebelungstaktiken verschleiern lassen! Ob hierbei aber nur böse Absicht zu unterstellen ist? Wie würde sich die Sache mit dem Unwahrscheinlichkeitsgebirge denn ausnehmen, wenn wir es von oben überblicken könnten, und nicht nur von vorn und von hinten, als gläubige Bewunderer oder mutige Bezwinger (die aber, eingestandenermaßen, alle auch noch nicht oben waren)? Brauchen wir, vom Gipfel aus betrachtet, einen Gott, oder kommt er in der Landschaft des Lebens genauso wenig vor wie in der Weite der Kosmologie? Eine Frage, die vielleicht Kopfschütteln hervorruft – bei Theologen und bei Naturwissenschaftlern. Aber darum soll es gehen. Oder einfacher formuliert: Ob Darwin gut beraten war, als er mit der Erkenntnis der Wandelbarkeit der Arten glaubte, einen Schöpfergott für überflüssig erklären zu können.

2 Wie alles anfing: Darwins fruchtbare Idee

Der »Blick von oben« ist uns nicht zugänglich – auch nicht den Theologen. Darwin hat ihn jetzt vermutlich, wenn er ihm noch wichtig sein sollte. Ich würde ihm jedenfalls diese Aussicht von Herzen wünschen, weil ich seine Beisetzung in der Westminster Abbey nicht nur aus Gründen eines britischen Nationalstolzes für angemessen halte.

Seit ich mich vor 25 Jahren erstmals mit seiner Autobiographie beschäftigt habe, hat mich Darwin als ebenso überragender Naturforscher wie sympathischer Mensch für sich eingenommen, dessen Zeitgenosse und persönlicher Bekannter ich gern gewesen wäre. Sicher haben es die Jugenderinnerungen berühmter Persönlichkeiten an sich, mit Lausbubenstreichen und schlechten Schulzeugnissen zu kokettieren. Ich meine aber, dass die Weise, wie Darwin seinen Eigenschaften und Talenten selbstkritisch gegenübersteht, und die Art, wie er Abstand zu seinem eigenen Werk zeigt, Züge seines wirklichen Wesens offenlegen: »Ich mache eine Wasserkur und werde wieder ein richtiger Mensch, nachdem ich mein verfluchtes Buch vollendet habe. Es wäre für jemand anderes vielleicht eine leichte Sache gewesen, mich aber hat sie halb umgebracht. Ich bin weit davon entfernt zu erwarten, ich könnte Sie zu vielen meiner Ketzereien bekehren«, schreibt er nach Fertigstellung der »Entstehung der Arten« an seinen Freund Thomas H. Huxley. Von welchem Theologen ließe sich eine derart kritische Selbsteinschätzung seiner wissenschaftlichen Leistung berichten – von Philosophen gar nicht zu reden!

Thomas Henry Huxley (*4. Mai 1825 in Ealing, Middlesex; † 29. Juni 1895 in Eastbourne) war Biologe und Bildungsorganisator und gilt als Hauptvertreter des Agnostizismus, dessen Begriff er prägte und durchsetzte. Als Anhänger der Philosophie David Humes und kompromissloser Verteidiger der Theorie Darwins (was ihm den Beinamen »Darwins Bulldogge« einbrachte) hatte er maßgeblichen Anteil an der Etablierung eines konsequent naturwissenschaftlichen Denkens (»Skepsis ist die höchste Verantwortung und blinder Glaube die eine nicht zu vergebende Sünde.«). Sein berühmtestes und damals umstrittenstes Buch, »Zeugnisse für die Stellung des Menschen in der Natur« (1863), wurde zum Ausgangspunkt des gesellschaftlichen Streits, ob der Mensch vom Affen abstamme oder nicht. Seine Essays brachten ihm den Ruf ein, einer der größten Stilisten der englischen Sprache zu sein. 1869 Mitbegründer des bis heute bestehenden wichtigsten britischen Wissenschaftsjournals »Nature«. T. H. Huxley war der Großvater des Schriftstellers Aldous Huxley (»Schöne neue Welt«, 1932) und des Biologen und UNESCO-Generalsekretärs Julian Huxley. Quelle: Wikipedia

|34| Ein Theologe als Naturforscher

Wir tun also gut daran, Darwins Autobiographie und das Selbstzeugnis in seinen Briefen ernst zu nehmen, um der Frage nachzugehen, warum nicht nur der Verzicht auf Gott, sondern seine explizite Ablehnung eine so wichtige Rolle bei der Grundlegung dessen spielen sollte, was man seither als wissenschaftliche Biologie bezeichnen kann. Darwin meldet sich hier ja nicht als Außenseiter zu Wort, als Prototyp des verbissenen Forschers, der für anderes als seine Käfer und Pflanzen keinerlei Antenne hat, sondern durchaus als Fachmann. Der Begründer der modernen Biologie war nämlich seiner akademischen Ausbildung nach kein Naturwissenschaftler, sondern Theologe. Der einzige akademische Grad, den er erworben hat, ist der eines Bachelor of Arts, und der wurde ihm von der Universität von Cambridge für die Abschlussprüfung in Theologie verliehen. Die Wahl dieses Studienfaches hat allerdings wenig mit Darwins innerer Überzeugung zu tun und hat auch keine sichtbaren Spuren hinterlassen. Dem Willen seines Vaters Robert, eines angesehenen Arztes, gemäß sollte er ursprünglich Medizin studieren. Da er als Schüler nach eigenen Angaben ein ziemlicher Versager war, wurde er schon mit 16 Jahren von der Schule genommen und zusammen mit seinem Bruder Erasmus zum Studium nach Edinburgh geschickt. Er hielt es dort jedoch nur zwei Jahre aus und berichtete darüber in seiner Autobiographie nicht ohne Selbstironie:

> »Mein Bruder beendete sein Medizinstudium, obschon ich nicht glaube, dass er je die wirkliche Absicht gehabt hat, zu praktizieren; ich wurde hingeschickt, um es anzufangen. Bald nach dieser Zeit aber kam ich durch verschiedene kleine Umstände zu der Überzeugung, dass mir mein Vater Vermögen genug hinterlassen würde, um mit einiger Bequemlichkeit davon zu leben. [...] Dieser Glaube reichte aus, um jede ernste Anstrengung, Medizin zu studieren, zu hemmen.«

Zu seiner Ehrenrettung muss allerdings gesagt werden, dass die Lehrveranstaltungen, insbesondere in Anatomie, zur damaligen Zeit an der dortigen medizinischen Fakultät zeitgenössischen Zeugen zufolge schandbar schlecht gewesen sein müssen. Das mag Darwins kategorisches Urteil einigermaßen rechtfertigen: »Meiner Auffassung nach haben Vorlesungen im Vergleich mit dem eigenen Lesen keinen Vorteil, dagegen viele Nachteile.« Es bleibt aber wohl eine Tatsache, dass er keine Neigung zur Medizin in sich verspürte, schon allein deshalb, weil er durch sein ausgeprägtes Mitgefühl außerstande war, bei chirurgischen Operationen, die damals ja noch ohne Narkose durchgeführt wurden, zu assistieren. Später empfand er es allerdings als Nachteil, damals keine Fertigkeit im Sezieren erworben zu haben.

Die Abneigung gegenüber der Medizin hinderte ihn indessen nicht daran, zur selben Zeit Mitglied in verschiedenen bedeutenden naturwissenschaftlichen Gesellschaften zu werden und dort mit ersten selbständigen Entdeckungen hervorzutreten. So kam der gerade 18-Jährige mit zwei neuen Beobachtungen zu den illustren Mitgliedern der *Plinian Society,* deren Sitzungen er regelmäßig beiwohnte: »Ich habe soeben einen neuen Organismus entdeckt, der stets mit einer bestimmten Algenart, dem Tang *Fucus loreus* vergesellschaftet ist.« – »Aber das weiß man doch längst, das sind die Jugendstadien dieser Tangart.« – »Nein, das sind sie nicht! Es sind vielmehr die Eier des Seerüsselegels *Pontobdella muricata.* Und weil wir schon bei den Eiern sind: An dem, was man gewöhnlich für die Eier von Moostierchen hält, habe ich einen Wimpernbesatz festgestellt, mit dem sich diese ›Eier‹ aktiv fortbewegen.« – »Aber das können Eier doch gar nicht, sie sind doch definitionsgemäß Ruhestadien.« – »Eben! Darum handelt es sich hier auch nicht um Eier, sondern um frei schwimmende Larven, die aus Eiern geschlüpft sind, die im Innern der Tiere ausgebrütet werden. Diese Art ist also lebendgebärend!« Die Herren waren beeindruckt und nahmen die Beobachtungen mit Datum vom 27. 3. 1827 ins Protokollbuch der Gesellschaft auf. Nichtbiologen mögen das für Quisquilien halten. Sie zeigen aber etwas vom Besonderen an Darwins Forschertalent. Er findet im Freien nicht einfach das vor, was er aus den Büchern gelernt hat, sondern ist ungeheuer gewissenhaft im Beobachten und gewinnt aus dem Vergleich von beidem, Buchwissen und Beobachtung, ein selbständiges Urteil.

Vor allem waren seine Kenntnisse in Entomologie (Insektenkunde) aufgrund der schon als Schüler entwickelten Leidenschaft fürs Käfersammeln beträchtlich. So zeigt er sich bereits in dieser Zeit durch und durch als »Naturalist«, wie man im Englischen fast unübersetzbar für jemanden sagt, der am liebsten im Freien mit jeder Art von Naturbeobachtung beschäftigt ist. (Der Ausdruck darf hier nicht verwechselt werden mit dem, was wir im 7. Kapitel über den Naturalismus als philosophische Position kennenlernen werden.) Nachteilig für Darwin war allerdings, dass es ein eigenes Fach Naturkunde, oder gar Biologie, an den Universitäten der damaligen Zeit noch nicht gab. Aus Goethes Faust ist uns die klassische Einteilung in »Philosophie, Juristerei und Medizin, und leider auch Theologie« bekannt. Innerhalb dieser Fakultäten war naturkundliche Beschäftigung eigentlich nur als Mediziner möglich (die bis vor wenigen Jahrzehnten übliche Bezeichnung ›Physikum‹ für die medizinische Zwischenprüfung gibt davon noch Zeugnis) – oder aber als Theologe. Das mag überraschen. Es gibt dafür aber einen ganz einfachen praktischen Grund, und zur Zeit Darwins auch noch einen zweiten, theoretischen.

Den praktischen Grund muss man nicht weit herholen: Vielfach hielt sich die Beanspruchung der Geistlichkeit durch das gläubige Volk in früheren Zeiten derart in Grenzen, dass daneben genügend Zeit für Liebhabereien und private Gelehrsamkeit blieb. So ist die Liste von Pfarrherren, die sich als Heimatkundler und Bienenzüchter, als Obstbau- und Rosenspezialisten, als Insektenforscher oder Botaniker einen Namen gemacht haben, beträchtlich. Erst mit der Zeit, als die Gläubigen nicht mehr so leicht zu regieren waren bzw. mehr und mehr dem Kircheninneren fernblieben, nahm – paradox genug – die Zeit der Seelsorger für solche Nebenbeschäftigungen ab. Nun sah man sich nämlich vor die Notwendigkeit gestellt, einer nicht mehr in die heile Welt der Dorfgemeinschaft eingebetteten Bevölkerung in ihren Lebensproblemen beizustehen, und das entwickelte sich schnell zu einer Vollzeitbeschäftigung. Man kann den Kirchen vorwerfen, sie hätten lange, zu lange gebraucht, bis sie die soziale Frage oder allgemein den gesellschaftlichen Einsatz als Aufgabe für sich erkannten. Wenn aber ein Pfarrer heute noch Zeit zum Rosenzüchten fände, wäre die Entrüstung darüber sicher allgemein. Das großbürgerliche England des 19. Jahrhunderts dachte da noch anders. Pfarrer zu sein galt als eine ebenso geruhsame wie sozial angesehene Stellung, und das wird Robert Darwin bewogen haben, seinen Sohn Charles nach dem missglückten Start in der Medizin auf die theologische Laufbahn zu schicken. Wenn dessen Lieblingsbeschäftigungen schon im Jagen und Käfersammeln bestehen, so die Überlegung, soll er Landgeistlicher werden, wo er für beides Zeit genug hat, ohne deshalb der Familie Schande zu bereiten. Und Sohn Charles war vermutlich nicht zuletzt wegen dieser Gründe damit einverstanden. Daraus lässt sich ersehen, dass es nicht religiöse Neigung oder ein besonderes Interesse an Glaubensdingen war, was Charles Darwin zur Theologie brachte, sondern höchst pragmatische Erwägungen. Er hatte nichts dagegen, Theologie zu studieren, aber innerlich berühren ließ er sich von dieser Entscheidung nicht. Damit steht auch eine Bemerkung in seiner Autobiographie im Einklang: »Ich könnte völlig wahrheitsgemäß sagen, dass ich nie den Wunsch verspürt habe, dieses oder jenes Dogma anzufechten; aber nie war ich ein solcher Dummkopf, der ›*credo quia incredibile*‹ [= ich glaube, weil es unglaublich ist] fühlte oder sprach.«

Der Studienort Cambridge sollte aber noch einen anderen Einfluss auf den jungen Darwin ausüben, und damit kommen wir nun zum zweiten, inhaltlichen Grund, warum die Wahl der Theologie für seinen Werdegang als Naturforscher bedeutsam wurde. Eine ganze Reihe der dort tätigen Theologen waren zugleich, teilweise sogar in erster Linie, führende Naturwissenschaftler. Das lag nun nicht nur am mangelnden Ausgefülltsein durch die »göttliche Wissenschaft« oder ihrer zu geringen Attraktivität, sondern an einer bestimmten Art, Theologie zu treiben und zu begründen. Es war die Blüte der ›natürlichen Theologie‹, also jenes Versuchs, die Existenz und das Wesen Gottes durch das Lesen im ›Buch der Natur‹ und weniger im ›Buch der Bücher‹, der Bibel, zu ergründen. Das ist nun kein so starker Gegensatz, wie es die

Formulierung erscheinen lassen mag. Man konnte sich für diesen Ansatz durchaus auf die Bibel, z. B. auf die Weisheitsliteratur des Alten Testaments, wie den Schöpfungspsalm 104, berufen oder auf Paulus' Areopagrede in der Apostelgeschichte. Dort heißt es, Gott wohne nicht in Tempeln von Menschenhand, sondern habe die Welt erschaffen und alles in ihr, damit die Menschen ihn darin suchen und finden könnten (vgl. Apg 17, 24–27). Im Brief an die Römer wird Paulus' noch deutlicher: »Was man von Gott erkennen kann, ist ihnen [= allen Menschen] offenbar [...]. Seit Erschaffung der Welt wird seine unsichtbare Wirklichkeit an den Werken der Schöpfung mit der Vernunft wahrgenommen, seine ewige Macht und Gottheit« (Röm 1, 19–20). Was daraus in einer allzu rationalistischen Theologie gemacht wurde, ist eine andere Frage, die uns noch beschäftigen soll. Jetzt geht es nur darum, dass das Staunen des religiösen Menschen über die Werke der Schöpfung als ein genuin biblischer Weg zu Gott verstanden werden konnte. Freilich musste man dazu diese Werke erst einmal kennen und verstehen, und das war damit eine ureigene Aufgabe einer bestimmten Art von Theologie, ebender natürlichen oder ›Physiko‹-Theologie.

Wie sehr diese Theologie zur Wiege für die Naturwissenschaften wurde, kam mir erst so richtig zu Bewusstsein, als ich vor einiger Zeit Gelegenheit hatte, die Harvard University in Cambridge, Massachusetts, zu besichtigen. Ich wollte dort das ›Museum of Natural History‹ besuchen, das aufgrund führender Forscherpersönlichkeiten, die dort arbeiteten, wie des Wirbeltierpaläontologen Alfred Romer (1894–1973) oder des Ameisenforschers und Soziobiologen E. O. Wilson (*1929), einige Berühmtheit hat. Meinem Stadtplan nach sollte ich durch eine ›Museum Street‹ zum Haupteingang gelangen. Dieses Sträßchen verlor sich aber zwischen den Gebäuden und ich landete regelmäßig vor einem Portal mit der Aufschrift ›Divinity Hall‹. Offenbar auf falschem Territorium, probierte ich es anders herum – mit demselben Ergebnis. Bis ich entdeckte, dass ich mich keineswegs auf dem Gelände der Theologischen Fakultät befand, sondern inmitten eines großen Gevierts von ausschließlich biologischen Institutionen, in dem auch das gesuchte Museum seinen Platz hatte. Die in dessen Innenhof stehende ›Divinity Hall‹ wie auch die daran vorbeiführende ›Divinity Avenue‹ waren offensichtlich die letzten Reste einstiger theologischer Herrlichkeit, die mehr und mehr von den ihr entsprossenen naturkundlichen Tochterinstituten verdrängt worden war. Plastischer kann man das Hervorgehen der Naturwissenschaften aus dem Mutterschoß der Theologie nicht vor Augen geführt bekommen. Tatsächlich präsentierte sich dann die Theologische Fakultät als in moderne Gebäude ausgelagerte ›Divinity School‹ an der Nordostecke dieses Areals.

Dieser Zusammenhang von Theologie und Naturwissenschaft erwies sich für den Studenten der Theologie Charles Darwin als willkommener Glücksfall. Es waren weniger die Vorlesungen, die ihn geradeso langweilten wie die medizinischen in Edinburgh; aber er traf mit naturwissenschaftlichen Fachleuten zusammen, die seine Neigungen erkannten und förderten. Es muss etwas Besonderes an ihm gegeben haben, an seinem gewinnenden Auftreten und an seiner Wissbegier, wohl auch an seinem angeborenen

Forschertalent, das die führendsten Gelehrten auf ihn aufmerksam werden ließ und weswegen sie ihn in ihre Kreise aufnahmen. Insbesondere der Botaniker und Mineraloge John S. Henslow, an dessen populären Exkursionen Darwin regelmäßig teilnahm, wurde bald zu seinem Freund und Gönner.

John Stevens Henslow (*6. Februar 1796 in Rochester; † 16. Mai 1861 in Hitcham, Suffolk) war ein englischer Botaniker und Geologe. 1831 gründete er den Cambridge University Botanic Garden. Henslow war von 1822 bis 1827 ordentlicher Professor für Mineralogie an der Universität Cambridge und ab 1827 für Botanik an derselben Universität. Daneben wirkte er von 1824 ab als Geistlicher an der Little St. Mary's Church in Cambridge. 1833 wurde er Vikar in Cholsey und 1837 Pfarrer in Hitcham (Suffolk). Quelle: Wikipedia

Adam Sedgwick, ebenfalls ein der Naturkunde ergebener Theologe, wurde zu seinem ersten Lehrmeister in Geologie. Wenngleich Darwin keine geologischen Vorlesungen besuchte, so durfte er Sedgwick doch ab und zu auf dessen ausgedehnten Wanderungen begleiten, wo er sich das Rüstzeug für stratigraphisches Arbeiten, d. h. das Erkennen und zeitliche Einordnen von Gesteinsabfolgen im Gelände, erwerben konnte, was ihm später auf seiner Forschungsreise sehr von Nutzen sein sollte. Es liegt vor allem an der Formung durch diese beiden Lehrer, Henslow und Sedgwick, dass Darwin am Anfang seiner wissenschaftlichen Karriere viel mehr als Geologe denn als Biologe bekannt wurde.

Adam Sedgwick (*22. März 1785 in Dent, Yorkshire; † 27. Januar 1873 in Cambridge) war einer der Begründer der modernen Geologie. Er schlug z. B. die Devon- und die Kambrium-Periode als Bestandteile für die geologischen Zeitskala vor, was u. a. auf stratigraphischen Forschungen beruhte, die er in Wales vorgenommen hatte. Sedgwick kam als drittes Kind eines anglikanischen Vikars zur Welt. Er wurde an der Sedbergh School und im Trinity College in Cambridge ausgebildet. 1810 wurde er dort Assistent, 1818 Woodwardian Professor der Geologie. Im gleichen Jahr wurde er zum Geistlichen der anglikanischen Kirche geweiht. In Cambridge wirkte er mit an Reformen, die die Universität zu einer modernen Bildungs- und Forschungseinrichtung machen sollten. 1829 wurde er Präsident der Geological Society in London. 1834 wurde er Domherr an der Kathedrale von Norwich, eine Funktion, die er neben seinen Universitätsämtern bis zu seinem Tod wahrnahm. Mit Darwin blieb er zeitlebens in Kontakt, ohne dass dieser ihn von seiner Theorie der Evolution überzeugen konnte. Quelle: Wikipedia

Physikotheologische Beweiskraft

Neben der praktischen Betätigung, die ihm die Grundlagen für methodisches naturwissenschaftliches Arbeiten vermittelte, widmete sich Darwin in dieser Zeit auch intensiver Lektüre. Er studierte, oft genug betont, die »Beweise für das Christentum« und die »Natürliche Theologie« seines theologischen Lehrers William Paley (1743–1805) mit großem Eifer und Freude an dessen klarer Argumentation, was ihm im Abschlussexamen einen guten Rang einbrachte. Die intensive Beschäftigung mit der natürlichen Theologie, für welche die gesamte Natur ein von Gott zweckmäßig eingerichtetes Gebäude war, sollte für die Ausarbeitung der Evolutionstheorie von entscheidender Bedeutung sein, da an diesem Raster die auf der Forschungsreise mit der ›Beagle‹ gewonnenen Beobachtungen geprüft und als nicht damit vereinbar eingestuft wurden. In diesem Sinn ist es wohl zu verstehen, wenn Darwin in der Autobiographie ›wenigstens‹ diese Zeit der Examensvorbereitung mit Paley zu den formenden Einflüssen auf die Entwicklung seines Geistes zählt.

Außer Paley beeindruckten ihn besonders die Reiseberichte Alexander von Humboldts und die »Einführung in das Studium der Naturwissenschaft« von J. W. Herschel. Diese zwei Werke waren es, die in ihm den Wunsch wach werden ließen, einmal selbst etwas »zum erhabenen Gebäude der Naturwissenschaft beizutragen«, wie er in der Autobiographie schreibt. Die Liste seiner Bücher, sein Interesse für Malerei und sogar (obwohl selbst unmusikalisch) für Musik, der Umgang mit zahlreichen Persönlichkeiten des akademischen Lebens – all das straft das Bild des verbummelten

Studenten Lügen, das Darwin in der Autobiographie so bestrebt ist, von sich zu zeichnen. Das Klischee vom unerfahrenen Neuling, dem das unverdiente Glück widerfuhr, auf eine fünfjährige Seereise geschickt zu werden, auf der er zu unerwarteten Beobachtungen kam, aus denen sich nach einer wiederum glücklichen Heimkehr ebenso unerwartet eine erfolgreiche Theorie gewinnen ließ, stimmt so nicht. Darwin ist vielmehr trotz aller Abneigung gegen Studiersäle und seiner Vorliebe für die freie Natur der geborene Intellektuelle, der es versteht, die Fülle der Naturbeobachtungen, für die er stets ein gutes Sensorium besessen hat, in den theoretischen Rahmen einzuordnen, den er sich durch selbständiges Studium und im Austausch mit der Gelehrtenwelt erworben hat.

Der erste derartige theoretische Rahmen war zweifellos derjenige der Physikotheologie. Also nicht einfach der einer Schöpfungsvorstellung, wie ihn der biblische Text bietet, sondern viel eher das mechanistisch anmutende Konzept einer gewaltigen Maschinerie, die der göttliche Weltenplaner mit der Präzision eines Uhrmachers zusammengesetzt hat. Nicht von ungefähr war William Paley durch das Beispiel vom unbekannten Uhrmacher

berühmt geworden, in dem ein einsamer Wanderer sich beim Finden einer Uhr genötigt sieht, einen Hersteller dafür anzunehmen, auch wenn er weit und breit auf keine Menschenseele trifft. Dieser Vergleich der Natur bzw. der Welt mit den Werken menschlicher Herstellungskunst, der in den biblischen Schöpfungsgeschichten so nicht zu finden ist, hat seine eigene Tradition in der englischen Philosophie. Ein Jahrhundert vor Darwin wird er von David Hume in den »Dialogues Concerning Natural Religion« des Langen und Breiten diskutiert mit dem Ergebnis, dass es sich bei diesem ›Argument from Design‹ genannten Schluss von der Natur auf einen Schöpfer nach der Devise »Erzeugnisse verweisen auf einen Erzeuger« nur um ein Plausibilitätsargument handeln könne. Wir werden darauf im vierten Kapitel, in dem wir uns mit der Theorie des ›Intelligent Design‹ auseinandersetzen, noch ausführlich zurückkommen.

Darwin jedenfalls hielt das Argument seines Lehrers Paley für überzeugend. Wenn sich ihm jedoch, wie während der Forschungsreise mit der ›Beagle‹ geschehen, die Welt der Natur in einer anderen Weise darstellen sollte, als von ihrer ›Maschinenähnlichkeit‹ zu erwarten war, dann begann diese Analogie zu zerbröckeln. Und war die Plausibilität des Vergleichs erst dahin, dann auch der damit einhergehende Schluss auf die Existenz Gottes. Das ist der (theologische) Nachteil des Gottesbeweises aus der Natur: Wenn der Glaube an Gott von nichts anderem getragen ist als von dieser Analogie, dann bleibt von ihm nichts mehr übrig, sobald die Analogie als ungerechtfertigt erwiesen ist. Genau das war bei Darwin der Fall. Das sollten sich Biologen vor Augen halten, wenn sie meinen, aus Gründen der Evolutionstheorie mit Darwin Atheisten sein zu müssen. Was Darwin aufgegeben hat, war ein ihn nicht mehr überzeugender Schluss, aber kein Glaube an einen ihn persönlich betreffenden Gott. Einen solchen hat er vermutlich nie, jedenfalls nicht ausdrücklich, besessen. Wäre, hypothetisch genug, ein anderer Naturforscher mit anderem Glaubenshintergrund an Darwins Stelle gewesen, hätte er auf derselben Beobachtungsgrundlage zum selben Schluss wie Darwin gelangen können, dass die Arten nicht unveränderlich von Gott geschaffen sind, sondern durch Evolution entstehen. Das hätte aber seinem Glauben keinen Abbruch tun müssen, wenn die Überzeugung von der Existenz Gottes aus einer von diesem Schluss unabhängigen Quelle gespeist wäre. Es ist darum nicht ganz richtig, wenn Adolf Haas, mein naturphilosophischer Lehrer, Darwin einen schlechten Theologen nannte, weil er sonst hätte erkennen müssen, dass Evolution und Schöpfung einander nicht ausschließen. Er war, gemessen an dem, was seine Ausbildung ihm zu bieten hatte, kein schlechter Theologe. Schlecht war die Theologie, die er gelernt hatte, und schlecht war, dass er sie so gut gelernt hatte. Denn aus der verkürzten Perspektive des physikotheologischen Schlusses von der maschinenähnlichen Natur auf einen erfinderischen göttlichen Hersteller blieb ihm gar nichts anderes übrig, als diesen Schöpfer abzulehnen, wenn erst einmal die Unvergleichbarkeit der Natur mit künstlicher Herstellung erwiesen war. Innerhalb des vorgegebenen Rahmens war die Abkehr von diesem (Trug-)Schluss nicht schlechte, sondern gute Theologie bzw. einfach ein Gebot intellektueller Redlichkeit. Es gibt keinen zwingenden Schluss von unserer Erfahrung auf eine göttliche Wirklichkeit, nicht nur deshalb, weil diese Wirklichkeit transzendent ist, sondern weil unsere erfahrbare Welt nie eindeutig aus sich selbst spricht und darum einen Deutungsrahmen braucht, der bestimmt, was ›wirklich‹ ist. Das wussten die Philosophen der griechischen Antike besser als der englische Empirismus, wenn sie betonten, dass man von Erfahrungsdingen nur eine Meinung, nie aber Gewissheit haben könne. Zwar spricht man auch von ›Gotteserfahrung‹, und sogar mit gutem Recht, aber man muss sich im Klaren darüber sein, dass es hier um eine ganz andere Art von Erfahrung geht. Diese ist wesentlich subjektiv und entzieht sich der Beurteilung von außen, was ja für die ›Erfahrungstatsachen‹ der Naturwissenschaften gerade nicht gelten darf. Es ist darum ein riskantes Unternehmen, für eine Interdisziplinarität oder gar ›Konsonanz‹ von Naturwissenschaft und Theologie zu plädieren, wie das der anglikanische Theologe und Physiker John Polkinghorne (*1930) tut, weil beides ›Erfahrungswissenschaften‹ seien. Dieser Ansatz kann genauso danebengehen, wie er bei Darwin danebengegangen war. Es braucht eine andere Ebene der Vermittlung, ein anderes ›Interface‹ zwischen Erfahrung und Transzendenz, Naturwissenschaft und Theologie – aber davon soll in späteren Kapiteln noch die Rede sein.

Es ist unbestritten, dass Gotteserfahrung – besser vielleicht: religiöse Erfahrung – als subjektive Ebene des Glaubens wesentlich und grundlegend ist. Ebenso offensichtlich ist, dass davon in Darwins theologischer Gedankenwelt nichts zu spüren war. Ob er darum nach Ablehnung des physikotheologischen Schöpferglaubens auch schon als Atheist zu bezeichnen ist, wird gerade wegen des subjektiven Charakters der religiösen Erfahrung schwer zu beurteilen sein. Religiosität war im viktorianischen England etwas, das weitgehend in das Ressort der Hausfrauen gehörte. Wie viel von der Frömmigkeit der Mutter Darwins wie auch seiner Frau Emma Wedgewood in die Tiefen von Darwins Innerem eingegangen ist, entzieht sich einer objektiven Beurteilung. In der Autobiographie vergleicht er sich jedenfalls, was das Absterben seiner religiösen

Gefühle angeht, mit jemandem, der im Lauf des Lebens ›farbenblind‹ geworden ist, und diese Selbsteinschätzung haben wir aus Respekt vor seiner Person gelten zu lassen.

Auf dem Weg zu einem neuen Deutungsrahmen

Die fünfjährige Forschungsreise mit der ›Beagle‹, zu der Darwin kurz nach Beendigung seines Studiums der Theologie durch seinen Gönner Henslow aufgefordert wurde, sollte den Paleyschen Verständnisrahmen einer von Gott minutiös geplanten Natur rasch zerbröckeln lassen. Oft und oft sind die Beobachtungen referiert worden, die Darwin zu dieser Revision veranlassen. Vor allem die Tierwelt der Galápagosinseln sei es gewesen, insbesondere die Finkenarten und die Schildkröten, an denen Darwin das Variieren der Arten und ihre beginnende Evolution hatte beobachten können. Er hat aber zum Zeitpunkt seiner Streifzüge auf den Galápagosinseln den Phänomenen des von Insel zu Insel sich wandelnden Erscheinungsbilds derselben Arten weit weniger Aufmerksamkeit beigemessen als der Tatsache, dass hier bestimmte ›ökologische Nischen‹ von ganz anderen Arten eingenommen wurden als auf dem Festland oder gar in seiner englischen Heimat. Das Problem der ›vikariierenden‹, d. h. einander ersetzenden Arten beschäftigte ihn also in dieser Zeit mehr als das der innerartlichen Variabilität. Und das aus gutem Grund: Wenn Gott seine Schöpfung als perfektes Weltgebäude eingerichtet hat, wo jede Art ihren festen Platz und ihre vorherbestimmte Aufgabe besitzt, dann ist es überraschend, dass diese innere Logik der Schöpfung plötzlich von einem zum anderen Ort nicht mehr gelten sollte. Carl von Linné (1707–1778) hatte es ein Jahrhundert vor Darwin unternommen, die Vielfalt der Arten in ein auf eindeutigen Merkmalen beruhendes »System der Natur« einzupassen, das ein Abbild der göttlichen Schöpfungslogik sein sollte. Nicht eine kreative Willkür sollte demnach das Füllhorn des Lebendigen nach Lust und Laune überquellen lassen, sondern die ausgeklügelte Überlegung, jeden Lebensraum dieser Erde mit einer bestimmten, dafür geeigneten Art zu besetzen. Das war ja gerade die staunenswerte Zweckmäßigkeit der Schöpfung, die den Schluss auf einen unendlich weisen und allmächtigen göttlichen Erfinder unabweisbar machte. Und dessen Ordnung hatte natürlich ausnahmslos und weltweit zu gelten.

Nun aber stand man vor dem Problem, warum auf Galápagos auf einmal kein Specht in den Rinden der Bäume stocherte, sondern ein Fink, der sich dazu auch noch eines Kaktusstachels als Werkzeug bedienen musste, weil er eigentlich nicht »dafür geboren« war. Das war ein offensichtlicher Widerspruch zum System des Linné – und zur Zweckmäßigkeitsvorstellung Paleys obendrein. Natürlich hätte sich dieses Problem durch systemkonforme Zusatzannahmen lösen lassen, und das ohne besonderen Aufwand an Scharfsinn. Mit ein bisschen Überlegung hätte man schnell feststellen (oder auch nur behaupten) können, dass der Lebensraum auf den nur spärlich bewachsenen Lavarücken dieser Inseln eben doch nicht ganz so ist, dass er für Spechte passt, oder einfach, dass Gott in seinem Erfindungsreichtum keine so engen Grenzen gesetzt sind wie einem klassifizierenden Naturforscher, und das System wäre wieder gerettet oder sogar immunisiert gewesen. Aber 1000 Kilometer – so weit ist der Galápagosarchipel vom Festland entfernt – sind für einen Weltreisenden, der fünf Jahre im Schiff unterwegs ist, nicht gerade viel. Zu wenig jedenfalls, um sich nicht zu erinnern, dass es auf dem Festland Ecuadors Finken gibt, die genauso aussahen wie solche auf den Inseln, aber eben nicht in Baumrinden stochern. Was lag näher, als zu vermuten, dass diese Finken ausgewandert waren – 1000 Kilometer sind für Vögel wahrhaftig keine unüberwindliche Distanz – und diese vulkanisch aus dem Ozean aufgetauchten neuen Lebensräume besiedelt hatten. Zuerst lebten sie dort noch normal nach Finkenart und pickten ihrer Gewohnheit gemäß nach Körnern. Weil aber diese Inseln weithin ziemlich unwirtlich sind – für tropische Verhältnisse eigentlich unglaublich –, drängte sie die Not, auch andere Nahrungsquellen zu erschließen, für die ihre Finkenschnäbel eigentlich nicht geschaffen waren. So besetzten sie nach und nach neue ›ökologische Nischen‹, die ihnen mangels Konkurrenz durch andere Arten hier zur Verfügung standen. So

Abb. 1: Ausgewählte Vertreter der dreizehn unterscheidbaren Arten von Galápagosfinken. *(Nach D. Lack, aus: Stebbins 1980)*

konnte aus einem körnerfressenden ›Finken‹ ein Insektenlarven aufspürender ›Specht‹ werden, einfach, weil Spechte infolge der jungen und dürftigen Besiedlungsgeschichte dieser Inseln diesen Lebensraum bzw. diese Ernährungsart nicht streitig machten. Ähnliches gilt vom übrigen Dutzend der ›Darwinfinken‹ auch, wenngleich auf weniger dramatische Weise: Die Abweichung in den Ernährungsgewohnheiten, also eine Verhaltensänderung, zieht eine Anpassung in der Schnabelform nach sich, was schließlich zur Verteilung auf unterschiedliche Lebensräume, ökologische Nischen, führt (vgl. Abbildung 1).

Mit dieser Vermutung, um mehr handelte es sich zunächst eigentlich nicht, war ein Bann gebrochen. Sie unterstellte, dass die Welt der Natur nicht immer so ausgesehen hat, wie sie sich dem Beobachter aktuell darbietet. Inseln tauchen auf, Tiere (und natürlich auch Pflanzen) wandern ein, besiedeln neue Lebensräume und passen sich daran durch allmähliche Veränderung an. So lässt sich das Phänomen der ›vikariierenden Arten‹ eleganter erklären als durch einen willkürlichen schöpferischen Einfall.

Was Darwin auf den Galápagosinseln geradezu lehrbuchreif vorgeführt bekam, den Wandel im Besetzen von Lebensräumen, hatte er davor schon während des dreieinhalb Jahre dauernden Kreuzens vor den südamerikanischen Küsten (die ›Beagle‹ war hier zu Vermessungs- und Kartographiezwecken unterwegs) des Öfteren feststellen können. Auf seinen zahlreichen Landgängen zeigte sich immer wieder, wie sich von Norden nach Süden verschiedene Arten (etwa von Nagetieren) im Besetzen derselben Lebensräume ablösten – ganz davon zu schweigen davon, dass diese Arten

trotz ihrer ökologischen Vergleichbarkeit anders aussahen als ihre europäischen Vertreter. Einen einheitlichen Verteilungsplan Gottes für das Besetzen der Lebensräume schien es einfach nicht zu geben. Weiter stieß Darwin auch auf die Knochenreste ausgestorbener Gürtel- und Faultierarten, die, weit größer als ihre heutigen Vertreter, dennoch dieselben Regionen bewohnten. Auch das war viel leichter durch eine allmähliche Veränderung der Körpergröße in der Zeit zu deuten als durch aufeinanderfolgende göttliche Erschaffung. Schließlich war da noch das elefantengroße *Toxodon*, ein Fossil aus den eiszeitlichen Schichten der argentinischen Pampa, das in seinem Skelett Merkmale vereinigte, die heute in ganz verschiedenen Säugetiergattungen zu finden sind, und so diese ausgestorbene Art zu deren vermutlicher Ausgangsform machte. All dies ließ Darwin mehr und mehr an der überkommenen Lehre von der Artkonstanz zweifeln und verlangte nach einem neuen Erklärungskonzept. Dieses wurde ihm von der Geologie geliefert. Henslow hatte seinem Schützling den eben erschienenen ersten

Band der »Principles of Geology« von Charles Lyell als Reiselektüre mitgegeben, wobei er bemerkte, Darwin sollte nicht alles glauben, was darin geschrieben stand.

Charles Lyell (*14. Nov. 1797 zu Kinnordy in Forfarshire; † 22. Februar 1875 in London) war ein britischer Geologe. Er studierte am Exeter College von Oxford zuerst Jura, widmete sich daneben aber auch auf Anregung von William Buckland der Geologie und wurde, als er sich 1819 in London als Sachwalter niederließ, bald ein eifriges Mitglied der Geologischen Gesellschaft. Seine erstes geologisches Thesenpapier, »On a Recent Formation of Freshwater Limestone in Forfarshire« stellte er 1822 vor. Im Jahre 1827 gab Lyell die Beschäftigung mit Rechtsfragen endgültig auf und widmete sich einer langen geologischen Karriere, während deren er vor allem half, dass sich die Ideen von James Hutton durchsetzten, die dieser Jahrzehnte zuvor präsentiert hatte (Aktualismus). Damit gehört er mit Hutton zu den Begründern der modernen Geologie. Seine wichtigste Arbeit war im Feld der Stratigraphie. 1828 reiste er in den Süden Frankreichs und nach Italien. Während dieser Reise wurde ihm klar, dass sich die aktuellen ›Strata‹ nach der Zahl der Verteilung von Muschelschalen zuordnen lassen. Auf Basis dieser Idee teilte er die Tertiärperiode in drei Teile auf: Pliozän, Miozän und Eozän. Im Jahr 1831 übernahm er eine Professur der Geologie am King's College in London. Seine epochemachende Tätigkeit begann mit der Herausgabe der »Principles of Geology« (London 1830–33, 3 Bde.; 12. Aufl. 1876). Die Royal Society verlieh ihm 1834 die Royal Medal, 1858 die Copley Medal. 1864 wurde er zum Baronet ernannt. Lyell starb am 22. Februar 1875 in London und erhielt ein Begräbnis in der Westminsterabtei. Er hat auch eine englische Übersetzung von Dantes Gedichten geliefert. Quelle: Wikipedia

Lyell hatte nämlich eine Auffassung von der geologischen Bildung der Erdoberfläche, die in starkem Gegensatz zur damaligen Lehrbuchmeinung stand. Gemäß dieser waren die verschiedenen geologischen Schichten, die man am Profil der Erdkruste unterscheiden kann, samt den darin enthaltenen Versteinerungen ausgestorbener Lebewesen Zeugnisse großräumiger oder gar weltweiter Katastrophen, durch die alles Bisherige vernichtet wurde und Gott Gelegenheit zu einem neuerlichen Schöpfungsakt gab. Mit dieser an der biblischen Sintfluterzählung orientierten ›Kataklysmentheorie‹ (griech. ›kataklysmos‹ = Überschwemmung) war eine (theologisch überaus anfechtbare) Möglichkeit gegeben, die Verschiedenheit von Fossilien und heutigen Lebewesen doch als Schöpfung zu verstehen und den kunterbunten Wechsel in den Ablagerungsschichten der geologischen Profile zu erklären. Demgegenüber war Lyell der Meinung, dass sich die ganze stratigraphisch dokumentierte Erdgeschichte mit denselben Prinzipien erklären lasse, die auch heute noch am Werk sind: Erosion und Sedimentation auf der einen Seite und dadurch bedingte Absenkung bzw. Anhebung des Untergrunds auf der anderen. Und wenn es zusätzlich noch eine katastrophale Ursache brauchte, dann höchstens den Vulkanismus. Ansonsten aber sei die so stabil erscheinende Erdoberfläche einem stetigen, aber unmerklichen Wandel unterworfen, der erst in weit über ein Menschenleben hinausreichenden Zeiträumen wahrnehmbar wird.

Mit diesem langsamen, aber kontinuierlichen Transformismus der Geologie hatte Darwin einen neuen theoretischen Rahmen zur Hand, in den seine Beobachtungen besser einzuordnen waren als in das Herstellungsmodell der natürlichen Schöpfungstheologie. Bezeichnenderweise ist es eine geologische Arbeit, in der dieses neue Denken in dynamischen Kategorien erstmals Gestalt gewinnt. Es ist seine Theorie zur Bildung der Korallenriffe, die 1842 als erste wissenschaftliche Frucht der Beagle-Reise veröffentlicht wurde, aber bereits 1835, noch auf dem Schiff, entworfen worden war. Das Problem, das er damit einer Lösung zuführte, scheint uns aus heutiger Sicht simpel. Korallenriffe, wie wir sie an vielen Küsten und Inseln tropischer Meeresregionen finden, werden von den Kalkausscheidungen der Korallenpolypen gebildet, d. h. von kleinen, einfach gebauten Mehrzellern, die nur aus einem zwei Zellreihen starken Schlauch mit einigen Fangarmen bestehen. Polypen sind Meister der Koloniebildung. Wir kennen das Prinzip von unserem Süßwasserpolypen her, wenn er sich ›vegetativ‹ durch Sprossung eines Tochtertieres aus seiner Seite vermehrt. Viele Polypenarten haben die Sprossung zu höchster Vollendung gebracht und bilden auf diese Weise ganze Tierstöcke mit unterschiedlich spezialisierten Individuen (Nähr-, Wehr-, Fortpflanzungspolypen etc.), was sie auf den ersten Blick wie ein einziger komplizierter Organismus aussehen lässt. Die Korallenpolypen bilden auch solche Tierstöcke, wobei aber jedes Individuum ein kleines Kalkgehäuse um seinen Fuß herum aufbaut, in das es sich bei Störungen zurückziehen kann. Diese wie Waben aneinandergebauten Wohnröhren oder ›Theken‹ werden in oft sehr kunstvoller Weise zu charakteristischen Formen verbunden, nach denen wir dann die Kolonien als Bäumchen-, Becher-, Knopf-, Blatt-, Hirnkorallen (und viele andere mehr) bezeichnen. Entsprechend groß geworden oder zusammengesetzt, ergeben sie jene Riffe, die jeder Taucher in tropischen Meeren kennt, bewundert und fürchtet. Ritzt man sich nämlich an den äußerst scharfkantigen Rändern dieser Wohnbauten die Haut aus Versehen auch nur ein wenig auf, kann das zu äußerst schmerzhaften und langwierigen Wunden führen. Das liegt an dem Gift, das die Korallenpolypen in ihren Fangarmen führen. Diese enthalten nämlich dieselben Nesselzellen, wie sie jene Quallenarten besitzen, die davon ihren Namen erhalten haben und uns durch unliebsame Begegnungen beim Schwimmen im Meer wohlbekannt sind.

Korallen sind auf tropische Meere beschränkt; bei einer Wassertemperatur unter 18 °C gehen sie zugrunde. Diese Vorliebe für Wärme und die Tatsache, dass viele von ihnen Algen in ihrem Körper beherbergen, die ›symbiotisch‹ zu ihrer Ernährung beitragen, lässt sie nur in den obersten 30–40 Metern des Meerwassers gedeihen. Korallenriffe sind aber viel, viel mächtiger und reichen oft Hunderte von Metern in die Tiefe. Wie konnten die Tiere das bewerkstelligen? Darwin ging nun einfach davon aus, dass die Polypen im selben Maß an ihrem Stock weiterbauten, wie sich der Meeresboden absenkte. Waren beide Vorgänge im Gleichgewicht, konnte sich die Kolonie am oberen Ende des Riffs erhalten, während sie nach unten abstarb und ein immer größeres Kalkfundament hinterließ. Allmähliche, unmerklich voranschreitende Transformation, durch die das Geheimnis der Riffbildung eine einfache Erklärung gefunden hat – Ersteigung des *Mount Improbable* im Kleinen.

Transformismus und Selektion

Anders als in der Geologie war der Transformismus auf biologischem Gebiet für Darwin zunächst nur ein Denkschema. Während er als Geologe mit Erosion und Sedimentation spezifische Prozesse zur Hand hatte, die eine allmähliche Umformung der Erdoberfläche erklärlich machten, besaß er als Biologe nichts, was er als Ursache für einen allmählichen Artwandel hätte ins Feld führen können. Ja, man muss zugeben, dass auch das Naturbeispiel Galápagos für Darwins Anschauung am Anfang keineswegs die Rolle spielte, die es in den Darstellungen der Lehrbücher (einschließlich unserer eigenen Schilderung) einzunehmen pflegt. Gewiss, er hat die beiden dort vorkommenden Leguanarten, die Meerechse und den Drusenkopf, beschrieben – wie sollte er auch nicht, bei der Häufigkeit ihres Auftretens. Vor allem die Meerechsen liegen allenthalben in Scharen auf dem ufernahen Lavagestein in der Sonne, unbeeindruckt von den Besuchern, die sich darüber wundern können (oder sollten), wie es diese Tiere geschafft haben, in der geologisch kurzen Zeit von wenigen Jahrmillionen ein von ihren landbewohnenden Vettern so verschiedenes Erscheinungsbild zu bekommen (Abbildungen 2 und 3).

Zweckbestimmte Erschaffung oder allmähliche Umwandlung? In der ersten Auflage seiner »Reise eines Naturforschers um die

Abb. 2: Galápagos-Meerechse von der Insel Fernandina.

Abb. 3: Galápagos-Drusenkopf von der Insel Plaza-Sur.

Welt« von 1839 rätselte Darwin noch darüber. Erst in der revidierten Auflage von 1845 sollte er sich für die zweite Alternative entscheiden – aber da war seine Theorie in ihren Grundzügen auch schon fertig. (Als erstes schriftliches Dokument der Evolutionstheorie Darwins gilt eine 35-seitige Bleistiftskizze aus dem Jahr 1842. Darwin selbst hielt einen zwei Jahre später ausgearbeiteten Entwurf von 244 Seiten für so wesentlich, dass er dessen Veröffentlichung für den Fall seines plötzlichen Todes testamentarisch anordnete.) Dass aber diese Galápagos-Meerechsen auf fast jeder Insel eine eigene Rasse bilden, die sich in der Körpergröße und oft auch der Farbe nach deutlich unterscheiden, wurde von Darwin damals noch nicht als wichtiges Indiz für die Artbildung bewertet. Desgleichen warf er die Finkenarten der einzelnen Inseln zunächst wahllos durcheinander, um sie erst während der Abfassung seiner Theorie mühsam sortieren und klassifizieren zu lassen, so dass er sie als Beispiel verwenden konnte.

Noch befremdlicher ist sein Versäumnis, eine andere Beobachtung zu erwähnen, von der ich mir einfach nicht vorstellen kann, dass sie ihm entgangen sein sollte. Bei meinem Besuch des Archipels vor 18 Jahren wanderte ich, wie viele andere Touristen auch, durch die ausgedehnten Brutkolonien der Blaufußtölpel. Man kann seelenruhig zwischen den aus wenigen Steinen gebildeten Bodennestern dahinspazieren, wenn man aufpasst, nicht gerade in ›Hackweite‹ des auf den Eiern sitzenden Elterntiers zu geraten. Das könnte einen sonst unversehens eine Schramme in der Wade eintragen, denn die Tiere zeigen keinerlei Scheu vor den Besuchern ihrer Kolonie-Zeichen dafür, dass sie in ihrem Wohngebiet mit keinen Raubfeinden zu rechnen haben. Wenn man so von Nest zu Nest den Bruterfolg inspiziert, muss man sich an ein grausiges oder zumindest abstoßendes Bild gewöhnen, das sich einem allenthalben bietet (Abbildung 4).

Von den zwei geschlüpften Jungtieren ist in der Regel eines wohlgenährt und munter innerhalb des Nestes, während das andere elend und abgemagert am Nestrand vor sich hin vegetiert, wenn es nicht schon (von seinem stärkeren Geschwister?) aus dem Nest verdrängt, elend in der Sonne krepiert. Was einem am meisten zu Herzen geht, ist, wie völlig unbeteiligt das Elterntier gegenüber diesem Geschehen ist. Es umhegt den kräftigen Nestling, spendet ihm Schatten und füttert ihn, ohne auch nur einen Blick zu haben für den geschwächten Nachwuchs, der armselig in der Hitze hechelt und ohne Aussicht auf Erfolg um Nahrung bettelt. Der biologische ›Sinn‹ für dieses uns so grausam anmutende Verhalten ist schnell gefunden: Nahrungsknappheit! Für die

Abb. 4: Blaufußtölpel auf Española: am Nest mit gefüttertem und verendendem Jungen.

aus Tausenden von Nestern bestehende Brutgesellschaft liefert die Meeresströmung einfach nicht genügend Fische. Darum ist auch praktisch immer nur ein Elterntier pro Nest zu sehen. Das andere ist – oft stundenlang – unterwegs, um etwas Fressbares zu ergattern. Wenn aber die Beute nicht reicht, um beide Jungtiere aufzuziehen, ist es besser, die gesamte Nahrung auf den früher geschlüpften Nestling zu konzentrieren und, wenn dieser gedeiht, das nachgeschlüpfte Geschwisterchen zu opfern. Warum dann die Blaufußtölpel überhaupt zwei Eier legen und nicht nur eines wie die ebenfalls in großen Kolonien brütenden Maskentölpel, entzieht sich meiner Kenntnis. Womöglich ist die doppelte Eierzahl in anderen Brutgebieten von Vorteil, und die Blaufußtölpel haben gelernt, unter den kargen Bedingungen der vom Volksmund so genannten »verwunschenen Inseln« dieses Handicap mit der Gegenstrategie der Geschwisterkonkurrenz wieder wettzumachen. Das ist hier aber gar nicht mehr unser Punkt. Entscheidend ist, dass die Tierwelt der Galápagosinseln das Anschauungsmaterial für Darwins gesamte Theorie bereithielt, ohne dass er Notiz davon genommen hätte. Die – aufgrund fehlender Raubfeinde – unerbittliche Nahrungskonkurrenz unter den Jungvögeln ist ein Bilderbuchbeispiel für das Prinzip der natürlichen Auslese, das Darwin über den Umweg der Lektüre von Malthus aufgegangen war, hier aber, am natürlichen Objekt, nicht gefunden hatte.

Thomas Robert Malthus (*13. Februar 1766 in Rookery bei Guildford; † 23. Dezember 1834 in Bath) zählt zu den Klassikern der Nationalökonomie. Er war ab 1797 anglikanischer Pfarrer und ab 1806 Professor für Geschichte und politische Ökonomie am Haileybury College. Bekannt ist seine Bevölkerungstheorie, die er in zwei Werken 1798 (An Essay on the Principle of Population) und 1820 (Principles of Economics) entwickelte. Malthus geht davon aus, dass das Bevölkerungswachstum exponentiell steige, die Nahrungsmittelproduktion in derselben Zeit aber nur linear. Dieses Missverhältnis gleiche sich nur aus, wenn das Bevölkerungswachstum gebremst wird durch Kriege, Krankheiten, Familienpolitik usw. In diesem »Bevölkerungsgesetz« sah Malthus die Ursache für die erheblichen sozialen Probleme seiner Zeit. Quelle: Wikipedia

Wir sollten Darwin diesen Mangel nicht zu beckmesserisch vorwerfen. Naturerkenntnis ist immer theoriegeleitete Beobachtung. Für die Erkenntnis des Artwandels hatte Darwin dank Lyell bereits einen theoretischen Rahmen zur Verfügung; für die natürliche Selektion sollte er ihn erst nach seiner Rückkehr in Malthus' Gesetz der Bevölkerungsentwicklung finden, wie wir im vorigen Kapitel gezeigt haben. Dann aber zündete diese Idee sofort beim ersten Lesen. Bereits 1838 war damit Darwins Theorie in jenen Grundzügen etabliert, die Ernst Mayr (1904–2005), der Nestor der modernen Evolutionstheorie, in seinem Buch »Das ist Evolution« einprägsam zusammengestellt hat:

Darwins Erklärungsmodell

TATSACHE 1: Alle Populationen sind so fruchtbar, dass ihre Größe ohne Beschränkungen exponentiell zunehmen würde. *(Quelle:* Paley und Malthus)

TATSACHE 2: Die Größe der Populationen bleibt, von jahreszeitlichen Schwankungen abgesehen, über längere Zeit gleich (Fließgleichgewicht). *(Quelle:* allgemeine Beobachtungen)

TATSACHE 3: Jeder Spezies stehen nur begrenzte Ressourcen zur Verfügung. *(Quelle:* Beobachtung, von Malthus bestätigt)

Schlussfolgerung 1: Zwischen den Angehörigen einer Spezies herrscht starke Konkurrenz (Kampf ums Dasein). *(Quelle:* Malthus)

TATSACHE 4: Zwei Individuen in einer Population sind niemals genau gleich (Populationsdenken). *(Quelle:* Tierzüchter und biologische Systematiker)

Schlussfolgerung 2: Die Individuen in einer Population unterscheiden sich im Hinblick auf ihre Überlebenswahrscheinlichkeit (d. h., es findet natürliche Selektion statt). *(Quelle:* Darwin)

TATSACHE 5: Viele Unterschiede zwischen den Individuen einer Population sind zumindest teilweise erblich. *(Quelle:* Tierzüchter)

Schlussfolgerung 3: Natürliche Selektion, über viele Generationen fortgesetzt, führt zu Evolution. *(Quelle:* Darwin)

Was in diesem Schema fehlt, ist die Bedeutung des Aussterbens für die Artbildung. Darwin hat auf diesen Punkt von Anfang an größten Wert gelegt, weil nur durch das Aussterben vieler Individuen Einschnitte im Kontinuum der Veränderung entstehen, die eine deutliche Abgrenzung von Arten erlauben. Innerhalb dieses Rahmens konnten dann natürlich auch die Galápagosinseln mit ihren so zahlreichen Beispielen für Variabilität und Konkurrenz jene tragende Rolle als lebendiges Lehrbuch der Evolution einnehmen, die ihnen mit Recht gebührt.

Zum Beispiel: Orchideen

Transformation und Selektion sind die zwei Seiten ein und derselben Medaille evolutiver Artentstehung, und doch ist ihre Unterscheidung von mehr als nur historischem Wert. Für Grundkurs-Studenten der Philosophie habe ich die Bedeutung der Evolutionstheorie lange Jahre am Beispiel der Orchideenblüte erklärt. Darwin selbst hat dieser seltsamen Pflanzenfamilie ein eigenes Werk gewidmet (»Über die Einrichtungen zur Befruchtung britischer und ausländischer Orchideen durch Insekten und über die günstigen Erfolge der Wechselbefruchtung«). Als stolzer Besitzer eines Gewächshauses mit etwa 350 Exemplaren (nicht gerade viel, wenn man bedenkt, dass es vielleicht 30 000 Orchideenarten gibt, aber doch genug, um einen Freizeitgärtner hinreichend zu beschäftigen) war es mir möglich, im Mai, der Hauptblütezeit tropischer Orchideen unter unseren mitteleuropäischen Lichtverhältnissen, genügend Exemplare parat zu haben, um jeden Studenten im Vorlesungssaal mit wenigstens einer Blüte zu versehen. Das machte Eindruck. Dass ein Professor auch noch etwas anderes konnte, als nur Papierstapel zum Wachsen zu bringen – manche dieser Pflanzen gediehen schon 30 und mehr Jahre unter meiner Obhut! Als Vergleichsobjekt erhielt jeder Hörer auch noch eine Tulpenblüte oder dergleichen. Und dann konnte es losgehen (vgl. Abbildung 5):

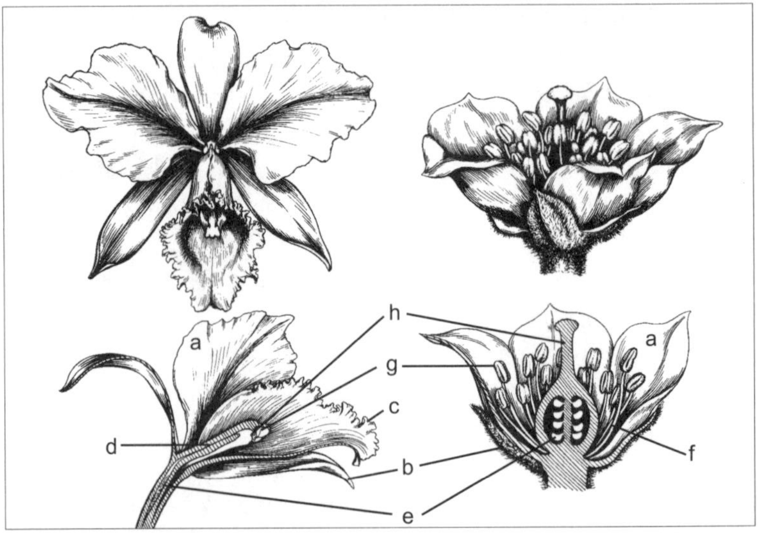

Abb. 5: Spezialisierungen einer Orchideenblüte im Vergleich mit einem allgemeinen Blütenschema
a) Petalen (Kronblätter), b) Sepalen (Kelchblätter), c) Lippe, d) Säule, bestehend aus Griffel und Staubblättern, e) Fruchtknoten mit Samenanlagen, f) Staubfäden, g) Staubbeutel (Anthere), h) Narbe
(Zeichnung: P. Fawcett, aus: Dodson & Gillespie 1967)

»Die fünf Wirtel der Einkeimblättrigenblüte sind gewöhnlich 3-zählig. Drei Kelch- und drei Kronblätter, die bei der Tulpe identisch gefärbt sind und als Tepalen zusammengefasst werden, sind bei den Orchideen deutlich zu unterscheiden. Die Kelchblätter oder Sepalen sind zwar auch blumenartig ausgefärbt, aber schmäler als die Kronblätter oder Petalen. Deren mittleres ist bei den Orchideen als Lippe (Labellum) umgestaltet, was den radialsymmetrischen Blütenbau der Tulpe in einen dorsiventralen Bau mit nur einer Symmetrieebene umwandelt. Die 2 × 3 Staubblätter oder Antheren sind bei den Orchideen auf selten zwei, meist eines reduziert. Der aus drei Fruchtblättern aufgebaute Fruchtknoten ist bei den Orchideen mit den Antheren verwachsen und bildet ein neues Organ, das so genannte Gynostemium.«

Wenn Sie, lieber Leser, die Zeilen mit diesem botanischen Fachchinesisch überschlagen, hat sich genau das eingestellt, was ich mit meinem Vortrag erreichen wollte: die Langweile zu erzeugen (oder wieder in Erinnerung zu rufen), welche die meisten Menschen beim morphologischen Analysieren von Blüten befällt. Die ganze Natur ist hier auf ein schematisches Diagramm, ja auf eine bloße Formel reduzierbar; die Tulpe auf:

$$\ast 3K\ 3C\ (3+3)A\ (\underline{3})G$$

und die Orchidee:

$$\uparrow 3K\ 3C\ (1+0)/(0+2)A\ (\overline{3})G$$

Erlassen Sie es mir, die Formeln, auf die die wunderbaren Formen der Blüten hier zusammengeschrumpft sind, auch noch zu erklären.

Man kann auch ganz anders an den Stoff herangehen: »Die Orchideen sind eine sehr junge Pflanzenfamilie. Als sie auftraten, war der tropische Regenwald, ihr vermutlicher Ursprungsort, schon über und über mit blühenden Pflanzen besetzt. Als *horror vacui,* als Angst vor einer leeren Stelle, hat einst Alexander von Humboldt die Artenfülle des Regenwaldes bezeichnet. Darin nun wollten die Orchideen Fuß fassen. Das erste Problem war dabei, an genügend Licht zu kommen, um als grüne Pflanzen Photosynthese betreiben zu können. Die Orchideen lösten dies, indem sie Epiphyten wurden, Aufsitzerpflanzen, die, ohne wie die Mistel zu schmarotzen, auf den Rinden von Sträuchern und Bäumen zum Licht strebten. Die schwierige Wasserversorgung lösten sie dabei mit speziellen, oft meterlangen Haftwurzeln, deren Oberfläche herabtropfendes Regenwasser wie Fließpapier auffangen kann. Schwierig war natürlich auch die Ausbreitung an so exponierten Standorten, denn Pflanzen können ja nicht einfach wie Tiere von einem Baum zum anderen klettern. Die Orchideen verlegten sich deshalb darauf, zu ihrer Verbreitung möglichst kleine Samen auszubilden, aber diese dafür in unglaublich großer Menge. Aus einem einzigen Bestäubungsvorgang kann eine Vanda, das ist eine südostasiatische Orchideengattung, leicht 100 000 Samen in ihrem Fruchtknoten erzeugen. Es braucht zwar gut ein Jahr, bis er sie zur Reife gebracht hat, aber dann entlässt er wie ein feines Pulver diese ganze Saat, die sich mit dem leisesten Windhauch in alle Richtungen verteilt. Der Embryo im Inneren der trockenhäutigen, perfekt für das Schweben in der Luft eingerichteten Samenhülle ist dabei nicht schon ein kleines Keimpflänzchen, wie wir das von der Bohne oder vom Weizenkorn her kennen, sondern ein noch völlig undifferenziertes grünes Kügelchen, das erst die Mithilfe bestimmter Pilze haben muss, um an geeigneten feuchten Rindenstellen keimen zu können. Eine so gewaltige Samenerzeugung verlangt natürlich eine ebenso große Bestäubungsleistung, denn von einem Blütenstaubkorn auf der Narbe geht immer nur ein einziger Pollenschlauch aus, der auch nur eine einzige Eizelle im Inneren des Fruchtknotens befruchten und zu einem Embryo werden lassen kann. ›Kompaktion‹ heißt darum die Methode der Wahl bei der Orchideenbestäubung, Zusammenpacken der gesamten Blütenstaubmasse einer Blüte zu einem oder wenigen Paketen, um diese möglichst auf einmal zu übertragen. Dazu wird der Blütenstaub zu kunstvollen Gebilden, den Pollinien oder dem Pollinarium, vereinigt, die an ihrer Basis mit regelrechten Haftscheiben versehen sind, deren Klebstoff von der Narbenfläche stammt. Das erklärt jetzt die Verwachsung von Staub- und Fruchtblättern zum ›Gynostemium‹. Wenn nun ein zur Bestäubung ausersehenes Insekt, eine Hummel oder Prachtbiene, eine Blüte anfliegt – das zur Lippe umgestaltete Blütenblatt ist der Landeplatz dafür – und in deren tütenförmige Basis hineinkriecht – Hummeln tun nichts lieber, als solche Röhren nach Nektar abzusuchen –, bekommt es beim Verlassen der Blütenröhre im Rückwärtsgang das ganze Pollenpaket auf seinen Rücken oder Kopf appliziert. Beim nächsten Blütenbesuch wird dann dieses Paket vom Schleim der Narbenhöhle aufgesogen, und der Befruchtungsvorgang der vielen tausend Samenanlagen kann auf einmal einsetzen.«

Sie sehen den Unterschied. Mit der Angabe des Entstehungsprozesses (selbst eines weitgehend hypothetischen) beginnen die vorher toten morphologischen Strukturen zu leben, weil wir nun einsehen können, welchem Zweck sie dienen. Freilich ist das eine andere Art Zweck als der, dem gemäß ein fremder Hersteller, Gott, seine Kreaturen nach eigenem Gutdünken über die Erdoberfläche verteilt wie ein Modelleisenbahnbauer seine Bäume und Häuser.

Es ist der innere Zweck der *Funktion*, welche die Blütenorgane im Rahmen eines Anpassungsvorganges erworben haben. Wir werden uns diesem Problem der Zweckmäßigkeit des Organischen im nächsten Kapitel genauer widmen müssen. Im Moment ist es genug festzustellen, dass der Erklärungsrahmen der Evolution überaus geeignet ist, die Phänomene des Lebendigen zu beschreiben. »Nothing in biology makes sense except in the light of evolution«, lautet ein berühmt gewordenes Diktum des Evolutionsbiologen Theodosius Dobzhansky (1900–1975), und es stimmt: Erst die Erklärung durch Genese verschafft der Biologie eine innere Logik und befreit sie von der Verstaubtheit einstiger Raritätenkabinette. »Geheimnisse ohne Offenbarung« hat Martin Buber einmal die Unkenrufe selbsternannter Weltuntergangspropheten genannt. Genau das kennzeichnete auch die Biologie, solange sie sich als bloße Sammlungsdiziplin betätigte. Erst im Licht der Evolution wird daraus eine »Offenbarung der Geheimnisse«, ein Verstehen sonst rätselhafter Zusammenhänge.

Dabei ist es ziemlich belanglos, ob wir bei der Rekonstruktion der Entstehung der Orchideenblüte den tatsächlichen historischen Verlauf wiedergegeben haben oder nur erzählen, wie es gewesen sein könnte. Ein *folgerichtiger* Verlauf der Anpassung an eine Problemsituation muss sich berichten lassen, damit wir die Transformierbarkeit der Orchideenblüte aus dem Grundbauplan der Tulpe akzeptieren, nicht der tatsächliche Weg in allen Einzelheiten der Variabilität und Selektion auf mikroevolutivem Niveau. Das ist der Grund, warum es gut ist, zwischen Evolution als Transformation und den Mechanismen der Evolution zu unterscheiden. Erst beides zusammen macht das volle evolutionsbiologische Verständnis aus. Aber weithin begnügen wir uns damit, die Möglichkeit oder auch nur die grobe Richtung der Transformation anzugeben, ohne dass wir imstande wären, die Wirkung der Mechanismen im Einzelnen auch nur annähernd zu bestimmen. ›Zufall‹ steht dann für die Entstehung einer neuen Eigenschaft im Konzert der innerartlichen Variation, und Notwendigkeit dafür, warum gerade diese Eigenschaft durch die Selektion begünstigt wurde und eine andere nicht. Das hat seine Vor- und Nachteile.

Wir kämen bei den abertausend organischen Bildungen nie an ein Ende, versuchten wir jeden einzelnen Evolutionsschritt minutiös bis in die genetische Mutation hinein nachzuzeichnen. Das birgt aber auch die Gefahr in sich, allzu freizügig ins evolutionäre Fabulieren zu geraten und die Eingängigkeit einer Erzählung mit ihrer Richtigkeit zu verwechseln. ›Die‹ Evolution, heißt es dann in solchen Fällen, hat das oder jenes ›getan‹ oder ›erfunden‹ – ohne dass man sich Rechenschaft darüber gibt, dass hier das totgesagte Schema vom Herstellergott in neuem Gewand fröhliche Urständ feiert. Solchem Erbe ganz zu entraten ist offenbar für den Evolutionsbiologen nicht so einfach, wie er meint. Er muss sich, bei aller Faszination des Erklärungsrahmens der Transformation, immer wieder neu vor Augen halten, dass die Evolution im Sinne Darwins kein geheimnisvoller Agent ist, sondern ein bloßer Effekt, der sich stets auf die Konkurrenz unterschiedlich ausgestatteter Individuen um einen Platz im Dasein zurückführen lassen muss. Ob dieser Effekt für alle durch Transformation beschreibbaren Phänomene ausreicht, hat keinem mehr Kopfzerbrechen bereitet als Darwin selbst. Nicht umsonst hat er sich von den ersten Notizen »über Transformation« bis zur Veröffentlichung der Theorie gut zwanzig Jahre Zeit gelassen.

3 Das Grundproblem: die leidige Frage nach dem Zweck in der Natur

Nach alldem, was wir im letzten Kapitel an Etappen kennengelernt haben, die Darwin auf dem Weg zur Evolutionstheorie hinter sich gebracht hat, scheint es verständlich, dass er für die Rede von den Zwecken in der Natur keinen Platz mehr sah. Die von Gott gewollte Zweckmäßigkeit der Schöpfung, in der alles nach seiner Art und an seinem Platz erschaffen war, war ja gerade hinderlich für ein Verständnis der Wandelbarkeit der Arten. Erst wenn man sich von diesem Vorurteil einer zweckmäßigen Geplantheit von allem frei gemacht hat, kann man den Blick auf die allmähliche Herauszüchtung von Vorteilen im Kampf ums Dasein lenken, wonach Anpassung keine Frage der Absicht ist, sondern eine unvermeidliche Folge gegenseitiger Konkurrenz. Und erst recht wollte sich Darwin »von dem Lamarckschen Unsinn« (so in einem Brief an seinen Freund J. D. Hooker vom 23. 2. 1844) freihalten, damit der »einfache Weg« zu Anpassung und Zweckmäßigkeit, den er herausgefunden hat, nicht durch die Vorstellung einer Tendenz oder eines inneren Strebens der Tiere nach Vervollkommnung vernebelt würde.

Auf dieser Grundlage müssten sich alle Sätze in der Biologie, in denen ein ›damit‹ vorkommt – und jede Naturgeschichte ist voll davon –, in Formulierungen umwandeln lassen, in denen anstelle der finalen Konjunktionen ›damit‹ oder ›um zu‹ nur noch das konsekutive ›so dass‹ steht. Also nicht mehr: »Der Vogel ist mit Flügeln ausgestattet, um zu fliegen«, sondern: »die Vordergliedmaßen veränderten sich dergestalt, dass er fliegen konnte«. Oder: »aus der Gehirnanlage entstanden Augenbecher, so dass damit Sehen möglich wurde«, statt: »um sehen zu können, entwickelte das Gehirn Augenbecher«. Gewiss ist das eine krude Karikatur. Sie lässt in ihrer Beschreibung außer Acht, dass neben den ungerichteten Mutationen, die eine Veränderung der Gehirnbläschen erlauben, die Selektion als richtender Faktor am Werk ist, der jeden Schritt hin zur Augenbildung positiv bewertet, weil Sehfähigkeit einen Vorteil im Überlebenskampf bedeutet. Es ist durchaus zweckmäßig, Augen zu haben, um eine Nahrungsquelle besser zu erspähen oder einen Feind schneller auszumachen als ohne. Nur ist diese Zweckmäßigkeit nicht intendiert, nicht von vornherein beabsichtigt, sondern sie stellt sich nachträglich unter bestimmten Bedingungen als Vorteil heraus. Es ist durchaus zweckmäßig, einen 100-Euro-Schein auf der Straße zu finden, aber das ist etwas anderes, als ihn von einer reichen Tante zugesteckt zu bekommen, um damit etwas Schönes kaufen zu können. Dem Effekt des Kaufen-Könnens sieht man das freilich nicht an: Er ist in beiden Fällen derselbe. Das macht schon deutlich, dass es gar nicht so einfach ist, die Rede von der Zweckmäßigkeit grundsätzlich zu vermeiden. Biologen behaupten dies zwar kategorisch, aber bereits die gerade eben formulierten Beispielsätze vom Auge und Vogelflügel deuten auf eine gewisse Künstlichkeit des Unterfangens hin. Nicht nur würde ein Biologiebuch, in dem jeder Zwecksatz in eine Entstehungsgeschichte aus bloßen

Folgesätzen umgeschrieben würde, ungebührlich lang. Man kann bezweifeln, ob es überhaupt vollständig gelänge. Der Naturphilosoph Hans-Dieter Mutschler, bekannt, wenn auch nicht immer geliebt für seine Scharfzüngigkeit, schreibt zur Frage »Gibt es Finalität in der Natur?« in dem von mir herausgegebenen Tagungsband »Die andere Seite der Biologie«:

> »Der Darwinismus trat mit dem Anspruch auf, Finalität durch ›natürliche Zuchtwahl‹ zu ersetzen. Der Einwand war sofort der, dass auch ›natürliche Zuchtwahl‹ ein teleologischer Begriff sei. Die Darwinisten kontern, das sei nur eine Redeweise. Eigentlich hätten sie damit *etwas ganz anderes* gemeint. Dies behaupten sie seit 150 Jahren. Wenn in neueren biologischen Publikationen auf Schritt und Tritt teleologische Begriffe vorkommen, so teilen sie uns mit, es sei nur ›teleonomisch‹ gemeint. Die Teleologie sei eine abkürzende Redeweise für etwas, das sie auch rein kausalmechanisch ausdrücken könnten, wenn

sie nur wollten. Leider wollen sie nie. Ich halte es für eine der unglaublichsten Erscheinungen in der *scientific community*, dass die Biologen es verstanden haben, 150 Jahre lang die Beweislast zu ihren Gunsten zu verteilen. Wenn jemand beständig mit finalen Begriffen hantiert und ebenso oft versichert, dass er sie *eigentlich* nicht brauche, aber den konkreten Beweis für seine Behauptung ständig schuldig bleibt, dann wäre es doch rational, ihm zu misstrauen und die Beweislast zu seinen Ungunsten zu verteilen. Dies ist bis heute nicht geschehen.«

Haldanes Mätresse

Zwei Ausdrücke, nämlich ›Finalität‹ und ›Teleologie‹, werden hier für die Rede vom Zweck (in der Natur) gebraucht, aber beide bedeuten dasselbe. Finalität rührt vom lateinischen *causa finalis* her, womit in der Tradition der Schulphilosophie (Scholastik) die aristotelische Zielursache bezeichnet wurde. Wir werden auf diese Ursachenlehre des Aristoteles noch zu sprechen kommen. Und ›Teleologie‹ bezeichnet denselben Sachverhalt auf Griechisch: ›telos‹ ist das Ziel, ›logos‹ das Wort, die Kunde – also: die Rede oder Lehre vom Ziel oder Zweck. Was Mutschler hier an der Biologie bemängelt, hat den Engländer John B. S. Haldane, selbst ein Biologe, zu einem nicht minder sarkastischen Satz veranlasst: »Die Teleologie ist für den Biologen wie eine Mätresse: er kann nicht ohne sie leben, aber er will mit ihr nicht in der Öffentlichkeit gesehen werden.«

Freilich gibt es Beispiele genug, bei denen sich die Zweckursache auf den ersten Blick als überflüssige Zutat herausstellt. Eines der bekanntesten ist das Lieblingsbeispiel meines Freundes Harald Lesch, wenn er spottet, wie gut es die Natur eingerichtet habe, dass bei der Katze gerade da zwei Löcher im Fell sind, wo die Augen sitzen. Das ist eine offensichtliche Verkehrung von Folge und Zweck, und der damit verbundene Lacherfolg ist vorprogrammiert. Heinrich Heine, praktisch ein Zeitgenosse Darwins, hat das mit maliziösem Genius in seinem Gedicht »Zur Teleologie« ausgenützt:

Beine hat uns zwei gegeben
Gott der Herr, um fortzustreben,
Wollte nicht, daß an der Scholle
Unsre Menschheit kleben solle.
Um ein Stillstandsknecht zu sein,
Gnügte uns ein einzg'es Bein.

Augen gab uns Gott ein Paar,
Daß wir schauen rein und klar;
Um zu glauben, was wir lesen,
Wär *ein* Auge gnug gewesen.
Gott gab uns die Augen beide,
Daß wir schauen und begaffen
Wie er hübsch die Welt erschaffen
Zu des Menschen Augenweide;
Doch beim Gaffen in den Gassen
Sollen wir die Augen brauchen
Und uns dort nicht treten lassen
Auf die armen Hühneraugen,
Die uns ganz besonders plagen,
Wenn wir enge Stiefel tragen.

Gott versah uns mit zwei Händen,
Daß wir doppelt Gutes spenden;
Nicht um doppelt zuzugreifen
Und die Beute aufzuhäufen
In den großen Eisentruhn,
Wie gewisse Leute tun –
(Ihren Namen auszusprechen
Dürfen wir uns nicht erfrechen –
Hängen würden wir sie gern.
Doch sie sind so große Herrn,
Philanthropen, Ehrenmänner,
Manche sind auch unsre Gönner,
Und man macht aus deutschen
  Eichen
Keine Galgen für die Reichen.)

Gott gab uns nur *eine* Nase,
Weil wir zwei in einem Glase
Nicht hineinzubringen wüßten,
Und den Wein verschlappern
  müßten.

Gott gab uns nur *einen* Mund,
Weil zwei Mäuler ungesund.
Mit dem einen Maule schon
Schwätzt zu viel der Erdensohn.
Wenn er doppeltmäulig wär,
Fräß und lög er auch noch mehr.
Hat er jetzt das Maul voll Brei,
Muß er schweigen unterdessen,
Hätt er aber Mäuler zwei,
Löge er sogar beim Fressen.

Mit zwei Ohren hat versehn
Uns der Herr. Vorzüglich schön
Ist dabei die Symmetrie.
Sind nicht ganz so lang wie die,
So er unsern grauen braven
Kameraden anerschaffen.
Ohren gab uns Gott die beiden,
Um von Mozart, Gluck und
  Haydn
Meisterstücke anzuhören
Gäbe es nur Tonkunst-Kolik
Und Hämorrhoidal-Musik
Von dem großen Meyerbeer,
Schon ein Ohr hinlänglich wär! –

Als zur blonden Teutolinde
Ich in solcher Weise sprach,
Seufzte sie und sagte: Ach!
Grübeln über Gottes Gründe,

Kritisieren unsern Schöpfer,
Ach! das ist, als ob der Topf
Klüger sein wollt als der Töpfer!
Doch der Mensch fragt stets:
Warum?
Wenn er sieht, daß etwas dumm.
Freund, ich hab dir zugehört,
Und du hast mir gut erklärt,
Wie zum weisesten Behuf
Gott den Menschen zwiefach schuf
Augen, Ohren, Arm' und Bein',
Während er ihm gab nur ein
Exemplar von Nas' und Mund –
Doch nun sage mir den Grund:
Gott, der Schöpfer der Natur,
Warum schuf er einfach nur
Das skabröse Requisit,
Das der Mann gebraucht, damit
Er fortpflanze seine Rasse
Und zugleich sein Wasser lasse?
Teurer Freund, ein Duplikat
Wäre wahrlich hier vonnöten,
Um Funktionen zu vertreten,
Die so wichtig für den Staat
Wie fürs Individuum,
Kurz fürs ganze Publikum.

Zwei Funktionen, die so gräulich
Und so schimpflich und ab-
scheulich
Miteinander kontrastieren
Und die Menschheit sehr blamieren.
Eine Jungfrau von Gemüt
Muß sich schämen, wenn sie sieht,
Wie ihr höchstes Ideal
Wird entweiht so trivial!
Wie der Hochaltar der Minne
Wird zur ganz gemeinen Rinne!
Psyche schaudert, denn der kleine
Gott Amur der Finsternis,
Er verwandelt sich beim Scheine
Ihrer Lamp – in Mankepiß.

Also Teutolinde sprach,
Und ich sagte ihr: Gemach!
Unklug wie die Weiber sind,
Du verstehst nicht, liebes Kind,
Gottes Nützlichkeitssystem,
Sein Ökonomie-Problem
Ist, daß wechselnd die Maschinen
Jeglichem Bedürfnis dienen,
Den profanen wie den heilgen,
Den pikanten wie langweilgen, –
Alles wird simplifiziert;
Klug ist alles kombiniert:
Was dem Menschen dient zum
Seichen,
Damit schafft er seinesgleichen
Auf demselben Dudelsack
Spielt dasselbe Lumpenpack.
Feine Pfote, derbe Patsche,
Fiddelt auf derselben Bratsche,
Durch dieselben Dämpfe, Räder
Springt und singt und gähnt ein
jeder,
Und derselbe Omnibus
Fährt uns nach dem Tartarus.

Heinrich Heine
Nachgelesene Gedichte
1845–1856

Neben aller Pikanterie – Lächerlichkeit tötet. Darwin ist keineswegs der Einzige, der zu seiner Zeit Einwände gegen die Teleologie erhob. Zu wohlfeil ist, wie das Beispiel Heines zeigt, ihre Anwendung. Irgendein Zweck kann immer unterlegt werden, ob er der Sache angemessen ist oder nicht. (Das gilt, nebenbei bemerkt, auch von gewissen Begründungsfiguren der modernen Soziobiologie, ebenso ein Kind von Darwins Theorie, wenn sie versuchen, auch noch für die abenteuerlichsten Strukturen und Verhaltensweisen einen Reproduktionsvorteil nachzuweisen. Ein solcher lässt sich fast immer finden – ob er mit der Entstehung der betreffenden Struktur zu tun hat, ist damit noch gar nicht ausgemacht.) Das ist die Crux aller Zweckmäßigkeitsüberlegungen: Es ist leicht, zu leicht, einen Zweck von außen an die Sache heranzutragen, der eigentlich gar nichts mit ihr zu tun hat, und darum mit dem Ausmalen dieser Zweckhaftigkeit die in Wirklichkeit unbekannte Entstehungsursache zuzudecken. Wie Aristoteles sagt, kommt mit der Angabe der Zweckursache unser Fragen zur Ruhe. Wenn uns also eine Antwort auf die Frage »Wozu?« einleuchtet, und sei es nur aufgrund ihres Witzes, sind wir leicht geneigt, uns ein X für ein U vormachen zu lassen und das eigentlich erforderliche Weiterfragen aufzugeben. Ironie kann also nicht nur eine – vorschnelle – Teleologie töten, sondern auch ein beharrliches Suchen nach den richtigen Gründen. Biologen tun deshalb durchaus gut daran, skeptisch gegenüber der Rede von Zwecken und Zielen in der Natur zu sein.

Indessen darf man es sich auch nicht zu einfach machen mit dem Ironisieren, wie folgendes Erlebnis zeigt. Es war vor vielleicht 15 Jahren bei einer Raumfahrt-Tagung auf Norderney – erstaunlich genug, wo Naturphilosophen überall hingeraten. Ein Freiburger Genetiker, Verfasser eines seinerzeit weit bekannten Lehrbuchs der Genetik, hielt einen Vortrag über den »Sinn der Evolution«. Es ging darin letztlich um eine Erkennbarkeit Gottes aus der Natur im Sinne dessen, was man gewöhnlich als ›anthropisches Prinzip‹ bezeichnet. Dieses gibt es bekanntlich in einer schwachen und einer starken Fassung. In seiner schwachen Fassung besagt es, dass das Universum in seinen Anfangsbedingungen so abgestimmt sein muss, *dass* es bewusstes Leben hervorbringen kann. Das ist nicht weiter aufregend. Es gibt bewusstes Leben in diesem Universum, zumindest in Form von uns Menschen auf dieser Erde, und darum musste natürlich das Universum Anfangsbedingungen aufweisen, die einen solchen Verlauf der Entwicklung zuließen. Wozu also ein solches im Grunde triviales Prinzip? Nun, es hilft immerhin als regulativer Rahmen dazu, Szenarien der Entstehung des Kosmos zu vermeiden, die nicht zulassen würden, was tatsächlich der Fall ist. Anders gesagt: Das anthropische Prinzip in seiner schwachen Form bewahrt Kosmologen davor, in ihre Berechnungen für bestimmte Parameter Werte einzusetzen, die zwar manche ihrer mathematischen Probleme einfacher lösbar machten, aber mit denen am Ende nicht herauskommt, was tatsächlich gekommen ist.

So weit, so gut. Es gibt aber das anthropische Prinzip auch in einer starken Form. Dann besagt es, dass die Feinabstimmung der Naturkonstanten so beschaffen ist, wie sie ist, *damit* intelligentes Leben im Universum erscheint. Also genau ein Wechsel von der evolutionstheoretischen Folge-Formulierung zur teleologisch argumentierenden Aussage. In diesem Sinn hat der Vortragende das anthropische Prinzip gebraucht. Es war ihm einfach zu viel Auffallendes und Unwahrscheinliches an der Feinabstimmung des Universums, als dass es dabei noch mit rechten Dingen zugehen konnte. Vielmehr wurde ihm das zu einer neuen ›Offenbarung‹ für die Schöpfung: nicht im Sinn der Werke eines biblischen Schöpfungsberichts, wohl aber im Sinn eines Hinweises auf eine höhere Macht und Weisheit hinter den Dingen.

Um ihm zu zeigen, dass dieses Argument nicht schlüssig ist, erzählte ich die Geschichte jenes mittelalterlichen Mönchs, der in seiner Einfalt betete: »Herr, wie weise hast du alles eingerichtet. Du lässt die Sonne bei Tag scheinen und nicht bei Nacht, wenn wir schlafen und nichts davon hätten …« Natürlich hatte ich die Lacher auf meiner Seite, nicht aber den Referenten. Er kam nach diesem Vortrag auf mich zu und erklärte mir, dass er sich doch sehr wundere, von mir als einem katholischen Priester einen solchen Einwand zu hören. Er lud mich, was für seine menschliche

Größe spricht, zum Abendessen ein, um mir das näher zu erklären. Bei diesem Gespräch erzählte er – und ich denke, ich plaudere nichts zu Intimes aus, wenn ich das wiedergebe –, dass er als 15-jähriger Konfirmand seinen Glauben aufgegeben habe. Zu unerträglich war ihm, dem künftigen Naturwissenschaftler, das Gerede von der ›verderbten‹ menschlichen Natur geworden, die aus sich selbst keinen Weg zu ihrem Schöpfer finde, sondern allein aus dessen Gnade erlöst sei. Erst viele, viele Jahre später habe er durch einen katholischen Kollegen erfahren, dass die Theologie auch einen anderen Weg zu Gott kennt, nämlich den einer natürlichen Offenbarung. Dieser katholische Dogmatiker habe ihm seinen längst verlorenen Glauben an Gott zurückgegeben (vielleicht sollte man sagen: wieder eröffnet), und nun käme ich, um dies alles madig zu machen. – Neben meinem stillen Vorsatz, in solchen Fragen niemals mehr vorschnell und flapsig zu sein, konnte ich ihm doch einen Vorschlag zur Versöhnung anbieten. Natürlich, als Hinweis oder Zeichen für einen Gott, von dessen Existenz ich bereits überzeugt bin, ist das anthropische Prinzip bzw. die kosmische Feinabstimmung durchaus geeignet, genauso wie das für

jemand anderen die Farbenpracht einer Wiese, die Vielfalt eines Korallenriffs oder der »gestirnte Himmel über uns« ist. Den Glauben an Gott setzen solche ›Zeichen‹ schon voraus; sie dienen nur als Anlässe, ihn zu artikulieren. In diesem Sinn – und ich denke, das ist keine Sophisterei – war auch hier der Glaube des Konfirmanden nicht einfach verloren, sondern als Wunsch weiter vorhanden, konnte aber in der Unzulänglichkeit oder Beschränktheit bestimmter theologischer Begründungen keine Befriedigung finden. War aber erst einmal das Tor eines anderen, intellektuell akzeptablen Zugangs geöffnet, dann war die alte Sehnsucht schnell wieder bereit, Zeichen der Bestätigung zu entdecken. Das eben ist im vorliegenden Fall der Unterschied zum »Fall Darwin«, bei dem es hinter der theologischen Begrifflichkeit und ihrer Beweisführung um keinerlei religiösen Bedarf ging. In einem solchen Fall wäre mit dem Argument der Feinabstimmung nichts zu gewinnen. Mit strikter Notwendigkeit lässt sich Gottes Existenz daraus nicht ableiten. Aber man könnte so etwas wie eine Metaphysik

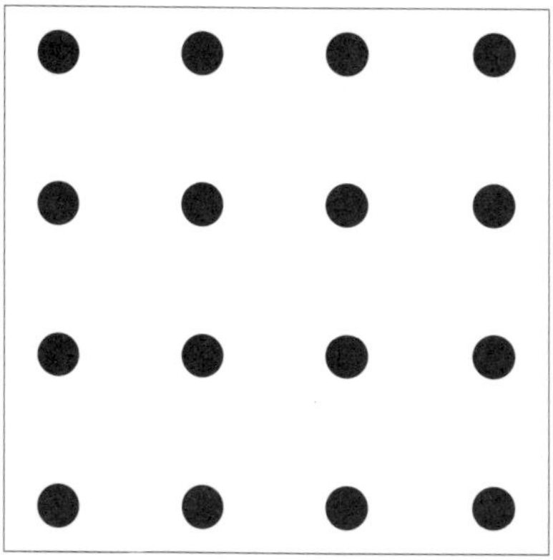

Abb. 6: Verbinde alle Punkte des Quadrats mit höchstens 6 Linien, ohne den Bleistift dabei abzusetzen!

a tergo (»von der Rückseite her«) versuchen. Eine solche Metaphysik deduziert nicht mit Notwendigkeit aus den Fakten, sondern sie tut so, als ob der Prozess, der noch unvollendet ist, schon abgelaufen wäre, und formuliert von diesem Standpunkt aus (auf dem sie noch gar nicht stehen kann) das damit offenbare, für uns aber nur hypothetische Ziel. Es ist dies wie bei bestimmten mathematischen Denksportaufgaben, etwa, die Punkte eines Quadrats mit einer Minimalzahl an zusammenhängenden Linien zu verbinden (Abbildung 6). Man ›borgt‹ sich dazu einen virtuellen Punkt außerhalb des Quadrats, und schon wird es möglich, die Punkte in der geforderten Weise zu verbinden. Den »virtuellen Punkt« kann man dann wieder löschen – er ändert nichts am tatsächlichen Linienverlauf (Abbildung 7)

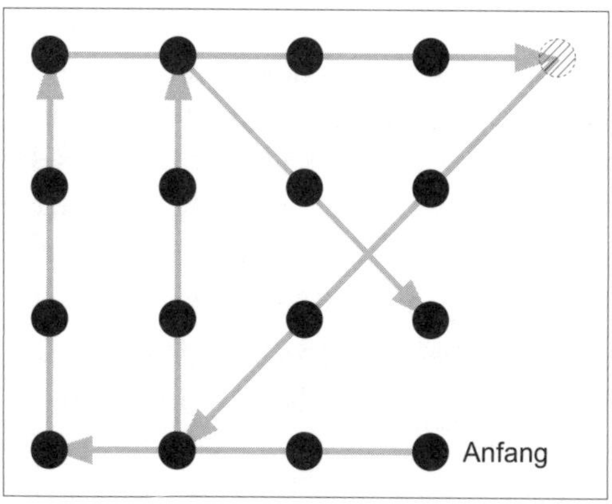

Abb. 7: Lösung der Denksportaufgabe aus Abbildung 6.

In ähnlicher Weise postuliert man bei dieser metaphysischen Betrachtung *a tergo* einen Zielpunkt, über dessen Existenz noch keine Gewissheit besteht, und schaut, ob sich die Linien der kosmischen Geschichte auf ihn hin vereinen lassen. Ist das möglich, wäre das ein gutes Indiz für seine tatsächliche Existenz, wenngleich immer noch kein strikter Beweis. Tatsächlich werden sich die Linien der konkreten Evolution keineswegs so einfach oder höchstens bei sehr grobem Maßstab in einer bestimmten Weise vereinen lassen, und entsprechend schwach bzw. vieldeutig ist dann das Ergebnis dieses »Beweises«. Das stimmt auch mit den Ansichten überein, die David Hume in seinen »Dialogues Concerning Natural Religion« 100 Jahre vor Darwins »Origin of Species« vertreten hat. Die Zweckmäßigkeit in den Bildungen der organischen Natur steht darin für Hume außer Frage. Aber das berechtigt seiner Meinung nach nicht zum Schluss auf eine göttliche Zielsetzung hinter dem Ganzen. Dazu ersinnt Hume eine ganze Menge von Alternativen zur Annahme einer göttlichen Verursachung. Diese mögen teilweise weit hergeholt und künstlich, ja an den Haaren herbeigezogen sein. Ihre Denkmöglichkeit zeigt immerhin, dass der Schluss auf die Existenz Gottes aus den Werken bzw. der Ordnung der Natur nicht unvermeidlich, nicht absolut notwendig ist. Wenn Gottes Existenz *a priori*, oder wenigstens von anderswoher, bereits feststünde, fährt Hume fort, wäre das etwas anderes. Dann läge die Annahme dieses in seiner Existenz bereits feststehenden (bewiesenen oder geglaubten) Gottes als Ursache der Ordnung in der Natur viel näher als alle künstlich erfundenen Alternativen. Aber da wir ein solches *apriorisches* Wissen von Gott nicht haben, bzw. wenn uns der Glaube an einen solchen Gott fehlt, dann ist seine Existenz aus der Natur nicht schlüssig zu deduzieren. Es mag manches dafür sprechen, aber wenn ich mich nicht darauf einlassen will, kann ich mich der Annahme solcher Hinweise mit genügend Argumenten verweigern.

Es hilft nichts: Aus der Zweckmäßigkeit in der Natur lässt sich offenbar kein weltanschauliches Kapital schlagen – weder für noch gegen die Existenz eines Gottes. Wenn das einmal als Grundlage akzeptiert ist, lässt sich über das Phänomen natürlicher Zweckhaftigkeit viel entspannter diskutieren. Mindestens drei Frageebenen gilt es dabei zu unterscheiden:

1. Was es mit der Zweckmäßigkeit im Bau der Lebewesen auf sich hat, und wie sie, soweit es sie denn gibt, erklärbar ist (innere Teleologie).
2. Ob es einen Zweck der Natur im Ganzen gibt, also ob man eine bestimmte Richtung oder ein Ziel ausmachen kann, dem die Evolution zuläuft. Diese ›äußere‹ Teleologie wird in der Biologie auch unter dem Stichwort ›Höherentwicklung‹ diskutiert bzw. abgelehnt.
3. Schließlich bleibt zu erklären, woher denn die Fähigkeit, Zwecke zu setzen, beim Menschen selbst stammt, wenn sie in der ganzen Natur nicht vorkommt. Dass der Mensch sich selbst Zwecke setzen und Ziele verfolgen kann, ist offensichtlich. Wie kann er das aber, wenn es so etwas in der ganzen Evolution vor ihm nicht gibt? Ist er damit nicht länger Glied dieser Evolution, oder ist auch das von Absichten geleitete Tun des Menschen nur Schein? Im ersten Fall würde der unselige Graben zwischen Mensch und Natur wieder aufgerissen und unüberbrückbar gemacht; im zweiten Fall geriete der Mensch selbst zum Anthropomorphismus, d. h., erklärt er sich als etwas, das er in Wahrheit gar nicht ist. Auf dieses Dilemma hat insbesondere der Philosoph Robert Spaemann hingewiesen, und in der Tat, es handelt sich um keine sehr rosigen Alternativen.

Innere Teleologie: Was programmiert die Organismen?

Kehren wir zur ersten Frageebene zurück. Kein Biologe, auch Darwin nicht, wird vernünftigerweise die zweckmäßige Organisation von Lebewesen leugnen. Sie ist ja gerade einer der stärksten Gründe für jemanden, der Freude an der Natur hat, dieses Fach zu studieren. Und nicht einmal der verbissenste Laborwissenschaftler, der gewohnt ist, seine Objekte erst durch den Mixer zu jagen, bevor er Lebensvorgänge an ihnen untersucht, kann sich jemals ganz der Faszination, ja dem ehrfürchtigen Staunen entziehen, das ihn überkommt, wenn er wieder einmal bei Tageslicht eine Ameise oder einen Vogel in natürlicher Umgebung betrachtet. In einem Rundfunkinterview wurde die Nobelpreisträgerin Christiane Nüsslein-Volhard einmal gefragt, was sie denn als Ausgleich zum harten Laboralltag betreibe. Neben Kuchenbacken für ihre Mitarbeiter im Institut nannte sie die Beschäftigung in ihrem Hausgarten. Und sie fügte hinzu, wie sie jedes Jahr neu in ein kindliches Staunen gerate, wenn im zeitigen Frühjahr die ersten Blumen aus dem Erdboden brechen. Die alten Verse eines Angelus Silesius kommen einem da in den Sinn: »Die Ros' ist ohn' Warum, sie blühet, weil sie blühet; sie acht' nit ihrer selbst, fragt nit, ob man sie siehet.« Diese Unfassbarkeit – im eigenen Empfinden wie in der äußeren Erscheinung – spannt schon den Bogen hin zur dritten Ebene (der Frage nach dem Selbstzweck von Lebewesen), aber das wollen wir vorerst noch zurückstellen. Es geht uns um gar nichts Geheimnisvolles, nur um die wunderbare Präzision, mit der aus einem Samenkorn eine Pflanze, aus einem Ei ein Frosch wird. Natürlich kann diese ›Entwicklung‹ danebengehen, und sie tut es ja in vielen Fällen auch. Aber die Weichenstellung heißt hier nur: Frosch oder kein Frosch, nicht: vielleicht Frosch, vielleicht aber auch etwas anderes! Das ist die eindeutige Zielgerichtetheit oder ›innere Teleologie‹ des Lebendigen, und sie ist, um das gleich zu sagen, für Aristoteles das Vorbild für Zielursache schlechthin. Die Biologie hat für diese Art von Teleologie ein neues Wort erfunden, ›Teleonomie‹, und das bedeutet: Zielgerichtetheit aufgrund eines (inneren) Programms. Und in der Tat, es ist das Entwicklungsprogramm im Froschei, das garantiert, dass daraus, wenn alle »äußeren Bedingungen« stimmen, ein Frosch wird und nicht etwas anderes. Der Frosch setzt sich selbst nicht hin und überlegt, was er werden will, er setzt sich kein Ziel, sondern er wird automatisch von diesem Ziel gesteuert wie der Videoclip von seiner Software.

Genauso wird oder, besser, wurde in der Biologie die Teleonomie verstanden: als Determinierung durch ein genetisches Programm. In der Erbsubstanz, den vielbeschworenen Basensequenzen der

DNA, sollte die ›Information‹ für die Entwicklung enthalten sein, als Schritt-für-Schritt-Anleitung codiert wie ein kybernetisches Programm. Die Riesenmenge von Bausteinen, aus denen sich die DNA-Moleküle zusammensetzen (beim Menschen sind es rund 3×10^9, drei Milliarden), bot sich für die Codierung eines so umfangreichen Programms, wie es die Entwicklung eines Organismus erfordert, geradezu an. Wie die Anordnung dieser Bausteine in der richtigen Reihenfolge für das Programm zustande kommen soll, war dann natürlich die entscheidende Frage. Durch allmähliche, schrittweise Aneinanderreihung über »millions of millions of years« (so ein geflügeltes Wort des amerikanischen Paläontologen G. G. Simpson) war darauf die Antwort der Darwinisten. Das gab Anlass zu zahllosen Kontroversen. Mit statistischen Berechnungen wollte man beweisen, dass auf diese Weise zur Entstehung auch nur des einfachsten genetischen Programms ein Zeitraum erforderlich wäre, der das Alter des Universums um ein Vielfaches überträfe. Populärer formuliert, ist dies die bekannte Frage, wie lange man wohl einen Affen vor eine Schreibmaschine setzen oder einen Setzkasten mit Druckbuchstaben hinwerfen müsse, bis so etwas wie Shakespeares Hamlet dabei herauskäme. Aus heutiger Sicht stoßen solche Einwände genauso ins Leere wie die Vorstellung eines genetischen Programms überhaupt.

Abschied vom ›genetischen Programm‹

Da war zunächst die ernüchternde Erkenntnis, dass ein großer Prozentsatz der DNA, beim Menschen etwa 95 Prozent, gar keine codierende Funktion hat, sondern ›junk DNA‹ ohne Informationswert ist. Weiter stellte sich heraus, dass auch die verbleibende Menge an informationsträchtiger DNA keineswegs sonderlich spezifisch für die einzelnen Tierarten ist, sondern zahlreiche Gene, womöglich sogar die allermeisten, bei allen untersuchten ›Modellorganismen‹ in gleicher Weise vorkommen – bei Mensch und Maus ebenso wie bei Taufliege oder Fadenwurm, und sogar die Hefe hat noch eine ganze Menge Gene mit dem Menschen gemeinsam. Wo soll da noch das Spezifische einer bestimmten Organismenart genetisch codiert sein? Das *Human Genome Project* mit seiner ›Entschlüsselung‹ des menschlichen Erbguts, wie man ebenso verbreitet wie falsch sagt, brachte die nächste Enttäuschung. »Entschlüsselt« wurde nämlich in Wirklichkeit nichts, schon gar nicht der »genetische Code des Menschen«, weil der kein anderer ist als für alle übrigen Organismen auch, und dessen Entschlüsselung gelang bereits in den 60er Jahren des letzten Jahrhunderts. Daran waren nicht nur Watson und Crick, die Aufklärer der chemischen Struktur der DNA-Doppelhelix, beteiligt, sondern eine ganze Reihe weiterer Wissenschaftler, und das Ergebnis war die Bekanntgabe der berühmten ›Code-Sonne‹ auf dem Cold Spring Harbor Symposium von 1966. An dieser Code-Sonne kann schematisch abgelesen werden, welche drei Glieder der DNA-Kette für welche der 20 Aminosäuren ›codieren‹, aus denen die Proteine aller lebenden Organismen bestehen. Das war die Aufklärung des »Morse-Alphabets des Lebens«. Leben geschieht biochemisch auf der Grundlage von Eiweißkörpern oder Proteinen, und deren Bau ist in der Sequenz der Elemente der DNA-Molekül-Ketten festgelegt, und das ist die »genetische Information«, mittels deren Proteine neu aufgebaut und von Zelle zu Zelle vererbt werden können. Dieser Informationszusammenhang war nunmehr verstanden und der ›genetische Code‹ damit ein für alle Mal geknackt. Im Prinzip konnte man jetzt künstliche DNA-Sequenzen erstellen und in die Zelle als falsche Botschaften einschleusen, genauso wie das Geheimdienste machen, wenn sie einen gegnerischen Code geknackt haben. Viren machen beim Befall einer Zelle von Natur aus davon Gebrauch. Vom Knacken einer solchen Geheimschrift konnte also bei der Aufklärung des menschlichen Genoms nicht die Rede sein. Der Code war ja längst geklärt. Alles was getan wurde, war, die Reihenfolge der DNA-Ketten-Glieder richtig zu bestimmen, was bei drei Milliarden Gliedern Arbeit genug bedeutete und auch seine Zeit (von 1990 bis 2001 bzw. 2003) in Anspruch nahm. Heute geht das aufgrund einer verbesserten maschinellen Technik um ein Vielfaches schneller. Das zeigt sich in der immer rascheren Folge von Veröffentlichungen der Genome einer immer größeren Anzahl von Organismen. Es war also Sequenzierung, nicht Decodierung, Entzifferung und nicht Entschlüsselung. Das ist keine müßige Wortklauberei. Wenn Sie die verwitterte Inschrift auf einem Grabstein lesen wollen, müssen Sie die Buchstaben entziffern, nicht entschlüsseln. Letzteres wäre erst erforderlich, wenn es sich um fremde, für Sie unverständliche Schriftzeichen handelte bzw. um eine Sprache, für die Sie kein Lexikon besitzen. Es wäre ein Segen, wenn diese Unterscheidung endlich von Kirchenzeitungen und sonstigen Blättern, die gegen die moderne Gentechnik polemisieren, akzeptiert würde. Viel von dem, was als geradezu magische Phantasien über Möglichkeiten und Fluch der DNA in den Köpfen spukt, könnte dadurch seine Wirkung verlieren. Leider haben auch viele Wissenschaftler (sei es aus Nachlässigkeit oder aus Resignation) dazu beigetragen, diese unsaubere Terminologie am Leben zu halten.

Nach dieser kleinen schulmeisterlichen Eruption zurück zur Enttäuschung, die das *Human Genome Project* bereitete. Sie hat nichts damit zu tun, dass es sich um »bloßes Sequenzieren« handelte. Sondern damit, dass dieses Sequenzieren offenlegte, dass der Mensch nicht, wie früher vermutet, 500 000 oder wenigstens 150 000 Gene für die Ausprägung all seiner Eigenschaften besitzt, sondern lediglich 20 000–25 000. Das ist nicht mehr als bei einer Maus und knapp doppelt so viel, wie ein einfacher Fadenwurm besitzt. Selbst ein simples Ackerunkraut, der Kreuzblütler *Arabidopsis* (auch ein Modellorganismus der Genetiker), hat wesentlich mehr. Das zeigt, dass die Anzahl der Gene, der Umfang an genetischer Information, kaum eine geeignete Basis für die Speicherung eines Entwicklungsprogramms darstellt. Man hat sich mit molekularbiologischen Tricks aus dieser Zwickmühle zu befreien versucht. Etwa mit dem Hinweis, dass ein bestimmter DNA-Abschnitt die Information für mehrere Proteine enthalten kann, wenn er mehrmals auf unterschiedliche Weise abgelesen wird, ein Gen also die Information für mehrere Proteine in sich vereinigt. So etwas kommt tatsächlich vor, und zwar nicht nur gelegentlich und unversehens, sondern durchaus programmgemäß. Aber das löst nicht das eigentliche Problem, sondern verschleiert es eher.

Tatsache ist, dass Gene nicht, wie Gregor Mendel sich das vorgestellt hat, als einzelne, voneinander unabhängige Faktoren die Eigenschaften des Organismus bestimmen, sondern in der Regel im Verein vieler auf einmal zusammenwirken. Das Mischungsverhältnis vieler gleichzeitig aktiver Gene bestimmt also die einzelnen Eigenschaften, nicht die Wirkung eines einzelnen Gens im Gegensatz zu allen übrigen. Mit 500 Genen lassen sich somit nicht nur 500 Eigenschaften definieren, sondern nahezu unendlich viele, weil die Kombinatorik den Ausschlag gibt und nicht die bloße Addition. Dass wir dennoch 25 000 Gene haben und nicht bloß 500, zeigt die Einseitigkeit wohl auch dieses Modells. Die Wahrheit liegt vermutlich irgendwo dazwischen. Vor allem aus der Humangenetik ist bekannt, leider meist aufgrund negativer Effekte, dass es sehr wohl ›monofaktorielle‹ Genwirkungen gibt, nämlich in Form einer ganzen Reihe von Erbkrankheiten. Dass andererseits die meisten unserer körperlichen und erst recht geistigen Eigenschaften ›pleiotrop‹, d. h. von vielen Genen zusammen, bestimmt sind, ist ebenfalls keine neue Einsicht. Nur ist der interaktive Charakter dieser ›Pleiotropie‹, die Vernetzung der einzelnen Genwirkungen untereinander, viel intensiver, als man sich das noch vor wenigen Jahrzehnten vorgestellt hat. Vor allem ist neu, dass es häufig quantitative Effekte sind, Prozentanteile der Wirksamkeit von Genen, wovon unsere körperlichen und geistigen Qualitäten abhängen. Ob sich der Komplexitätsgrad dieses immensen Zusammenspiels jemals wird verstehen lassen, darüber scheiden sich die Geister. Ich kenne Molekularbiologen, die der festen Überzeugung sind, dass das alles nur eine Frage der Zeit, sprich der Leistungsfähigkeit unserer Computer sei, bis wir die Interaktionsnetzwerke von Genom, ›Proteom‹, ›Transkriptom‹, und wie die jüngst entdeckten Integrationsebenen sonst noch heißen mögen, im Griff haben. Diese neuen, alle auf ›-omik‹ endenden Disziplinen, Genomik, Proteomik, Transkriptomik usw., deuten an, auf welchen Ebenen man die konzertierten Regelwerke der Zelle zu suchen hat, bis wir zum Zustandekommen eines Entwicklungsprogramms gelangen: als Zusammenwirken von Genen, als deren Wirkung auf die Synthese von Proteinen und deren Interaktionen untereinander, als Rückwirkung der Protein-Interaktionen auf die Steuerung der Genaktivität (Transkription) usw. ... Es gibt bereits erste »Modellaufnahmen« von solchen Regulationszusammenhängen, wo einem schwarz vor den Augen werden kann von der Menge an grün und rot markierten genetischen Schaltzuständen, die das molekulare Zellgeschehen in einem bestimmten Moment gleichzeitig beeinflussen. Das ist wohl der Grund dafür, warum eine zweite Gruppe von Molekularbiologen, meist die strikt biochemisch orientierten, skeptisch sind und ihre Zweifel anmelden, ob wir den Komplexitätsgrad dieser Steuerungsnetzwerke jemals überblicken werden. Es ist ja nicht damit getan, dass wir Computer mit Daten für Simulationsspiele füttern, sondern die Prinzipien der Kontrollvorgänge, die aus dem Chaos ein Programm machen, müssen auch in unseren Kopf. Und ob der dafür noch groß genug ist? Vielleicht geht es uns hier so, wie Immanuel Kant das der Biologie schon hundert Jahre vor Darwin ins Stammbuch geschrieben hat: dass sie ohne Annahme einer Zweckursache nicht erklären kann, was die Natur, ohne Zwecke zu verfolgen, zustande bringt. Wir brauchen, so meinte er, die Zweckbetrachtung als regulative Idee, weil es den »Newton des Grashalms« (noch) nicht gibt. Newton hatte für die Astronomie gezeigt, dass die Bewegung der Gestirne allein mit Hilfe mechanischer Gesetze möglich ist und es keinen »unbewegten Beweger« dafür braucht. Dasselbe sollte prinzipiell auch für die Biologie gelten, nur ist deren Komplexität so groß, dass ein Newton vergleichbarer Genius hierfür noch aussteht. Die Biologen im Gefolge Darwins sind zwar zuversichtlich, diesen Genius zu besitzen, und für den Grashalm (oder wenigstens für seine Statik) mag dies einigermaßen stimmen. Seit dem *Human Genome Project* sind jedoch wieder vermehrt Zweifel angesagt. Kann ja sein, dass die Biologie »prinzipiell« ohne Zweckursachen auskommt. Aber was heißt das schon, wenn wir die Prinzipien nicht kennen?

Epigenetische Kontrolle

Kehren wir aus den Höhen philosophischer Betrachtung zurück in die Niederungen der genetischen Regulation. Es gibt nämlich noch einen weiteren Grund, der Rede vom »genetischen Programm« zu misstrauen, und der hat mit dem zu tun, was wir in den letzten Jahren über die ›epigenetischen‹ Steuermechanismen der DNA gelernt haben. Es ist Schulbuchwissen, dass die Sequenzen der DNA in jeder Zelle eines Organismus dieselben sind, und es kann auch gar nicht anders sein, weil diese Zellen alle durch Teilung, besser durch identische Replikation aus einer bestimmte Eizelle hervorgegangen sind.

Dennoch ist die DNA in den verschiedenen Zelltypen in ganz unterschiedlicher Weise aktiv. Auch das kann nicht anders sein, weil die verschiedenen Zelltypen der Gewebe und Organe ja ganz unterschiedliche Funktionen zu erfüllen haben. Wie aber kommt diese ›Differenzierung‹ zustande, wo doch alle Zellen voraussetzungsgemäß dasselbe Genom besitzen? Einmal dadurch, dass in den einzelnen Zellsorten unterschiedliche Inhalte aus der genetischen Information abgegriffen werden. Das geschieht auf dem Weg über die Transkription, die Erstellung von Arbeitskopien, mit denen die in den Genen codierte Anweisung für die Bildung von Proteinen in Umlauf gebracht wird. Das ist wie bei einem Buch, von dem je nach Bedarf des Benutzers gewisse Seiten kopiert und ausgehändigt werden. Der Benutzer weiß von dem Buch nicht mehr, als was auf seinen kopierten Seiten steht, und kann auch nur diese Information verwerten. Nur, welche Seiten das sind, die er bekommt, das kann nicht noch einmal im Buch stehen, sondern das bestimmt derjenige, der die Seiten auswählt und die Kopien verteilt.

Genauso ist es in der Zelle. Es kann nicht noch einmal in der DNA enthalten sein, wann und wo welche ihrer Gene abgeschrieben werden, sondern das muss von einer Instanz zusätzlich zur genetischen Information kommen. Es ist die Umgebung der DNA, die das in der Zelle bewerkstelligen muss, irgendwelche räumlichen oder zeitlichen Markierungen und Signale, die der zellulären

Kopiermaschine, dem sogenannten Transkriptionsapparat, sagen, wann und wo er sich in Bewegung zu setzen hat.

Diese Einsicht in die Unrückführbarkeit solcher räumlichen und zeitlichen Signale der Entwicklungssteuerung auf die genetische Information hat der Vorstellung eines in den Genen niedergeschriebenen kybernetischen Programms die Berechtigung genommen. Das hat seine Zeit gedauert. Ich erinnere mich noch gut an Diskussionen um 1990 herum mit Assistenten des Genetischen Instituts in München, ob denn die Positionsinformation, wie man das damals nannte, letztlich nicht doch auch in den Genen stecken müsse. Man hatte sie wenige Jahre zuvor im Ei von *Drosophila* entdeckt, als RNA-Moleküle, die an den beiden Eipolen verankert waren und der beginnenden Entwicklung signalisierten, wo einmal vorn und hinten zu sein habe. »Ja, aber diese RNA-Moleküle sind doch auch Genprodukte«, hieß es bei den Genetikern. – »Schon, aber sie müssen an bestimmten Raumpunkten des Eis deponiert werden«, setzte ich als auf Logik erpichter Philosoph dagegen. – »Sicher, aber das wird wieder durch andere Genprodukte kontrolliert«, warfen die Genetiker ein. – »O. k., o. k., mach deine Liste von beteiligten Genen so lang, wie du willst, irgendwann muss sich die ganze Mechanismenkette festlegen, *wo* sie hinwill. Und das steckt nicht in noch so vielen beteiligten Genen, sondern wird von einer Stelle (nicht einem Gen!) der Topologie, der räumlichen Gegebenheiten des Eis bestimmt!« Es ist aus heutiger Sicht kaum mehr vorstellbar, wie lange es dauerte, bis sich das zähe Vorurteil, alles stecke in den Genen, geschlagen gab und dem wich, was ich als die eigentliche ›epigenetische‹ Sichtweise des Entwicklungsprogramms bezeichnen möchte: Die Einsicht, dass dieses Programm nicht von Anfang an als fertige Blaupause der Organisation vorliegt, sondern allmählich, Zug um Zug, durch gegenseitige Rückkoppelung von vorhandener Organisation und aktiviertem Genom erstellt wird.

Entwicklung ist kein Spiel vom fertigen Notenblatt, sondern ein Geschehen, bei dem die Partitur erst beim Spielen entsteht. Dieses Bild kann, so eingängig es ist, leichter falsch als richtig verstanden werden. Die Zelle ist nicht einfach der Musiker, und die Gene sind nicht die Noten. Die Zelle spielt aber auch nicht wild drauflos und nennt dann das, was dabei herauskommt, ihre Partitur bzw. ihr Entwicklungsprogramm. Die Zelle ist eher eine Art Komponist, der in sich den Drang zum Musizieren verspürt, dabei aber durch die Rahmenbedingungen so eingeengt oder kanalisiert wird, dass er beim Spielen nur ein ganz bestimmtes Lied hervorbringen kann. Es ist der Zweck, oder sagen wir vorsichtig die Funktion der genetischen Information, diese Rahmenbedingungen zu gewährleisten. Es sind aber auch die Gene, die den Anlass geben, den vorhandenen Rahmen zu verändern und zu erweitern. Unser Komponist hat also von Haus aus ein paar Töne, den Anfang einer Melodie im Kopf, nach denen er alleine nicht mehr weiterweiß. Aber der Anfang dieser Melodie genügt, den Genen einen Hinweis zu entlocken, mit dem sein Spiel ein bisschen weitergeht. Die so verlängerte Melodie setzt weitere Unterstützung durch die Gene frei, wodurch die Melodie wieder ein paar Takte vorankommt, und so fließen die Töne nacheinander dahin. Am Ende zerstört sich das Bild jedoch, weil der Spieler in seiner Melodie aufgegangen ist. Oder sollte er als eigenes Subjekt unsichtbar und unentdeckt

hinter seinem Werk bleiben? Das ist die Preisfrage der modernen Entwicklungsbiologie, weltanschaulich nicht weniger brisant als die Frage nach dem Programmierer des genetischen Programms, aber den tatsächlichen Gegebenheiten eher angemessen. Es sind nicht die Gene, die den Organismus machen, sondern es ist der Organismus, der mit den Genen etwas macht. Andererseits sind es aber auch die Gene, die mit dem Organismus etwas machen. Es ist ein bisschen wie mit dem Kreislauf von Henne und Ei, mit dem kleinen Unterschied allerdings, dass hier, bei der Priorität von Genom oder Organisation, der Anfang feststeht. Zwar gibt es ohne Gene keinen Organismus, aber Gene wirken nur *in* einem Organismus. Es muss ein Organismus, eine Anfangsorganisation da sein, egal, woher, damit Gene wirken können. Das heißt, es gibt einen Minimalzustand an Organisation, hinter den Leben nicht zurück kann. Ich kann das Leben eines Organismus auf das Zusammenwirken seiner vielen Zellen zurückführen, diese auf die Differenzierung aus der Eizelle, aber diese nicht auf ihre DNA.

Die DNA hat die Eizelle nicht gemacht, sondern die Eizelle ist aus einer anderen Zelle entstanden. Leben gibt es nicht auf geringerem Niveau als auf dem von Zellen, und es pflanzt sich stets von Zelle zu Zelle fort. Leben lässt sich nicht einfach weiter reduzieren auf Nichtlebendiges, sondern hat im ›Elementarorganismus‹ Zelle seinen Minimalzustand. Die beliebte Reihung: zuerst waren die Atome, dann kamen die Moleküle, dann die Biomoleküle, dann die Zelle usw. …, ist eine zu billige Vereinfachung.

Ich höre schon das Aber. »Ja aber, wie ist es denn dann zur ersten Zelle gekommen, irgendwo muss sie ja doch aus dem Unbelebten entstanden sein, oder glauben Sie hier an einen direkten Eingriff Gottes?« Nein, das tue ich nicht (warum, kommt später noch zur Sprache), und darum muss es natürlich »irgendwie« vom Unbelebten zum Lebendigen, von der anorganischen zur organischen Materie weitergegangen sein. Nur, dieses ›Wie‹ zu bestimmen ist eine der größten Herausforderungen für die Evolutionsforschung. Wie sehr wir hier noch im Dunkeln tappen, kann Ihnen jeder Chemiker, der sich mit Biogenese-Forschung abgibt, bestätigen. Wir wollen dieses Fass gar nicht erst aufmachen. Es geht nur darum zu zeigen, dass zwischen Unbelebtem und Lebendigem kein kontinuierlicher Übergang besteht, sondern eine Kluft. Ein »Quantensprung«, sagt man heute gern dafür, aber das ist (wie fast überall, wo dieser Ausdruck verwendet wird) natürlich Unsinn. Ein qualitativer Sprung ist es, und darum geht es: dass das Leben etwas qualitativ anderes ist als die Welt der Moleküle und Atome. Es ist eine Eigenschaft von Zellen, die es davor noch nicht gibt. Wenn die Rede von neuen ›Systemeigenschaften‹, die aus der Ebene der Elemente des Systems nicht ableitbar sind, einen Sinn macht, dann hier.

Das Konzept der epigenetischen Kontrolle der Genaktivität, die uns zu solchen Grundsatzfragen wie der Unableitbarkeit von Leben gebracht hat, erfährt neuerdings einen gewissen Bedeutungswandel. Es geht dabei nicht mehr nur um eine Auswahl beim Kopiervorgang, sondern, um im Bild zu bleiben, um eine Beeinflussung des Buchinhalts selbst. So wie Eltern (zumindest früherer Generationen) in Zeitschriften oder Büchern Seiten mit nicht ganz einwandfreiem Inhalt verklebten, um die Wissbegierde ihrer hoffnungsvollen Sprösslinge vor schädlichen Eindrücken zu bewahren, so macht es auch die Zelle mit der DNA. Regionen mit nutzlosem bzw. störendem Informationsgehalt werden in ausdifferenzierten Zellen nicht nur nicht abgelesen, sondern durch bestimmte chemische Blockaden richtiggehend unlesbar gemacht, um auch ein etwaiges spontanes Kopieren zu verhindern. Die dafür angebrachten chemischen Veränderungen an der DNA (bzw. an den mit ihr verknüpften Eiweißkomponenten der Chromosomen) werden ›epigenetische Modifikationen‹ genannt. Sie verändern nicht den Informationsgehalt der DNA und sind deshalb keine Mutationen, sondern bloß Blockaden, die auf (= griech. ›epi‹) die DNA gesetzt wurden. Aber diese Blockaden sind dauerhaft, sie werden von einer Zellgeneration zur anderen weitergegeben, aber eben ›epi‹-genetisch. Das Studium dieser Steuerungsvorgänge auf Ebenen oberhalb der genetischen Information ist zu einer eigenen Wissenschaft geworden, die selbst ›Epigenetik‹ genannt wird, engl. ›epigenetics‹, Das Eigenschaftswort ›epigenetisch‹ ist allerdings dasselbe wie für das alte Wort ›Epigenese‹ oder ›Epigenesis‹, das seit je in der Entwicklungsbiologie die Entstehung von bisher nicht Dagewesenem im Gegensatz zum bloßen Sichtbarwerden von schon Vorgebildetem, der Präformation, bezeichnete. In diesem ursprünglichen Sinn haben wir das Wort verwendet, wenn wir von der epigenetischen Entstehung des Entwicklungsprogramms gesprochen haben. Es ist nicht vorher schon ›präformiert‹ in der DNA vorhanden, sondern bildet sich erst Schritt für Schritt im Zuge der Entwicklung.

Diese doppelte Bedeutung von ›epigenetisch‹ ist ein wenig verwirrend, macht aber für das, worauf es uns hier ankommt, keinen großen Unterschied. Auch die epigenetischen Steuermechanismen sind ja ein Beweis dafür, dass es ein präexistent oder präformiert in den Genen festgeschriebenes Programm nicht gibt. In erster Instanz sind es nicht die Gene, die der Zelle diktieren, was zu tun ist, sondern die Zelle wählt unter den Genen aus, was sie will und braucht. Allerdings bedeutet jede getroffene Auswahl eine Einschränkung für den nächsten möglichen Schritt, weil die

Gene tatsächlich Information enthalten: Anweisungen, die den weiteren Weg kanalisieren und das ursprüngliche ›Potenzial‹ der Eizelle (wer denkt da nicht an die erregte Diskussion um den Status der embryonalen Stammzellen?) zunehmend einengen. Damit aber die Eizelle auch beim ersten Schritt der Genauswahl schon in die richtige Richtung gelenkt wird, gibt es maternale Vorinformationen: Hinweise, die der Mutterorganismus seinen »Töchtern«, den Eizellen, mit auf den Weg gibt, um die Entwicklung in rechter Weise zu beginnen. Es ist also sehr wohl alles programmiert; die Eizelle hat keine Chance, etwas anderes zu machen als den vorgesehenen Prozess. Aber es ist eben nicht alles in den Genen vorprogrammiert. Das wäre es nur, wenn wir in der DNA Regulationsstrukturen ausmachen könnten, die schon im Voraus für die aufeinanderfolgenden Entwicklungsschritte berechnet sind. Ein solcher Algorithmus ist aber nach allem, was wir heute wissen, den DNA-Sequenzen nicht einprogrammiert. Der Steuerungszusammenhang zwischen Genom und Organisation ist viel lockerer und dynamischer. Er gleicht eher dem, wie Harry Potter im letzten Band der Geschichte von seinem Mentor Dumbledore angeleitet wird, seine Aufgabe, die Vernichtung Voldemorts, durchzuführen. Gerade so viele Hinweise hinterlässt Dumbledore seinem Schüler, dass er davon ausgehen kann, dass Harry, die Eigenart seines Temperaments und Charakters eingerechnet, auch unter unvorhergesehenen Umständen mit dieser Aufgabe zielführend zurechtkommt. (Zugegeben, dieser Vergleich ist nur für Harry-Potter-Fans erhellend. Wer sich hier diskriminiert fühlt, dem sei die Lektüre des siebten Bandes wärmstens empfohlen.)

Aus demselben Grund enthält das ›Entwicklungsprogramm‹ Freiheitsgrade, um sein Ziel, die Erstellung eines bestimmten Organismus, zu erreichen. Nun ist es heraus, das für Darwins Anhängerschaft so verhängnisvolle Wort ›Ziel‹. Wie anders aber sollte man diese Strategie bezeichnen, wie das Wort ›Ziel‹ dabei vermeiden? Entwicklung geschieht programmgemäß, jawohl. Aber es ist kein starres, in allen Einzelheiten festgeschriebenes und vorab formuliertes Programm, sondern eines, das offen genug ist, um seinem Ausführer das Eingehen auf Eventualitäten zu erlauben. Ist das noch Teleonomie? Vielleicht. Aber wenn, dann wissen wir nicht, weshalb. Was wir beim heutigen Kenntnisstand der molekularen Entwicklungsbiologie sehen, ist eine Strategie. Und diese Strategie kann nur unter Zuhilfenahme einer Zielvorgabe, ebendes Entwicklungsziels ›vollständiger Organismus‹, beschrieben werden. Die Strategie ist dergestalt, dass sie die Eigenart eines Agenten in Rechnung stellt, dem sie, ähnlich wie Dumbledore dem Charakter Harry Potters, zutraut, im Bedarfsfall mit den gebotenen Hinweisen etwas anfangen zu können. Das ist das Missliche an diesem Modell – jedenfalls für Biologen: Es hat einen »vitalistischen« Beigeschmack. Das Schöne an diesem Modell ist zwar, dass das genetische Programm nicht länger perfekt sein muss, keine fertige Gebrauchsanweisung zu sein hat, von der man nicht weiß, wie der Zufall sie geschrieben haben soll. Diesen Vorteil handelt man sich aber ein durch die Annahme eines ›lebendigen Subjekts‹, des oben so bezeichneten Agenten, der in der Lage ist, aus einer Loseblattsammlung von genetischen Einzelanweisungen auszuwählen, was es gerade braucht. Und ebendas ist ›Vitalismus‹ und für einen naturwissenschaftlich denkenden Biologen unerträglich. Womöglich lässt sich ja der ›vitalistische Agent‹ auf seine Mechanismen zurückrechnen, aber vielleicht lässt Kant auch hier wieder grüßen. Mag ja sein, dass dieser vitalistische Agent, die Rede ist von der Zelle oder dem Organismus als lebendem Subjekt, im Prinzip überflüssig ist. Uns fehlt jedoch derzeit jeglicher Newton (in diesem Fall der Entwicklung), der uns diese Prinzipien lieferte. Man kann die Rede vom lebendigen Subjekt geflissentlich vermeiden. Aber bei diesem Stand der Dinge zu behaupten, die Rede von Zielen sei überflüssig in der Biologie, ist einigermaßen kühn.

Für den Laien sind die molekularbiologischen Details, die uns zu dieser Schlussfolgerung geführt haben, vermutlich verwirrend und schwer nachvollziehbar. Das liegt in der Natur der Sache. Es ist das Ergebnis langer Jahre und zahlreicher Forschungsarbeiten, bis daraus, Steinchen für Steinchen, das Bild unseres heutigen Verständnisses der genetischen Regulation zusammengesetzt werden konnte. Und auch dieses Bild ist noch weit davon entfernt, endgültig zu sein. Ich habe seinerzeit, in der Begeisterung über Nüsslein-Volhards Aufklärung der Entwicklungsgrundzüge der Taufliege *Drosophila*, ein Buch geschrieben, in dem ich das gewonnene Wissen, »wie man eine Fliege macht«, philosophisch zu interpretieren suchte (Kummer 1996). Darin habe ich versucht, für den damals noch wenig akzeptierten Begriff der epigenetischen Steuerung der Entwicklung eine Lanze zu brechen. Die Erinnerung an diese Zeiten ist in mir wohl wiedererwacht und hat das Thema hier länger ausfallen lassen, als es vielleicht nötig gewesen wäre. Aber trösten Sie sich – mein Buch darüber ist noch viel umfangreicher. Wenn ich heute im Regal vor mir den wunderbaren Cold-Spring-Harbour-Tagungsband »Epigenetics« von 2006 sehe, muss ich zugeben, ich habe aus heutiger Sicht offene Türen eingerannt mit meiner Arbeit. Aber damals, vor mehr als zehn Jahren, waren diese Türen noch ziemlich zu, und es gab nur wenige, die einen Schlüssel daran probierten. Dennoch muss ich Sie warnen, wenn Sie jetzt aus historischem Interesse oder auch aus bloßer Neugier daran denken, sich mein Buch zu besorgen. Es ist noch viel komplizierter als die Seiten, die Sie gerade hinter sich haben. Wenn Sie etwas wirklich gut Geschriebenes und Verständliches zu diesem Thema wollen, empfehle ich Ihnen Nüsslein-Volhards »Das Werden des Lebens. Wie Gene die Entwicklung steuern«. Fachkompetenz ist eben durch Philosophie nicht zu ersetzen.

Dennoch, bei allem gewonnenen Wissen gibt es Ratlosigkeit auch unter Genetikern, was denn die moderne Molekularbiologie aus dem einst so klaren Genbegriff gemacht hat. Das sind diejenigen, denen unwohl dabei ist, dass man nicht mehr so eindeutig angeben kann, wo denn die ›genetische Information‹ zu lokalisieren ist, wenn eine ganze Anzahl übergeordneter Instanzen darauf Einfluss nehmen und in experimentell noch schwer beeinflussbarer Weise mit darüber »entscheiden«, was davon im Klartext zu lesen ist. Die Eindeutigkeit des Genorts auf der DNA sei verloren gegangen, wird geklagt, und das stimmt wohl auch, weil ›Genaktivität‹ viel eher für eine intendierte Tätigkeit als bloß für die Kopierbarkeit eines Stücks DNA-Matrize steht. Das »zentrale

Dogma« der Unumkehrbarkeit des genetischen Informationsflusses von der DNA über die RNA zum Protein ist aufgehoben, seit man weiß, dass RNA nicht nur in DNA zurückkopiert werden kann, sondern Proteine die RNA-Kopien auch noch bearbeiten. Ja, sogar der tot geglaubte Lamarckismus, die Lehre von der Vererbbarkeit erworbener Eigenschaften, ist wieder zu neuem Leben erwacht, weil es als wahrscheinlich gilt, dass die epigenetische Kontrolle auch von Umwelteinflüssen, wie Art der Nahrungsaufnahme oder Stressfaktoren, abhängig ist. Konservativ eingestellten Genetikern mag es da gehen wie den Atomphysikern am Beginn des 20. Jahrhunderts, als das Bohrsche Modell, bei dem die Elektronen wie kleine Planeten um den Kern als ›Sonne‹ kreisten, durch die Wellenmechanik abgelöst wurde. »Es gibt keine Atome mehr«, hieß die enttäuschte Reaktion. »Das Bohrsche Modell ist falsch!« O nein, es ist nicht falsch, denn es ist weiter brauchbar in der Chemie, und ein Modell, das brauchbar ist, kann nicht falsch sein, sondern höchstens eingeschränkt in seiner Anwendbarkeit. Ganz genauso verhält es sich beim Gen: Weil es kein genetisches Programm gibt, ist der Genbegriff noch längst nicht falsch. Selbst mit der Mendelschen Faktorengenetik lässt sich in bestimmten Fällen noch gut arbeiten, wie die humangenetischen Analysen zeigen.

Gene wie im Warenhaus

Was also ist vom Begriff des Gens noch zu halten? Wer das ganze auf den bisherigen Seiten Dargestellte zu mühsam fand und nach einem einfachen Vergleich sucht, der sei auf den Aufsatz meines Institutskollegen Johannes Seidel verwiesen: »Das Genom als Quellekatalog«. Das Genom, unser Erbgut also, ist diesem Vergleich nach sehr wohl ein Bündel an Informationen, aber keine komplett geschriebene Anleitung. Wer sich eine Wohnung einrichten will, findet dafür im Versandkatalog eines großen Warenhauses alles, was er braucht, vom Bett über den Spiegel im Bad bis hin zum Wohnzimmersessel und zur Tischdecke. Aber was er aus dem ganzen Angebot auswählt und wie er damit seine Wohnung einrichtet, ist seine Sache. Dazu gibt ihm der Katalog keine Anleitung, und auch uns verrät der Einblick in diesen Katalog nicht, wie eine davon ausgestattete Wohnung im Einzelnen aussieht. Viele verschiedene Einrichtungen sind aus ein und demselben Katalog möglich, und nach welchen Auswahlkriterien sie zustande kommen, darüber ist im Katalog trotz all seiner hübschen Bilder nichts zu finden. Entsprechendes gilt für das Genom. – Es hieße wohl den Vergleich überstrapazieren, wenn man behaupten würde, es gäbe auch nur einen »Genkatalog«, aus dem sich die Ausstattung sämtlicher Organismenarten zusammenstellen ließe. Vielmehr gibt es sicher viele verschiedene Einzelausgaben, aber sie alle zusammengenommen würden keinen allzu umfangreichen Gesamtkatalog ergeben. Die unterschiedliche Auswahl und verschiedene Kombinationen machen eine Vielzahl von ›Genotypen‹ und Bauplänen aus einem relativ beschränkten Genreservoir möglich. (Die leidige Frage, woher denn dieses Ausgangsreservoir kommt, wollen wir vorsichtshalber beiseitelassen …) Zwei Auswahlverfahren sind dabei jedenfalls zu unterscheiden: ein phylogenetisches, das die Zusammensetzung eines Genoms im Lauf der Stammesgeschichte betrifft; und ein ontogenetisches, dem die Zelle beim Abgreifen von Einzelinformationen im Verlauf der Individualentwicklung folgt. Mag die erste Form noch so sehr von den Zufälligkeiten einer ›natürlichen Zuchtwahl‹ abhängen, die zweite erfordert eine eigene Ordnungsinstanz, die mit den Inhalten des Genoms in »sinnvoller«, d. h. dem Entwicklungsziel entsprechender, Weise umzugehen versteht. Damit sind wir genau wieder bei der Zelle bzw. dem Organismus als »Aktionszentrum« (wenn man das lieber hört als »lebendiges Subjekt«) angelangt, das die Gene als Mittel zu benutzen versteht, um den Zweck seines Daseins zu erreichen. Was ein einfaches, gut gewähltes Beispiel durch seine Anschaulichkeit doch an Einzelüberlegungen zu ersetzen vermag! Allerdings steckt in dieser Anschaulichkeit bereits die Vorunterscheidung für das gewünschte Ergebnis. Wer darum jetzt von Zweifeln beschlichen wird, ob denn das alles so seine Richtigkeit habe mit dem Verständnis der Zelle als einem auswählenden, die Gene koordinierenden Agenten, dem bleibt jetzt nichts anderes übrig, als zur ausführlichen Darstellung der vorangegangenen Seiten zurückzukehren.

Äußere Teleologie: die Frage nach der Höherentwicklung

Die zweite Weise, auf die man nach einem Zweck in der Natur fragen kann, ist nach einem Ziel in der Evolution, also die ›äußere Teleologie‹. Sie ist mindestens ebenso umstritten wie die innere Teleologie der Organismen. ›Höherentwicklung‹ heißt der gängige Begriff dafür, und auch er ist ein Reizwort für biologische Ohren. Wenn ich bei meinen Vortragsauftritten zu Kreationismus und Intelligent Design wissen will, ob es Biologen im Saal gibt, muss ich nur den Begriff der Höherentwicklung ins Spiel bringen, und prompt wird sich bei den ersten Wortmeldungen jemand als Biologe outen mit dem Einwand, dass es so etwas, bitte schön, seit Darwin nicht mehr gebe. – Natürlich nicht im Sinne einer plumpen *scala naturae,* auf der alle Naturgegenstände vom Menschen abwärts wie Sprossen auf einer Leiter (lat. ›scala‹) eingezeichnet werden können. Der Genfer Naturforscher Charles Bonnet (1720–1793) hat eine solche Leiter im Anklang an Aristoteles in anschaulicher Weise dargestellt (Abbildung 8). Es lohnt sich, einen genaueren Blick darauf zu werfen. Es ist nämlich mehr davon in das Evolutionsdenken eingegangen, als man zunächst vermuten würde. Wer weiß, vielleicht ist ja gerade das der Grund für die heftige Ablehnung des Stufenleiterdenkens durch heutige Evolutionsbiologen. Es ist und bleibt aber die Voraussetzung für jedes Entwerfen eines Stammbaums.

Stufenleiterdenken

Was an Bonnets Stufenleiter neben der traditionell selbstverständlichen Ausrichtung auf den Menschen als der obersten Sprosse der Leiter und damit der Spitze der Organisation sofort auffällt,

L'Homme / Mensch
Orang-Outang / Orang-Utan
Singe / Affe
Quadrupèdes / Vierfüßer
Ecureuil volant / Flughörnchen
Chauvesouris / Fledermaus
Autruche / Strauß
Oiseaux / Vögel
Oiseaux aquatiques / Wasservögel
Oiseaux amphibies / Amphibische Vögel
Poissons volans / Fliegende Fische
Poissons / Fische
Poissons rampans / Kletternde Fische
Anguilles / Aale
Serpens d'eau / Wasserschlangen
Serpens / Schlangen
Limaces / Nacktschnecken
Limaçons / Schnecken mit Schale
Coquillages / Muscheln
Vers à tuyau / Röhrenwürmer
Teignes / Schaben
Insectes / Insekten
Gallinsectes / Gallinsekten
Taenia, ou Solitaire / Bandwurm
Polypes / Polypen
Orties de Mer / Aktinien
Sensitive / Sinnespflanze (Mimose)
Pflanzen
...

Abb. 8: Ausschnitt aus Bonnets »Idee einer Stufenleiter der natürlichen Wesen« *(nach Zimmermann 1950; verändert)*

sind die eingetragenen Zwischenglieder. Belustigend, aber logisch naheliegend, wie Flughörnchen und Fledermaus zwischen Affen und Vögeln vermitteln. Klar, Affen wie Vögel bewohnen Bäume, und dazwischen gehören dann Wesen, die zwar schon fliegen, aber sonst in Gebaren und Aussehen eher noch Affen gleichen. Ebenso originell sind die fliegenden Fische als Vermittler zwischen tauchenden Wasservögeln und richtigen Fischen. Dass es dann, analog zum Affe-Vogel-Übergang über kletternde Fische (so etwas gibt es tatsächlich in Mangrovesümpfen) zur restlichen Klasse der Fische geht und von diesen über die Aale zu den Schlangen, versteht sich für den, der die Logik dieser Ableitung begriffen hat, schon fast von selbst. Schön auch, wie über die blumenartigen Korallentiere (Aktinien, wie z. B. Seeanemonen) und die Sinnespflanze *Mimosa pudica* (die bei Berührung »keusch« ihre Zweige und Blätter senkt) das Pflanzenreich angeschlossen wird. Es sind die Holme der Leiter, die mit ihrer unerbittlichen Kontinuität diese lineare Anordnung, aber damit auch das Denken in Übergangsformen erfordern. Dass dann in der weiteren Fortsetzung der Stufenleiter, die in unserem Ausschnitt nicht mehr wiedergegeben ist, am unteren Ende die klassischen vier Elemente Erde, Wasser, Luft und Feuer zu den »feineren Materien« überleiten, kann Anlass für Spekulationen sein, wohin die Logik des Übergangs bei weiterer Verlängerung wohl trüge. Aber die Leiter ist hier zu Ende. Die »feineren Materialien« sind wohl in Beziehung zu setzen zum Weltäther, der nach antiker Vorstellung den Raum zwischen den Körpern ausfüllte, oder vielleicht auch zum Stoff des Seelischen. Aber darüber schweigt Bonnet sich aus. Diese Gegenstände gehören offensichtlich in einen anderen Bereich, der mit den Kategorien der Naturgeschichte nichts mehr zu tun hat. Aus demselben Grund wird die Stufung auch nicht oberhalb des Menschen über Kobolde und Geister zu himmlischen Wesen fortgesetzt.

Genauso wichtig wie die Holme sind an diesem Schema die Sprossen. Sie gehören in regelmäßigen Abständen in eine Leiter, aber es muss nicht auf allen gleich viel stehen. Es ist nicht so, dass Bonnet einfach alle Arten des Tierreichs auf die Leitersprossen verteilt hätte – das wäre schon aus praktischen Gründen nicht gegangen. So gibt es zweierlei Sorten von Sprossen. Auf den einen, von uns hervorgehobenen, ist ein ganzer Organisationstyp eingetragen, in der Regel eine Klasse, manchmal aber auch eine noch

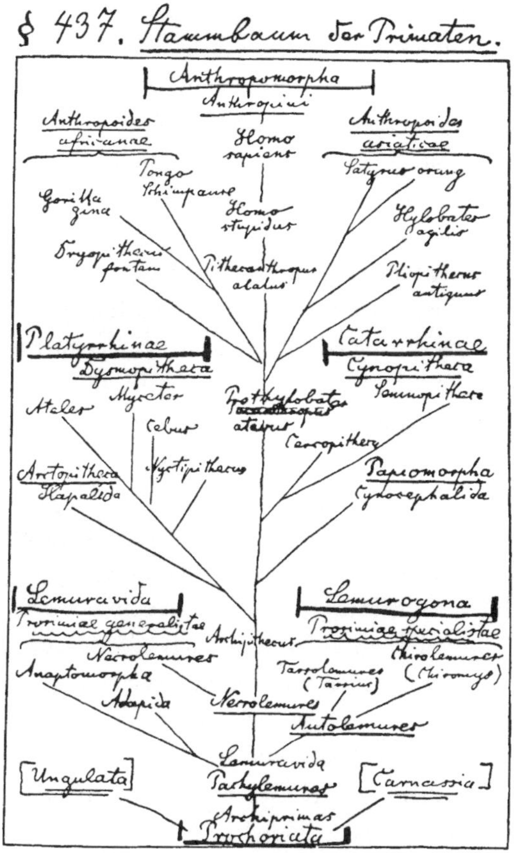

Abb. 9: Handschriftlicher Entwurf des Stammbaums der Primaten von Ernst Haeckel (1895)

höhere systematische Einheit oder eventuell auch eine niedrigere. Dazwischen vermitteln die Sprossen, auf denen tatsächlich einzelne Arten eingetragen sind, und zwar samt und sonders Übergangsformen! Es bedarf keines großen gedanklichen Aufwands, um von einem solchen Schema auf Evolution zu schließen. Hinzu kommt, dass zwischen den Sprossen freier Raum bleibt, bzw. nicht alle Sprossen schon mit Namen besetzt sein müssen. Neben den Übergangsformen ist somit dieses Schema auch offen für das Konzept des *missing link*, des fehlenden Zwischengliedes, das für Darwin so wichtig werden sollte. Wie theoretisch dieses Konzept von Haus aus ist und wie sehr es dem Denken in Stufenleitern entstammt, zeigt besonders deutlich eine Skizze des Stammbaums der Primaten, die Ernst Haeckel im Jahr 1895 entworfen hat (Abbildung 9).

Die strikte Einlinigkeit von Bonnets Stufenleiter ist hier freilich aufgegeben bzw. durch zahlreiche Verzweigungen erweitert. Aber die Einteilung in Sprossen ist immer noch unübersehbar. Haeckel versuchte, aus heutiger Sicht unzutreffend, die Abstammung des Menschen vom Gibbon herzuleiten, wohl deshalb, weil dieser so schön zweibeinig auf Ästen zu balancieren versteht. Er hatte aber für die Rekonstruktion einer solchen Abstammungslinie noch keinerlei fossilen Beleg, außer vielleicht ein tertiäres Gibbonskelett, mit dem er manchmal auf Photographien abgebildet ist und das in seinem Schema *Prothylobates atavus* genannt wird. Und was finden wir im Schema als Übergänge zwischen Mensch und Gibbon eingezeichnet? Unterhalb des *Homo sapiens,* wie könnte es anders sein, einen noch nicht weise gewordenen Menschen, *Homo stupidus,* und davor den *Pithecanthropus alalus,* den »sprachunfähigen Affenmenschen«. Daran schließt sich jener Gibbon an, von dem ich vermute, dass er auch nur als Kunstbezeichnung rangiert – die Artbezeichnung ›atavus‹ (lat. für Ahnherr, Vorfahr) wäre jedenfalls ein starkes Indiz dafür. Es gibt bis auf den heutigen Tag weder einen *Homo stupidus* noch einen *Pithecanthropus alalus* in der Paläontologie. Das sind rein künstliche Zwischenformen, erdacht nach derselben Logik wie Bonnets Stufenschema, und sie mussten als postulierte *missing links* fungieren, als erforderliche Zwischenglieder, um den Abstand in der Organisation zwischen Mensch und Menschenaffen nicht allzu abrupt erscheinen zu lassen. Auch wenn die Ableitung falsch war, sie hat immerhin den holländischen Arzt Eugène Dubois (1858–1940) dazu veranlasst, nach Java zu reisen, und es gelang ihm dort tatsächlich, das erste Fossil eines menschlichen Vorläufers auszugraben. Seine Überlegung war, dass Gibbons im tropischen Ostasien, auf Sumatra und Java, vorkommen, und da Indonesien damals noch holländische Kolonie war, stellte es für ihn kein Problem dar, sich als Militärarzt dorthin versetzen zu lassen. Als er 1891/92 bei Trinil auf Java menschenähnliche Fossilien (eine Schädeldecke und einen kompletten Oberschenkel) fand, belegte er sie, ganz in Übereinstimmung mit Haeckels Stammbaumschema, mit dem Namen *Pithecanthropus* – allerdings nicht als ›alalus‹, ›sprachlos‹, sondern als ›erectus‹, ›aufrecht‹, wegen des eindeutig auf zweibeinigen Gang hinweisenden Baus des Oberschenkelhalses. Heute rangieren diese Fossilien unter dem Namen *Homo erectus* und werden auf ein Alter von einer Million Jahre datiert. (Die derzeit ältesten *Homo-erectus*-Funde stammen mit 1,8 Millionen Jahre aus Afrika und aus Georgien.)

Stammbäume sind also, selbst wenn sie falsch sind, durchaus nützlich für das Geschäft der Erforschung unserer Vergangenheit. Aber sie lassen sich natürlich nicht ohne eine Entscheidung darüber erstellen, was als ›höher‹ oder ›niedriger‹ zu bewerten ist. Die Ablehnung des Begriffs der Höherentwicklung, auch wenn sie Darwins Theorie zu fordern scheint, lässt sich also selbst von den treuesten Anhängern Darwins (und wer wollte bezweifeln, dass Haeckel dazu gehörte) nicht durchhalten. Freilich kann man als strammer Ideologe versuchen, Darwins Theorie in diesem Punkt zu retten, und jegliche stufenartige Darstellung bei der Darstellung des stammesgeschichtlichen Ablaufs vermeiden. Aus dem ›Stammbaum‹ wird dann ein ›Stammbusch‹, bei dem im Extrem-
fall alle Zweige parallel nebeneinander aus einem gemeinsamen Wurzelstock in die Höhe wachsen. Ein solches Schema ist dann allerdings auch ohne weiteren heuristischen Wert, d. h., es hat keine Aussagekraft mehr. Es hilft uns in dieser Form nicht für die Bestimmung der stammesgeschichtlichen Verwandtschaftszusammenhänge. Wenn Haeckel so verfahren wäre, hätte Dubois ratlos vor den gleichberechtigten Linien von *Homo sapiens, Homo stupidus* und *Pithecanthropus alalus* gestanden. Er hätte zwar gesehen, dass die eine Linie etwas länger ist als die anderen, weil nur *Homo sapiens* bis in die Jetztzeit reicht, die übrigen Arten aber ausgestorben sind. Für diese Erkenntnis hätte er aber wahrlich keinen Stammbaum gebraucht. Was Dubois interessierte, war ja gerade die andere Seite – der Beginn, und nicht das Ende einer Linie –, um zu wissen, wo er nach einem Vorfahren graben sollte. Moderne Stammbüsche – Stammbäume gibt es in der Tat so gut wie keine mehr – verlegen dementsprechend den Verzweigungspunkt

des Busches nicht einfach in den Erdboden, sondern sie lassen die Zeige in der Luft. Sie schweigen sich aus über den Ansatz der Zweige am Stamm, um sich nicht mit einem ›Früher‹ oder ›Später‹ darüber festlegen zu müssen, welche Form als ›niedriger‹ und welche als ›höher‹ zu bewerten sei. Sie lassen also den Bereich, in dem die Zweige miteinander verbunden werden sollten, einfach frei. »Le blanc de l'origin«, »das weiße Feld des Ursprungs«, hat der französische Jesuit und Paläontologe Teilhard de Chardin, auf den wir im 5. und 6. Kapitel noch ausführlich kommen werden, diese Besonderheit genannt. Man kann dann innerhalb des weiß gelassenen Feldes punktierte Linien zwischen Zweigen einzeichnen und so die – derzeit – vermuteten Linien der Abstammungsverhältnisse andeuten, ohne dass man sich damit schon endgültig festlegen müsste. Man kann den Stammbusch auch nach Art eines kurzstämmigen Spalierbaums darstellen, bei dem die Äste zwar parallel an der Wand nach oben streben, ihre Verbindung mit dem Stamm aber durch einen von der Basis ausgehenden, schräg stehenden starken Seitenast dargestellt wird. Damit wird angedeutet, dass die gemeinsamen Vorfahren der verschiedenen Formengruppen zwar weit zurück in der Vergangenheit liegen und häufig unbekannt sind, dass es aber doch möglich ist, eine gewisse stufenartige Bewertung in der Organisation dieser Vorfahren (und in dem, was davon an Formen in der Gegenwart existiert) vorzunehmen.

Eine Weiterentwicklung von alldem kann man in heutigen Darstellungen der menschlichen Abstammung sehen. Die fossilen Funde sind hier inzwischen so zahlreich, dass man mit ihnen die ganze Fläche eines Zeichenblattes füllen kann und nicht mehr nur ein paar Markierungen auf einem wackeligen Strich. Zwischen diesen Funden deutet man durch Pfeile, die so kurz sind, dass sie die einzelnen Glieder nicht wirklich miteinander verbinden, die möglichen Abstammungsverhältnisse bzw. Wege des weiteren Evolutionsverlaufs an. Man kann solche Pfeile dicker machen, wo man sich relativ sicher ist, oder mit einem Fragezeichen versehen, wo noch überhaupt nichts Genaues feststeht, und kann diese zweidimensionale Beziehungskiste auch nach Bedarf verändern. Aber ganz beliebig ist die Darstellung darum noch keineswegs (Abbildung 10).

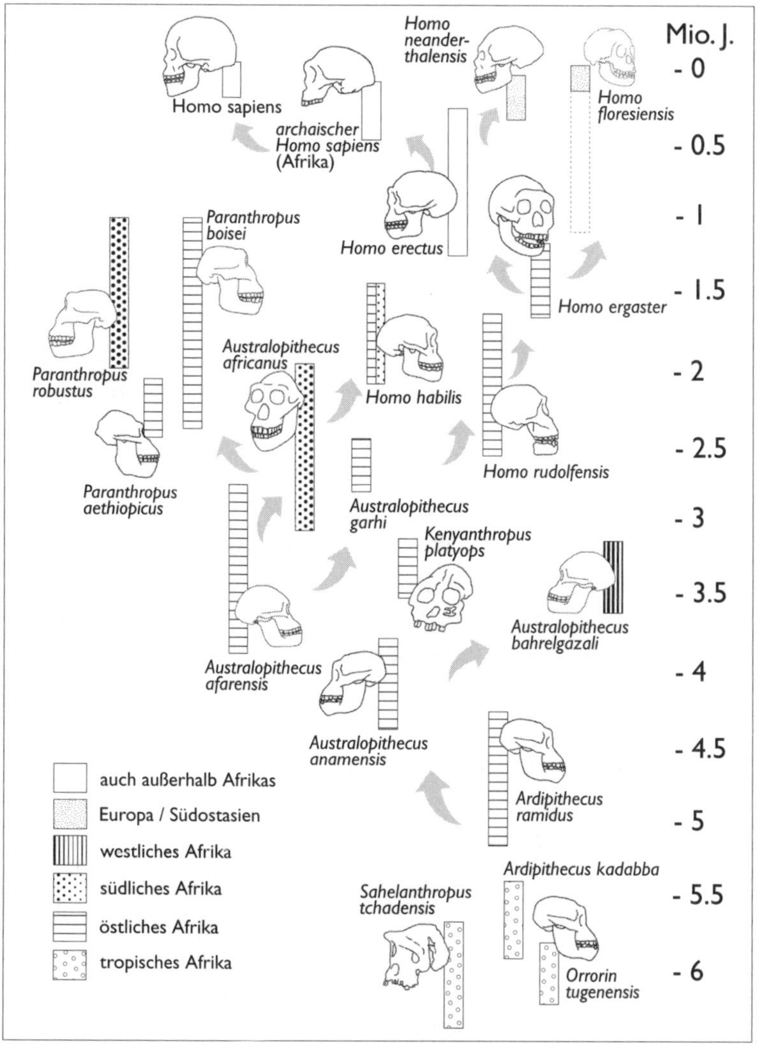

Abb. 10: Modernes Abstammungsschema der Hominiden
(aus Schrenk 2002, überarbeitete Fassung)

Natürlich stehen auch in einem solchen Schema die Vertreter von *Homo sapiens* oder *Homo neanderthalensis* ganz oben und diejenigen der *Australopithecinen* unten. Ein Blick auf die Größe des Schädelinhalts bzw. Gehirnvolumens überzeugt schnell von der Richtigkeit dieser Annahme. Ein Australopithecus hatte ein

Gehirn kaum größer als ein Schimpanse, während dasjenige des modernen Menschen (aber auch des Neandertalers) rund dreimal so groß ist (1500 statt 500 cm^3). Der Javamensch, den Dubois seinerzeit ausgegraben hatte, steht demgegenüber mit rund 1000 cm^3 Schädelinhalt zu Recht in der Mitte. Also doch wieder ein Stufenschema? Ja, aber eines aufgrund eines klaren Organisationsmerkmals. Nachdem der aufrechte Gang einmal etabliert war unter den menschenartigen Vorläufern, den Hominiden, gibt die Gehirnentwicklung den weiteren Weg der Evolution an. Ein eindeutiger Fall von Höherentwicklung – was sonst? Aber einer, der durch ein bestimmtes Kriterium definiert ist: die zeitliche Einordnung der einzelnen Funde. Aus dieser Chronologie ergibt sich als Evolutionstrend eine Zunahme des Schädelinhalts, was sich vernünftig nur als Höherentwicklung interpretieren lässt. Ein derart eindeutiges Kriterium fehlt der Stufenleiter Bonnets. Er geht selbstverständlich vom Menschen als ›Krone der Schöpfung‹ und damit als oberster Organisationsstufe aus und geht davon Sprosse für Sprosse nach unten. Dieses Verfahren hat der ›Deszendenztheorie‹, wie die Evolutionstheorie früher genannt wurde, den Namen gegeben (lat. ›descendere‹ = absteigen). Nicht, dass Bonnet hierbei völlig willkürlich vorgegangen wäre; er hat sehr wohl ein Kriterium für Höherentwicklung aufgestellt: »Die vollkommenste Organisationshöhe ist jene, welche mit einer gleichen oder geringeren Zahl an unterschiedlichen Teilen die meisten Wirkungen erzielt.« Ob man allein mit dieser Definition den Menschen auf die oberste Sprosse der *scala naturae* stellen kann, erscheint fraglich. Noch zweifelhafter ist, ob damit eine eindeutige Reihung aller Lebensformen vorgenommen werden kann. Gerade die Annahme des Menschen als Krone der Schöpfung hätte Bonnet dazu führen können, für eine Höherentwicklung nicht nur anatomische Merkmale zu berücksichtigen, sondern auch solche des Verhaltens. Nur das ›Körperliche‹ zu berücksichtigen und nicht auch das ›Geistige‹ musste scheitern und die Rede von der Höherentwicklung in jenen Verruf bringen, den sie in den Augen der meisten Biologen bis heute besitzt.

Kriterien für die Höherentwicklung

Dabei hatte es sich Darwin mit der Frage der Höherentwicklung keineswegs leicht gemacht. Im vierten und elften Kapitel seiner »Entstehung der Arten« sind ausführliche Erörterungen zu diesem Thema zu finden – allerdings, um das gleich zu sagen, ohne eindeutiges Resultat. Im vierten Kapitel findet sich gegen Ende ein Abschnitt, der überschrieben ist: »Über die Stufe, bis zu welcher die Organisation sich zu erheben strebt.« Dieser Teil ist ein Zusatz, der im ursprünglichen Text der ersten Auflage noch fehlt. Er beginnt folgendermaßen:

> »Natürliche Zuchtwahl wirkt ausschließlich durch Erhaltung und Häufung solcher Abweichungen, welche dem Geschöpfe, das sie betroffen, unter den organischen und unorganischen Bedingungen des Lebens, welchen es in allen Perioden des Lebens ausgesetzt ist, nützlich sind. Das Endergebnis ist, dass jedes Geschöpf einer immer größeren Verbesserung im Verhältnis zu seinen Lebensbedingungen entgegenstrebt. Diese Verbesserung führt unvermeidlich zu der stufenweisen Vervollkommnung der Organisation der Mehrzahl der über die ganze Erdoberfläche verbreiteten Wesen. Doch kommen wir hier auf einen sehr schwierigen Gegenstand; denn noch kein Naturforscher hat eine allgemein befriedigende Definition davon gegeben, was unter Vervollkommnung der Organisation zu verstehen sei.«

In diesen wenigen Zeilen ist einiges an Zündstoff enthalten. Zunächst wird nur der Grundvorgang der natürlichen Zuchtwahl resümiert, dessen Ergebnis darin besteht, jedes Lebewesen im Hinblick auf seine Lebensverhältnisse stetig zu verbessern. An dem Wort »entgegenstrebt« sollten wir uns daher nicht sonderlich stören und es auch nicht als ein Beispiel für einen uneingestandenen Lamarckismus gegen Darwin verwenden. Es ist, wie wir in den vorausgegangenen Kapiteln schon dargestellt haben, schlicht der Effekt, die unvermeidliche Konsequenz aus dem Kampf ums

Dasein, der eine kontinuierliche Verbesserung der Angepasstheit an die herrschenden Lebensbedingungen erzwingt. Umso mehr sollte uns der nächste Satz in Erstaunen setzen, wo es heißt, dass dieser Verbesserungsprozess zu einer »Vervollkommnung der Organisation« führen müsse, und zwar unvermeidlich. Hier wird etwas im Gewand einer logischen Deduktion als Notwendiges hingestellt, wofür Darwin an keiner Stelle seines Buches einen wirklichen Beweis erbringt: dass natürliche Zuchtwahl nicht nur Verbesserung des Vorhandenen, sondern auch eine Erhöhung des Organisationsniveaus bewirkt. Ebendas ist bis heute ja die große, unter dem Stichwort Mikro-/Makroevolution diskutierte Frage, wie wir im ersten und zweiten Kapitel bereits ausgeführt haben. Und für eine Antwort darauf sollte Darwin, der nicht müde wird, Variationsbildung und Divergenz der Merkmale bis ins Kleinste mit Beispielen zu belegen, nichts anderes zu bieten haben als eine »unvermeidliche« Folgerung? Zudem entzieht er auch dieser ungesicherten Schlussfolgerung sozusagen im selben Atemzug das Fundament, wenn er hinzufügt, dass keine Einigkeit darüber bestehe, »was unter Vervollkommnung der Organisation« zu verstehen sei. Es ist kein Wunder, dass vor einem solchen Hintergrund die moderne Biologie auf den Begriff der Höherentwicklung lieber ganz verzichten will – ohne jedoch, wie wir gesehen haben, wirklich von ihm loszukommen. Die Zweckursache scheint somit nicht die einzige Mätresse zu sein, deren ein Biologe bedarf.

So schnell gibt sich Darwin indessen nicht geschlagen, wenn er im Anschluss an die zitierte Stelle versucht, Kriterien für Höherentwicklung aufzustellen:

> »Bei den Wirbeltieren kommt deren geistige Befähigung und Annäherung an den Körperbau des Menschen offenbar mit in Betracht. Man könnte glauben, dass die Größe der Veränderungen, welche die verschiedenen Teile und Organe während ihrer Entwicklung vom Embryozustande an bis zum reifen Alter zu durchlaufen haben, als Maßstab der Vergleichung dienen könne; doch kommen Fälle vor, wie bei gewissen parasitischen Krebsen, wo mehrere Teile des Körpers unvollkommener wer-

den, so dass man das reife Tier nicht höher organisiert als seine Larve nennen kann.«

Positiv fällt hier auf, dass er neben morphologisch-organischen Eigenschaften hierzu auch die »geistige Befähigung«, heute würde man wohl vorsichtiger sagen: die Verhaltensleistungen, berücksichtigen will. Nur von ihnen her ist der Rückgriff auf den alten, von Bonnet stammenden Bezugspunkt des menschlichen Körperbaus stillschweigend zu rechtfertigen. Verglichen mit anderen Stellen v. a. im elften Kapitel (»Geologische Aufeinanderfolge organischer Wesen«), scheint sich Darwin die Vervollkommnung der Organisation in der Weise vorzustellen, dass zu einem noch undifferenzierten, mit einem Embryo vergleichbaren Ausgangszustand im Lauf der Evolution immer mehr neue Eigenschaften und Spezialisierungen hinzuaddiert werden. Entsprechend kann er (im Anschluss an den zitierten Text) als Maßstab für die Vervollkommnung »den Betrag an Differenzierung der verschiedenen Teile ein und desselben Tieres im reifen Alter [...] und ihre Spezialisierung für verschiedene Funktionen« nennen. Sofort sieht er sich jedoch mit dieser Definition der Schwierigkeit gegenüber, dass die Spezialisierung bei parasitischen Organismen häufig nicht im Hinzufügen von Eigenschaften besteht, sondern in der Reduzierung, ohne dass man deshalb diese nachträgliche Vereinfachung mit einem Primitivzustand der Organisation gleichsetzen könnte. So wendet er in den genannten Abschnitten Gründe und Gegengründe für eine Vervollkommnung der Organisation hin und her, ohne zu einem eindeutigen Ergebnis zu kommen. Ja, man gewinnt den Eindruck, dass es nicht zuletzt die Art und Weise ist, wie er das Problem der Höherentwicklung angeht, was viele zeitgenössische Kritiker Darwins Anlass bot, seinem Werk einen Mangel an Logik vorzuwerfen. Im elften Kapitel resigniert er endgültig, als er sich vor die Frage gestellt sieht, wie denn der Vollkommenheitsgrad der Organisation, der schon innerhalb einer Tierklasse so schwer zu entscheiden ist, bei Angehörigen ganz verschiedener Baupläne festzulegen sei:

»Aber es ist ein hoffnungsloser Versuch, die Stellung von Gliedern ganz verschiedener Typen nach dem Maßstabe der Höhe gegeneinander abzumessen. Wer vermöchte zu sagen, ob ein Tintenfisch höher als die Biene stehe, – als das Insekt, von dem der große Naturforscher v. Baer sagt, dass es in der Tat höher als ein Fisch organisiert sei, wenn auch nach einem andern Typus.«

Er sieht sich hier genötigt, auf den alten Typusbegriff zurückzugreifen als den Ausdruck der Bauplanidee oder des Wesens einer Tiergruppe. Ein solches Konzept hat aufgrund seiner statischen Voraussetzungen freilich nur mehr wenig zu tun mit jener Sicht, die uns die natürliche Zuchtwahl als allmählich-kontinuierliche Abwandlung unterbreitet. Konrad Lorenz hat in der Folge versucht, das Problem der Organisationshöhe auf seine praktische Weise zu lösen. Er erklärt uns, dass wir alle (angeborenermaßen) einen Begriff von Entwicklungshöhe in uns trügen, der sich in der unterschiedlichen Hemmung äußere, aufgrund deren wir eine Stechmücke leichter erschlügen als eine Katze. So eingängig diese Argumentation ist, ich weiß nicht, ob das nicht eher mit der

Größe eines Organismus zu tun hat als mit seinem Organisationsgrad. Hierzu eine Episode aus meiner Zeit als Hobbygärtner, von der schon einmal im letzten Kapitel die Rede war. In meinem Glashaus hatte ich immer mit Hummeln zu kämpfen, die mit Vorliebe in die tütenartig gerollten Lippen von Ochideenblüten krochen und damit häufig eine Bestäubung (oder wenigstens die Entfernung der Pollenpakete) auslösten. Das war mir freilich nicht recht. Bestäubt zu werden mag ja der »Zweck von Ochideenblüten« sein, aber die Zielvorstellungen des Gärtners sind eindeutig andere. Mit der Bestäubung setzt nämlich der Vorgang des Verwelkens ein (auch höchst zweckmäßig!), und den wollte ich natürlich möglichst lang hinauszögern, wenn ich schon übers Jahr Arbeit und Geduld aufgewendet hatte, die ersehnte Blüte überhaupt herbeizuführen. Wie man sieht, Teleologie allenthalben im Gewächshaus, und einander widerstreitende und unterlegte Zwecke zuhauf, so dass Heinrich Heine seine helle Freude gehabt hätte. Ich habe es aber nie fertiggebracht, eingedrungene Hummeln einfach zu erschlagen, wohl, weil ihr dichter Haarpelz einen zu putzigen Eindruck macht und Streichelgefühle in uns weckt. Mit Wespen ist das etwas anderes. In diesem Fall habe ich keinerlei Hemmungen, obwohl das Erschlagen hier so eine Sache ist. Besser greift man zur Giftspritze, die dem Gewächshausgärtner ohnehin ein unentbehrlicher Begleiter sein muss.

Bis ich einmal eine derart angespritzte Wespe durch das Vergrößerungsglas betrachtete! Warum ich das getan habe, weiß ich nicht mehr. Wenn aus sadistischen Gefühlen, dann war ich schnell kuriert. Wie sich die Wespe da mit einer Gewissenhaftigkeit und Intensität putzte, um sich von den feinen Insektizidtröpfchen zu befreien, ließ mir mein Verhalten schäbig und grausam erscheinen. Während ich diese Erinnerung niederschreibe, meldet sich in mir heute noch das Gefühl des Bedauerns und Nicht-wiedergutmachen-Könnens, kurz der Reue. Ich schlage immer noch auf Wespen, wenn sie mich beim abendlichen Bier auf der Veranda belästigen. Aber ich schaue mir ihren Todeskampf nicht vergrößert an. Und ich »weiß« auch, weil man das ja im Biologiestudium so lernt, dass Insekten keine Schmerzen empfinden. Wenn ich an die sich putzende Wespe zurückdenke, habe ich allerdings meine Zweifel. Und ich denke auch an Konrad Lorenz, ob unsere Tötungshemmung wirklich der richtige Ausdruck für Organisationshöhe ist. Wenn eine Wespe die Proportionen einer Katze hätte (eine unerquickliche Vorstellung), dann gewiss. Aber kleinen Krabbeltieren gegenüber greift das Schema nicht mehr so recht, oder es wird durch ein anderes ersetzt. Eine Maus zertreten wir auch leichter als eine Katze, obwohl das eine Tier gewiss nicht weniger organisiert ist als das andere. Andererseits macht es die Größe eines Organismus allein auch nicht. Es gibt Schleimpilze, amöbenartige Einzeller, die unter geeigneten Kulturbedingungen zu vielzelligen Verbänden in Quadratmetergröße aggregieren können. Dennoch wird niemand Probleme haben, nach Versuchsende einen solchen Überzug auf den Laborfließen mit Eimer und Schrubber zu beseitigen. – Sollen wir also, bevor wir allmählich wie Darwin das Problem mehrfach im Kreis hin und her wenden, uns dem Verein der biologischen Skeptiker anschließen und ihnen kleinlaut beipflichten, dass es kein echtes ›Höher‹ und ›Niedriger‹ in der Organisation gibt, weil alle Organismen an ihre Umwelt gleich gut angepasst seien? Wer so argumentiert, sollte sich zumindest bewusst sein, dass er damit nicht auf dem Boden der Überzeugung Darwins steht. Er vertritt nämlich im genannten elften Kapitel der »Entstehung der Arten« durchaus die Meinung, dass »altertümliche« (d. h. einer früheren erdgeschichtlichen Epoche entstammende) Vertreter einer bestimmten Organismengruppe im Konkurrenzkampf mit modernen Vertretern derselben Organismengruppe nicht bestehen könnten, einfach deshalb, weil sie noch weniger gut angepasst gewesen seien als die modernen Vertreter. Anscheinend sind also doch nicht alle Organisationsformen optimal.

Ohne solche Details weiter zu diskutieren, meine ich schon, dass es einen Weg gibt, der uns sinnvoll über Organisationshöhe und Fortschritt in der Evolution befinden lässt. Ich wähle dazu einen Zugang, den ich auch in meinen Vorlesungen und Seminaren immer zu diesem Thema verwendet habe. Denn die Frage, ob es eine Höherentwicklung gibt oder nicht, lässt sich auch unter Philosophen durchaus heiß diskutieren. Dazu machen wir es wie

in der »Feuerzangenbowle« und stellen uns einmal ganz dumm: Was ist – nicht »een Dampfmaschin«, sondern – der Anfang der Evolution? Dass es lebende Zellen gibt, die, wenn sie genug gewachsen sind, sich zu teilen beginnen: aus eins mach zwei, mach vier, mach acht, mach sechzehn usw. Das Schachbrett mit der von Feld zu Feld verdoppelten Zahl an Weizenkörner fällt uns ein mit seinem kaum vorstellbaren Ergebnis: auf dem letzten Feld liegen (wenn sie das noch könnten) 2^{64} Weizenkörner, das sind über 18 Trilliarden Körner oder 72 Tonnen Weizen. Also: Leben hat aufgrund der Fähigkeit zur Selbstverdoppelung eine ungeheure Ausbreitungskraft, für die kein Lebensraum der Welt groß genug ist. Wir haben das bei der Besprechung der natürlichen Zuchtwahl durch Kampf ums Dasein schon als Darwins Grundprinzip diskutiert. Man muss es sich nur noch einmal plastisch vor Augen führen. Ein paar Bakterienzellen in ein Reagenzglas mit Nährlösung übertragen, und schon beginnt der Vermehrungsprozess: Alle halbe Stunde eine Verdoppelung der Zellzahl, bis bei einer

Dichte von 10^9 Zellen pro Milliliter Nährlösung das Wachstum zum Erliegen kommt. Die Nahrung ist aufgebraucht, und es gibt nur noch so viel neue Zellen, wie alte absterben und Nahrung für die neuen liefern. Die ganze Sache stagniert, die ›Evolution‹ ist am Ende. Es spielt dabei keine Rolle, ob es sich um den Lebensraum eines Kulturröhrchens handelt oder um einen ganzen See. Es ist stets nur eine Frage der Zeit, und die ist jedes Mal viel schneller vorbei, als man denkt.

Nun könnte es allerdings sein, dass durch eine Mutation eine Bakterienzelle einen Stoff im Kulturröhrchen als Nahrungsquelle auszunützen versteht, der bisher unverwertbar war. Dann geht mit dieser veränderten Zelle – und auf Kosten der anderen – das Spiel von Neuem los. So könnten in einem See viele Nahrungsvarianten ausgetestet und mit der Zeit als ›ökologische Nischen‹ besetzt werden. Auch eine Besiedelung der Uferzone, ja des trockenen Landes ist auf diese Weise denkbar. Das Leben breitet sich nach und nach auf immer neue Lebensräume aus, und es geschieht immer mit derselben Strategie: Vermehrung, Vermehrung, Vermehrung, bis der Konkurrenzdruck so groß wird, dass eine Veränderung, die einen neuen Lebensraum erschließt, Erfolg hat. Wird ein Lebensraum unbewohnbar, gibt es längst eine Variante für den nächsten usw … Das Leben geht weiter, es ›evolviert‹, indem es Zellen mit neuen Eigenschaften hervorbringt, aber es wird nicht ›höher‹ in der Organisation. Alles, was nötig ist, ist eine möglichst große Nachkommenzahl (die, wie wir gesehen haben, durch Zweiteilung leicht erreichbar ist), und es ist lediglich eine Frage der Statistik, bis wann das Leben mit einer neuen Situation fertig wird. Eine ›r-Strategie‹ (der Buchstabe ›r‹ steht für das englische ›rate‹) nennen die Evolutionsbiologen diese Methode, um mit wechselnden Umweltbedingungen zu Rande zu kommen. Man erzeugt möglichst viele Nachkommen und überlässt es dem Zufall, ob welche darunter sind, die es mit Engpässen im Daseinskampf, dem unvorhersehbar wechselnden Geschick der Lebensbedingungen aufnehmen. Und in der Tat, ein paar sind immer darunter, um als »neue Art« den Fortbestand des Lebens zu sichern. Was will man mehr?

Glückliche Welt der Einzeller, möchte man sagen. Sie ist höchst erfolgreich – seit einigen Milliarden von Jahren. Aber sie ist auch äußerst langweilig. Geht es nicht auch anders? Es geht. ›K-Strategie‹ heißt diese Alternative, die nicht auf die Höhe der Vermehrungsrate setzt, sondern auf den verbesserten Schutz des einzelnen Individuums. (›K‹ steht hierbei für ›Kapazitätsgrenze‹, was besagen soll, dass bei einer Erschöpfung der Ressourcen eines Lebensraums die Massenvermehrung der r-Strategie nicht mehr lohnend ist. Das führt aber in Feinheiten der Evolutionsbiologie, auf die wir uns hier nicht einlassen wollen. Machen wir es uns einfacher und nehmen das ›r‹ als Zeichen für ›*r*asche Vermehrung‹ und das ›K‹ für ›*K*osten des Individuums‹.) Mit dieser Strategie wird sich eine Zelle nicht mehr möglichst rasch in getrennte Individuen teilen, sondern die Tochterzellen bleiben stattdessen beisammen. Dies führt nach einigen Teilungsrunden zu einer Größenzunahme der entstandenen Zellkolonie, die eine Differenzierung in verschiedene Zelltypen und ihre Spezialisierung auf unterschiedliche Funktionen erlaubt. Die Zellkolonie wandelt sich in einen zunehmend komplexen Organismus. Der Organismus muss sich nicht mehr wie ein Einzeller damit herumschlagen, ob der Mutationsvorrat in seinem Genom einem Wechsel der Umweltbedingungen gewachsen ist oder nicht, sondern der Organismus kann sich jetzt (Bewegungsorgane vorausgesetzt) *selbst* dahin begeben, wo günstigere Bedingungen für ihn herrschen. Wir sehen, worauf das hinausläuft: Differenzierte Organisation führt zu weniger Ausgeliefertsein an die Umwelt und folglich zu einem höheren Erhaltungswert des Individuums. Wenn das nicht die Richtung der Höherentwicklung ist! Und wir haben Kriterien für sie:

- Zunahme von Differenzierung und Integration
- Zunahme der Umweltabhängigkeit
- Zunahme der individuellen Autonomie

Unter diese drei Kennzeichen hat Paul Overhage (1963) die Diskussion um den »biologischen Aufstieg« zusammengefasst. Das trifft sich voll mit den Überlegungen Darwins, wenn wir nach seinen Worten »den Betrag der Differenzierung und Spezialisierung der einzelnen Organe in jedem Wesen im erwachsenen Zustande als den besten Maßstab für die Höhe der Organisation der Formen annehmen (was mithin auch die fortschreitende Entwicklung des Gehirns für die geistigen Leistungen mit in sich begreift)«. Aber es geht auch einen Schritt über ihn hinaus: Nicht nur Differenzierung und Spezialisierung sind entscheidend, sondern zur höheren Lebensleistung bedarf es auch der *Integration* der differenzierten Teile in einen Gesamtzweck. Das bedeutet Einbau neu erworbener Eigenschaften in den Gesamtzusammenhang der Organisation genauso wie die Reduktion überflüssiger Einzelheiten. Sogar die Verminderung der Komplexität bei einem extremen Parasiten lässt sich dann als evolutiver Fortschritt deuten. Es ist hier wie in der Technik. Alte Mikroskope haben viel mehr Schrauben und Rädchen zum Justieren der Mechanik als moderne Konstruktionen, wo das alles automatisch geht, und moderne Computer-Betriebssysteme haben eine ›intuitive‹ Oberfläche, die nichts mehr von den Mühen einstiger Programmierung ahnen lässt. Mit diesem Bezug zum Lebenszweck lässt sich der Bogen von der äußeren Zielgerichtetheit der Evolution zur inneren Zweckmäßigkeit der Organismen schließen.

Selbstverständlich ist Höherentwicklung unter der Rücksicht dieser Kriterien keine einlinige, auch keine geradlinige Angelegenheit. Vielmehr handelt es sich um Evolutionstrends, die nebeneinander in vielen verschiedenen Tiergruppen feststellbar sind. Dennoch, wenn wir den Menschen unter der Rücksicht dieser Kriterien betrachten, schneidet er erstaunlich gut ab, obwohl das Konzept der Höherentwicklung ganz bewusst nicht vom Menschen her entwickelt wurde. Natürlich gibt es Organismen, die spezialisierter sind als der Mensch. Es gibt Tiere, die schneller laufen, besser schwimmen, geschickter klettern und einfacher fliegen können als der Mensch; aber es gibt kein Tier, das alle vier Fähigkeiten gleichzeitig so gut auszuüben versteht wie er. Aus dem Mund von Konrad Lorenz stammt dieses Bonmot, und es ist eindeutig eines zum Thema Höherentwicklung. Nicht übersehen dürfen wir daran, dass mit dem Fliegen-Können des Menschen keine körperliche Eigenschaft, sondern die Erfindungsgabe seines Geistes angesprochen ist: Technik als Verlängerung der organischen Spezialisierung! Oder, wie es Arnold Gehlen formuliert hat, der Mensch als »Mängelwesen« ist »spezialisiert auf Unspezialisiertheit«, um so den Mangel an angeborenen Fähigkeiten durch technische Errungenschaften auszugleichen. Dass damit ein höheres Maß an Umweltunabhängigkeit zu erzielen ist als durch organische Anpassung, steht außer Frage – das Fliegen ist das beste Beispiel dafür. Aber auch der Wert des Individuellen erhebt sich damit auf eine neue Stufe. Wenn das Individuum derart befreit von den Einengungen und Zwängen seiner organischen Konstitution erscheint, gerät sein Lebenszweck mehr und mehr zum Selbstzweck. Wie sehr das der Fall ist, kann uns beispielsweise die Erinnerung an die eingeschränkte Brutfürsorge der Blaufußtölpel lehren (vgl. Kap. 2).

Die vier Ursachen des Aristoteles

|108| Freilich ist für diese Art von Höherentwicklung kein äußeres, vorgegebenes Ziel erforderlich, das von der Evolution angesteuert würde. Evolution in Richtung auf höhere Organisation, Umweltautonomie und Individualität ist hier ausschließlich Effekt der Selektion, die streng nach den Regeln von Darwins Theorie abläuft, wie wir das mittels der unterschiedlichen Strategien der r- und K-Selektion skizziert haben. Hat damit die Evolution trotz aller *grosso modo* wahrnehmbaren Richtung keinen Sinn, wie das von vielen Evolutionsbiologen immer behauptet wird? Ist das anthropische Prinzip in seiner starken Fassung, dass also das Universum so konstruiert sei, *damit* es auf die Entwicklung intelligenten Lebens hinausläuft, nichts als ein frommer Wunsch, den unverbesserliche Metaphysiker allen Fakten zum Trotz am Leben erhalten? Wir haben bei der Besprechung des anthropischen Prinzips in diesem Kapitel schon eine erste Antwort darauf gegeben, die wir jetzt noch ein wenig vertiefen wollen. Das soll mit Hilfe des Vier-Ursachen-Schemas des Aristoteles geschehen. Was darunter

zu verstehen ist, erläutern Spaemann und Löw in ihrem berühmten Buch »Die Frage Wozu?« (auf das manche Naturwissenschaftler reagieren wie der Stier auf das rote Tuch) an einem eingängigen Beispiel. Es handelt von einem Klavier in einem Haus an der Côte d'Azur. Das Klavier ist verstimmt. Warum? Darauf kann man mit Aristoteles eine vierfache Antwort geben.

Die *erste* Antwort ist, dass sich das Holz, aus dem es gebaut wurde, verzogen hat. Das ist die *Materialursache* für das Verstimmtsein. Man kann *zweitens* auch sagen, es liege am feuchten Seewind. Das wäre die *Wirkursache*, die das Holz veranlasst hat, sich zu verziehen. Weiter kann man erklären, dass es in der Eigenart eines Instruments liegt, dessen Tonerzeugung auf in einen Rahmen gespannten Metallsaiten beruht, dass diese Saiten immer wieder einmal nachgespannt werden müssen. Das wäre dann *drittens* die Angabe der *Formursache*.

Man kann auf die Frage »Warum ist das Klavier verstimmt?« aber auch antworten: »Weil man die Melodie darauf nicht richtig spielen kann!« Diese Antwort ist von ganz anderer Art als die übrigen drei. Sie setzt einen Zweck voraus, nämlich, dass ein Klavier dazu da ist, Musik zu erzeugen bzw. wiederzugeben. Wenn es das schlecht tut, ist das Klavier verstimmt. Es fehlt ihm etwas von seiner eigentlichen Bestimmung. Das lässt sich entweder wiedergutmachen, durch einen Klavierstimmer etwa, oder nicht, dann taugt es nicht mehr für seinen eigentlichen Zweck. (Das bedeutet nicht, dass es nicht noch anderen Zwecken dienen könnte, als Brennmaterial etwa oder als Ablage für alle möglichen Gegenstände – eine Funktion, die Klaviere ja häufig zu erfüllen haben. Seiner ursprünglichen Zweckbestimmung entspricht das allerdings nicht; es ist dann eben »zweckentfremdet«.)

Wie man sieht, gibt die *vierte* Ursache, die *Zielursache*, eine Antwort auf unsere Warum-Frage, die befriedigt und unser Fragen an ein Ende kommen lässt. Die anderen Gründe, das Holz, der Seewind, die Bauform lassen weiterfragen: Warum nimmt man dann ein solches Holz? Warum hat man das Fenster nicht geschlossen? Warum muss man Töne auf so anfällige Weise erzeugen (und nicht beispielsweise elektronisch)? Diese Fragen sind sinnvoll und lassen sich beliebig oder wenigstens eine ganze Zeitlang fortsetzen – jeder beim Sonntagsspaziergang durch Kindermund genervte Familienvater kennt das. Weiterzufragen »Und warum soll man eine Melodie richtig spielen können« macht dagegen keinen Sinn mehr. Wer so fragt, hat nicht kapiert, was der Zweck des Klaviers ist. Dieses Verstummenlassen der Warum-Frage ist das Besondere der Zielursache – allerdings auch der Grund für ihre Ablehnung durch die Naturwissenschaften.

So ist das also mit unseren Warum-Fragen. »Warum gibt es Evolution?« Aufhören könnten wir mit dieser Frage erst, wenn wir wüssten, welchen Zweck sie hat. Zu erklären, sie habe keinen, geht aber eindeutig über die Kompetenz von Evolutionsbiologen hinaus. Das wäre, wie wenn der Schreiner sagte, auf Klavieren müsse man nicht richtig spielen können. Das Gegenteil zu behaupten, Evolution habe einen Zweck, ist jedoch ebenfalls Kompetenzüberschreitung, aber diesmal nicht nur von Evolutionsbiologen. Was das Ziel eines Prozesses ist, ob er überhaupt ein Ziel hat oder nicht, weiß ich erst, wenn dieser Prozess abgelaufen ist. Wir haben darauf schon einmal hingewiesen. Ob mich dann aber der

Zweck des Prozesses überhaupt noch interessiert? Ich will jetzt, während ich lebe, wissen oder wenigstens Anzeichen dafür haben, ob das ganze große Welttheater »von Ewigkeit her angezettelt« ist oder nicht, wie Goethe so schön sagte. Und das bei aller Vorsicht im Umgang mit der Zweckursache, denn ich habe ja auch Heines Gedicht noch im Ohr und weiß, dass man sich mit Zwecken nur allzu leicht selbst betrügen kann.

Nochmals zurück zum Klavier. Da war noch eine Antwort, die nicht ganz so nichtssagend oder vordergründig ist wie die Material- oder Wirkursache: die Form. Ein Musiker mag noch nie ein Klavier gesehen haben – wenn er jedoch das erste Mal vor einem steht, wird ihm aus der Bauweise rasch klar, wozu es da ist. Er entdeckt, erkennt seinen Zweck. Ähnlich geht es uns doch auch mit der Evolution. Nicht nur das Lebewesen, auch der Evolutionsverlauf hat seine ›Form‹. Freilich sind wir hier für das Aufspüren eines Zwecks allesamt keine Fachleute wie der Künstler vor dem Klavier – auch die Biologen nicht. Aber immerhin, Andeutungen,

Hinweise wahrnehmen könnten wir schon – aus den Kriterien für Höherentwicklung, wie wir sie vorhin dargelegt haben. Zunahme von Differenzierung und Integration sagen uns vermutlich noch nicht allzu viel; Zunahme der Umweltunabhängigkeit vielleicht noch nicht viel mehr. Aber der wachsende Wert des Individuums? Ob darin nicht eine Antwort auf die Frage nach dem Zweck enthalten sein könnte – und darauf, warum es einen Unterschied macht, eine Stechmücke zu erschlagen oder eine Katze, vom Menschen ganz zu schweigen? Gewiss, das Wirken der Selektion macht das nicht überflüssig oder ungeschehen. Sie ist der Handwerker, der das »Instrument« gebaut hat. Aber dann eben im Auftrag eines »höheren Zwecks«.

Teleologie in der menschlichen Erfahrung

Nach innerer und äußerer Teleologie müssen wir unseren Blick nun noch darauf richten, woher denn die Rede von der Teleologie überhaupt kommt, d. h. auf uns selbst. Die Behandlung dieser dritten Frageebene wird aber deutlich kürzer ausfallen als die beiden anderen. Sie ist in unserem Zusammenhang nur so etwas wie eine Dreingabe zu den Konsequenzen, vielleicht auch nur Vermutungen, die sich aus unserer Sicht von innerer und äußerer Teleologie ergeben.

Hinter der Kernfrage, ob und wie es Zwecke in der Natur geben kann, steckt ein verborgener Zweifel: Liegt der Grund für die scheinbaren Naturzwecke nicht einfach in uns selbst? Weil wir gewohnt sind, absichtsvoll, d. h. aus Gründen und Zielen heraus, zu handeln (oder es zumindest können), übertragen wir diese Art von Teleologie auch auf die Natur. Also genau der Vorwurf, den wir bei der inneren Teleologie mit dem Begriff der Teleonomie schon kennengelernt haben: Prozessabläufe, die zielgerichtet aussehen, ohne es in Wirklichkeit zu sein. Zwar ist Vorsicht geboten: Auch wenn ich nicht von der absichtlichen Verfolgung eines Ziels sprechen kann, ist ein Programmablauf immer noch ein zielgerichteter Vorgang, der unvermeidbar die Frage aufwirft, wer denn als

Programmierer das Ziel in dieses Programm gesteckt hat. Aber nicht alles, was uns als Ziel vorkommt, setzt schon eine Programmierung voraus. Die Physik kennt – teilweise recht phantastische – Strukturbildungen, die sich ohne dahinterstehenden Programmierer als spontane »materielle Selbstorganisation« erklären lassen. Auch der radioaktive Zerfall hat eine Richtung; es kommt immer Blei heraus, wenn Uran mit einer Halbwertszeit von fünf Milliarden Jahren zerfällt. Aber schwerlich würde man solche Vorgänge ›zielgerichtet‹ nennen, und so unterscheidet man sie auch von der Plastizität der biologischen Teleonomie als ›teleomatisch‹: Sie sehen zielgerichtet aus, sind aber in Wirklichkeit streng kausal determiniert. Es gibt hier nur Effekte, aber keine Ziele, die eine Wahl von Mitteln verlangten.

Mit solchem Wissen im Hinterkopf stellt sich die Frage, ob denn unser eigenes absichtsvolles Handeln »wirklich« ist. Täusche ich mich nicht, wenn ich meine, mir ein Ziel zu setzen, das ich dann unter Einsatz entsprechender Mittel verfolgen und erreichen will? Bin ich nicht durch bestimmte Schaltpläne, »neuronale Programme«, in meinem Gehirn so vorjustiert, dass es mir nur so scheint, als wäre ich auf Ziele aus, während in Wahrheit die »kleinen grauen Untermieter«, sprich neuronalen Netze, in meinem Großhirn die Entscheidung schon getroffen haben. Die ganze gegenwärtige Diskussion um die Willensfreiheit steht hier mit einem Mal vor uns. Aber dieses Fass ist zu groß, als dass wir es aufmachen möchten. Wir begnügen uns mit der Verhaltensforschung, die uns mit guten Gründen gelehrt hat, zwischen vorprogrammierten ›Instinkten‹ und selbst erworbenem ›Lernen‹ zu unterscheiden. Auch das Gelernte mag ein Korsett sein, durch das wir festgelegt und nicht wirklich frei sind. Aber Lernen beruht auf Zielsetzung und Auswahl dafür geeigneter Mittel, und nur darum geht es. Sogar programmiert ablaufende Tätigkeiten wie Maschinenschreiben oder Skifahren setzen am Anfang ein selbstgestecktes Ziel voraus, das uns während aller Mühen des Übens am Aufgeben hindert. Nicht mehr und nicht weniger wollen wir unter absichtlich zielgerichtetem Verhalten verstehen. Ob zu Recht oder zu Unrecht – wir haben das *Bewusstsein* einer freien Setzung unserer Ziele. Die

Frage ist, wo kommt solch »teleologisches Denken« her, mag es eingebildet sein oder nicht.

Eine beliebte Antwort darauf lautet, wir könnten dieses Bewusstsein eines absichtsvollen Handelns nicht besitzen, wenn die Natur, aus der wir stammen, nicht selbst zweckmäßig strukturiert wäre. Der teleologisch verfasste Mensch wäre ein Fremdkörper in der Evolution, wenn diese nicht selbst Teleologie aufwiese. Spontan meldet sich jedoch Widerspruch gegen ein derartiges Argument, selbst wenn es von berühmten Philosophen vertreten wird. Muss alles, was in der Evolution irgendwo als Eigenschaft auftritt, davor schon in Vorformen existieren? Gibt es denn eine ›Vorform‹ von Fliegen, bevor es Tiere mit Flügeln, Flugsaurier oder Vögel oder was immer gab? Gibt es Vorformen von Sprache, bevor es Menschen gab? Man komme jetzt bitte nicht mit den Verständigungslauten von Affen oder der Tanzsprache der Bienen daher. Kommunikation durch Zeichen gibt es zuhauf im Tierreich, und sie gibt es auch noch beim Menschen (was ist das Schreien eines Säuglings sonst?). Aber das liegt auf einer anderen Ebene als die Begriffssprache des Menschen, von der wir zu Recht behaupten, sie sei ein Spezifikum, eine Eigenleistung des Menschen. Es gibt also das Auftreten von Neuem in der Evolution beim Menschen und außerhalb davon, und darum ist ein Satz wie der folgende (aus: Mutschler 2009) mit Vorsicht zu genießen: »Es ist eben extrem kontraintuitiv anzunehmen, dass der Geist des Menschen aus dem Nichts entstanden sein soll. Entweder er hat Vorformen oder es gibt ihn überhaupt nicht.« Bezüglich des menschlichen ›Geistes‹ kann man sich mit so einem Satz ja noch anfreunden, weil es sich dabei um einen extrem vielschichtigen Begriff handelt, der von Haus aus offen ist für eine ganze Menge von ›Vorformen‹. Und dennoch ist damit nicht schon geleugnet, dass der menschliche Geist all diesen Vorformen gegenüber etwas Neues ist, dass es einen wirklichen ›Hiatus‹, eine Kluft, gibt zwischen tierischem und menschlichem Bewusstsein, wie Konrad Lorenz das ausdrücklich betont. Gewiss hat Mutschler Recht, dass der menschliche Geist nicht vom Himmel gefallen ist, nicht aus dem Nichts entsteht, sondern es evolutive Voraussetzungen dafür im Tierreich geben muss. Aber diese ›Vorformen‹ brauchen nicht schon der Art zu sein, dass wir sie mit ›Geist‹ bezeichnen müssten. Man behilft sich in diesem Fall gern mit dem Ausdruck ›Emergenz‹ – ein Wort, das alles und nichts bedeuten kann. Ich will den Leser mit einer Diskussion der dahintersteckenden philosophischen Problematik an dieser Stelle noch verschonen. Aber in unserem Zusammenhang des Auftretens von evolutiv Neuem lässt sich diesem Ausdruck durchaus etwas abgewinnen: Absichten zu haben ließe sich als spezifisch menschliche Eigenschaft deuten, die evolutiv aus Vorformen »emergierte«, die selbst noch nicht absichtsvoll waren.

Indessen liegt das eigentliche Problem eine Schicht tiefer, und darum habe ich meinen Freund Mutschler zitiert, nicht um ihn zu kritisieren, sondern weil er den Finger auf einen wunden Punkt legt. Wie war das vorhin? Wir könnten uns täuschen mit unseren Absichten und Zielen, indem unsere neuronalen Mechanismen in uns ein Bewusstsein von etwas erzeugen, das es in Wirklichkeit gar nicht gibt, bzw. dieses Bewusstsein selbst simulieren? Menschlicher Geist wäre dann genauso streng mechanistisch erklärbar wie genetische Information. Der Mensch selbst wäre »an-
|114| thropomorphisiert«, als menschliche Einbildung entlarvt: Von ›Ich‹, ›handelndem Subjekt‹ oder ›menschlichem Bewusstsein‹ zu reden wäre nur eine Metapher, eine bildliche Darstellung, aus demselben Grund eingeführt wie die finale Beschreibungsweise in der Biologie: Man spart sich damit die umständliche Angabe aller Einzelmechanismen, aus denen das Bild vom Ichbewusstsein zusammengesetzt ist – zumal man diese Mechanismen noch gar nicht alle kennt. Das ist, nebenbei bemerkt, das Pikante an dieser Art von Erklärung: Man behauptet, A (das menschliche Ich) sei in Wirklichkeit nur eine Zusammensetzung von x, y und z. Auf kritisches Nachfragen wird dann kleinlaut eingeräumt, dass man über das Zusammenwirken von x, y und z noch gar nicht viel wisse. Aber, wird dann gleich hinzugefügt, wenn man das erst einmal verstanden habe, erkläre sich A genauso durch x, y und z, wie man es jetzt schon behauptet. Nun ja, bei diesem Stand der Dinge müsste man ob der bevorstehenden Reduzierung des menschlichen Ichs noch nicht allzu besorgt sein. Wer mir heute einredet,

dass die Tatsächlichkeit meiner inneren Erfahrung, d. h., dass *ich* es bin, der fühlt, sieht, leidet usw., eigentlich nicht stimme, der hat eine Beweislast angetreten, deren Einlösung ich wahrscheinlich nicht mehr erleben werde. Wenn sich aber nun zusätzlich zeigt, dass das, worauf die menschliche Teleologie zurückgeführt werden soll, selbst nicht recht ohne die Annahme von Zielursachen auskommt, bedeutet das für das reduktionistische Programm noch schlechtere Karten. Freilich sind das alles keine letztgültigen, zwingenden Argumente für die Existenz von Zwecken in der Natur. Wer allerdings behauptet, Darwins Route sei auf dieser Etappe des *Mount Improbable* kinderleicht, ist nicht gerade ein zuverlässiger Bergführer. Niemand ist auszulachen, der hier nach einem Seil verlangt, Oder, wem dieses Bild zu weit hergeholt ist: So gut wie ihre naturalistische Ablehnung sind die Gründe für die Annahme einer teleologischen Verfassung der Natur noch allemal.

4 Intelligentes Design

Manchem Zeitgenossen, der evolutionären Erklärungen kritisch gegenübersteht, wird mein Plädoyer für Zwecke in der Natur vermutlich zu wachsweich vorkommen. Nur zu sagen, die Gründe für eine Annahme von Zweckursachen in der Natur seien nicht schlechter als die ihrer Leugnung, sei doch zu wenig. »Schauen Sie doch das Auge an, Herr Kummer!«, heißt der gängige Einwand, »das ist doch so großartig konstruiert, dass jeder Kamerahersteller vor Neid erblassen muss – wie soll denn das nur durch Mutation und Selektion entstanden sein?« Vor allem Physiker und Techniker sind es, die so argumentieren, aber nicht nur sie. Auch mein verewigter Lehrer und Chef des Instituts für Systematische Botanik in München, der nun wahrhaftig kein Evolutionsgegner war, hatte hier seine Zweifel. Vermutlich hat die jeder Biologe in manchen schlaflosen Nächten, wenn er sich überhaupt auf die Gestaltungskraft des Organismischen einlässt. Die Zacken des Unwahrscheinlichkeitsgebirges bleiben, selbst wenn es die Route auf der Rückseite geben sollte. Man ist ja nicht immer auf dem Weg der Theorie, sondern oft genug wieder ganz woanders, weil einen im Leben noch mehr Dinge beschäftigen, und schon hat man den Horizont wieder weit vor sich. Unglaublich, diese Zacken – selbst wenn ich schon auf allen gewesen sein sollte (was nicht einmal Herr Dawkins von sich behaupten kann)! Es muss ja nicht immer das Auge sein, tausenderlei andere Objekte tun es auch, so dass jeder Biologe seinen Lieblingsfetisch verehren kann, wenn er sich von der Monotonie der selektionstheoretischen Erklärungslitanei erholt. Sogar seine besten Freunde haben Darwin gelegentlich die Frage vorgehalten, ob er das Erklärungspotenzial der natürlichen Zuchtwahl nicht ab und an überstrapaziere. Als gewissenhafter

Beobachter, der er war, hat er das Problem der Größenordnung organischer Komplexität nicht verharmlost, sondern sich ihm in vollem Umfang gestellt und es – auf seine Weise natürlich – zu lösen versucht. Er wäre gewiss der Letzte gewesen, der die Phänomene einfacher beschrieben sehen wollte, als sie es wirklich sind, nur um seine Theorie leichter zur Anwendung zu bringen. So gibt es im sechsten Kapitel der »Entstehung der Arten« nach der Überschrift »Organe von äußerster Vollkommenheit und Zusammengesetztheit« etliche Seiten, die dieser Frage gewidmet sind. Und in seinem Orchideenbuch, von dem schon die Rede war, stellt er mit schonungsloser Offenheit die verzwicktesten Bestäubungseinrichtungen dar, die sich bei tropischen Orchideen finden lassen und die einer erzählerischen Rekonstruktion, wie wir sie im zweiten Kapitel versucht haben, ganz schön Mühe bereiten. Was dort noch an Kuriositäten fehlt, etwa das »Hummelbad« der Gattung *Coryanthes*, ist in diesem sechsten Kapitel (wenigstens in den späteren Auflagen) gewissenhaft nachgetragen:

»Bei dieser Orchidee ist das Labellum oder die Unterlippe zu einem großen eimerartigen Gefäße ausgehöhlt, in welches fortwährend aus zwei über ihm stehenden absondernden Hörnern Tropfen fast reinen Wassers herabfallen; ist der Eimer halbvoll, so fließt das Wasser durch einen Abguss an der einen Seite ab. Der Basalteil des Labellums krümmt sich über den Eimer und ist selbst kammerartig ausgehöhlt mit zwei seitlichen Eingängen; innerhalb dieser Kammern finden sich einige merkwürdige fleischige Leisten. Der genialste Mensch hätte, wenn er nicht Zeuge dessen war, was hier vorgeht, sich nicht vorstellen können, welchem Zwecke alle diese Teile dienten. Crüger sah aber, wie Mengen von Hummeln die riesigen Blüten dieser Orchideen am frühen Morgen besuchten, nicht um den Nektar zu saugen, sondern um die fleischigen Leisten in der Kammer oberhalb des Eimers abzunagen. Dabei stießen sie einander häufig in den Eimer; dadurch wurden ihre Flügel nass, so dass sie nicht fliegen konnten, sondern durch den vom Ausguss gebildeten Gang kriechen mussten. Crüger hat eine förmliche

Prozession von Hummeln aus ihrem unfreiwilligen Bade kriechen sehen. Der Gang ist eng und vom Säulchen bedeckt, so dass eine Hummel, wenn sie sich durchzwängt, erst ihren Rücken am klebrigen Stigma und dann an den Klebdrüsen der Pollenmassen reibt. Die Pollenmassen werden dadurch an den Rücken der ersten Hummel angeklebt, welche zufällig durch den Gang einer kürzlich entfalteten Blüte kriecht und werden fortgetragen. Crüger hat mir eine Blüte in Spiritus geschickt mit einer Hummel, welche, ehe sie ganz durch den Gang gekrochen war, getötet worden war; an ihrem Rücken war eine Pollenmasse befestigt. Fliegt die so ausgestattete Hummel nach einer andern Blüte oder ein zweites Mal nach derselben und wird von ihren Genossen in den Eimer gestoßen, so kommt notwendigerweise, wenn sie nun durch den Gang kriecht, zuerst die Pollenmasse mit dem klebrigen Stigma in Kontakt und die Blüte wird befruchtet. Und jetzt erst sehen wir den vollen Nutzen aller Teile der Blüte, der Wasser absondernden Hörner, des halb mit Wasser erfüllten Eimers ein, welcher die Hummeln am Fortfliegen hindert und dadurch zwingt, durch den Ausguss zu kriechen und sich an den passend gestellten klebrigen Pollenmassen und der klebrigen Narbe zu reiben.«

Aber zurück zum Auge. Damit beginnt nämlich der erwähnte Abschnitt über äußerst vollkommene Organe in der »Entstehung der Arten«. Diese ersten Sätze sind so bekannt und werden von Evolutionsgegnern so gerne und häufig zitiert, dass es fast überflüssig ist, sie zu wiederholen:

»Die Annahme, dass sogar das Auge mit allen seinen unnachahmlichen Vorrichtungen, um den Fokus den mannigfaltigsten Entfernungen anzupassen, verschiedene Lichtmengen zuzulassen und die sphärische und chromatische Abweichung zu verbessern, nur durch natürliche Zuchtwahl zu dem geworden sei, was es ist, scheint, ich will es offen gestehen, im höchsten möglichen Grade absurd zu sein.«

Also, da hat man es ja – Darwin selbst kapituliert hier, könnte man meinen, wenn man nur diese Zeilen sieht. Aber lies doch bitte weiter, lieber Evolutionskritiker, es kostet ja nicht viel – es sind nur einige Zeilen mehr:

> »Als es zum ersten Male ausgesprochen wurde, dass die Sonne stillstehe und die Erde sich um ihre Achse drehe, erklärte der gemeine Menschenverstand diese Lehre für falsch; aber das alte Sprichwort ›vox populi, vox die‹ hat, wie jeder Forscher weiß, in der Wissenschaft keine Geltung. Die Vernunft sagt mir, dass, wenn zahlreiche Abstufungen von einem unvollkommenen und einfachen bis zu einem vollkommenen und zusammengesetzten Auge, die alle nützlich für ihren Besitzer sind, nachgewiesen werden können, was sicher der Fall ist, – wenn ferner das Auge auch nur im geringsten Grade variiert und seine Abänderungen erblich sind, was gleichfalls sicher der Fall ist, – und wenn solche Abänderungen eines Organs je nützlich für ein Tier sind, dessen äußere Lebensbedingungen sich ändern: dann dürfte die Schwierigkeit der Annahme, dass ein vollkommenes und zusammengesetztes Auge durch natürliche Zuchtwahl gebildet werden könne, wie unübersteiglich sie auch für unsere Einbildungskraft scheinen mag, doch die Theorie nicht völlig umstürzen.«

Da ist sie wieder, die universale Anwendbarkeit seiner Theorie – allerdings nur als vorstellbar und im Konditional formuliert, d. h. als Vermutung, dass eine evolutive Ableitung des Linsenauges nicht von vornherein unmöglich ist, sondern unter bestimmten Voraussetzungen durchgeführt werden kann. Darwin bleibt aber nicht im Allgemeinen, sondern schließt Vorschläge an, wie eine solche evolutive Reihe aussehen könnte. Dabei ist ihm bemerkenswert klar, dass die allmähliche Vervollkommnung des Sehorgans nicht innerhalb einer phylogenetischen Linie zu finden ist. Denn die verschiedenen Organisationstypen von Augen sind bereits in stammesgeschichtlich so ursprünglichen Tierstämmen zu finden, dass hier nicht mehr mit einer fossilen Dokumentation des Evolutionsverlaufs gerechnet werden kann. Das heißt aber gleichzeitig, dass die Entwicklung von funktionsfähigen Linsenaugen längst keine so anspruchsvolle Angelegenheit ist, dass sie nur bei den Wirbel- oder gar erst Säugetieren zustande gekommen wäre. Vielmehr hat das die Tierwelt schon bei Tintenfischen, Würmern und sogar Quallen fertiggebracht. Wer nun vermutet, dass die Entwicklung von Linsenaugen nicht nur einmal, sondern vielfach unabhängig voneinander im Lauf der Evolution erfolgt ist, hat mit seinem Verdacht Recht – aber darüber später. Was bleibt, wenn ein direktes Ablesen der Augenevolution über eine tatsächliche Ahnenreihe nicht möglich ist, ist eine indirekte Rekonstruktion über den morphologischen Vergleich. Durch eine vergleichende Betrachtung von verschiedenen Augentypen, die in heute lebenden Organismen anzutreffen sind, wird, ganz im Sinne von Bonnets Leitermodell, ein Schema abgestufter Höherentwicklung erstellt. Dieses muss aber, das sei extra betont, keineswegs mit der Organisationshöhe der Lebensformen übereinstimmen, die den jeweiligen Augentyp besitzen. Das macht ja gerade den Reiz dieser Untersuchung aus und ist ein starkes Argument für eine mehrmalige Parallelevolution von Linsenaugen. Darwin hat in seinem erwähnten sechsten Kapitel die wesentlichen Stufen dieser Entwicklungsreihe schon erstellt, wenngleich er natürlich noch längst nicht alle Details über den mikroskopischen Bau von Sinneszellen und Nervenverschaltungen kannte. Er entwarf dabei bereits ein theoretisches Schema, wie eine selektionsabhängige Vervollkommnung des optischen Apparats der Lichtsinneswahrnehmung zu denken sei:

»Sollten wir das Auge einem optischen Instrumente vergleichen, so müssten wir in Gedanken eine dicke Schicht eines durchsichtigen Gewebes nehmen, mit von Flüssigkeit erfüllten Räumen und mit einem für Licht empfänglichen Nerven darunter, und dann annehmen, dass jeder Teil dieser Schicht langsam, aber unausgesetzt seine Dichte verändere, so dass verschiedene Lagen von verschiedener Dichte und Dicke in ungleichen Entfernungen voneinander entstehen, und dass auch die Oberfläche

einer jeden Lage langsam ihre Form ändere. Wir müssten ferner annehmen, dass eine Kraft, durch die natürliche Zuchtwahl oder das Überleben des Passendsten dargestellt, vorhanden sei, welche aufmerksam auf jede geringe zufällige Veränderung in den durchsichtigen Lagen achte, und jede Abänderung sorgfältig erhalte, welche unter veränderten Umständen in irgendeiner Weise oder in irgendeinem Grade ein deutlicheres Bild hervorzubringen geschickt wäre. Wir müssten annehmen, jeder neue Zustand des Instrumentes werde millionenfach vervielfältigt, und jeder werde so lange erhalten, bis ein besserer hervorgebracht sei, dann würden aber die alten sämtlich zerstört. Bei lebenden Körpern bringt die Abänderung jene geringen Verschiedenheiten hervor, die Zeugung vervielfältigt sie fast ins Unendliche und die natürliche Zuchtwahl findet mit nie irrendem Takte jede Verbesserung heraus. Denkt man sich nun diesen Prozess Millionen Jahre lang und jedes Jahr an Millionen von Individuen der mannigfaltigsten Art fortgesetzt: sollte man da nicht erwarten, dass das lebende optische Instrument endlich in demselben Grade vollkommener als das gläserne werden
|122| müsse, wie des Schöpfers Werke überhaupt vollkommener sind als die des Menschen?«

Der letzte Satz aus der Feder Darwins mag überraschen. Er ist aber sicher nicht als ein übrig gebliebenes Bekenntnis zu Gottes wunderbarer Tätigkeit in der Natur zu bewerten, sondern will ganz im Gegenteil sagen, dass die ›natürliche Zuchtwahl‹ die Entstehung komplexer Organe viel eleganter erklären kann als alle Zuflucht zu einem nach Menschenmaß konzipierten Designer-Gott.

Dieses Gedankenexperiment Darwins zur Herausbildung eines Linsenauges durch natürliche Zuchtwahl ist vor 15 Jahren von zwei skandinavischen Forschern, D.-E. Nilsson und S. Pelger, aufgegriffen und am Computer simuliert worden, und zwar mit beachtlichem Erfolg. Sie wiesen nach, dass auch unter sehr pessimistischen Voraussetzungen, nämlich einer evolutiven Verbesserung von lediglich 0,005 Prozent von einer Generation zur nächsten, es weniger als 400 000 Generationen braucht, bis aus den von Darwin angegebenen Voraussetzungen ein perfektes Linsenauge wird. Wenn man bedenkt, dass es viele Tiere gibt, die eine Generationenfolge von einem Jahr und weniger haben, dann geht die evolutive Entstehung von Linsenaugen weit schneller, als sogar Darwin gedacht hat.

Darüber aber später mehr. Wenden wir uns zunächst den Gegnern einer solchen selektionstheoretischen Erklärung zu. Warum ist ihnen diese Erklärung partout nicht eingängig? Es ist nicht nur ein mangelndes Vorstellungsvermögen, wie etwas »so Wunderbares« zustande gekommen sein soll. Darwin stellt eine solche Haltung als ganz normal in Rechnung, wenn er schreibt: »Ich habe aber selbst die Schwierigkeiten viel zu lebhaft empfunden, um mich darüber zu wundern, wenn andere zaudern, das Prinzip der natürlichen Zuchtwahl in einer so überraschend weiten Ausdehnung anzunehmen.« Er nennt aber auch ein Heilmittel, das gegen dieses Zaudern hilft, nämlich, in dieser Frage »seine Phantasie von der Vernunft besiegen zu lassen«. Also: Was wir uns nicht vorstellen können, ist noch lange kein Argument gegen die theoretische Richtigkeit des angewandten Prinzips. Der Computer von Nilsson und Pelger war es ja gerade, der hier unserem mangelnden Vorstellungsvermögen auf die Sprünge geholfen hat, indem er etwas als möglich vor Augen führte, was unserer Phantasie als unmöglich erschien.

Nun werden aber Evolutionsgegner einwenden, dass die Beweislast genau anders herum zu verteilen sei, weil nämlich sie es seien, die ihre Vernunft einsetzten, um die allzu phantasievollen Ableitungen Darwins in ihre Schranken zu verweisen. Nicht, ob man sich etwas als möglich vorstellen kann oder nicht, ist also das entscheidende Kriterium für die Richtigkeit einer Ableitung, sondern ein eindeutiger Beweis dagegen. Den Ansatzpunkt dafür liefert eine Formulierung Darwins, mit der er die Berechtigung seiner Theorie selbst in Frage stellt: »Ließe sich irgendein zusammengesetztes Organ nachweisen, dessen Vollendung nicht möglicherweise durch zahlreiche kleine aufeinanderfolgende Modifikationen hätte erfolgen können, so müsste meine Theorie unbedingt zusammenbrechen.«

Hier liegt des Pudels eigentlicher Kern. Es geht darum, ob sich die Komplexität eines zusammengesetzten Organs in viele aufeinander folgende Einzelschritte auflösen lässt. Und genau das wird von einer bestimmten Gruppe von Evolutionsgegnern, den »Intelligent-Design«-Anhängern bezweifelt. Darwins Hinweis, dass es »nicht notwendig ist anzunehmen, dass alle Veränderungen gleichzeitig waren, wenn sie nur äußerst klein und allmählich seien«, wird mit dem Schlagwort der »irreduziblen Komplexität« abgetan. Was ist damit gemeint? Irreduzible Komplexität bedeutet, dass es komplexe Zusammensetzungen gibt, die sich nicht beliebig in einfachere Vorstufen aufteilen lassen, weil ihr Zweck nur im Ganzen steckt. Einer der Hauptvertreter des Intelligent Design, der amerikanische Biochemiker Michael Behe, erläutert das in seinem Buch »Darwin's Black Box« am Beispiel der Mausefalle.

Die Mausefalle des Herrn Behe

Eine klassische Schlagfalle (fast geniert man sich, etwas derart Banales zu beschreiben, aber wer außer Hobbygärtnern hat bei der Hygiene unserer Wohnbedingungen damit noch zu tun?) besteht bekanntlich aus einem Brettchen, auf dem ein federbetriebener Schlagbügel montiert ist, der mit einem Drahthebel unter Spannung offen gehalten werden kann. Dazu wird der Schlagbügel gegen die Federspannung geöffnet und der Spannhebel darüber in einer beweglichen Öse fixiert. Die Beweglichkeit dieser Öse ist der Witz an der ganzen Sache. Sie muss empfindlich genug auf Berührungen reagieren, so dass der Hebel sich rechtzeitig lockert und den gespannten Bügel umschlagen lässt. Das kann man auf verschiedene Weise erreichen. Meistens sitzt die Öse auf einem kleinen beweglichen Teilbrettchen inmitten einer Aussparung des Grundbretts. Auf diesem Teilbrettchen wird der Köder angebracht, und wenn die Nasenspitze einer hungrigen oder auch nur neugierigen Maus diese Stelle berührt, ist ihr Schicksal besiegelt. – Ein Beispiel für intelligentes Design? Nun, natürlich hängt viel von den Einzelheiten ab. Ist der Spannhebel auch nur ein wenig zu lang oder das Köderbrettchen mit der Öse nicht beweglich genug, reagiert der Mechanismus zu träge und die Maus hat den Köder im Magen, ohne dass der Bügel zuschnappt – ein häufiger Verdruss mit dieser Art Fallen. Ist die Sache zu empfindlich, schnappt die Falle schon beim Spannen zu und trifft den Finger statt der Maus. Auch das Verhaltensrepertoire der betreffenden Tierart ist zu berücksichtigen. In meinem früheren Feriendomizil am Ammersee wurden die aufgestellten Rattenfallen (hier ist das Spannen des ungleich kräftigeren Schlagbügels durchaus eine Mutprobe) regelmäßig von Siebenschläfern leer gefressen, ohne dass eines dieser Tiere zu Schaden gekommen wäre. Sie stoßen offenbar nicht nach Mäuseart mit der Nase ans Brett oder hantieren geschickter mit ihren Vorderpfoten – ich weiß es nicht, denn beobachten ließen sich diese Tiere bei ihrer heimlichen Tätigkeit nie. Aber all das sind bloß Designfeinheiten für den Fallenhersteller, die der Verkaufserfolg auf raschem Weg regelt. Hierfür reicht Darwins Theorie der Selektion des Geeignetsten in zufriedenstellender Weise aus. Das gilt aber nicht für die Falle als Ganzes. Sie will ersonnen sein, und zu ihrer Funktion gibt es keine Vorstufen. Mit Schlagbügel, Hebel oder Grundbrett allein lässt sich da nichts anfangen. Und darum gibt es auch keine Evolution der Schlagbügelfalle, sondern nur das eine Modell mit seinem über die Jahrzehnte gleichen Design. Nur ein paar untergeordnete Modifikationen und Verbesserungen, meist die Verbindung von Köder und die Arretierung des Spannbügels betreffend, gibt es, und nur die lassen sich widerspruchslos mit selektionsbedingter Anpassung erklären. Das ist es, was Behe mit ›irreduzibler Komplexität‹ uns sagen will: An der Zusammensetzung eines Apparats, der einen bestimmten Zweck erfüllen soll, darf kein Teil fehlen, der für diese Funktion erheblich ist. Es ist nicht möglich, diese Zusammensetzung in ein stufenweises Nacheinander aufzulösen, weil kein Element des Ganzen eine Einzelfunktion besitzt, die als Vorstufe zur Gesamtfunktion aufgefasst werden könnte. Die Mausefalle ist entweder mit ihrer gesamten dazu notwendigen Komplexität da, oder es gibt sie überhaupt nicht.

Der aufmerksame Leser wird hier einen schwachen Punkt in

der Argumentation ausmachen: »Vorstufen« der Mausefalle gibt es sehr wohl – zwar nicht in der Realität, aber in der Vorstellung des Erfinders. In Gedanken »hantiert« er mit den in seiner Erfahrung vorhandenen Funktionen von Einzelteilen, wie Federn, Ösen und Hebeln, bis sich daraus die »zündende Idee« des Gesamtapparats ergibt. Behe würde darauf erwidern, dass eine solche Art von »Evolution« ja gerade das voraussetzt, worauf er hinauswill: eine Intelligenz, die hierfür am Werk ist. Aber das ist schon einen Schritt zu weit voraus. Bleiben wir zunächst bei der Feststellung, dass es zusammengesetzte Apparate gibt, die einen mit ihrem Zweck festgelegten irreduziblen Komplexitätsgrad besitzen.

Solche Apparate gibt es nicht nur von Menschenhand, sondern auch in der Natur. Ja, wenn wir uns an das letzte Kapitel erinnern, dann ist das Reich des Organismischen geradezu definiert durch solche, wie wir es genannt haben, innere Zweckmäßigkeit. Sollte sich dahinter auch eine planende Intelligenz verbergen? Dies nachzuweisen ist in der Tat die Absicht der Intelligent-Design-Anhänger. So wie keine absichtslose Selektion zur Entstehung der Mausefalle führt, sondern allenfalls zu ihrer Optimierung, weil der

Selektionseffekt vom Vorhandensein des Zwecks abhängt, den die Einzelteile noch nicht erfüllen, so soll sich auch das Vorliegen organismischer Zweckmäßigkeit, oder zumindest bestimmter Formen davon, nicht allein durch »natürliche Zuchtwahl« erklären lassen. Also genau die Leugnung dessen, was Darwin bei der Erklärung des Auges vorschwebte: eine allmähliche, in kleinsten Schritten voranschreitende Abänderung von einfachsten Vorformen bis zur vollendetsten Ausbildung. (Auch hier spürt man wieder einen Riss in der Argumentation bzw. in der Vergleichbarkeit: Es geht nicht um eine evolutive Zusammensetzung des Auges aus seinen Bestandteilen Netzhaut, Linse, Iris, Hornhaut usw., sondern um eine verbesserte Realisierung der Sehfunktion als solcher, und die ist einer Selektion zugänglich. Unter dieser Rücksicht wären auch einfachere Mausefallen denkbar. Aber auch darüber später noch mehr.) Für Behe und andere Anhänger des Intelligent Design gilt es als erwiesen, dass es irreduzible Komplexitäten im Bereich des Lebendigen gibt und diese den Schluss auf eine planende Intelligenz unausweichlich machen – welcher Art diese Intelligenz auch sein mag. Die Argumentationsstrategie der Intelligent-Design-Theorie verläuft demnach in drei Stufen:[1]

(1) Sign Detecting
Dies wird als »empirisches Forschungsprogramm« verstanden, Anzeichen für Design aufzufinden, die für den Nachweis irreduzibler Komplexität geeignet sind. Sonderlich atemberaubend ist diese Forschungsabsicht indessen nicht, wenn man bedenkt, dass das Reich des Lebendigen voll ist von Zweckmäßigkeit jeden beliebigen Komplexitätsgrades.

(2) Argumentum ad ignorantiam
Es wird der Nachweis geführt, dass das Erklärungsmodell Darwins bzw. der modernen Evolutionstheorie zur Erklärung derartiger Komplexität nicht ausreicht, wie wir das am Beispiel von Behes Mausefalle veranschaulicht haben. Von Kreationisten wird eine DVD mit einem Vortrag des Freisinger Mikrobiologen Siegfried Scherer vertrieben, die den Titel trägt: »Was Darwin noch nicht wusste«. Darin werden eine Reihe von Fällen aufgeführt: Entstehung des Lebens (Urzeugung), Übergänge zwischen den Bauplänen, Abstammung des Menschen, Bewegungsapparat der Bakterienzelle, deren Diskussion jedes Mal refrainartig mit demselben Ergebnis endet: »Wie das zustande gekommen ist, wusste Darwin noch nicht, und wir wissen es heute immer noch nicht. Das ist das *argumentum* oder, wie ich lieber sage, die *reductio ad ignorantiam* – das fortgesetzte Hinterfragen der Aussagen der Evolutionstheorie, bis sie auf eine Ebene zurückgeführt (»reduziert«) ist, auf der sie ihr Nichtwissen zugeben muss. Genügend Hartnäckigkeit vorausgesetzt, ist diese Taktik natürlich immer erfolgreich, weil jedes gelöste Problem – welcher Forscher könnte kein Lied davon singen – stets hundert neue Fragen aufwirft. Die Frage ist nur, was mit dieser Salamitaktik einer – stets möglichen – Rückfüh-

1 Ich verdanke diese Einteilung Thomas Waschke, der eine sehr informative Webseite zum Thema Intelligent Design unterhält.

rung auf Nichtwissen gewonnen ist. Ist der finale Wutausbruch, den ewiges Warum-Fragen auslösen kann, wirklich ein Triumph der Wissbegierde des Kindes über die Beschränktheit väterlicher Weisheit oder nur ein Beweis dafür, dass Sturheit letztlich immer den Sieg über Vernunft davonträgt?

(3) Der Analogieschluss von der künstlichen auf die natürliche Komplexität

Ist das Ungenügen evolutionärer Erklärungen erst einmal nachgewiesen bzw. der Sieg auf dem Weg endlosen Warum-Fragens errungen, wird dem sprachlos gewordenen (oder gemachten) Gegner ein Vorschlag zur Güte unterbreitet: »Schau, deine Theorie hat keine Erklärung parat, wie der komplexe Apparat, den wir beide bewundern, zustande gekommen ist. Seine Komplexität ist eine Tatsache, da sind wir uns beide einig. Wenn dieser Apparat jetzt ein technisches Gerät wäre, ein Fotoapparat etwa und nicht das Auge, wären wir sofort auch einer Meinung, dass dessen Komplexität und Zweckmäßigkeit dem erfinderischen Geist eines Ingenieurs zu verdanken ist, selbst wenn wir im konkreten Fall keine Ahnung haben, wer dieser Ingenieur gewesen ist. Auch wenn er uns unbekannt ist, bleibt der Schluss doch zwingend, dass es ihn gegeben haben muss. *Where there is design, there must be a designer!* Warum dann nicht denselben Schluss ziehen, wenn wir vor einem natürlichen Produkt vergleichbarer Komplexität stehen, wo wir den Hersteller auch nicht kennen?« Die suggestive Kraft dieser Frage ist, zugegeben, gewaltig, und sie beeindruckt auch viele Menschen. Aber sie verschleiert auch viel. Denn der springende Punkt an diesem Analogieschluss liegt ja nicht in der Unbekanntheit der Hersteller, sondern darin, ob die beiden Ausgangspunkte miteinander vergleichbar sind. Ist die Ähnlichkeit zwischen einem technischen Produkt und einem natürlichen Gegenstand wirklich so groß, dass die Ursache des einen, der Hersteller, auf das andere übertragbar ist? Das ist der dritte Vorbehalt, den wir beim Argumentieren mit irreduziblen Komplexitäten im Gedächtnis behalten sollten, nachdem wir davor schon zweimal, beim scheinbaren Gegensatz von Evolution und intelli-

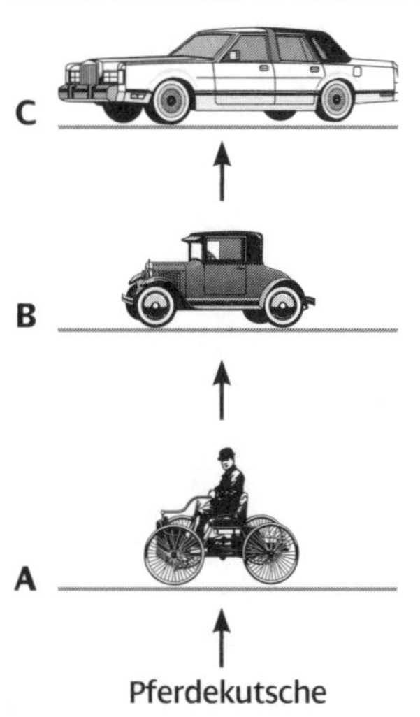

Abb. 11: Evolution der Autokarosserie (nach Kutschera 2004)

genter Planung und bei der Evolution komplexer Gebilde aus ihren Funktionselementen, unsere Zweifel anmelden mussten. Sie erinnern sich: Die Tatsache, dass ein komplexes Gebilde nicht in eine Genese aus seinen Elementen auflösbar ist, sagt nichts gegen eine evolutive Entstehung seiner Funktionalität. Und Evolution gibt es auch bei geplanten Gegenständen im Geist des Erfinders – und oft genug auch in der Ausführung, wenn wir etwa an die schrittweise Evolution von Autokarosserien aus Pferdekutschen-Vorläufern denken (Abbildung 11). Es ist ein Kardinalfehler der Intelligent-Design-Anhänger zu meinen, man müsse Evolution verneinen, um Platz für eine planende Vernunft zu schaffen.

Behe ist selbstverständlich der Überzeugung, dass sich diese Vorbehalte durch seine Beispiele für irreduzible Komplexität in der Natur mühelos vom Tisch fegen lassen. Als Biochemiker denkt er dabei vor allem an molekulare Maschinen in der lebenden Zelle, und deren Komplexität ist in der Tat in manchen Fällen atemberaubend. Das gilt unter anderem für den vielbeschworenen Rotationsmotor der Bakteriengeißel. Ich weiß, dass man heutzutage Flagelle dafür sagen muss, aber lassen Sie mir meine altmodische Terminologie. Lateinisch ›flagellum‹ heißt nun einmal Geißel, und somit ist das Fremdwort für humanistisch geschul-

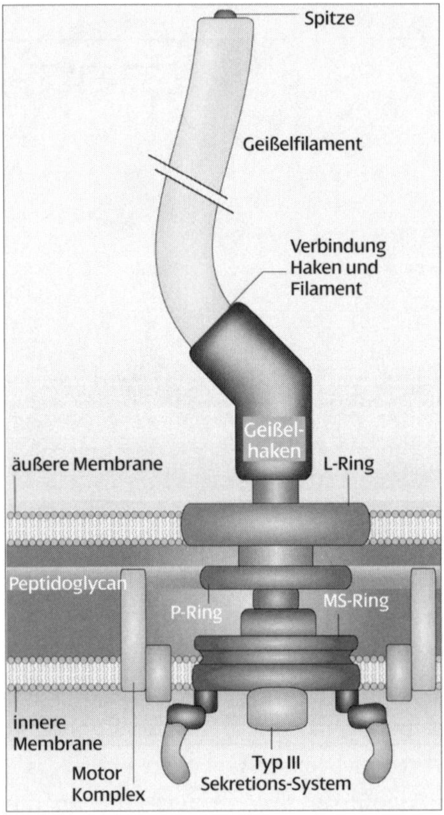

Abb. 12: Rotationsmotor der Bakteriengeißel *(aus Pallen & Matzke 2004)*

te Ohren nicht weniger mit Folterwerkzeug assoziierbar. Und von Geißel zu reden ist allemal angebrachter als ein latinisiertes Wortmonster mit falschem Artikel (»*die* Flagelle«). Wir nennen die mikroskopischen Flagellaten ja auch nach wie vor anschaulich »Geißeltierchen«, selbst wenn der geißelschwingende Fuhrmann dahinter nicht mehr in unserer Erfahrungswelt vorkommt. So viel zur alten Wortwahl. Was den Bau betrifft, wollen wir allerdings auf den derzeitigen Kenntnisstand zurückgreifen. Einen schematischen Überblick über die molekularen Bauelemente, aus denen sich der Geißelmotor zusammensetzt, gibt Abbildung 12.

Der Nanomotor der Bakteriengeißel

Ohne auf alle im Schema angegebenen Einzelheiten einzugehen, ist dem schon einmal erwähnten Mikrobiologen S. Scherer rechtzugeben, wenn er den Antrieb der Bakteriengeißel einen »Hyper-Super-Ultra-Miniatur-Elektro-Rotationsmotor« nennt. Nur ganze zwei Mikrometer (µm) ist eine Bakterienzelle im Durchschnitt lang, d. h., 500 solcher Zellen gehen auf einen Millimeter. Die Geißeln, mit denen sie bestückt ist – durchschnittlich 15 an der Zahl – sind immerhin fünfmal so lang wie die ganze Zelle: 10 µm. Sie stecken mit einer Motorachse von 0,03 µm Länge in der Zellwand, wo sie mit bis zu 20 000 Umdrehungen pro Minute rotieren. Mit diesem Schraubenantrieb lassen sich Höchstgeschwindigkeiten von 50 µm/sec erreichen – das sind 25 Bakterienzelllängen in einer Sekunde, was umgerechnet auf Pkw-Dimensionen etwa 400 km/h bedeutete. Dass die dabei auf die Bakterienzellwand wirkenden Kräfte eine entsprechende Verankerung des Motors in der Zellwand erfordern, versteht sich von selbst. Dazu dienen die verschiedenen im Schema mit L und P bezeichneten Ringe, die die *Achse* in der Zellwand als *Lager* befestigen bzw. darunter als *Rotor* (MS-Ring) für den Antrieb sorgen. Auch an die Ausführung des *Hakens* (›hook‹), der die Geißel mit der Achse des Motors verbindet, sind wegen der enormen Zentrifugalkraft der langen Geißeln besondere Anforderungen gestellt. Zudem gibt es unter dem MS-Ring des Rotors oft noch eine Steuereinheit, die Motorgeschwindigkeit und Drehrichtung in Abhängigkeit von bestimmten Außenreizen (Licht, chemische Reize und dergleichen) anpasst.

An der Funktionalität dieses Motors gibt es überhaupt nichts zu deuteln – die Frage ist nur, wie er zustande kam. »Irreduzible Komplexität«, sagt hier Behe, »und damit ein typischer Fall von Design wie bei der Mausefalle!« Und in der Tat, es darf kein Teil fehlen, soll der Motor nicht seine Funktion und damit seinen Selektionswert verlieren. Sind dann aber Vorstufen denkbar oder gar nachweisbar, die eine allmähliche evolutive Entstehung nachvollziehbar machen? In den USA ist im Zuge des Streits um den kreationistischen Einfluss auf den Biologieunterricht die Frage der

Entstehung der Bakteriengeißel sogar zur Ehre eines Gerichtsprozesses gekommen. Das hat zu erheblichem Einsatz in der genaueren Erforschung des Geißelantriebs geführt, der uns jetzt zugutekommt. Zunächst kann man ja geneigt sein, das Staunen über das Design des Geißelmotors als Phantom-Problem abzutun: Was die Molekularbiologen identifizieren, sind die an der Geißelbewegung beteiligten Proteine. Das macht man in der Regel genetisch über bewegungslos gewordene Mutanten, die man auf fehlende oder veränderte Gene untersucht. Die dabei erfassten Genprodukte, in der Regel Proteine, werden dann in ein hypothetisches Schema gebracht, das am technischen Vorbild einer Schiffsschraube orientiert ist. Und dann bestaunt man an diesem Modell das technische Design, ohne weiter daran zu denken, dass dieses Design ja von uns aus Gründen der Anschaulichkeit eingeführt wurde, statt vom wirklichen Gegenstand selbst zu stammen. Dieser Zweifel lässt sich indessen nicht aufrechterhalten. Es gibt inzwischen genügend elektonenmikroskopische Abbildungen, welche die Einzelteile des Schemas auch *in natura* erkennen lassen. Der Geißelmotor ist tatsächlich so raffiniert gebaut, wie seine Funktion bzw. seine identifizierten Einzelteile vermuten ließen. Aber, unermüdlich wie die Forschung ist, hat sie auch gezeigt, dass es »den« Geißelmotor der Bakterienzelle gar nicht gibt, sondern Hunderte von verschiedenen Varianten. Das wären jedoch nichts als die Fabrikationsunterschiede, deren Erklärung durch Selektion auch bei den Mausefallen-Modellen unproblematisch erschien. Es geht aber nicht um die Modifizierbarkeit des Geißelmotors, also seine nachträgliche Verbesserung, wenn es ihn erst einmal gibt, sondern um seine eigene Entstehung auf dem Weg der evolutiven Anpassung. Dazu hat nun – im Zeitalter der Genomsequenzierungen – die Suche nach »homologen Genen« einiges beigetragen. Man hat feststellt, dass eine ganze Reihe der am Geißelmotor beteiligten Proteine ebenso in geißellosen Bakterien vorkommen, dort allerdings mit anderen Funktionen. Die einzelnen Bestandteile des Geißelmotors sind also »homolog«, d. h. herkunftsgleich mit diesen Proteinen, aber sie hatten ursprünglich andere Aufgaben im Zellhaushalt. Zum Geißelmotor wäre es dann auf dem Weg eines evolutiven »Umfunktionierens« dieser Proteine gekommen. – Aber Vorsicht, dass wir nicht in dieselbe Denkfalle tappen wie Behe mit seiner unreduzierbaren Komplexität! Bestandteile sind nicht gleichbedeutend mit Vorstufen. Die Tatsache, dass ich Spiralfedern, Drahtbügel und Holzbrettchen auch in anderen Geräten nachweisen kann, besagt für (oder gegen) das Design der Mausefalle gar nichts. Das Design bzw. der Plan oder die Idee besteht im Zusammenfügen, in der zweckentsprechenden Verknüpfung dieser Teile. ›Umfunktionieren‹ ist also nicht die Lösung, sondern eigentlich nur die Formulierung des Problems! (Vorweg schon mal ein Hinweis auf Kapitel 5: Genau für dieses Problem wird dort mit dem Konzept der »radialen Energie« von Teilhard de Chardin ein Lösungsvorschlag unternommen.)

Um es kurz zu machen: Es gibt inzwischen tatsächlich Hinweise auf gewisse Vorstufen für den Geißelapparat. Vor allem ein weitverbreiteter zellulärer Sekretionsmechanismus (*Type III secretion system* im Schema), der bestimmte Proteine zum Einbau in die Bakterienzellwand bereitstellt, ist ein guter Kandidat dafür. Dazu kommt noch unsere zunehmende Erfahrung mit experimentell erzeugten Nanomotoren, für die manchmal das zufällige Zusammenmixen bestimmter Moleküle eine größere Rolle spielt als ein gezieltes Design, und die bei dieser Herstellungsweise, o Wunder, tatsächlich auch noch ungeniert funktionieren. Warum sollte so etwas bei den Bakterien nicht ebenso möglich gewesen sein? Das sind aber weithin theoretische Überlegungen und teilweise auch kühne Spekulationen, die nicht darüber hinwegtäuschen dürfen, dass die molekulare Grundausstattung der Zelle einen Komplexitätsgrad aufweist, der unserem Verständnis von Evolution gerade an der Basis des Lebens noch erhebliches Kopfzerbrechen bereitet. Entsprechend voll sind die Chat-Seiten im Internet, auf denen über die richtige Erklärung der Bakteriengeißel gestritten wird.

Wenn es bei den molekularen Maschinen so schwierig ist, Vorstufen zu finden – wie schaut es dann bei den makroskopischen Apparaten aus? Ist das Linsenauge der Wirbeltiere von unreduzierbarer Komplexität, wie die ID-Anhänger meinen, oder hat Darwin recht, wenn er glaubt, Vorstufen durch den morphologischen Vergleich erschließen zu können? Glücklicherweise hat derselbe Nilsson, den wir schon von der Entwicklung einer Computersimulation für die allmähliche Optimierung von Linsenaugen kennen, ein wunderschönes Buch über die Evolution von Sehorganen geschrieben, das für unsere Frage eine wahre Fundgrube darstellt. Auch Dawkins orientiert sich bei der Darstellung der Augenevolution weitgehend an Nilssons Buch, was ihm zu einem der überzeugendsten Kapitel seines *Mount Improbable* verholfen hat.

1:0 für Darwin: die Augenentwicklung

Was sind die einfachsten Augen, die es im Tierreich gibt? Mit dieser Frage müssen wir beginnen, wenn wir, Darwins Vorschlag folgend, durch morphologischen Vergleich aus den verschiedenen Augentypen eine evolutive Reihung auf der Grundlage einer stufenweisen Funktionsverbesserung machen wollen. Wir erinnern uns vielleicht – wenn wir das Glück hatten, einen anschaulichen Biologieunterricht genießen zu dürfen – an das »grüne Augentierchen«, *Euglena viridis* mit wissenschaftlichem Namen, das mit Geißelantrieb zwischen den Algenfäden im Mikroskop-Gesichtsfeld umhersteuerte. Es ist eines der primitivsten, besser sollte man sagen ursprünglichsten, Vertreter, die es unter einzelligen Lebe-

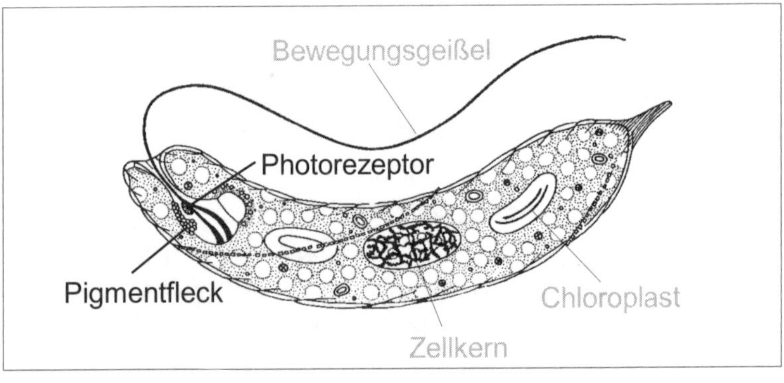

Abb. 13: Augentierchen *Euglena* sp. *(aus Remane/Storch/Welsch 1978)*

wesen gibt. Es ist weder Tier noch Pflanze, sondern kann noch als beides zugleich angesehen werden. Es ist grün wie eine Pflanze, aber ohne starre Zellwand, was sein Äußeres flexibel macht wie bei einem Tier – und es hat unter seiner Geißel einen orangeroten »Augenfleck«. So hat man das früher gelernt. Heute wissen wir, dass dieser Augenfleck nur ein Pigmentschirm ist, die eigentliche lichtempfindliche Stelle aber in der Wurzel der Geißel sitzt (Abbildung 13).

Kommt uns das nicht bekannt vor? Die so schwer zu erklärende Bakteriengeißel hatte doch an ihrer Basis, dort, wo sie an der inneren Zellmembran verankert ist, auch einen Schalterkomplex, mit dem sie, jedenfalls bei manchen Ausführungen, auf Licht anspricht. Das ist höchst sinnvoll, weil damit die Bewegung in Abhängigkeit von der Hell-dunkel-Wahrnehmung reguliert werden kann. Und in der Tat, etwas Ähnliches braucht unser Augentierchen auch. Es ist, wie sein wissenschaftlicher Name schon sagt, grün durch Chlorophyllkörner, und diese dienen bekanntlich der Aufnahme des Sonnenlichts zum Zweck des Energiegewinns. Zum Licht hat die Geißel des Augentierchens zu steuern und dazu hat sie, obgleich sie ganz anders gebaut ist als eine Bakteriengeißel, ein entsprechendes Reizempfangssystem. Das besteht aus einer kammartigen Struktur an einer Stelle des Geißel-Basalkörpers – was eine Vergrößerung seiner Oberfläche bedeutet – in die lichtempfindliche Proteinmoleküle eingelagert sind. Dieses Protein, ›Rhodopsin‹ genannt, gibt es, man höre und staune, auch schon bei den Bakterien. Dort dient es für gewöhnlich nicht zum Sehen, sondern zum Einfangen von Lichtteilchen, Photonen, als Energieträger für die Synthese organischer Bau- und Betriebsstoffe. Bakterien betreiben also mit dem Rhodopsin Photosynthese, genau wie die grünen Pflanzen mit dem Chlorophyll. Da unser Augentierchen bereits zu dieser »modernen« Form der Photosynthese übergegangen ist, kann sie das zu ihrer ererbten Grundausstattung gehörende Rhodopsin für etwas anderes verwenden – eben zur Lichtorientierung im Dienst der Fortbewegung. Die Lichtenergie wird also nicht mehr in Nahrung gespeichert, sondern zur Signalübertragung verwendet: Lichtempfang und darauf

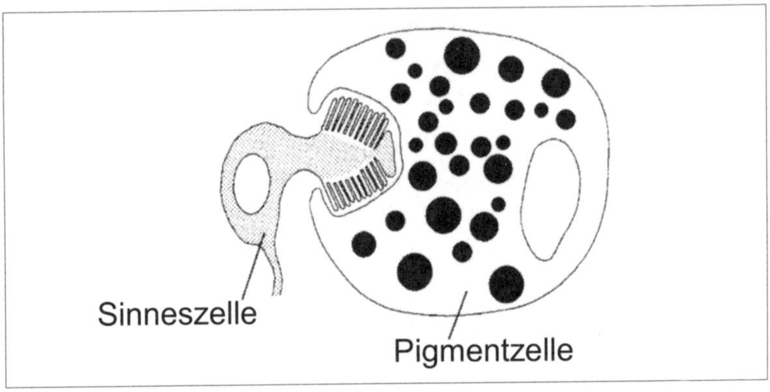

Abb. 14: Augenfleck der Trematodenlarve *Multicotyle purvisi,* eines parasitischen Plattwurms *(nach Land & Nilsson 2002)*

reagierender Geißelschlag. Wäre unser Augentierchen bereits ein Mehrzeller mit einem eigenen Nervensystem, könnte die mit dem Rhodopsin eingefangene Energie auch zur Nervenerregung verwendet werden.

Damit haben wir im Grunde alles beisammen, was wir benötigen, um die Entstehung von Sehorganen der mehrzelligen Tiere zu verstehen. Auch sie sind im einfachsten Fall »Augen- oder Pigmentflecke«. Die Abbildung 14 zeigt, dass hier im Unterschied zum Augentierchen Pigmentschirm und lichtempfindliche Stelle von ganzen Zellen übernommen werden. Es ist also nicht mehr nur eine bestimmte Stelle an der Geißel, die im Dienst der Helligkeitswahrnehmung steht, sondern eine ganze Zelle hat sich auf diese Funktion konzentriert. Umklammert von einer becherartigen Pigmentzelle, die den Lichteinfall nur aus einer Richtung gestattet, stellt eine derartige Lichtsinneszelle so etwas wie eine spezialisierte Geißelzelle dar. (Für Kenner der Materie: Ich weiß, dass dies eine zu große Vereinfachung ist, weil nicht alle optischen Sinneszellen auf die Lichtempfindlichkeit der Geißelwurzel zurückzuführen sind. Es geht hier aber nicht um die Orthodoxie des Schulwissens, sondern darum, Darwins Überlegungen zur Entstehung komplexer Organe nachzuvollziehen, und dafür genügt dieses grobe Schema vollauf.) Mit einem so einfach gebauten Augenfleck ist bereits Richtungssehen möglich – wenn man das Körperende, wo das Auge sitzt, hin und her bewegt. Wir können diese Bewegung etwa bei Fliegenmaden beobachten, die beim Öffnen einer Käseschachtel gestört in ihrer Mahlzeit sich plötzlich suchend hin und her bewegen, um vom Licht und damit vom Feind wegzukommen. Selbstverständlich führt jede Vergrößerung eines solchen Augenflecks, d. h. die vermehrte Anzahl von Sinnes- und Pigmentzellen an einer bestimmten Körperstelle, zu einer Verbesserung der Sehleistung. Die weitere Entwicklung ergibt sich fast zwangsläufig. Eine Anhäufung von Lichtsinneszellen an ein und derselben Stelle führt aus Platzmangel zur Aufwölbung der Haut, was wiederum eine Verbesserung der Wahrnehmung des Lichteinfalls (jetzt auch ohne Kopfbewegung) nach sich zieht. Die umgekehrte Lösung des Dilemmas von Anzahl der Sehzellen und Platz auf der Haut, eine Einstülpung nach innen, führt zu einer neuen Sehleistung, der räumlichen Abbildung. Auch sie ist, wenigstens im Grundprinzip, schon mit wenigzelligen Augen möglich, wie die Abbildung 15 veranschaulicht.

Auch dieses Auge besitzt nur eine einzige Pigmentzelle, die aber mit weit engerer Öffnung fast krugförmig eine Mehrzahl von Sinneszellen umschließt. Es ist leicht nachzuvollziehen, dass bei dieser Anordnung das von einem Gegenstand ausgehende Licht

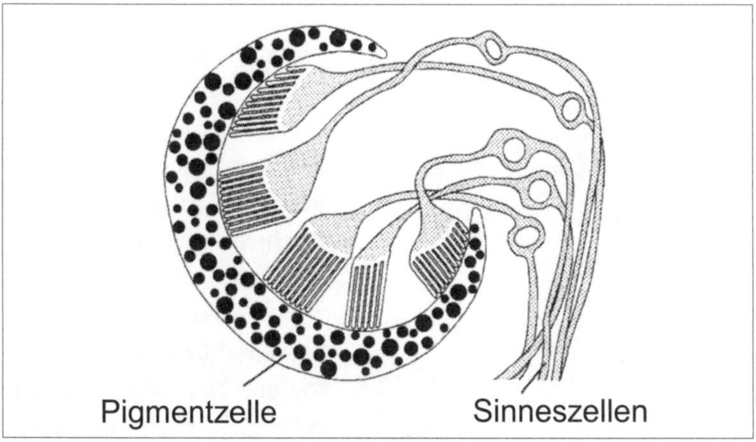

Abb. 15: Einfache Pigmentbecherzelle des Strudelwurms *Bdellocephala brunnea (nach Land & Nilsson 2002)*

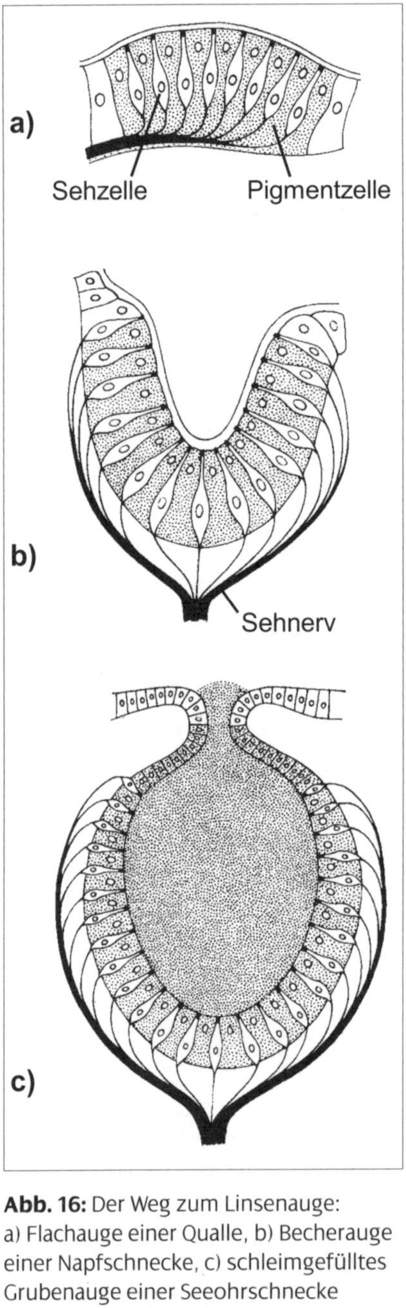

Abb. 16: Der Weg zum Linsenauge:
a) Flachauge einer Qualle, b) Becherauge einer Napfschnecke, c) schleimgefülltes Grubenauge einer Seeohrschnecke *(nach Remane/Storch/Welsch 1978)*

nicht mehr gleichmäßig alle Lichtsinneszellen erreicht, sondern je nach Einfallswinkel nur die eine oder andere. Die vom einfallenden Licht getroffene Sinneszelle korrespondiert also mit einer bestimmten Stelle der Umgebung und bildet diese als eigenen Raumpunkt ab. Zwar ist dieser »Punkt« beim dargestellten Konstruktionstyp noch ein ziemlicher Fleck und die Abbildung nur ein grobes, verwaschenes Raster. Die Leistung lässt sich aber auch in diesem Fall mit der Erhöhung der Zellzahl pro Auge rasch verbessern, womit aus dem Pigmentbecher ein »Grubenauge« wird. Natürlich steigt die Abbildungsleistung, wenn man die Öffnung eines solchen Auges möglichst verringert – das kennen wir von der *camera obscura* her. Bekanntlich lassen sich mit solch einer einfachen Pappschachtel, die auf der einen Seite ein kleines Loch und auf der anderen Seite ein fotografisches Papier enthält, ganz gute Bilder erzeugen, vorausgesetzt, man belichtet lang genug. Das ist das

Problem mit den zu Lochaugen weiterentwickelten Grubenaugen. Und Tintenfische, die sich ihrer bedienen, wie etwa das ›Perlboot‹ *Nautilus,* müssen recht große Glotzaugen besitzen, um genügend optische Information auf ihre Netzhaut zu bekommen. Für kleine Tiere wäre das nichts. Ihnen hilft eine andere Methode: Wenn man das Innere eines Grubenauges mit durchsichtiger Gallerte ausfüllt, erhält man einen doppelten Effekt. Zum einen ist die Augengrube vor eindringenden Fremdkörpern geschützt, und zum andern werden durch die Gallerte mehr Lichtstrahlen auf die Netzhaut gebrochen. Die Wirkung einer Linse, die das Bild nicht nur schärfer, sondern gleichzeitig heller macht, ist damit im Prinzip erreicht. Die Abbildung 16 verdeutlicht, wie wenig gestaltliche Umbildung es braucht, um diesen Fortschritt in der Funktion zu erreichen.

Der Weg zum echten Linsenauge ist nun keine große Angelegenheit mehr. Das Auge der Weinbergschnecke zeigt uns das einfache Grundprinzip. (Erstaunlicherweise sind es fast durchweg Mollusken, Vertreter des Stammes der Weichtiere, die uns die ganze Geschichte der Augenevolution präsentieren.) Die Öffnung des Grubenauges wird mit durchsichtigen Zellen geschlossen und der gallertige Inhalt kugelt sich zu einer richtigen Linse ab.

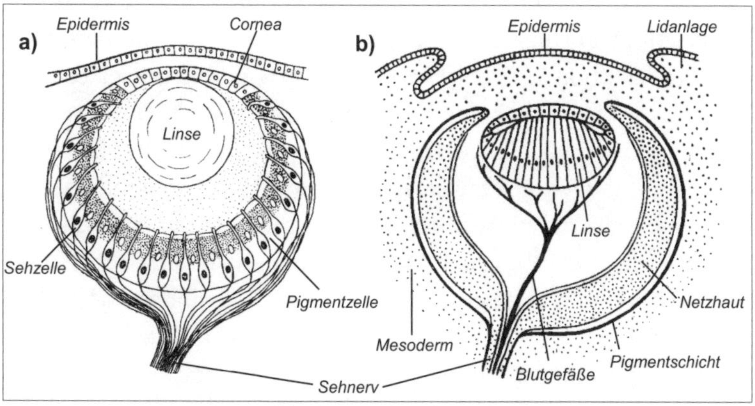

Abb. 17: a) Linsenauge der Purpurschnecke (aus Linder 1964); b) sich entwickelndes Linsenauge eines Säugerembryos *(aus Remane/Storch/Welsch 1978).* Die Säuger-Linse besteht aus zellulären ›Linsenfasern‹ und hat eine optisch überlegene asphärische Form

Wenn das Ganze unter einer Außenhaut steckt, muss natürlich auch diese noch an der entsprechenden Stelle zur lichtdurchlässigen Hornhaut (Cornea) werden. Das ursprünglich so unableitbar komplizierte Wirbeltierauge hat gegenüber diesem Typ eigentlich nur noch den zusätzlichen Komfort einer akkommodierbaren »Gummilinse« und eines von Hautfalten gebildeten »Objektivdeckels«, sprich Augenlides. Wie sehr sich die beiden Augentypen im Übrigen ähneln, belegt Abbildung 17.

Was ist mit einer solchen funktionellen Ableitung von Augentypen und ihrer evolutiven Interpretation gewonnen? Dass es nicht mit Wundern zugehen muss, um ein Linsenauge zu entwickeln. Oder, anders gesagt, dass das Linsenauge entgegen dem äußeren Anschein nicht zu den irreduzibel komplexen Organen gehört, wie die Intelligent-Design (ID)-Anhänger meinen. Gleichgültig, ob wir mit unserer (bzw. Darwins) Typenreihe tatsächlich den »realhistorischen« Weg der Augenevolution nachgezeichnet haben oder nicht – allein die Möglichkeit der Auflösung des komplexen Endprodukts in einfachere Vorstufen (und zwar solche, die real vorkommen!) zeigt, dass hier die Zuflucht zum intelligenten Hersteller überflüssig ist. Die Evolution schafft das von alleine – und sie schafft es offenbar mit den Mitteln, die ihr von Darwins Theorie zugestanden werden: zufällige Abwandlung des Gegebenen (Häufung, Anordnung und Schutz von Lichtsinneszellen) und natürliche Selektion am Bewertungsmaßstab einer verbesserten Sehleistung – wahrhaftig keine Hexerei!

Dass es wirklich keine Hexerei ist, zeigt allein die Tatsache, dass Linsenaugen etwa vierzigmal unabhängig voneinander im Tierreich entstanden sind. Bei bestimmten Borstenwürmern finden wir sie, bei Muscheln, Schnecken und Tintenfischen und natürlich bei den Wirbeltieren, und jedes Mal sind dafür andere Entwicklungswege eingeschlagen worden, um einen nach demselben Prinzip funktionierenden optischen Apparat zu konstruieren. Das lässt nicht nur die Fähigkeit eines intelligenten Designers obsolet erscheinen, der anscheinend immer wieder vergisst, dass er einen bestimmten Apparat schon erfunden hat, sondern offenbart auch etwas von der Art und Weise, wie solche »organischen Ap-

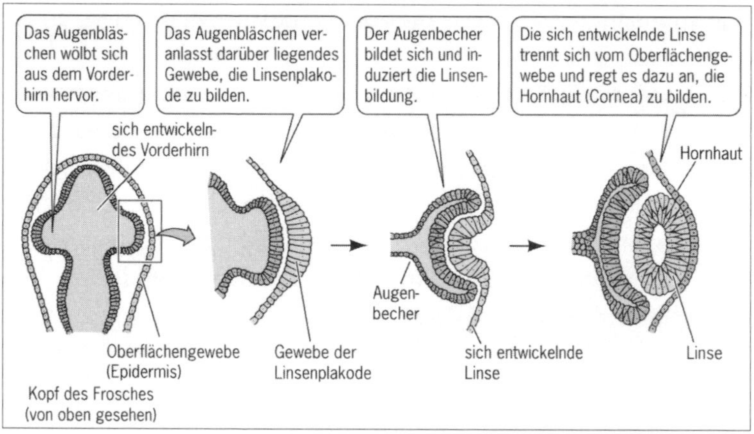

Abb. 18: Embryonale Induktion beim Wirbeltierauge. Das Auge eines Frosches entwickelt sich, wenn unterschiedliche Gewebe einander wechselseitig zu bestimmten Entwicklungsschritten veranlassen. *(Aus: Purves/Sadava/Orians/Heller 2006)*

parate« zustande kommen: nicht durch das Zusammenfügen von Einzelteilen, sondern durch die Formgebung allmählich sich differenzierender und gegenseitig sich beeinflussender Zellverbände bzw. Gewebebezirke. Das dem wunderbaren Lehrbuch »Life« von Purves, Sadava, Orians & Heller entnommene Schema der embryonalen Induktionskaskade bei der Anlage des Froschauges kann das Gemeinte verdeutlichen (Abbildung 18).

Es werden also nicht einzelne Bestandteile in der Vorstellung eines Erfinders konstruiert (auch hier ließe sich, wie gesagt, von einem Evolutionsprozess »in Gedanken« sprechen), sondern die Elementarprozesse, die zu den Vorläufermodellen in der Typenreihe führen, im Erbgut konserviert und in neue Kontexte übertragen. (Das ist übrigens ein gutes Beispiel für die von Kirschner und Gerhart vorgeschlagene Theorie der »erleichterten Variation«, die wir im ersten Kapitel angesprochen hatten.) Dass die natürliche Zuchtwahl über die Zweckmäßigkeit solcher Neu-Arrangements nicht weniger unbestechlich befindet als der planende Verstand, liegt auf der Hand. Das Vorliegen einer Reihe von Zwischenstufen ist also noch kein hinreichendes Kriterium, um zwischen Evolution und intelligenter Planung unterscheiden zu können. Es muss sich vielmehr zeigen lassen, dass die Wirkursachen-Ketten, die zu einem komplexen Gegenstand führen, nicht von einer zielführenden Absicht geleitet sind, sondern sich spontan aus der Kombination von schon früher erworbenen Gestaltungsprozessen ergeben können. Ein besonders schönes Beispiel dafür sind die Linsenaugen in den »Rhopalien« von Würfelquallen. Es ist derselbe Nilsson, den wir schon als Verfasser von ›Animal Eyes‹ kennengelernt haben, dem wir die Erforschung dieses außergewöhnlichen Sinnesorgans verdanken (Nilsson 2005).

Präzisionsaugen ohne Gehirn

Was sind Rhopalien? Wir müssen uns dazu nochmals kurz den Bau einer Qualle vergegenwärtigen. Quallen gehören zu den Hohltieren *(Coelenteraten)*, und das sind so ziemlich die einfachsten mehrzelligen Tiere, die sich denken lassen. Hohltiere muss man sich vorstellen als einen zwei Zellschichten starken Sack mit einer Öffnung am oberen Ende. Durch diese Öffnung gelangt Nahrung ins Sackinnere und wird dort von Sekreten der inneren Zellschicht verdaut. Die unverdaulichen Reste gelangen auf demselben Weg wieder nach außen, so dass die Öffnung dieses »Urdarms« Mund und After zugleich ist. Zum Nahrungsfang gibt es einige Tentakel, die wie Fransen an der Sacköffnung hängen. Die Tentakel enthalten Nesselzellen, die bei Berührung blitzartig explodieren und lähmendes Gift in die Beute injizieren. Abgesehen von diesen Fangapparaten weist die äußere Zellschicht wenig Spezialisierungen auf; einige Sinneszellen gibt es zum Orten der Beutetiere und, bisweilen jedenfalls, Geschlechtszellen, obwohl sich viele Hohltiere auch durch Knospung, das sind einfach seitliche Ausstülpungen des Sacks, vermehren können. (Etwas Ähnliches hatten wir ja schon im zweiten Kapitel bei den ebenfalls zum Stamm der Hohltiere gehörenden Korallen kennengelernt.)

Hohltiere kommen in zwei Organisationsformen vor, als Polypen und als Quallen. Polypen stehen, wie es sich für Säcke gehört, mit der Öffnung nach oben auf einer Unterlage und strecken

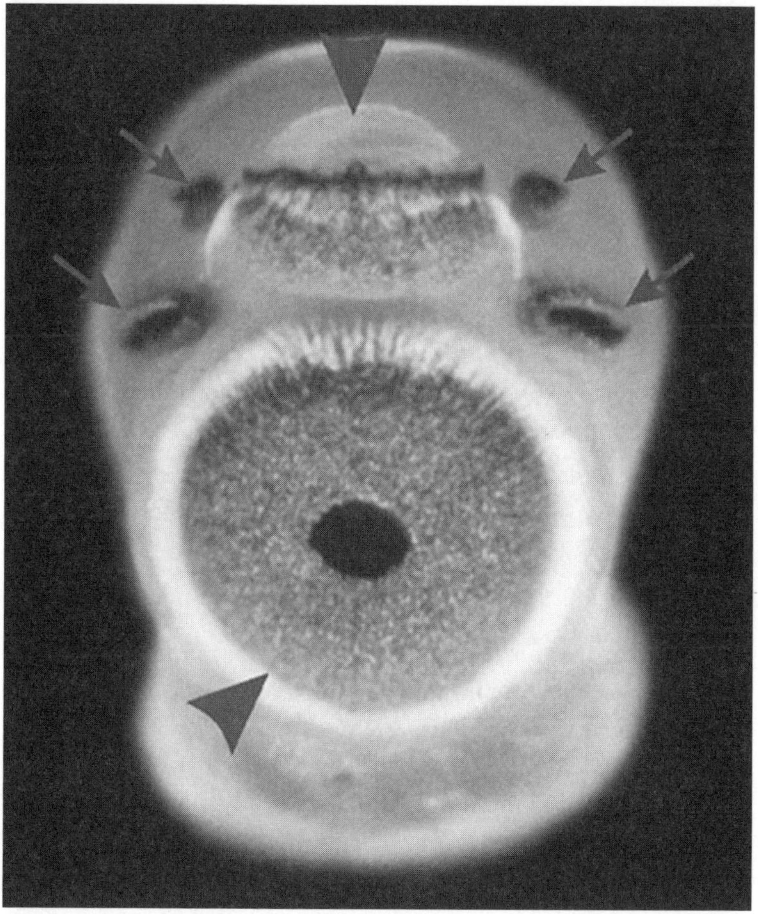

Abb. 19: Rhopalium der Würfelqualle *Chiropsalmus*. Die vier kleinen Pfeile markieren die Pigmentbecheraugen, die beiden dicken Pfeile die beiden Linsenaugen, das untere mit beweglicher Iris. Darunter ist unscharf der Statozyst zu erkennen. *(Aufnahme: A.L. Garm)*

ihre Tentakel weit von sich (bei hungrigen Tieren können sie ein Mehrfaches der Körperlänge erreichen). Quallen dagegen sind aktive Schwimmer, die mit der Mundöffnung nach unten im Wasser flottieren und dazu die Sackform in einen mehr oder weniger weiten Schirm umgewandelt haben. Diese Formveränderung wird im Wesentlichen durch Einlagerung von Gallerte zwischen die beiden Zellschichten bewirkt. Für das Schweben im Wasser ist eine Orientierung über Oben und Unten nützlich, sowohl, um die richtige Lage aufrechtzuerhalten, als auch, um in den oberen, lichtdurchfluteten Wasserschichten zu bleiben, wo sich vorzugsweise die Beute befindet. Dazu haben die Quallen Gleichgewichtsorgane, sogenannte Statozysten: Kristalle, die auf Sinneszellen sitzen und die Richtung der Schwerkraft vermitteln. Diese Statozysten befinden sich, zusammen mit einfachen Becheraugen, in den Rhopalien an der Basis der Tentakeln. Bei den Würfelquallen ist nun die Ausstattung der Rhopalien besonders weit getrieben. Sie besitzen neben den üblichen Statozysten und vier Pigmentbecherzellen auch noch zwei richtiggehende Linsenaugen, von denen eines horizontal und das andere nach oben gerichtet ist. Das untere Auge hat sogar eine regulierbare Iris (Abbildung 19).

Diese Ausstattung hat, auf den ersten Blick betrachtet, ihren guten Sinn. Würfelquallen sind, obgleich mit einer Schirmhöhe von rund 10 cm nicht sonderlich groß, ausgezeichnete (Rückstoß-)Schwimmer. Sie haben in ihren Nesselzellen ein äußerst wirksames, selbst für den Mensch gefährliches Gift, mit dem sie Jagd auf Garnelen und andere flinke Krebstiere machen. Ein gutes visuelles Wahrnehmungssystem scheint also für solche Räuber eine höchst vorteilhafte Sache. Nur ist zu bedenken, dass diese Tiere mit ihren Präzisionsaugen (Nilsson hat nachgewiesen, dass die Linsen eine Korrektur der sphärischen Aberration besitzen, die nahe am theoretischen Maximum liegt!) gar nicht so viel anfangen können, weil ihnen das für die Verarbeitung der Sinnesdaten notwendige Zentralnervensystem fehlt. Die neuronale Ausstattung der Quallen reicht nur für die Verarbeitung einfacher Reize, wie sie von den üblichen Rhopalien geliefert werden. Sie ist jedoch vollständig ungenügend, um die mit den Präzisionsaugen der Würfelquallen mögliche Informationsmenge zu verarbeiten. Als Folge davon ist bei diesen Augen der Linsenbrennpunkt hinter die Netzhaut verrutscht, so dass tatsächlich unschärfere Bilder entstehen, als eigentlich mit der Leistungsfähigkeit des vorhandenen optischen Apparats erreichbar wären. Man ist geneigt zu sagen, die Augen wurden nachträglich »weitsichtig gemacht«, um den Tieren den dauernden Frust des Empfangs von »unbrauchbar scharfen« Bildern zu nehmen. Mit der defokussierten Einstellung der Linsen ergeben sich Bilder, die informationsarm genug sind, dass sie mit dem vorhandenen Nervensystem so rasch verarbeitet werden können, wie es die Jagd nach schneller Beute erfordert. Etwas Ähnliches machen wir ja auch mit unseren Fotos im Internet, wenn wir deren Qualität so weit reduzieren, dass ein rascher Bildaufbau auf dem Monitor gewährleistet ist.

Man kann nun darüber rätseln, was die Würfelquallen dazu veranlasst haben mag, eine derart aufwendige Lösung für ihre visuellen Bedürfnisse zu wählen, wo sie den gleichen Effekt auch viel einfacher hätten haben können. Ein Beispiel für intelligentes Design ist das sicherlich nicht – aber für Anpassung im Sinne der Theorie Darwins auch nicht. Es widerspricht ganz entschieden dem üblicherweise in der Natur anzutreffenden (und von der Selektionstheorie favorisierten) Sparsamkeitsprinzip. Verständlich wird dieses Beispiel erst, wenn man von der Annahme ausgeht, dass die Ausbildung von Linsenaugen keine große Mühe bereitet. Wenn die genetischen Schaltpläne für die verschiedenen Elementarprozesse der Augenbildung, wie Differenzierung der Sinneszellen, Konzentrierung an bestimmten Körperstellen, Einstülpungsprozesse, Linsenbildung und dergleichen erst einmal im Erbgut vorhanden sind, ist es kein Ding der Unmöglichkeit, dass ihre glückliche Kombination schon auf einem Niveau zustande kommt, wo die übrige Körperorganisation noch nicht dazupasst. Solche als »Heterobathmien« bezeichneten asynchronen Organ-Vervollkommnungen kennt die Evolutionsforschung, namentlich in der Botanik, zuhauf.

Dass Gene über die Bauplangrenzen hinweg hierbei ganz Erstaunliches leisten, ist experimentell bewiesen: Man hat ein bestimmtes Gen, das beim Augenbildungsprozess der Maus eine wichtige Rolle spielt, in verschiedene Körperteile der Fliege injiziert und dort »ektopisch« Augenbildung veranlasst. Das hat geklappt, aber was herauskam, waren keine Mausaugen, sondern die ganz anders gebauten Augen der Fliege! Dieselben Gene können also in unterschiedlichen Organsiationskontexten mit ganz verschiedenem Ergebnis funktionieren.

Freilich ist ›Heterobathmie‹ nur ein Wort, und ein griechisches noch dazu, was allemal den Verdacht nahelegt, man habe hier nur ein X mit einem U erklärt. (Wie mein Physiologieprofessor in der Botanik zu sagen pflegte: Solange Biologen eine Sache noch nicht verstanden haben, wird sie mit einem lateinischen oder griechischen Ausdruck belegt; ist sie dann durchschaut, ist die Bezeichnung mit einem Mal englisch.) Man kann eigentlich nicht mehr dazu sagen, als dass die Evolution in der Regel opportunistisch verfährt. (Ich weiß, dass ich mit dieser Formulierung gegen mein eigenes Gebot verstoße, Evolution nicht im Bedarfsfall zu personifizieren, aber das ließe sich hier ausräumen.) Sie nimmt mit dem Vorhandenen vorlieb und organisiert damit so gut es geht den nächsten Schritt. ›Tinkering‹, Herumbasteln wie ein Kesselflicker, nennt man diese Vorgehensweise in der englischen Fachliteratur, wobei man nicht vergessen sollte, dass diese Ansicht ursprünglich auf den französischen Biologen François Jacob (*1920) zurückgeht und man deshalb aus Prioritätsgründen eigentlich von ›brickolage‹ sprechen müsste. Wenn man mich nun fragt, warum diese nutzlose Überorganisation im Lauf der Zeit nicht wieder reduziert wurde, wie wir das ja auch sonst von überflüssig gewordenen Organen, etwa unserem Blinddarm, kennen, bleibt mir außer Stottern nicht viel an Antwort. Vielleicht ist die ungenaue Fokussierleistung dieser Augen ja schon ein Hinweis auf einen im Gang befindlichen Degenerationsprozess. Der würde allerdings erstaunlich langsam vorangehen, denn Quallen sind uralte Lebewesen – wenngleich ich nicht weiß, wie lange es schon Würfelquallen gibt. Vielleicht sind die Rhopalien aber auch einfach zu klein, als dass ihre sekundäre Vereinfachung einen merklichen Selektionsvorteil erzeugte. Oder die Linsenaugen haben eine zusätzliche Funktion, die wir noch gar nicht kennen. (Nilsson ist der Meinung, das unscharfe Fokussieren sei in der Tat ein Selektionsvorteil, weil dadurch die störende Wahrnehmung des von allerlei Kleingetier flimmernden Vordergrunds vermieden würde und die Quallen sich so besser auf die klaren Hell-dunkel-Kanten ihrer Beutetiere konzentrieren könnten. Aber das ginge selbstverständlich mit einfacheren Augen auch.) – Inmitten solcher Spekulationen meldet sich dann natürlich wieder der bekannte Triumph der Intelligent-Design-Vertreter: die *reductio ad ignorantiam* ist einmal mehr gelungen! »Sie wissen es nicht, die Evolutionsanhänger, warum Würfelquallen solch aufwendige Augen haben! Sie wissen es einfach nicht – was wissen sie überhaupt?«

Geschenkt. Ich habe schon weiter oben darauf hingewiesen, dass dieses Argument generell anwendbar ist, weil es, genügend Hartnäckigkeit der Nachfrage vorausgesetzt, früher oder später immer sticht. Aber was ist damit gewonnen? Es gibt ein wunderbares Beispiel dafür, wie der übertriebene Versuch, evolutionären Erklärungen Unkenntnis anzuhängen, sich ins Gegenteil verkehrt und der Schuss im Auge des Zielenden landet. Es ist die Geschichte vom enttarnten Birkenspanner, und sie ist es wert, nacherzählt zu werden.

Birkenspanner und ›Wedge‹-Strategie

»Industriemelanismus von *Biston betularia*« heißt diese Story im Fachchinesisch der Evolutionsbiologen, und ihr Held ist ein gewisser Bernhard Kettlewell, Insektenkundler am Zoologischen Museum der Universität Oxford zur Mitte des 20. Jahrhunderts. »Peppered moth« ist der weit anschaulichere englische Name für diesen unscheinbaren Kleinschmetterling aus der Familie der Spanner *(Geometrideae)*, der neben seiner schwarz-weiß gefleckten Normalform gelegentlich auch in einer einheitlich dunkel gefärbten Variante vorkommt. Was es mit deren zunehmender Häufigkeit in Industriegebieten auf sich hat, bringt der englische Volksmund in einem fünfzeiligen Limerick besser zum Ausdruck als jede langatmige Schulbucherklärung.

There once was a fellow named Kettlewell
Who found out why moths become black as hell:
When soot is ejected
Black genes are selected
'Cause birdies can't see darkie moths as well.

In nicht an das Versmaß des englischen Originals heranreichender Eigenübersetzung:

Herr Kettlewell ließ uns verstehen,
Wie pechschwarze Motten entstehen:
Es werden, wo Ruß emittiert,
Die Gene für ›Schwarz‹ selektiert,
Weil Vögel dunkle Motten schlecht sehen.

Damit ist eigentlich alles gesagt, was Kettlewell über den Wechsel der Populationsgrößen der gesprenkelten Normalform und ihrer schwarzen Varietät zusammengetragen und über ihre Ursachen herausgebracht hat. Die Normalform ist auf der Rinde gewöhnlicher Birken besser getarnt und wird weniger von Vögeln aufgeschnappt als die auf diesem Untergrund auffällige schwarze Abart. Auf verrußten Bäumen ist es gerade umgekehrt und das erklärt, warum in entsprechenden Industrieregionen die von Haus aus eher selten auftretende schwarze Varietät nahezu bestandsbildend wird. 1959, zur Hundertjahrfeier von Darwins »Entstehung der Arten«, wurde diese Untersuchung als erster experimenteller Beweis für die Richtigkeit der Selektionstheorie überschwenglich bejubelt. Seither rangiert sie in allen Schulbüchern als Paradebeispiel für die Wirkungsweise der Selektion. So hätte es bleiben können, denn der Fall ist so einsichtig und nachvollziehbar wie nur etwas, und seine Plausibilität wird noch dadurch weiter verstärkt, dass sich die Zusammensetzung der Birkenspanner-Populationen mit der Abnahme der Luftverschmutzung in den letzten Jahrzehnten wieder zugunsten der gefleckten Normalform verschoben hat. Aber da erschien 2002 das Buch »Of Moths and Men« der amerikanischen Wissenschaftsjournalistin Judith Hooper, dem ich auch den schönen Limerick entnommen habe, und dieses Buch löste eine Lawine aus. Darin wird nichts weniger behauptet, als dass Kettlewells Experimente Betrug waren oder zumindest auf einer falschen Grundannahme beruhten. Birkenspanner verbrächten nämlich ihre Tagesruhe gar nicht auf der Rinde von Baumstämmen und könnten infolgedessen da auch nicht selektiv von Vögeln weggepickt werden. Vielmehr habe Kettlewell die – schwarzen wie gesprenkelten – Motten gezielt auf entsprechenden Unterlagen angeboten und damit die jagenden Vögel einfach auf die leichter sichtbaren Exemplare dressiert. Damit sei er zu seinem experimentellen Zahlenmaterial gekommen, mit dem die Wirkung der *natürlichen* Zuchtwahl bewiesen werden sollte! Die Aufregung, teilweise sogar Empörung bei der Fachwelt war groß, aber der Jubel in Kreisen der Intelligent-Design-Bewegung noch größer. Ein Paradebeispiel für die tatsächliche Wirkungsweise der Evolution war gekippt. Wenn den Erklärungen der Evolutionsbiologen schon in so einfachen Fällen nicht zu trauen war, was sollte man dann erst von ihren komplizierten theoretischen Rekonstruktionen halten!

Im allgemeinen Hickhack um Wert oder Unwert von Kettlewells Untersuchungen ging eine Frage indessen fast völlig unter: Wo, wenn nicht auf der Rinde, sitzen denn die Birkenspanner eigentlich? Die Antwort darauf war beschämend. Niemand wusste es. Trotz der vielen hundert in Freilandexperimenten benutzten Exemplare hatte man ganze sieben Fälle (oder etwas in dieser Größenordnung), die sich auf Beobachtungen unter natürlichen Bedingungen bezogen. Die *reductio ad ignorantiam* war diesmal also (oder zumindest auch) auf Seiten des Intelligent Design. 2007 hat dann Michael Majerus unter dem Titel »The Peppered Moth: The Proof of Darwinian Evolution« eine Präsentation ins Internet gestellt, auf der die ganze Auseinandersetzung um den Birkenspanner zusammengetragen ist und Kettlewells Forscherehre weitgehend rehabilitiert wird: Wenigstens ein Drittel der Birkenspanner rasten demnach doch auf Baumstämmen und die übrigen zwei Drittel auf Zweigen (was nun wirklich nicht viel Unterschied macht) oder an Blättern. Aber selbst hier sind die dunklen Formen an rußverschmutzten Blättern gegen den hellen Himmel schlechter zu sehen als ihre gefleckten Vettern. Alles in allem also doch »Selektion durch Predatoren« – was hätte es auch sonst sein sollen? Majerus liefert genügend Bildbeispiele, mit denen die Sichtbarkeit bzw. Unsichtbarkeit des Birkenspanners am natürlichen Fundort deutlich unter Beweis gestellt wird.

Ein Sturm im Wasserglas also das Ganze? Nicht ganz, auch wenn Naturwissenschaftler die Zerstörung liebgewordener Beweise viel gelassener hinnehmen, als ihre Gegner meinen. Es war ein geflügeltes Wort des Altmeisters der vergleichenden Verhaltensforschung, Konrad Lorenz, dass man als Naturforscher bereit sein müsse, zu jedem Frühstück eine Lieblingshypothese zu verzehren. Das mag übertrieben sein, und wer Lorenz' Temperament kennengelernt hat, darf zweifeln, wie viele Frühstücke hintereinander er sein eigenes Rezept klaglos vertragen hätte. Aber mehr Training im Revidieren liebgewordener Meinungen haben an der Tücke des Experiments hart (und vorsichtig) gewordene Praktiker gegenüber ihren theoretisierenden Kollegen allemal. Das eigentlich Lehrreiche an diesem Beispiel ist aber etwas anderes. Wie gern nämlich Intelligent-Design-Vertreter, oder Kreationisten ganz allgemein, in ihren Einwänden über die von ihnen selbst gesteckten Ziele hinausschießen. Der Melanismus des Birkenspanners ist nun wirklich die unterste Ebene mutationsbedingter Variabilität, die sich denken lässt. Dass es auf dieser »mikromutativen« Ebene Evolution gibt, wird nicht einmal von den hartgesottensten Kreationisten geleugnet. Was aber soll dann die Attacke gegen die Evolutionstheorie auf dieser Ebene? Heißt das, dass Kreationisten ihren eigenen Voraussetzungen nicht trauen, oder nur, dass ihnen jedes Mittel, gleichgültig wie lauter, recht ist, um Evolutionsbiologen als törichte Ignoranten bloßzustellen? Dass es also nicht um Wahrheitsfindung geht, nicht um sachliche Widerlegung, sondern bloß um rhetorisches Schachmatt-Setzen des Gegners, also das, was der amerikanische Rechtsanwalt und Kreationist Phillip E. Johnson als »Wedge-Strategie« propagiert: Überall dort, wo der »Darwinismus« einen Riss in seinem Erklärungsgefüge zeigt, sofort einen Keil hineinzutreiben, um dadurch den ganzen Brocken der Theorie zu zerschlagen. Freilich, als ideologischer Kampf ging dieser Schuss nach hinten los, da man nicht nur dem Gegner Ignoranz unterstellen konnte, sondern zugeben musste, selbst nichts über die Ursachen zu wissen. Auch noch auf dieser mikroevolutiven Ebene mit dem intelligenten Designer zu operieren war offenbar selbst für Kreationisten übertrieben.

Kreationistischer Joker

Ich bin vorbereitet auf das Kopfschütteln unter Kreationisten, das ich mit diesen Zeilen auslöse, und habe den Protest oft genug erlebt: »Herr Kummer, wie können Sie aus dieser (teilweisen) Bestätigung der Kettlewellschen Ergebnisse eine Rechtfertigung der ganzen Evolutionstheorie ableiten?« Und: »Was Sie als evolutive Herleitung der Augenentstehung anpreisen, hat noch so viele Lücken, und zum Funktionieren des Linsenauges gehört noch so viel mehr, dass man da doch noch von keiner *Erklärung* sprechen kann!« – Ja, ja, ja. Ich weiß, dass meine Rekonstruktion der Augenevolution unvollständig ist, aber was habt ihr (ID-Anhänger) dagegenzusetzen? Es wird euch gehen wie bei der Kettlewell-Affäre. Ihr schreit so lange »Nein!« und »Betrug!«, bis die Beweislage so erdrückend ist, dass von eurem intelligenten Designer nichts mehr übrig bleibt. Immerhin hat die Augenevolution ja gezeigt, dass Behes Argument von der irreduziblen Komplexität an der Sache vorbeigeht, weil die Evolution komplexer Organe nichts aus (für sich funktionslosen) Bauteilen zusammensetzt, sondern über funktionelle Vorstufen zum Ergebnis kommt. Natürlich ist die Beweisführung auch dann noch nicht perfekt und wird es auch niemals sein. Evolutive Rekonstruktionen sind Deutungen von Indizien, und Indizienprozesse haben stets etwas Missliches, solange das Geständnis des Angeklagten fehlt. Im naturwissenschaftlichen Verfahren entspricht diesem Geständnis der experimentelle Beweis. Das ist gute Baconsche bzw. Poppersche Tradition, aber sie hier einzufordern (was Kreationisten gerne tun) lässt eines außer Acht: Evolutionsbiologie ist nicht nur eine experimentelle, sondern unter der Rücksicht ihrer stammesgeschichtlichen Rekonstruktionen auch eine historische Wissenschaft. Und für den Historiker gibt es keine Experimente, sondern nur Dokumente, die interpretiert sein wollen. Interpretationen sind naturgemäß Ansichtssache, ja Willkür. Sie enthalten ein starkes spekulatives Element, das notwendig ist, um aus Indizien ein kohärentes Bild zu erstellen. Eine solche Rekonstruktion kann immer nur (mehr oder weniger) plausibel sein, nie aber absolut richtig oder unumstößlich wahr. Ihr Wahrheitsgehalt beruht auf ihrer Durchsetzungskraft bzw. Attraktivität gegenüber anderen, alternativen Entwürfen, und hierbei ist sicher auch eine ganze Menge Psychologie mit im Spiel. Es ist – auch – eine Frage des Charakters, wie großzügig oder kleinkariert, enthusiastisch oder kritisch man veranlagt ist, um bei einem bestimmten Indizienstand sein Urteil zu fällen. Und hier gebe ich gerne zu, dass ich mich mit gröberem Raster zufrieden gebe als die Anhänger des Intelligent Design. Auch wenn die Beweislage nicht vollständig, die Rekonstruktion der Augenentwicklung nicht restlos befriedigend ist, erscheint sie mir doch plausibel genug. Zu viel deutet hier einfach in Richtung auf Evolution, als dass ich noch Zweifel haben könnte, hiermit nicht auf das richtige Pferd zu setzen. Und vor allem: Es gibt keine Alternative, deren Plausibilität sich vergleichen ließe.

Keine Alternative? Der intelligente Designer ist doch eine Alternative! – Eine Alternative schon, aber keine alternative Erklärung. Was erklärt denn seine Annahme? Dass es das, was es gibt, geben kann, aber nicht, wie es dazu gekommen ist. Intelligent Design erklärt nicht, wie es zu den Dingen kommt, sondern nur,

wie man von den Dingen zu einem intelligenten Designer kommt. Es ist der alte, naturtheologische Gottesbeweis in einem neuen Gewand. Ihm geht es nicht eigentlich um die Natur der Dinge, sondern um die Natur bzw. Existenz des daraus zu erschließenden Gottes. Wie dieser die Dinge gemacht hat, ist hierzu nicht von Belang, sondern nur, dass er es getan hat. Und in der Tat, wie der intelligente Designer bei seiner Planung vorangeht, ist für seine Anhänger außerhalb des Blickfelds. Sonst könnte man ja dieser Alternative tatsächlich noch einen ernsthaften Zug abgewinnen, weil der Einblick in das planende Handeln eines intelligenten Herstellers ein Modell abgeben würde für die natürlichen Abläufe. Aristoteles hatte etwas Derartiges vor Augen, wenn er formulierte ›he techne mimeitai ten physin‹ – »die Technik ahmt die Natur nach«. Da könnten die Überlegungen eines Mausefallen-Herstellers, welche Einzelteile er für seinen Zweck verwenden will und wie er sie anzuordnen habe, tatsächlich zum Modell geraten, wie die Natur bei ihren Bildungen womöglich vorangeht. Aber nichts dergleichen. Es geht nur um den prinzipiellen Schluss *ex negativo*: Weil die Erklärungen der Evolutionstheorie unzureichend sind, muss es einen intelligenten Designer geben, Punktum. Was er macht und wie er es macht, ist uninteressant. Der religiös Denkende würde vielleicht einwenden: Das Innere Gottes ist ohnehin unerkennbar, und darum ist es müßig, weitere Gedanken darauf zu verschwenden. »Gottes Gedanken sind nicht unsere Gedanken« und »So hoch wie der Himmel über der Erde sind seine Gedanken über unseren Gedanken« – mit solchen oder ähnlichen Bibelworten wird das dann belegt. Aber das ist, mit Verlaub gesagt, nichts als Prediger-Schmonzes, und zwar von der übelsten Sorte: Zuerst wird ein (Denk!-)Modell von Gott entwickelt, und dann, wenn es nicht passt, mit der Unerklärlichkeit Gottes bemäntelt. Das ist schlichter intellektueller Betrug. Nicht um die Größe Gottes geht es hier, sondern um die logische Schwäche eines Denkmodells. Und diese aufzudecken ist keine Gotteslästerung!

Das ist der Grund, warum ich den intelligenten Designer einen metaphysischen Joker ohne Erklärungswert zu nennen pflege. Er ist überall einsetzbar, ohne je inhaltlich etwas zu erklären. Warum sollte er die Birkenspanner in Industriegebieten nicht genauso gut ohne beutefangende Vögel schwarz gemacht haben, wie er aus Lust und Laune die Fangarme von Quallen mit Linsenaugen versehen hat? Warum sollte die Unvollkommenheit unseres Auges mit seiner inversen Netzhaut ein Beweis gegen ihn sein? Er kann unvollkommenes Design genauso gut machen wie vollkommenes, und sei es nur zur Hebung unserer Demut. Und die Grausamkeit in der Natur, spricht die etwa gegen ihn? Auch eine Folterkammer, grausame Erfindung genug, ist ein Beweis für intelligentes Design, argumentierte William Dembski, weil es nicht zur Definition eines intelligenten Designers gehöre, dass er unter allen Umständen gut sein müsse. Was bleibt da noch an theologischer Relevanz?

Auch als Beweis für die bloße Existenz Gottes taugt das ID-Argument nicht und erweist den Erklärungsjoker als leeres Blatt. Thomas Waschke hat auf seiner Internet-Seite mit Recht darauf hingewiesen: Das Argument aus der irreduziblen Komplexität wäre nur zwingend, wenn man zeigen könnte, dass es prinzipiell Irreduzibles in der Komplexität des Organischen gibt. Wie sollte man diesen Nachweis führen? Es kann immer nur darum gehen, dass wir uns nicht vorstellen können, wie eine bestimmte komplexe Anordnung, etwa die Bakteriengeißel, reduzierbar sein sollte – dass wir es also noch nicht wissen. Aber daraus den Schluss zu ziehen, dass wir es nie wissen können, wäre vermessen. Zu oft schon wurden solche scheinbaren »*A-priori*-Beweise« durch neue Erfahrungen *a posteriori* widerlegt, als dass wir uns darauf verlassen könnten, für uns Unvorstellbares als Unmögliches auszugeben. Von erfahrungsabhängigen Urteilen ist keine Gewissheit zu erwarten – das wusste schon Platon, und dieses Verdikt gilt auch für einen aus organischer Komplexität abgeleiteten intelligenten Designer. Damit reduziert sich seine Anerkennung zur Glaubensaussage, und, wie wir meinen, zu einer schlechten. Das zu zeigen verlangt aber einen neuen Anlauf, der dem nächsten Kapitel vorbehalten ist.

Es soll mir bitte nicht als nachträgliche Abmilderung meines harschen Urteils über die Brauchbarkeit dieser Theorie ausgelegt werden, wenn ich zum Schluss doch noch etwas über einen möglichen Nutzen von ID bemerke. Selbst wenn sich die Entstehung des Linsenauges evolutiv plausibel erklären lässt und eine unvollständige Erklärung immer noch besser ist als gar keine, bleibt Folgendes zuzugeben: Die Augenevolution ist eines der ganz wenigen Beispiele, wo eine stammesgeschichtliche Rekonstruktion des Weges zu »Organen äußerster Vollkommenheit« mit den Mitteln der Evolutionstheorie zufriedenstellend gelungen ist. Das liegt einfach daran, dass es hier praktisch keinen Vorgang gibt, ob Erhöhung der Zahl an Sinneszellen, die räumliche Anordnung oder der Schutz durch opake Substanzen, der nicht in den Dienst der Verbesserung der Sehfähigkeit gestellt werden könnte und das Spiel von Zufall (der Abwandlung) und Notwendigkeit (der Selektionswirkung) zum gewünschten Erfolg brächte. Das ist aber die große Ausnahme. In den meisten Fällen widersetzt sich die organische Zweckmäßigkeit einer so einfachen evolutionstheoretischen Erklärung in erheblichem Maß. Darauf haben wir im dritten Kapitel ausführlich hingewiesen, und davon ist auch jetzt, nach allem Eintreten für evolutionäre Erklärungen statt kreationistischer, nichts zurückzunehmen. Nicht umsonst ist das Augenkapitel das brillanteste in Dawkins' Unwahrscheinlichkeitsbuch. In anderen Kapiteln, beispielsweise dem über Spinnennetze (»Seidene Fesseln«), verzettelt er sich in Computer-Algorithmen über mögliche Netzformen und lässt den Leser mit der eigentlichen Frage, wie die Spinnen zu Organen mit solch erstaunlichen Eigenschaften kommen, im Regen stehen. Hier hätte Intelligent Design tatsächlich eine Aufgabe, nämlich die eines Wächteramtes: Den Finger darauf zu legen, wo evolutionsbiologische Erklärungen ungenügend sind bzw. ihre ungeklärten Schwachstellen haben. Freilich darf das nicht ins Unersättliche ausarten, wie bei der – angeblichen – Enttarnung des Birkenspanners, wo die Lust an der ›Wedge-Strategie‹ das Augenmaß sachlicher Kritik zerstörte. Aggressivität ist nie ein guter Ratgeber, weder auf kreationistischer noch auf evolutionsbiologischer Seite.

5 Schöpfung in Darwins Kontext

Was ist eigentlich der Grundfehler der Intelligent-Design-Anhänger, neben aller Kleinkariertheit bei der Ursachenfrage, die sie jede wissenschaftliche Hypothese zu Tode reiten lässt, und neben ihrer religiösen Motivation, die wir hier nicht untersuchen wollen bzw. die sie selbst oft nicht zugeben wollen? Es ist, wir haben schon darauf hingewiesen, die Unzulässigkeit des Analogieschlusses von der technischen Herstellung auf das natürliche Werden. So eingängig es ist, das alte Uhrmacherbeispiel Paleys ist ebenso ein Trugschluss wie das Mausefallenbeispiel Behes. Man kann aus der Natur nicht auf Gott schließen wie von einem Haus auf einen Architekten – das haben wir unter Bezug auf David Hume schon mehrfach betont. Wir wollen seine Widerlegung des ›Argument from Design‹ hier noch einmal in größerer Ausführlichkeit aufnehmen, um im Anschluss daran einen intellektuell vertretbaren Schöpfungsbegriff zu gewinnen, der dialogfähig mit einem naturwissenschaftlichen Weltbild ist. Man hält die »Dialogues Concerning Natural Religion«, in denen Hume die Widerlegung des Design-Arguments besorgt, für das Paradestück seines religiösen Skeptizismus. Mir scheint allerdings, man sollte mit solchen Einstufungen vorsichtig sein und zumindest keine vorschnellen Urteile über Humes Gottlosigkeit damit verbinden. In den ›Dialogues‹ diskutieren drei Personen, Cleanthes, Demea und Philo, miteinander über Religion. Während Demea als frömmlerischer Vertreter der Orthodoxie ziemlich übel karikiert wird, gibt Philo den intellektuell überragenden Skeptiker ab, der sein Vergnügen darin sieht, jedes gegnerische, d. h. theistische Argument mit Geistesschärfe zu zerpflücken und *ad absurdum* zu führen. Demea hat ihm gegenüber keine Chance und verlässt entsprechend vorzeitig die Bühne des Dialogs. Aber auch Cleanthes, der Vertreter einer natürlichen Theologie, die ganz dem Geist des Darwin-Lehrers Paley entspricht, kann Philos Kritik nicht standhalten, wie wir gleich sehen werden. Dennoch versöhnen sich Cleanthes und Philo nach Demeas Abgang, indem Philo zugesteht, dass das ›Argument from Design‹, wenngleich es nicht schlüssig ist, dennoch viel für sich habe, ja, man angesichts der erdrückenden Menge an Zweckmäßigkeit in der Natur praktisch nicht anders könne, als einen göttlichen Schöpfer von alledem anzuerkennen. Und er fügt mit Bezug auf Senecas Ausspruch »Gott zu erkennen heißt, ihn anzubeten« hinzu, dass er mit seinem Skeptizismus nicht die Absicht habe, Gott zu demontieren, sondern ihn nötigen wolle, sich deutlicher zu offenbaren (was vielleicht nur bedeuten soll, die Theologen zu klarerer Ausdrucksweise zu zwingen).

Es wird viel gerätselt, woher dieser Sinnesumschwung am Ende der ›Dialogues‹ kommt, bedeutet er doch eine nachträgliche Wiedergutmachung gegenüber Cleanthes, ohne deshalb etwas von der Ablehnung seines Arguments zurückzunehmen. Es ist wohl wahr, dass Hume mit keinem seiner drei fiktiven Diskutanten identifiziert werden darf und er das Stilmittel des Dialogs benutzt, um seine eigene Meinung in der Schwebe zu halten. Vielleicht verrät aber genau dieses Motiv Philos, Gott nicht zur wohlfeilen intellektuellen Ware verkommen zu lassen, sondern mehr von ihm zu verlangen, als die gängigen Theologien zu bieten haben, etwas von Humes ureigenster Absicht. Sie wäre aus religiöser Sicht nicht die schlechteste, wenngleich klar sein muss, dass das ›Argument from Design‹ vor einem solchen Richterstuhl erst recht keine Gnade finden kann.

Eine zweifelhafte Analogie

So viel zur grundsätzlichen Einschätzung der religionskritischen Position Humes. Lassen wir nun aber endlich den Kern des Textes, mit dem Philo das Design-Argument zerpflückt, selber sprechen, nachdem wir uns schon so oft darauf bezogen haben. Er steht im zweiten Teil der ›Dialogues‹, und wir folgen dafür dem Wortlaut der Übersetzung N. Hoersters:

»Wenn wir ein Haus sehen, Cleanthes, schließen wir mit der größten Gewissheit, dass es einen Architekten oder Erbauer hatte; denn dies ist genau die Art von Wirkung, die nach unserer Erfahrung aus dieser Art von Ursache entsteht. Aber sicher willst du nicht behaupten, das Universum habe derartige Ähnlichkeit mit einem Haus, dass wir mit derselben Gewissheit auf eine ähnliche Ursache schließen können; mit anderen Worten, du willst doch nicht behaupten, dass wir es hier mit einer vollkommenen und ungeschwächten Analogie zu tun haben. Die Unähnlichkeit ist so augenfällig, dass du hier äußerstenfalls den Anspruch erheben kannst, im Wege des Ratens oder Vermutens auf eine ähnliche Ursache zu schließen. Und wie man diesen Anspruch in der Welt aufnehmen wird, darfst du dir selbst ausmalen.«

Dass das Universum als Ganzes wenig Ähnlichkeit mit einem Hausbau hat, versteht sich von selbst. Nicht nur ist es zu groß für unsere an mittlere Dimensionen gewöhnte Vorstellungskraft, um mit Objekten der Alltagserfahrung verglichen zu werden. Unsere Welt ist auch zu widersprüchlich, Gutes und Schlechtes, Konstruktives und Destruktives sind zu sehr in ihr vermischt, als dass sie kritiklos mit dem Werk eines planenden Architekten verglichen werden könnte. Die Gründe, die bei unvoreingenommener Betrachtung der Welt oder der Natur für einen göttlichen Baumeister sprechen, sind nicht eingängiger oder besser als diejenigen, die dagegen sprechen, wenn wir unseren Blick auf die Menge an Leid und Grausamkeit in der Natur richten oder gar das chaotische Fehlverhalten der Krone dieser Schöpfung, von uns selbst also, in Erwägung ziehen. Volle zwei Kapitel (Teile 10 und 11) wird Hume innerhalb der ›Dialogues‹ darauf verwenden, dieses »Theodizeeproblem« zur Widerlegung einer natürlichen Theologie einzusetzen. (Der Ausdruck ›Theodizee‹ setzt sich aus den griechischen Wörtern ›theos‹ = Gott und ›dike‹ = Gerechtigkeit zusammen und bedeutet so viel wie ›Rechtfertigung Gottes‹ angesichts des Übels in der Welt. Er fand durch G. W. Leibniz' Schrift »Essais de théodicée sur la bonté de Dieu, la liberté de l'homme et l'origine du mal« von 1710 Eingang in die philosophische Terminologie.)

Philo hat es also leicht, mit dem Hausbau-Argument des Cleanthes aufzuräumen. Kein Baumeister, der ähnlich widersprüchlich vorginge, käme zu einem vernünftigen Ergebnis. (Erstaunlich genug, dass die Welt bei all ihren Widersprüchen dennoch nicht aus den Fugen gerät. Ob das nicht schon ein Hinweis sein könnte auf einen andersartigen Ursprung als den einer Herstellung? Aber halt, unsere Gedanken eilen dem Gang der Beweisführung voraus.) Kein Wunder also, dass Philo die Annahme Cleanthes', es gebe einen intelligenten Designer für diese Welt, großzügig dem (skeptischen) Urteil der Öffentlichkeit zu überlassen gedenkt. Allerdings hat William Dembski, neben M. Behe einer der Cheftheoretiker der amerikanischen ID-Bewegung, darauf hingewiesen, dass weder das Unvollkommene noch das Böse in dieser Welt ein stichhaltiger Einwand gegen das Walten eines intelligenten Designers sein muss. In dem Buch »Signs of Intelligence« schreibt er die erstaunlichen Zeilen:

> »Design by intelligent agency does not preclude evil. A torture chamber replete with implements of torture is designed, and the evil of its designer does nothing to undercut the torture chamber's design. The existence of design is distinct from the morality, esthetics, goodness, optimality, or perfection of design.«[2]

Die Welt als Folterkammer? Zweifellos würde das Design voraussetzen, aber wer käme dafür als »intelligent agency« in Frage? ID-Anhänger verweigern konsequent die Auskunft darüber, wer ihr intelligenter Designer eigentlich ist, und erklären, dass eine Aussage darüber nicht zu den Inhalten ihrer – religiös neutralen –

2 Design aufgrund intelligenter Tätigkeit schließt das Übel nicht aus. Eine Folterkammer voller Marterwerkzeuge ist planvoll, und das Üble ihres Designers tut dem Design der Folterkammer keinen Abbruch. Das Vorhandensein von Design ist davon zu unterscheiden, ob es moralisch, ästhetisch, gut, optimal oder vollkommen ist.

Theorie gehöre. Das Problem ist damit aber nur scheinbar vom Tisch gewischt, denn, noch einmal, welche Kandidaten stehen denn für den Architekten einer ganzen Welt zur Auswahl? Für gewisse Kreise der US-amerikanischen Bevölkerung mag die Annahme eines *Alien* ja akzeptabel erscheinen – hierzulande zerstörte sie jeden ernsthaften Diskurs.

Indessen gibt sich Philo bzw. Hume nicht mit dem billigen Sieg aus dem mangelnden Einblick in die Weltzusammenhänge zufrieden, um das ›Argument from Design‹ zu zerstören. Er macht es im Gegenteil sogar noch stärker, als es bei Cleanthes' Vergleich der Welt mit einer großen wunderbaren Maschine in Erscheinung trat. Was die Welt im Ganzen an Zweckwidrigem enthält und einem Gottesbeweis aus ihrer Zweckmäßigkeit entgegensteht, lässt sich beim Fokussieren auf ein einzelnes Naturobjekt ausblenden. Ob Auge oder Bakteriengeißel, Orchideenblüte oder Bienentanz, der Reigen der organismischen Zweckmäßigkeit ist überwältigend und, zumindest auf das Einzelobjekt bezogen, in der Regel so perfekt, dass der Theodizee-Einwand nicht sticht. (Was gäbe es etwa an einem Entwicklungsprogramm an ›Übel‹ auszusetzen? Natürlich gibt es auch hier Unvollkommenheiten und Schwachstellen in der Realisierung, aber die kennt der Hausbau auch. Worauf es beim Design-Argument ankommt, ist die Eindeutigkeit des Plans, nicht seine Verfehlung im Einzelfall. Beim Weltganzen ist man dagegen im Zweifel gerade hinsichtlich dieses Plans.) Das Design-Argument entlarvt sich indessen, so Philo, auch bei seiner Anwendung auf ein einzelnes, voll und ganz zweckmäßiges Naturobjekt als Trugschluss. Warum? Weil es einen fundamentalen Unterschied übersieht, den bereits Aristoteles aufgestellt hat: den Unterschied zwischen Naturdingen (›Substanzen‹) und Kunstprodukten (›Artefakten‹).

Um das zu verdeutlichen, habe ich mich für einen Vortrag der Evangelischen Hochschulgemeinde an der TU München einer Folie bedient, die (es war um die Weihnachtszeit) mit dem Begriff ›Engel‹ operierte. Engel als Herstellungsprodukt, als Artefakt, das war einfach. Sämtliche Advents- und Christkindlmärkte waren voll davon, und ob Kunst oder Kitsch, war für meine Belange ohne Bedeutung. Aber Engel als Naturgegenstand, wie sollte das gehen? Ich habe mich für ein Foto der Schauspielerin Nathalie Boltt entschieden, die mich in dem Film »Der weiße Afrikaner« so beeindruckt hat, dass ich ihr Konterfei auf meinem PC gespeichert habe, um ihren Namen in Erinnerung zu behalten *(honi soit qui mal y pense)*. Was soll ich sagen? Dieses Bild auf meiner Folie (in der Tat zeigte es mehr als nur das Konterfei) erregte einigermaßen das Erstaunen der Zuhörerschaft (und mehr noch des Veranstaltungsleiters) darüber, was ein Jesuit so unter ›Engel‹ versteht. Das hat mich veranlasst, auf die Wiedergabe dieser Folie hier zu verzichten, aber ich hoffe, die Sache illustriert sich auch in Worten deutlich genug.

Cleanthes' Argumentation besagt, dass es eines planenden Geistes, hier des Menschen, bedarf, um den ungeordneten Zustand der Materie, in unserem Beispiel ein Stück Holz, in den Zustand höherer Ordnung, eine daraus hergestellte Figur, zu befördern. Also: Die Abfolge Holz – Herstellung – Holzengel (inkl. Drahtanhänger: »Ich beschütze dich bei Tag und Nacht und gebe immer auf dich acht!«) gibt es nicht ohne die Voraussetzung einer Ordnung verleihenden Instanz, die diesen Kitschengel ersinnt und ausführt. Stoßen wir uns nicht daran, wozu menschlicher Erfindungsgeist fähig ist, sondern konzentrieren wir uns auf den eigentlichen Punkt: Wann immer ich einen solchen Engel sehe, weiß ich, dass ein planender Geist (»an intelligent agency«, hätte Dembski gesagt, und schlimmer als Folter ist Kitsch auch nicht) zur Erzeugung dieses Ordnungszustandes am Werk war. Die Sicherheit dieser Einsicht ist der Ausgangspunkt für unseren Analogieschluss auf Naturgegenstände. Wie sieht es denn mit unserem »natürlichen Engel« aus? Ohne Zweifel ist auch er (bzw. sie) eine Materiekonstellation von hohem Ordnungsgrad. Und entsprechend unserer auf Erfahrung beruhenden Überzeugung, dass materielle Ordnung Geist voraussetzt, lässt sich in Analogie zum Herstellungsprozess auch von der Naturebene sagen: Der Ordnungsgrad unseres natürlichen Engels, Nathalie Boltt, weist ebenfalls auf Geist hin. So weit, so gut, und so viel Analogie darf sein. Aber weist sie auch auf einen *herstellenden* Geist hin? Das ist exakt die Frage.

Schauen wir uns dazu den Herstellungsprozess, oder besser das Material, an, aus dem unser natürlicher Engel gewonnen wird. Wir landen hier über die äußeren Körperteile und die inneren Organe schnell beim Entwicklungsprozess, der mit einer befruchteten Eizelle beginnt. Also nicht Zusammensetzung aus Teilen, auch nicht Herstellung aus einem unbearbeiteten Material, sondern Entwicklung aus einem ›Keim‹. Nathalie Boltt ist, kein Zweifel, eine erwachsene Frau. Von dem Kitschengel aber würde niemand sagen, er sei eine »erwachsene Figur«; höchstens: er sei fertig. Das aber passt wieder nicht auf Nathalie Boltt (oder nur in einem ganz anderen Sinn). Die Sprache legt es offen: Kunstdinge, Artefakte, werden von einem anderen *gemacht;* Naturdinge, Lebewesen *wachsen* dagegen – sie entwickeln ihre Form aus sich selbst. Von dem Holzengel kann ich während seiner Herstellung (etwa einem ungeduldig zuschauenden Kind gegenüber) sagen, er sei noch nicht fertig (ausgesägt, montiert, lackiert usw.). Nathalie Boltt dagegen ist in diesem Sinn zu jedem Zeitpunkt »fertig«, auch als Heranwachsende, als Kind, ja selbst als Embryo im Mutterleib. Ich erinnere mich an ein Gespräch mit einem israelischen Reiseleiter, der, obwohl selbst ungläubig, mit mir über Gott und Wunder diskutieren wollte. (Das Warten an den Pilgerstätten im Heiligen Land lässt Zeit für solche Gespräche.) Auf meine Bemerkung, dass mein Glaube an Gott keine außergewöhnlichen Ereignisse brauche, die normale Welt sei mir Wunder genug, stimmte er mir unerwartet zu: »Weißt du, bei der Geburt unseres ersten Sohnes konnte ich einfach nur staunen – da ist ja schon alles dran!« Was uns hinter der unbeholfenen Formulierung seines Erstaunens nicht nur zum Schmunzeln bringt, sondern zugleich rührt, ist der gewiss emotionale, aber deshalb nicht minder richtige Ausdruck einer Überzeugung: Dieses Kind ist von mir – aber ich habe es nicht gemacht!

Genau das ist der Unterschied zwischen Technik und Natur, zwischen hergestellten Dingen und werdenden Wesen. Und ebendiesen Unterschied haben Cleanthes und Paley und Behe (und wie die Vertreter des Design-Arguments sonst noch heißen mögen) bei ihrer Schlussfolgerung übersehen. Die ersten Analogate, auf denen der Schluss aufbaut, sind nicht gleichwertig! Eine Holzfigur ist kein leibhaftiger Mensch, ein Artefakt kein Lebewesen! Wenn du dennoch den Analogieschluss ziehst, übergehst du diesen Unterschied und stülpst dem Naturding ein Artefakt-Gewand über. In dieser Verkleidung taugt es natürlich für den Schluss, aber eben nur dem Schein nach, und damit ist nichts gewonnen. Du erklärst das Naturding zum hergestellten Gegenstand und holst dann, welch Wunder, den Hersteller, sprich intelligenten Designer, aus der Natur hervor wie der Zauberer das Kaninchen aus dem Zylinder. Das beweist aber gar nichts, weil du nur hervorholst, was du vorher schon hineingesteckt hast. Ein Gottesbeweis aus dem Design der Natur gilt nur, wenn das, was in Frage steht, nämlich, ob die Natur von einem anderen gemacht ist oder nicht, schon entschieden ist, indem die Naturgegenstände für gleichbedeutend mit hergestellten Dingen erklärt werden. Was zu beweisen wäre, ist dann unter der Hand schon in die Voraussetzungen gepackt, und darum ist dieser Beweis (Gottes aus der Natur) eben ein Trugschluss.

Natürlich liegt der Einwand nahe, im Unterschied zwischen Kunst- und Naturding nur eine zeitliche Verzögerung zu sehen. Jedes Kunstding wird unmittelbar vom Hersteller gemacht – es hat nun einmal seine Form nicht in sich. Das Lebewesen dagegen entsteht aus einer Eizelle, diese stammt wieder von einem Lebewesen usw. – die alte Henne-oder-Ei-Frage. Auch wenn jede Henne aus einem Ei kommt, gibt es keine Eier ohne Henne. Woher also kommt die erste Henne? Muss die nicht doch gemacht sein? Bevor ID-Anhänger hier ihren Triumph auskosten, weil die *reductio ad ignorantiam* wieder einmal gelungen sei, sollte man nüchtern eines bedenken: Wenn der Grund für Naturdinge, die hinreichende Ursache ihres Werdens, bisher immer, durch alle Generationen hindurch, in ihrer eigenen Natur gelegen hat, sollte das beim ersten Glied in der Kette dann plötzlich anders sein? Sollte Werden schlussendlich doch auf Herstellung rückführbar sein bzw., schlimmer noch, Werden aus Herstellung hervorgehen können? Dies ist eine Frage und kein Beweis, zugegeben. Aber liegt es, der Einheit der Natur zuliebe, nicht näher, die durchgängige Linie des natürlichen Werdens durch die Generationen auch über das erste Glied in der Kette hinaus zu verlängern und Evolution anzunehmen? Die hinreichende Ursache für die erste Henne wäre dann ein Ei von einer Noch-nicht-Henne usw. – zurück bis zur Basis des Lebendigen. Erst dann, an der Demarkationslinie des Lebendigen zum Unbelebten stellt sich die Frage mit neuer Dringlichkeit, ob Werden als Wachsen und Sichentwickeln, wie es für Lebendiges charakteristisch ist, in einem herstellenden Eingriff seinen Ursprung hat oder ob andere Formen von natürlichem Werden denkbar sind, auf die das Wachsen der lebendigen Natur aufsatteln kann.

Aristoteles liefert uns für diese Frage keine Antwort, für ihn gibt es nur hergestellte und natürliche Dinge, und zu letzteren zählt ein Stein genauso wie eine Pflanze. Übergänge zwischen unbelebter und belebter Natur müssen ihn nicht interessieren, weil seiner Ansicht nach alle Naturdinge ewig sind und so immer schon existieren. Damit hat jede Art ihre eigene, kontinuierliche Stammeslinie, die Henne genauso wie der Mensch. Aber keine dieser Linien geht in eine andere über und vereinigt sich in der Vergangenheit nach und nach zu immer einheitlicheren Ursprüngen. Kein Stammbaum also, sondern nur ein immer gleich umfangreiches Linienbündel ohne Anfang in der Geschichte. Eine solche Vorstellung war für christliche Theologen unannehmbar, weshalb sie eine Erschaffung der Arten anstelle ihrer Ewigkeit setzten, ohne damit etwas an ihrer Unveränderlichkeit wegzunehmen. Dass dieser Artkonstanz durch Darwin ein definitives Ende bereitet wurde, haben wir im zweiten Kapitel gesehen. Was wir nun brauchen, ist also eine Zusammenschau von Darwins Evolutionsprozess mit dem aristotelischen Werden.

Warum ist das nötig? Weil die Mechanismen der Evolutionstheorie zu sehr den Eindruck erwecken, als würden ihnen die Organismen rein passiv unterliegen. Variabilität als Folge mutativer Veränderungen im Erbgut, Auswahl des Geeignetsten als Folge des Kampfes ums Dasein – das alles geschieht *am* Lebewesen weit eher, als dass es *von* ihm verursacht wird. Die aktive Seite des Werdens, das autonome Entwickeln der eigenen Form, das nach Aristoteles für die Wirklichkeit des Lebendigen so charakteristisch ist, oder (sagen wir es ruhig, weil wir uns im dritten Kapitel lang genug damit abgegeben haben) die Ausrichtung auf ein Ziel, müsste in den evolutiven Prozess mit hinein (wo käme sie sonst her?). – Man kann es auch von einem anderen Ausgangspunkt her aufziehen: Am Analogieschluss des Design-Arguments haben wir eine – stillschweigende – Voraussetzung akzeptiert: dass materielle Ordnungszustände ›Geist‹ implizieren. Beim Kunstprodukt war das offensichtlich – der planende Verstand gibt dem Holz seine neue Form. Auch das Naturding, wenn wir Nathalie Boltt einmal mit diesem wenig schmeichelhaften Namen belegen wollen (er ist nur die wortgetreue Übersetzung des aristotelischen ›physei on‹, das allerdings mehr aussagt, weil ›physis‹ nicht einfach nur Natur, sondern als Prinzip der Bewegung auch Wachsen bedeutet), ist ein hoch geordneter Materiezustand, kein Zweifel. Aber diese Ordnung wird nicht von außen auferlegt, sondern sie wird vom Naturding selbst entwickelt. Selbstorganisation im eigentlichsten Sinn des Wortes ist das, was Lebewesen auszeichnet, aber leider hat dieses Wort heutzutage eine andere Bedeutung (oder einen anderen Beigeschmack – wir kommen gleich noch darauf). Wenn nun materielle Ordnung Anzeiger für Geist ist und diese Ordnung vom Lebewesen selbst erzeugt wird, dann muss auch der dafür notwendige ›Geist‹ im Lebewesen selbst stecken. Und genau das ist der springende Punkt von Schöpfung.

Materielle Ordnung und Geist

So glatt dieser Schluss aussieht – sollte er uns nicht stutzig machen? Haben wir nicht früher erklärt, Schöpfung sei eine Frage der Überzeugung und könne nicht bewiesen werden? Nun, diese Feststellung gilt immer noch. Die Überzeugung, die dahinter steht, lautet, dass materielle Ordnungszustände Geist voraussetzen. Diese Behauptung kann man in Frage stellen – sie ist nicht uneingeschränkt gültig. Gewiss stimmt sie für hergestellte Gegenstände; das ergibt sich hier schon aus der Definition. Aber die Physik wird nicht müde, uns Fälle von materieller Ordnungszunahme zu zeigen, die keinen Geist voraussetzen. Als Selbstorganisationsphänomene werden sie zusammengefasst, und das ist der Grund, warum wir diesen Ausdruck für lebendige Ordnungszustände mit Vorsicht benützen sollten. Physikalische Selbstorganisationsphänomene sind solche, wo Elemente aufgrund bestimmter Randbedingungen »von selbst«, d. h. spontan, zu Gebilden höherer Ordnung zusammentreten und in ihrer Komplexität unter Umständen sogar noch weiter evolvieren. Das ist aber nicht dasselbe, was wir bei der Erzeugung lebendiger Ordnung feststellen: aktives Hervorbringen einer festgelegten Form. ›Von selbst‹ ist eben nicht gleich ›selbst‹. Wir müssen hier aber nicht mühsam die Unterschiede physikalischer und organischer Selbstorganisation herausarbeiten. Ich habe das andernorts, in meiner »Philosophie der organischen Entwicklung«, ausführlich besorgt, und der Leser kann sich dort, wenn er Lust an umständlichen Gedankenführungen hat, entsprechend informieren. Hier geht es nur darum festzuhalten, dass es tatsächlich materielle Ordnungszunahme »ohne Geist« gibt. Wenn das der Fall ist, wird aber der Design-Analogieschluss auch im Punkt seiner, wie wir es nannten, unausgesprochenen Voraussetzung schwach. Wenn materielle Ordnung nicht notwendig an Geist geknüpft ist, bin ich auch nicht gezwungen, Geist für die Ordnungszunahme der lebendigen Materie vorauszusetzen. (Genau hier greift ja Darwins Theorie: die evolutive Zunahme materieller Komplexität des Lebendigen mit »ungeistigen«, d. h. absichtslosen, Mechanismen zu erklären.) Hier kommt nun der Überzeugungscharakter unserer Schöpfungsauffassung zum Vorschein: Auch wenn es, wie die Physik zeigt, materielle Ordnungszustände ohne Geist geben mag, ist daran festzuhalten, dass es materielle Ordnung durch Geist im Bereich der technischen Herstellung gibt. Von dieser Erfahrungsebene her ist das Axiom »Ordnung verlangt Geist« auf den Bereich des Lebendigen zu übertragen. Das ist unsere Überzeugung, aber gewiss kein zwingender Schluss. Das dritte Kapitel hat sich mit dem Für und Wider dieser Ansicht auseinandergesetzt. Diese Überzeugung ist auch der Teil unserer Schöpfungsauffassung, wo wir mit den ID-Anhängern übereinstimmen. Zugleich sind wir jedoch der Meinung, dass die Eigenart lebendigen Werdens, die aktive Erstellung von Ordnung, eine Verlagerung der »intelligent agency« in die Natur des Lebewesens selbst verlangt. Das ist der Punkt, wo wir uns von ID unterscheiden. Es ist abzusehen, dass diese Schöpfungsauffassung dazu führt, mit beiden Seiten auf Kriegsfuß zu stehen, mit der naturalistischen (die erklärt, dass materielle Ordungszunahme keinen Geist verlangt) und der kreationistischen (die auch für die Natur den Geist eines eigenen Herstellers fordert). Vielleicht gibt es sogar noch eine dritte Front, jene einer orthodoxen Theologie, die mit einer Geistigkeit auch des nichtmenschlichen Lebens nichts anfangen kann. Wir werden sehen.

Die Frage, schematisch in Abbildung 20 dargestellt, lautet also, wie die Wirklichkeit eines Naturdings die Grenzen seiner Entwicklungsfähigkeit sprengt und zu mehr werden kann, als es »von Natur aus« ist. Biologen sollten sich nicht daran stören, dass

Aristoteles diese natürliche Wirklich- oder Wirksamkeit, die ein Naturding auszeichnet, ›Entelechie‹ genannt hat. Dahinter steckt nicht ein geheimnisvolles immaterielles Agens, wie der große

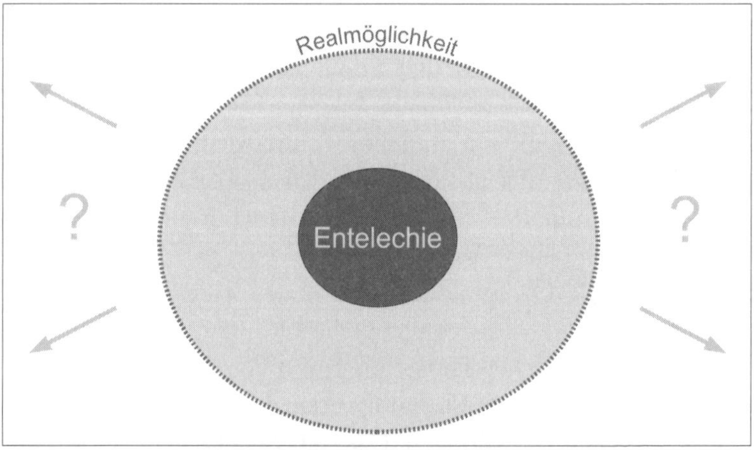

Abb. 20: Aristotelisches Werden und Evolution

Vitalist Hans Driesch (1867–1941) gemeint hat, Aristoteles uminterpretieren zu müssen. Es gibt indessen nichts Geheimnisvolles an der aristotelischen Metaphysik, sie ist durch und durch realistisch. Entelechie ist lediglich die Bezeichnung für den Zustand des Werdens oder Wachsens eines Naturdings, das auf ein bestimmtes Ziel hin, das ihm innewohnt, unterwegs ist. Griechisch ›telos‹ = Ziel, und ›echein‹ = haben, stecken in dem Wort ›Entelechie‹, und genau das ist auch gemeint: das Ziel seines Werdens in sich haben. Aristoteles hat synonym zu ›Entelechie‹ auch das Wort ›energeia‹ gebraucht, ›Wirklichkeit‹, um die Dynamik des sich selbst erstellenden Naturdings auszudrücken. Aber darin fehlt der Aspekt des Zieles, d. h., dass die Dynamik auf eine bestimmte Richtung festgelegt ist und an einem bestimmten Punkt zu Ende kommt. Wir können, wenn wir für das Naturding ›Lebewesen‹ einsetzen, dieses Werden auf ein bestimmtes Ziel hin am besten mit ›Entwicklung‹ wiedergeben. Nur dürfen wir dann nicht in die überholte Vorstellung eines genetisch festgelegten Entwicklungsprogramms zurückfallen, die wir im dritten Kapitel versucht haben auszuräumen, und dieses »genetische Programm« mit Entelechie gleichsetzen. (Sehr schön, lieber Leser, wenn Sie das entrüstet zurückweisen und erklären, das wäre Ihnen nie in den Sinn gekommen. Ich kenne aber aus der bioethischen Diskussion Kollegen, denen man das hundertmal erklären kann, und die dennoch beim nächsten Auftritt wieder von einem – so nicht existierenden – »Genotyp« als Synonym für Entelechie sprechen.) Entwicklung heißt vielmehr, dass im aktuellen Verwirklichungszustand (= Entelechie) eines Lebewesens, also dem, wie es gegenwärtig in Erscheinung tritt, eine bestimmte Möglichkeit steckt, vollständig das zu werden, was es jetzt seinem Wesen nach schon ist. Wem dieser Satz zu abstrakt ist, möge sich als Beispiel ein kleines Kind vorstellen. Dieses Kind hat in seiner aktuellen Erscheinungsform, dem zu großen Kopf, der Stupsnase, den Patschhändchen und zu kurzen Beinen, die tatsächliche Möglichkeit, zu dem zu werden, was es schon ist: ein »fertiger« Mensch! (Denken Sie an das, was wir weiter oben über den Unterschied von ›fertig‹ und ›erwachsen‹ gesagt haben!) Was es ist, ist durch diese Möglichkeit des ›Menschseins‹ bestimmt.

Was es (durch diese Möglichkeit) sein kann, besser: sein soll, wird durch das, was es ist, verwirklicht. Das ist ›Entelechie‹: Bestimmtsein durch eine reale Möglichkeit und deren Verwirklichung. Darum die beiden Bezeichnungen ›Entelechie‹ und ›Realmöglichkeit‹ in unserem Schema des aristotelischen Werdens.

Wir wollten indessen keine Rekapitulation der Zielgerichtetheit organischer Entwicklung in den Kategorien des Aristoteles betreiben. Es geht hier nur um den Begriff der Realmöglichkeit, der zugleich Ziel und Grenze (wie das lat. ›finis‹ oder das engl. ›end‹) der Entwicklung eines Lebewesens bezeichnet. Die Frage, die wir zu lösen haben, lautet: Wie geht es evolutiv über die von der Natur festgelegte Grenze eines Lebewesens bzw. einer Art hinaus? Das sollen die vier Pfeile und die Fragezeichen im Schema andeuten.

Für Darwin ist diese Frage eine Scheinfrage, weil es für ihn solche natürlichen Artgrenzen gar nicht gibt. Was wir in unserem Schema mit ›Realmöglichkeit‹ bezeichnen, ist für ihn keine definierte Linie, sondern eine fließende Zone natürlicher Variabilität, durch die sich die Grenze des natürlich Möglichen im Lauf

der Zeit immer mehr verschiebt. Unser Zweifel daran lautet, ob die kontinuierliche Erweiterung genügt, um alle neuen Organisationszustände des Lebendigen zu erklären. Ist Evolution nur fortgesetzter Anbau an das bestehende Gebäude des Lebendigen, oder beinhaltet die Erweiterung von Zeit zu Zeit auch Neugestaltung und Umbau? Wenn wir die Position von Schöpfung einnehmen, dann ist Evolution nicht nur Erweiterung von vorhandenen Möglichkeiten, sondern auch Schaffung neuer. Und wenn wir die Eigenart lebendigen Werdens nicht aufgeben wollen, dann muss die Fähigkeit zu solch schöpferischer Evolution in den Lebewesen selbst liegen. Wenn wir so am Axiom, materielle Ordnungszunahme setze Geist voraus, für das Lebendige festhalten, dann deshalb, weil Darwins Theorie unseres Erachtens keine genügende Erklärung für den ganzen Umfang des Komplexitätsproblems bietet, weder historisch noch sachlich. Es geht um die Stellen, an denen Darwin postuliert, ein in Frage stehendes Phänomen »müsse« unweigerlich aus dem Prinzip der natürlichen Zuchtwahl erklärbar sein, ohne anzugeben, wie. Wir haben das im dritten Kapitel bei Darwins Diskussion der Höherentwicklung schon diskutiert. Viele Evolutionsbiologen setzen an solchen Stellen gern hinzu, auch unerklärte Phänomene müssten (wieder dieses »Müssen«!) sich mit der synthetischen Evolutionstheorie erklären lassen, »weil wir keine andere Erklärung dafür haben«. Andere sind gewillt, das mikroevolutive Korsett eines nur allmählichen Artwandels zu sprengen und erweiterte Konzepte für eine größer stufige Komplexitätserhöhung anzubieten, worauf wir im ersten Kapitel kurz eingegangen sind. Nun unternehmen wir selbst den Versuch einer »anderen Erklärung«. Sie soll wohlgemerkt nicht darin bestehen, Schöpfungs*glaube* an die Stelle oder in die Lücken evolutionsbiologischer Erklärung heranzutragen. Es geht hier nicht um Theologie, sondern um Metaphysik, d. h. um die Suche nach den letzten Gründen für die Beantwortung einer bestimmten, unsere Wirklichkeit betreffenden Frage, und das mit den Mitteln unserer Vernunft. Das setzt eine gewisse Hartnäckigkeit voraus; wir wollen uns nicht mit vorschnellen Lösungen, »vorletzten Gründen« abspeisen lassen. Ein Beispiel dafür wäre die berühmte Erklärungsstrategie vieler Evolutionsbiologen bei ungelösten Problemen: »Wir wissen es jetzt noch nicht; aber wenn wir es erst einmal herausgebracht haben, ist es genau so, wie wir es jetzt schon erklären.« In solchen Fällen anspruchsvoll zu sein und sich nicht vereinnahmen zu lassen bedeutet freilich auch, keine Scheu vor Erklärungsangeboten zu haben, die den Rahmen bisheriger Denkgewohnheiten sprengen. (Ich bin darauf gefasst, dass jetzt zustimmendes Nicken von der anderen Seite der Front, dem Lager des ID, kommt: »Sehen Sie, Herr Kummer, genau das wollen auch wir!« – Gemach; es muss sich schon um eine wirkliche Alternative handeln!) Und schließlich verlangt ein solches Unternehmen metaphysischen Fragens auch eine gehörige Portion Optimismus: dass wir unserer Vernunft trotz ihrer Grenzen zutrauen, bis zu letzten Gründen vorstoßen zu können. Das geht meines Erachtens nicht ohne einen gewissen Humor oder zumindest die Gelassenheit, Irrtümer in Kauf zu nehmen. Metaphysiker, die alles »mit Notwendigkeit« erklären wollen, sind mit Vorsicht zu genießen.

Metaphysische Schnittstelle: das Modell der radialen und tangentialen Energie

Ein solches metaphysisches Evolutionsmodell, bei dem ein geistiger Gehalt in der materiellen Ordnungszunahme des Lebendigen vorausgesetzt wird, hat der französische Jesuit und Paläontologe Pierre Teilhard de Chardin (1881–1955) vorgeschlagen. Wenn ich auf ihn zurückgreife, dann nicht wegen seiner kosmisch-visionären Gesamtschau, nach der die Geschichte des Universums als materielle, lebendige und geistige Bewegung von der Anziehungskraft Gottes getrieben wird und schließlich im »Punkt Omega« das universale Schöpfungsziel einer Einheit alles Geschafften in Gott findet. Eine solche Synthese von Evolution und Theologie faszinierte in der Zeit nach dem Zweiten Weltkrieg zwar viele Christen, die auf der Suche nach einer Formulierung ihres Glaubens in Übereinstimmung mit dem modernen naturwissenschaftlich-technischen Weltbild ihrer Zeit waren. Entsprechend zahlreich entstanden in 50er und 60er Jahren des vergangenen Jahrhunderts an vielen Orten sogenannte »Teilhard-Kreise«, in denen die Bewunderer seines Systems in spirituellen Zukunftsvisionen schwelgten, die Teilhards wissenschaftlicher Akzeptanz mehr schadeten als nützten. Denn gleichzeitig forderte Teilhards oft unbekümmerter Synkretismus von Naturwissenschaft und christlicher Spiritualität den Widerspruch vieler kritischer Forscherpersönlichkeiten heraus, selbst wenn diesen ihrerseits, dem Zug der Zeit folgend, an Zukunftsfragen unseres »blauen Planeten« gelegen war. Und schließlich empörte sich das offizielle römisch-katholische Lehramt derart über die theologischen Ansichten ihres unorthodoxen Sohnes, dass es ihm ein nahezu fortwährendes Lehr- und Schreibverbot auferlegte – was seine Breitenwirkung allerdings nicht verhindern konnte. Ich habe an dieser Stelle also nicht vor, das Gesamtsystems Teilhards mit allem Für und Wider darzustellen. Ein wenig davon werden wir im nächsten Kapitel nachholen, soweit es den Konflikt mit der »spröden Theologie« betrifft. Fruchtbarer als pauschale Verurteilungen oder bedingungslose Sympathiebezeugungen scheint mir das Auswählen bestimmter Begrifflichkeiten aus Teilhards System, verbunden mit dem Versuch, den oft nur intuitiv skizzierten Gehalt klarer zu bestimmen und durch den Bezug zu empirischen Befunden nachvollziehbar zu machen. Das soll im Folgenden mit dem Begriffspaar »radiale und tangentiale Energie« geschehen, wobei ich gleich betonen möchte, dass ›Energie‹ hierbei überhaupt nichts mit dem zu tun hat, was die moderne Physik unter diesem Begriff versteht. Radiale und tangentiale Energie sind bei Teilhard lediglich die beiden Ebenen, auf denen die Wirksamkeit einer evolutiven »Korpuskel« (auch ein Teilhardscher Spezialbegriff) zu bestimmen ist. Um das nachvollziehen zu können, müssen wir allerdings doch ein klein wenig auf die Grundlagen von Teilhards Sicht der Evolution des Lebendigen eingehen. Leser, die das zu ermüdend finden, können diese Seiten getrost überschlagen und erst bei der nächsten Überschrift »Schöpfung in einer evolutiven Welt« weiterfahren. Sollte dort etwas im Unklaren bleiben oder der Appetit auf Teilhards Metaphysik erwachen, lässt sich ja jederzeit auf dieses Unterkapitel zurückgreifen.

Geist als Voraussetzung materieller Ordnung ist für Teilhard keine Frage, die man bejahen oder verneinen könnte, sondern eine Grundintuition. Sosehr er die Evolutionstheorie akzeptiert, ja sein Denksystem geradezu darauf aufbaut, sosehr kritisiert er, dass Darwin bzw. die Biologie allgemein dem Phänomen des Bewusstseins, wie es im Menschen zutage tritt, zu wenig Bedeutung beimisst. Hierin hat er sicher recht. Der schon erwähnte Ernst Mayr, einer der Gründerväter der modernen synthetischen Evolutionstheorie, hat einmal auf meine Kritik, Darwins Theorie habe für die zwei Fragen: Entstehung der Großbaupläne und Entstehung des Mentalen, keine befriedigende Lösung, geschrieben: »Hier hat Kummer recht. Aber hinsichtlich des Mentalen – ich bin kein Psychologe.« Dass dies eine Verkürzung der Biologie bedeutet, weil sie sich so nicht dem ganzen Umfang des lebendigen Phänomens stellt, wurde am Ende des dritten Kapitels bereits angesprochen. Dagegen setzt Teilhard die Meinung, dass ein Phänomen, auch wenn es nur an einer Stelle als Neuheit auftritt, unbedingt die Aufmerksamkeit und das theoretische Interesse der Wissenschaft verdiene. Er erinnert dazu an die Entdeckung der Radioaktivität;

auch sie wurde zunächst für ein singuläres Phänomen gehalten, offenbarte dann aber etwas über die Grundstruktur der gesamten atomaren Welt.

Über die Angemessenheit dieses Beispiels kann man streiten, aber es zeigt Teilhards Absicht: Das Phänomen des Bewusstseins, auch wenn es nur beim Menschen in Erscheinung träte, sagt etwas aus über die Eigenart der gesamten evolutiven Wirklichkeit. Wenn aus dem ›Weltstoff‹ (wie Teilhard mit Vorliebe für das sagt, was wir gewöhnlich ›Materie‹ nennen) so etwas hervorgeht wie das »Phänomen Mensch« (so der Titel von Teilhards Hauptwerk) als materiell-geistige Einheit, dann spiegelt sich darin die Grundstruktur des Weltstoffs selbst. Teilhard belegt ihn dementsprechend mit einer materiell-geistigen Doppelnatur, weil anders seiner Meinung nach das evolutive Auftreten psychischer Eigenschaften, sei es nur im Menschen oder auch bei anderen Lebewesen, nicht erklärbar wäre. Diese Auffassung ist für Naturwissenschaftler weniger obsolet, als man meinen möchte. So schrieb der Münsteraner Zoologe Bernhard Rensch, bekannt als entschiedener Anhänger der Evolutionstheorie Darwins, 1972 eine »Biophilosophie«, in der er

einem »panpsychistischen Identismus« das Wort redete. Das heißt, er war der Auffassung, dass jede in der Evolution auftauchende Einheit, gleichgültig ob Elektron, Molekül, Zelle oder Tier, parallel zur materiellen Seinsweise auch eine psychische Seite besitzen müsse, weil innerhalb des materiellen Evolutionskontinuums kein Einschnitt auszumachen sei, der als späterer Entstehungsort des Psychischen in Frage kommt. Man kann darüber streiten, ob das denn so stimmt, aber zumindest zeigt diese Argumentation, dass es durchaus Naturwissenschaftler gibt, die bereit sind, aus dem Vorhandensein des psychischen Phänomens Konsequenzen für ihr Weltbild zu ziehen und einen kruden Materialismus zu überwinden suchen. In ähnlicher Weise überlegte der österreichische Physiker Erwin Schrödinger (1887–1961), ob es nicht besser sei, das Geistige zum Grundprinzip der Wirklichkeit zu machen, weil sich damit ein weniger widersprüchliches System unserer Welt aufbauen ließe als mit der physikalischen Materie. Vor einem solchen Hintergrund muss man Teilhards »Korpuskelmodell« sehen

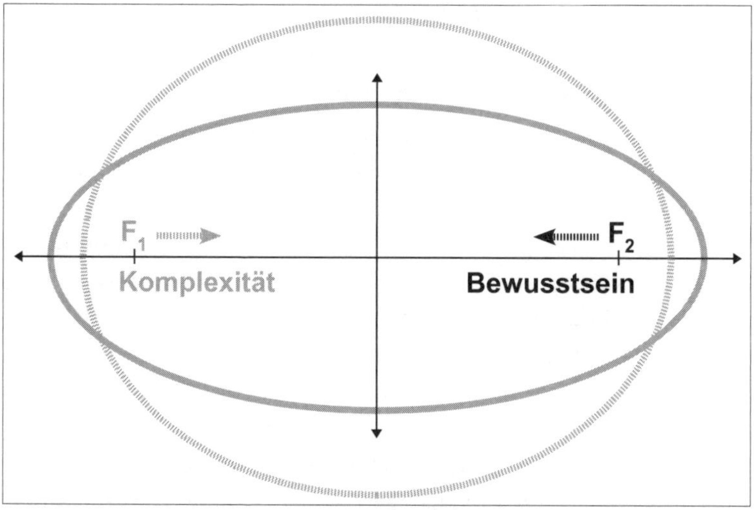

Abb. 21: Teilhards Korpuskelmodell (Komplexitäts-Bewusstseins-Gesetz)

(Abbildung 21). Im Gegensatz zum aristotelischen Schema des Werdens (Abbildung 20), das nur die Entelechie als Mitte und eine damit gegebene Grenze des real Möglichen kennt, ist Teilhards Korpuskelmodell über zwei Brennpunkten F_1 und F_2 konstruiert, die eine evolutiv wünschenswerte Veränderung der Grenze der Realmöglichkeit erlauben.

Die Bezeichnung der Brennpunkte der evolutiven Korpuskel als »F_1 der Komplexität« und (besonders) »F_2 des Bewusstseins« hat Teilhard viel Kritik eingetragen, denn was soll schon die Rede vom »Bewusstsein« eines Atoms oder Elektrons. Sie wird aber vor dem Hintergrund unserer Überlegung, dass materielle Geordnetheit Geist voraussetzt, nachvollziehbarer, als viele Teilhard-Gegner in ihrer Kritik gedacht hatten. Jedenfalls haben die Elemente des Teilhardschen Weltstoffs samt und sonders eine Außen- und eine Innenseite. Die Außenseite ist der Physik zugänglich und wird von ihr beschrieben; die Innenseite ist nicht mit objektiven Mitteln erfassbar, sondern kann nur indirekt erschlossen werden, wie wir das von unserem eigenen, nur introspektiv wahrnehmbaren Bewusstsein her kennen. Außen- und Innenseite sind koextensiv, d. h., sie erstrecken sich gleich weit, weil sie beide die ganze

Korpuskel betreffen. Sie sind wie die beiden Brennpunkte einer Ellipse miteinander verbunden und verändern sich nur in Abhängigkeit voneinander: Verschiebt man den einen Brennpunkt entlang seiner Achse, wandert auch der andere in spiegelbildlicher Weise mit. Wenn also eine Korpuskel nur geringe Komplexität aufweist, hat sie auch nur einen geringen Grad an Bewusstsein. Erhöhung der Komplexität führt zu gleichzeitiger Zunahme des Bewusstseins, und ab einem gewissen Komplexitätsgrad wird das, was zunächst nur aus Symmetriegründen zu postulieren war, auch erfahrbar – eindeutig in der Innenperspektive des eigenen Bewusstseins; zu vermuten aufgrund ähnlicher Äußerungen des Bewusstseins auch in meinesgleichen. (Das schließt, je nachdem, wie viel Gleichheit in den Äußerungen man verlangt, auch unterschiedlich viele Tiere mit ein.) Mit diesem Schema haben wir den Kern von Teilhards »Komplexitäts-Bewusstseins-Gesetz« erfasst, und es ist eingängig genug. Die Frage ist nur, ob bei diesem Zusammenhang die aktive Rolle stets auf Seiten des »Brennpunkts der Komplexität« liegt und das Bewusstsein nur in Abhängigkeit davon veränderbar ist oder ob auch dem »Brennpunkt des Bewusstseins« eine aktive Rolle beim Komplexitätswachstum zukommt. Teilhard ist entschieden für die zweite Alternative, und um das zu begründen, hat er das Begriffspaar von der »radialen und tangentialen Energie« eingeführt. Dass sich hierbei ›radial‹ auf die Innenseite bzw. das Bewusstsein der Korpuskel bezieht und ›tangential‹ auf die materielle Außenseite bzw. die Komplexität, versteht sich fast von selbst. Warum er aber den Energiebegriff als Metapher zu Hilfe nimmt, bedarf einer Erklärung. Teilhard war vom Energiebegriff seiner Zeit sicher deshalb so fasziniert, weil er ihm das Gefühl gab, mit seiner Intuition von der materiell-geistigen Doppelnatur des Weltstoffs richtigzuliegen. ›Energie‹ – das war etwas an eindeutig materiellen Korpuskeln Auftretendes und Messbares, und gleichzeitig eben doch nichts substantiell Materielles, sondern irgendwie »Geistiges«. Natürlich hätte ihn jeder mit der speziellen Relativitätstheorie Einsteins vertraute Physiker darüber aufklären können, dass Energie nicht immateriell ist, sondern genauso zur Materie gehört wie das Gewicht eines Eisenstücks, weil der Materiebegriff nicht mit dem der (trägen bzw. schweren) Masse gleichgesetzt werden darf – ein Unterschied, der auch vielen heutigen Philosophen und Theologen noch nicht geläufig ist. Auf eine solche strikte Definition darf man Teilhards Energiebegriff auf keinen Fall festlegen. Mit ihm lässt sich nichts messen und berechnen, sondern nur etwas in metaphorischer und qualitativer Weise beschreiben. Teilhards Gebrauch dieses Wortes (mehr ist es eigentlich gar nicht) hat so viel eher mit der ›energeia‹, der aristotelischen Substanz, zu tun als der (letztlich zielgerichteten) Wirksamkeit einer evolutiven Korpuskel, und nicht als Größe einer auf Quantifizierbarkeit ausgerichteten Physik.

Radiale und tangentiale Energie also. Beide stehen im selben Verhältnis zueinander wie die Brennpunkte von Bewusstsein und Komplexität. Sie bezeichnen die mit diesen Brennpunkten verbundenen Aktionen einer Korpuskel, ihre, wenn man so will, evolutive Dynamik. Die radiale Energie ist das Maß für den Grad an Komplexität einer Korpuskel; daher (wohl) auch ihr Name. Durch den Radius ist die Größe eines Kreises bestimmt, und diese Größe symbolisiert in Abbildung 22 die Komplexität der Korpuskel. Komplexität besteht aber nicht nur in der Menge an angehäufter Materie, sondern in der Beziehung der einzelnen Bestandteile dieser Anhäufung zueinander, in deren systemischer Ordnung. Ordnung, so sagt man, ist Gesetz mal Anwendung, und gemäß dieser Definition ist ein Kristallgitter ein hoch geordnetes System, aber es ist von nur geringer Komplexität. Es beruht auf einem einfachen Gesetz (der Ionenkoordination), dessen Anwendung sich viele Male wiederholt. Eine Bakterienzelle ist dem gegenüber ein viel komplexeres System, dessen Ordnung sich kaum in einer bestimmten Gesetzesform ausdrücken lässt, aber einen viel höheren Einheitsgrad aufweist. Von einem Kristall kann ich getrost ein Stück abbrechen und er bleibt immer noch ein Kristall; eine Bakterienzelle wird auf solche Weise zerstört. Damit soll gesagt sein: ›Radiale Energie‹ ist nicht nur das Maß für die Komplexität einer Korpuskel, sondern gleichzeitig Ausdruck ihrer Einheit. Im Schema ist sie deshalb nicht nur als Radius eingetragen, sondern auch als Zentrum des Kreises. Was ist Einheit? Die Festigkeit und Ein-

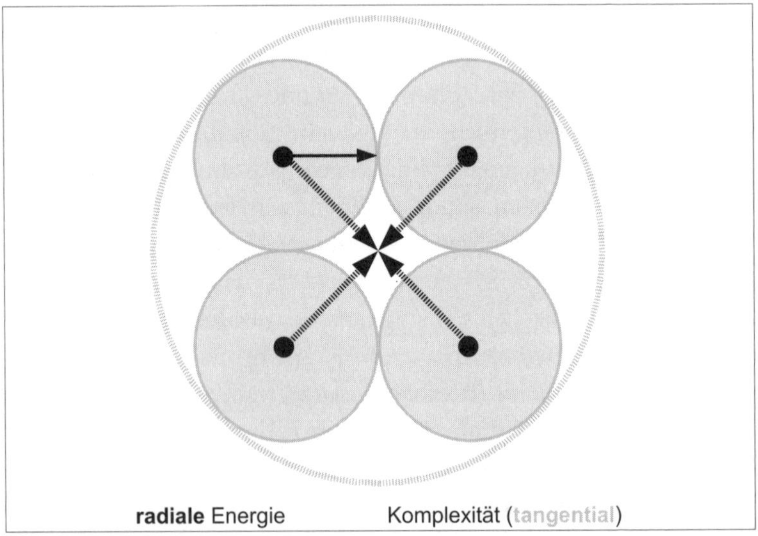

Abb. 22: Schema der evolutiven Komplexitätszunahme (»Überzentrierung«) nach Teilhard de Chardin

deutigkeit der Beziehungen der Elemente im System. Das heißt, dass die Elemente eines komplexen Systems sich ihrerseits in einer bestimmten Weise zusammengetan haben (oder zusammengebracht wurden), die diese neue Systemeinheit konstituiert. Die Elemente sind also zunächst selbst ›Korpuskeln‹ im Teilhardschen Sinn mit einem gewissen eigenen Komplexitäts- und Einigungsgrad, der sie in die Lage versetzt, sich mit anderen Korpuskeln zu einem System höherer Ordnung zu verbinden. Die mit der radialen Energie gegebene Einheit eines komplexen Systems bedeutet also gleichzeitig Einigungsfähigkeit – nach innen wie nach außen. Das ist der entscheidende Punkt für den evolutiven Fortschritt. Die radiale Energie verleiht einer Korpuskel die Fähigkeit, sich weiter zu einigen, ihre Komplexität zu vergrößern. Das geschieht aber über ihre Außenseite, also auf der Ebene der tangentialen Energie. Hier tritt eine Korpuskel mit anderen in Kontakt und versucht sich mit ihnen zu verbinden. Das muss nicht in jedem Fall gelingen, und nicht jede Verbindung führt automatisch zu neuer Komplexität. Die Bestandteile eines Sandhaufens, Mineralien,

Tonkristalle usw. haben jeder für sich eine gewisse Komplexität, aber sie *interagieren* nicht miteinander. Das ist es also, wodurch neue Komplexität entsteht: die *Interaktion* der in Kontakt zueinander getretenen Korpuskeln und ihre *Integration* zu einer neuen Einheit. Und das ist genau die Leistung der radialen Energien der beteiligten Korpuskeln. Die einzelnen Einheiten übersteigen die Grenzen ihres bisherigen Einigungsvermögens auf ein gemeinsames neues Zentrum hin (vgl. Abbildung 22). Dieser Vorgang, Ex- oder Überzentrierung nennt ihn Teilhard mit seiner Vorliebe für Neologismen, entscheidet darüber, ob die Mechanismen des tangentialen Kontakts zu einer dauerhaften neuen Verbindung mit höherer Komplexität führen – und das heißt zu einem Evolutionsfortschritt – oder nicht. Denken wir zurück an das Design einer Mausefalle in Kapitel 4. Das glückliche Zusammentreten der daran beteiligten Elemente (Holzbrett, Drahtbügel, Feder etc.) im Geist des Erfinders entspricht genau dem Moment der ›Überzentrierung‹. Was dort die geistige Leistung des Designers ist, ist in der Übertragung auf die Eigenaktivität evolutiver Korpuskeln die ›radiale Energie‹: ein Vermögen zum Festhalten geglückter Vereinigungszustände. Was im Gehirn des Erfinders die – uns größtenteils unbekannten – neuronalen Assoziationsvorgänge sind, ist bei den evolutiven Korpuskeln die ›tangentiale Energie‹.

Man mag diese Erklärung stabiler materieller Anordnungen für aufwendig und überflüssig halten, solange es um einfache Synthesevorgänge geht, wie z. B. chemische Reaktionen. Wir müssen hier nichts mit radial-tangentialer Energie durchexerzieren – thermodynamische bzw. reaktionskinetische Erwägungen leisten das besser und präziser. Aber im Fall einer nur qualitativ fassbaren organischen Komplexitätszunahme hat das Modell einiges für sich. Es mischt sich nicht ein in die Wirkung »tangentialer Mechanismen« bzw. sagt nichts Inhaltliches darüber aus. Diese »Außenseite« ist das Reich der Naturwissenschaften, und Teilhard hat keine Schwierigkeit, die Gültigkeit von Darwins Theorie hier voll und ganz zu akzeptieren. Er vereinnahmt sie auch nicht und muss sie nicht umfunktionieren. Aber er erweitert sie in einem Punkt: Ob eine strukturelle Abwandlung zu einem evolutiven Erfolg, zu einer neuen »Erfindung« wird, ist für ihn nicht nur eine Frage der Selektion, der Zufälle des Daseinskampfes, sondern der inneren Ausrichtung evolutiver Korpuskeln auf das Festhalten glücklicher »tangentialer« Ereignisse. Das Innen/Außen-Modell der beiden Energien drückt also die Überzeugung aus, dass Darwins Theorie der allmählichen, kontinuierlichen Abwandlung zwar genügt, um den Artbildungsprozess zu beschreiben, aber nicht hinreicht, um die diskontinuierlichen Vervollkommnungen der Organisation, die Darwin auch kennt, zu verstehen.

Wie das? Waren wir nicht der Meinung, die Entstehung des Linsenauges sei mit den Mitteln der Evolutionstheorie erklärbar? Vermutlich ist das für die Augenevolution tatsächlich der Fall, aber das heißt nicht unbedingt: allein mit den Mitteln einer kontinuierlichen und richtungslosen Variabilität. Zwar ist die Selektion deren richtender Faktor, und das bleibt sie auch in Teilhards Sicht des Komplexitätswachstums. Aber diese Selektion bewertet auch Sprünge. Selbst bei der Augenevolution ist nicht ausgemacht, dass sie nur als kontinuierliche Anpassungsleistung zu verstehen ist, und für die Evolution anderer »Organe höchster Vollkommenheit« gilt

das erst recht. Eine Typenreihe der Höherentwicklung setzt sich in der Regel aus zu unterschiedlichen Konstruktionen zusammen, als dass man darin den realen Verlauf der evolutiven Entstehung wiederfinden könnte. Für Darwin sind die Lücken und Sprünge im Evolutionsablauf bekanntlich eine Folge des Aussterbens der überwiegenden Mehrzahl der stammesgeschichtlich jemals existierenden Arten, wovon uns die meisten nicht einmal fossil bekannt sind. Das zeigt, wie er einmal sagt, dass »unser gesamtes Wissen über die Struktur unserer Erde etwa dem entspricht, was ein altes Huhn über 40 Hektar Fläche erfahren würde, wenn es in seiner Ecke scharrt«. (Dieses Zitat habe ich in dem empfehlenswerten Taschenbuch »Darwins Bilder« von Julia Voss gefunden.)

Das ist ein hübscher Vergleich, über den sich lange philosophieren ließe, was das Vermögen des Menschen angeht, Urteile auf der Grundlage einer beschränkten Erfahrungswelt zu treffen. Sicher ist Darwin recht zu geben, dass das Aussterben von Arten für vieles, was uns als Lücke im Evolutionsverlauf erscheint, eine zutreffende Erklärung darstellt. Aber gerade wenn unsere Kenntnis der Evolution dem Wissen eines scharrenden Huhns über die Größe seines Reviers gleicht, ist Vorsicht geboten, wenn eine Erklärung ihren Grund nur in unserem Unwissen hat. Darwin muss aufpassen, dass es ihm an dieser Stelle nicht ähnlich ergeht wie jenem Jesuitenstudenten, der vor Jahren in der philosophischen Schlussprüfung gefragt wurde, wo Kant in seinem Werk über Naturteleologie schreibe. Der junge Ordensmann, nicht gerade eine philosophische Koryphäe, war nicht in der glücklichen Lage wie Sie, lieber Leser, jetzt im dritten Kapitel nachschauen zu können, und antwortete mit dem Mut der Verzweiflung: »In den Jugendschriften.« – »In welchen Jugendschriften?«, kam es vom erbosten Professor zurück. – »Das weiß man nicht, die sind verschollen«, war darauf die klassische Antwort. Sie ist unter uns Professoren zu einem geflügelten Diktum geworden, konnte aber natürlich den armen Kandidaten nicht vor dem Durchfallen bewahren. (Es hat ihm nebenbei gemerkt nicht geschadet. Er ist zu einem begnadeten Jugendseelsorger geworden, wofür ihm sein Mutterwitz sicher mehr zugutekam als alle Philosophie.)

Selbst Freunde Darwins reagierten auf die Theorie der *missing links* (= fehlende Zwischenglieder) ähnlich wie besagter Professor, wenn auch vielleicht nicht mit derselben Humorlosigkeit, und Vorbehalte gegen die Erklärungsmonotonie, aller evolutive Fortschritt müsse sich in kleinste Veränderungsschritte auflösen lassen, gibt es, wie wir seit dem ersten Kapitel wissen, bis heute. Wenn wir angesichts dieser Situation Teilhards Idee der ›radialen Energie‹ in die Diskussion einführen, ist aber noch einmal Vorsicht geboten. Dieser Lösungsvorschlag ist und bleibt *»meta«*-physisch: Er steht hinter den Dingen und ist genauso wenig ein Ersatz für fehlende Mechanismen wie der intelligente Designer. Er gibt lediglich einen Rahmen an, der veranlassen kann, nach solchen Mechanismen zu fahnden, die für die Erklärung von Stufen und Sprüngen im Evolutionsverlauf geeignet sind. Ihre Bewährungsprobe müssen diese Mechanismen aber auf der »tangentialen Ebene« des naturwissenschaftlich Verifizierbaren bestehen – darüber gibt es für Teilhard keinen Zweifel. Was seine Sichtweise der ›radialen Energie‹ inhaltlich hinzufügt, ist lediglich, dass in all diesen Mechanismen, seien sie schon bekannt oder noch zu entdecken, ein Vermögen der Lebewesen steckt, Zustände komplexer Ordnungszunahme als glückliche Zufälle festzuhalten und von Unordnung zu unterscheiden. Das muss überhaupt nichts mit bewusster Absicht zu tun haben, aber es gehört zu den strukturellen Eigenschaften der Lebewesen, das zu tun.

Ein mögliches Szenario, mit dem man sich das veranschaulichen kann, ist z. B. die Organismustheorie der konstruktionsmorphologischen Schule des Frankfurter Senckenberg-Museums, die auf W. F. Gutmann (1935–1997) zurückgeht. Nach Gutmann ist ein Organismus zuallererst ein hydraulisches System, und Veränderungen an ihm müssen der Biomechanik dieser Konstruktion Genüge tun, bevor die Selektion durch äußere Umweltbedingungen daran angreifen kann. Neue Baupläne werden also nicht durch kontinuierliche Anpassung an Umwelterfordernisse zusammengestückelt, sondern entstehen durch Abwandlungen im Organisationsgefüge, wobei die Randbedingungen des biomechanisch Erlaubten darüber entscheiden, welche Neukonstruktion möglich

ist und welche nicht (Abbildung 23). Erst nach der Wirkung dieser »bionomen« (von griech. ›bios‹ = Leben und ›nomos‹ = Gesetz) inneren Selektion, welche die Lebensfähigkeit kontrolliert, kann die äußere Selektion als Anpassung einer solchen Konstruktion an spezielle Umweltsituationen ansetzen. Auf beiden Ebenen, der äußeren wie der inneren Selektion, ist Variation des Bestehenden die Voraussetzung für evolutive Neubildung. Während aber für die äußere Selektion die ungerichtete genetische Variabilität als Grundlage genügt, verlangt die innere Selektion neben einer Variation bzw. Modifikation der Konstruktion die Integration des Neuen in ein lebensfähiges Gesamtgefüge. Das macht aus einem allmählich sich verändernden Formkontinuum eine gestufte Reihe von Organisationstypen.

Nur ein Beispiel neben anderen, schon im ersten Kapitel angesprochenen Theorien einer sprunghaften Variation, gewiss, und auch nicht weniger spekulativ als jene. Aber es kann zeigen, dass Teilhards Rede von der ›radialen Energie‹ sich nicht einfach im

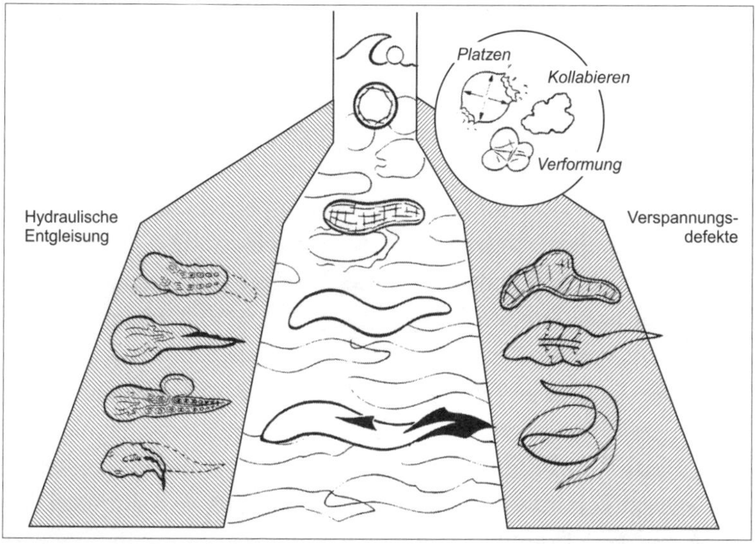

Abb. 23: Bionomie-gesteuerte Bauplan-Evolution. Das mittlere Feld enthält in grober Vereinfachung die Organisationsstufen: (auf dem Wasser flottierende) hydraulische Biomembranvesikel; mit Zytoskelett versehene Einzelzelle; Schlängelschwimmer mit Hydroskelett und Außenhautverspannung; Wurmorganisation mit Hautmuskelschlauch; Fischgestalt mit Innenskelett. Die Missbildungen in den grauen Außenbereichen sollen andeuten, dass Übergänge zwischen diesen Organisationsstufen aus biomechanischen Gründen nicht möglich bzw. lebensfähig sind, weil sie hydraulische Entgleisungen oder Defekte in der den Binnendruck kanalisierenden Körperhülle und ihren Verspannungen beinhalten. *(Nach Gutmann 1997, verändert).*

luftleeren Raum bewegt, sondern tatsächlich etwas von der realen Verfasstheit der Organismen wiedergibt. Gewiss kann man das Wirken der inneren Selektion auch rein reduktionistisch als bloßes Resultat einer evolutionären Zufallsspirale von Versuch und Irrtum auffassen. Als ›radiale Energie‹ sieht man sie aber darüber hinaus als Ausdruck einer Kreativität des Lebendigen, die dem einzelnen Lebewesen strukturell innewohnt.

Lebewesen unterliegen nicht nur einer beständigen Veränderung, sondern diese zielt auch darauf ab, »mehr« aus ihnen zu machen. Das bedeutet kein aktives Streben, wie es Lamarck irrtümlich angenommen hatte und von Darwin so heftig kritisiert wurde. Vielmehr handelt es sich dabei um eine mit der Struktur gegebene latente Anlage, die bei passender Gelegenheit immer wieder zum Durchbruch kommt. Man könnte geradezu von der Fähigkeit des Lebens sprechen, das bestehende Organisationsniveau zu »transzendieren«, wenn entsprechende äußere (»tangentiale«) Umstände die Bedingungen dafür schaffen. Also nicht nur »Selbstorganisation«, autonomes Entwickeln einer bestimmten, keimhaft angelegten Form, sondern »Selbsttranszendenz«, selbsttätiges Übersteigen dieser Form auf eine neue, komplexere und leistungsfähigere strukturelle Ordnung hin, die nicht nur eine aufwendigere Konstruktion darstellt, sondern auch eine »intelligentere Lösung« der in Frage stehenden Funktion – wie eben z. B. die Abbildungsqualität bei den Augentypen oder die Bewegungsfähigkeit der hydraulischen Konstruktionen. Freilich hat der Begriff ›Selbsttranszendenz‹ einen theologischen Hintergrund, wie wir im nächsten Abschnitt gleich sehen werden. Das könnte den Argwohn nähren, man versuche hier dasselbe wie die ID-Theorie mit dem Begriff der Herstellung: Das gewünschte Ergebnis begrifflich schön verpackt in die Beschreibung einzuführen, um es dann nach Bedarf hervorholen zu können wie der Taschenspieler eine gezinkte Karte. Ich glaube aber

(oder hoffe es zumindest), dass hier kein falsches Spiel getrieben wird. Gewiss wollen wir mit diesem Kapitel auf Schöpfung hinaus. Aber es war zu Beginn noch nicht klar, wie diese in einen evolutiven Kontext passen kann. Klar war nur, dass der »Herstellergott« des Intelligent Design dafür keine Lösung ist, weil er das autonome Werden der Naturdinge nicht ernst nimmt. Nun hat sich gezeigt, dass dieses Werden weder nur Verwirklichung eines vorliegenden Programms noch bloßes Variieren des Naturzustands bis ins Unendliche ist, sondern auch stufenweise Vervollkommnung. Dafür war ein theoretischer Rahmen erforderlich, den Darwins Theorie so nicht bietet. In Teilhards ›radialer Energie‹ steht er zur Verfügung, weil dieses Modell zeigen kann, dass Evolution zu immer mehr »Geist in der Materie« fortschreitet, und die Organismen das können, obwohl sie gar nicht »darauf aus« (wohl aber »dafür angelegt«) sind. Dass es tatsächlich Mechanismen gibt (oder sie zumindest denkbar sind), in denen sich diese »radiale« Ausrichtung »tangential«, d. h. naturwissenschaftlich nachvollziehbar, ausbuchstabieren lässt, gibt diesem Modell doch einiges an Legitimation, zumindest als ernst zu nehmenden Denkansatz. Akzeptiert man aber erst einmal dieses Vermögen lebender ›Korpuskeln‹ zur ›Überzentrierung‹, um Teilhards Vokabular noch einmal aufzugreifen, dann ist der Schritt zu einer theologischen Interpretation einer solchen Kreativität nicht mehr weit. Das Konzept der radialen Energie macht die Einführung eines theologischen Schöpfungsbegriffs nicht zwingend, aber es verweist auf ihn. Es ist nicht unter dem Einfluss der Theologie entstanden, sondern unter dem Eindruck einer sich vervollkommnenden und Geist hervorbringenden Evolution. Es handelt sich also um einen eigenständigen Ansatz, der jedoch offen ist für Theologie. Er plaziert sich als Interface, als Schnittstelle zwischen Empirie und Theologie, und genau das ist die Rolle, die wir von der Metaphysik verlangen.

Es war ein hartes Stück Arbeit bis hierher – nicht nur für den Leser, sondern auch für den Verfasser. Aber das ist Metaphysik immer, wenn sie versucht, die Intuition einer Überzeugung in Einklang mit den Gegebenheiten unserer Erfahrungswelt zu formulieren und zu begründen. »Begriffsdichtung« nennen das die Gegner solcher Art spekulativen Theoretisierens gern, und sie haben nicht ganz unrecht. Teilhards Vokabular war ja ein beredtes Beispiel dafür. Freilich ist Metaphysik auch auf andere Weise möglich, etwa in Orientierung an der analytischen Sprachphilosophie. Ob die Sache sich dadurch präziser darstellen ließe, will ich mangels genügender Kenntnis offen lassen – einfacher würde sie auf alle Fälle nicht. Mein Anliegen war es zu zeigen (und ich meine, dieser Aufgabe durfte ich mich nicht entziehen), wie vernünftig die Annahme von Schöpfung im Ausgang von dem Axiom »materielle Ordnung verweist auf Geist« auch für eine evolutive Weltsicht ist. Sie basiert auf der Annahme einer Zielgerichtetheit der Evolution, wie sie im dritten Kapitel angesprochen wurde, verlegt aber diese Ausrichtung der Evolution als Einigungsvermögen (›radiale Energie‹) in die Lebewesen selbst. Klar, dass dann deren Höherentwicklung auf ein höheres Ziel verweist. Weniger klar jedoch, wie eine derart gerichtete Entwicklung mit der Geltung von Darwins Theorie in Einklang zu bringen ist. Dieser Klärung haben die vorangegangenen Abschnitte gegolten, weil ich der Meinung bin, dass eine Synthese dieser beiden Sichtweisen (Teleologie und Selektion) Voraussetzung dafür ist, intellektuell verantwortbar von Schöpfung zu reden. Man muss sich mit diesem Problem nicht abgeben, wenn man den eigenen Glauben aus anderen Quellen für sicher genug hält. (Allerdings hat man dann dem Postulat einer atheistischen Interpretation der Evolution nichts entgegenzusetzen als die eigene, subjektive Überzeugung.) Aber auch so bleibt die Frage, wie denn nun dieser Gott, sei er nun nur geglaubt oder auch vernunftgemäß, als Schöpfer in der Evolution wirkt, wenn er nichts herstellen darf. Was macht Gott noch in einer Welt, in der die Dinge sich selbst machen? Dieser Frage wollen wir uns jetzt zuwenden.

Gottes Wirken in einer evolutiven Welt

Kunstdinge werden hergestellt, Naturdinge werden von selbst – das war unser Ausgangspunkt. Evolutive Naturdinge, Lebewesen, können mehr werden, als sie aus sich selbst sind. Mehr sein wollen, als man ist, ist nicht nur ein psychologisches Problem, es ist auch ein philosophisches. Der im 5. Jahrhundert v. Chr. lebende griechische Philosoph Parmenides hat es in einem berühmten Dilemma formuliert, mit dem er das Mehrwerden als logisch unmöglich beweisen wollte: Entweder war das Neue, das entsteht, schon im Bisherigen vorhanden – dann ist das Werden bloßes Zum-Vorschein-Kommen des schon Bestehenden und nichts wirklich Neues. Oder das Neue ist wirklich neu und war bisher noch nicht vorhanden – dann kommt es aus nichts, und das ist unmöglich, denn aus Nichts kann nichts entstehen. Logisch scharfsinnig und doch falsch, wie spätere Philosophen gezeigt haben. Deren Beweisführungen sollen uns nicht weiter interessieren (sie hängen, so viel sei verraten, mit dem verschiedenen Gebrauch des Wörtchens ›nichts‹ zusammen). Was weiter Gültigkeit hat, ist die in diesem Dilemma ausgedrückte Einsicht, dass Mehrwerden als Seinszuwachs nicht einfach von selbst geht, sondern einen zureichenden Grund braucht. Selbst Darwin, gewiss kein Metaphysiker, suchte mit Variabilität und Selektion einen solchen vorzulegen. Dass man zweifeln oder wenigstens diskutieren kann, ob er hinreicht, Mehrwerden zu begründen, und nicht nur bei Veränderungen auf ein und derselben Seinsstufe bleibt, wurde schon mehrfach angesprochen. In evolutiver Perspektive stellt sich das Schöpferische des Mehrwerdens folgendermaßen dar: Das Mehrwerden, der evolutive Seinszuwachs, muss von dem betreffenden Naturding *selbst* getätigt werden – sonst ist es nicht dessen eigenes Werden. Gleichzeitig wird damit etwas Unmögliches verlangt – mehr zu sein, als es ist, bzw. mehr zu können, als in ihm steckt. »Selbsttranszendenz« heißt diese unmögliche Forderung, die Grenzen des eigenen Seins zu übersteigen, und das verlangt eine ermöglichende Ursache. Diese wird in Gottes »Selbstmitteilung« gesehen. Weil er das Geschöpf teilhaben lässt an seiner Seinsfülle, kann das Geschöpf jetzt *von selbst*, was es *aus sich selbst* nicht könnte: mehr zu werden, als es ist. (Natürlich gilt das nicht nur für das evolutive Wachstum des Geschöpfs, sondern für sein ganzes Sein überhaupt. Nur weil Gott sich mitteilt, ist es überhaupt etwas; aus Nichts kann kein Sein kommen.) Dieses Mehrsein ist nicht von Gott »drangestückelt«, sondern *wirklich* vom Geschöpf selbst verursacht. Das Geschöpf kann aber nur Ursache dafür sein, weil Gott es dazu ermöglicht – er ist die *ermöglichende* »Erstursache« für die geschöpflichen »Zweitursachen«, zu denen dann auch das ganze Instrumentarium gehören kann, das Darwins Evolutionstheorie vorsieht. In diesem Sinn kann Teilhard de Chardin dann seinen berühmten Satz sagen, dass Schöpfung nicht heißt, dass Gott die Dinge macht, sondern, dass er macht, dass die Dinge sich machen (»dieu faisant se faire les choses«). Das ist also, was Gott in einer evolutiven Welt noch »macht«: nicht Dinge, sondern den Dingen zu ermöglichen, dass sie sich selbst machen. Er befreit sie zum Selber-Werden. Diese Fähigkeit hat er in die Dinge, seine Geschöpfe, gelegt, und zu deren Natur gehört es nun, die eigenen Möglichkeiten auszutesten und – unter vielen Irrungen und Wirrungen gewiss – nach und nach eine Schöpfung aufzubauen, die nicht von ihrem Schöpfer vorgeplant ist, aber doch in seiner Absicht liegt, weil alles Mehrwerden der Geschöpfe seinem Schöpferwillen entspricht.

Auch dass nicht alles nach Plan geht, will sagen, manches dieser Absicht zuwiderlaufen kann, ist mit diesem Ansatz schon angesprochen. Die Möglichkeit zum Mehrwerden zu besitzen ist noch keine Garantie dafür, dass das Mehrwerden auch glückt. Es liegt in der Eigenverantwortung der Geschöpfe (beim vormenschlichen Leben sollte man besser sagen: in ihrer Eigengesetzlichkeit), mit den gegebenen Möglichkeiten etwas anzufangen und zu versuchen. Versuche können auch misslingen, Hoffnungen scheitern und Absichten sich gegenseitig durchkreuzen. Damit ist das physische Übel und, mit Blick auf den Menschen, auch das moralische in einer evolutiven Welt als unvermeidlich charakterisiert. Es ist der Preis, wenn man so will, den Gott und die Geschöpfe für ihre Freiheit (für die ihnen zugestandene die einen, für das selbst gewählte Sich-nicht-Einmischen der andere) zu zahlen haben. Beiden fällt er – vermutlich – nicht leicht, aber beiden ist er offenbar auch nicht zu hoch. Es ist schön, um im Jargon zu reden, einen derart »liberalen Chef« zu haben, der seinen Mitarbeitern etwas zutraut und sich an ihrer Eigeninitiative erfreut. Aber es ist auch beklemmend, dass dieser Chef selbst dann auf Distanz in seiner obersten Etage bleibt, wenn etwas misslingt und aus dem Ruder läuft. Ist derjenige der bessere Chef, der es im Notfall nicht mehr aushält und meint, nach dem Rechten sehen zu müssen, oder derjenige, der bei einer verzwickten Lage der Dinge sich auch keinen anderen Rat weiß, als weiter abzuwarten und auf den Einfallsreichtum seiner Mitarbeiter zu setzen? Bevor es anfängt, theologisch brenzlig zu werden: Auch das System einer evolutiven Schöpfung hat keine Antwort auf die Frage nach dem Übel in der Welt, aber das sollte ihr nicht stärker angekreidet werden als allen anderen Systemen auch.

In diesem Zusammenhang wird gern der Einwand vorgebracht, ob Schöpfung für den »liberalen Chef« nicht eine zu einfache Sache sei: Er ermächtigt die Geschöpfe zur Selbsttranszendenz, übergibt ihnen den Schöpfungsauftrag »wachset und mehret euch« und schaut dann von fern, aus der obersten Etage, haben wir vorhin gesagt, zu, was daraus wird. Ein solcher Einwand nimmt nicht ernst, was mit ›Selbstmitteilung‹ gemeint ist. Das ist nicht nur Auftrag und Entlassung, Erlaubnis zum Selbertun und dann mit Interesse Zuschauen, ob es klappt oder nicht, sondern eben Mitteilung des eigenen Selbst. Die ermögliche Ursache ist mit dabei. Der liberale Chef ist nicht nur großzügig und vertrauensvoll, sondern er nimmt wirklich Anteil, auch wenn er nicht eingreift.

Wie das zusammengehen kann, der Glaube an die Nähe eines Gottes, der dennoch gleichzeitig transzendent bleibt, mag eine kleine Geschichte erläutern. Es war in einem Familienkreis, den ich viele Jahre als Geistlicher begleitete. Der Abend war wie immer: Essen in fröhlicher Runde, dann gemeinsames Gebet, schließlich Austausch über das von der Gastgeberfamilie vorbereitete Thema. Dieses stammte aus dem damals weit verbreiteten Büchlein »Hallo, Mister Gott, hier spricht Anna«. Es ging um das Kapitel, in dem sich Anna, ein liebenswerter rothaariger Fratz, mit respektlosen Fragen darüber beschwert, dass wir (gemeint sind wohl die Theologen) Gott mit allen erdenklichen Eigenschaften ausstatten und vollstopfen wie eine Weihnachtsgans. Ihr »Mister Gott« (so pflegte sie ihn zu nennen) habe gar nicht all diese vollkommenen Eigenschaften; er sei vielmehr »ganz leer«. Diese Aussage erregte Widerspruch in der Runde. – Gut, versuchen wir das Wort ›leer‹ durch ein anderes Attribut, das uns geeigneter scheint, zu ersetzen. Nachdenkliches Schweigen im Kreis. Bis auf einmal ein Teilnehmer erklärt: »Mit einem Wort kann ich das ›leer‹ nicht ersetzen, aber mit fünfen: Gott ist ständig ganz verschenkt.« Diese Formulierung hat genau getroffen, was mit ›Selbstmitteilung‹ (der Ausdruck stammt von Karl Rahner und wird von ihm entsprechend kompliziert erklärt) gemeint ist. Sie gehört seither zu den wenigen Utensilien meines »theologischen Handgepäcks« – auch wenn sie nicht von einem Theologen stammt, sondern von einem gelernten Uhrmachermeister (der inzwischen längst verstorben ist und, wie ich glaube, die Bestätigung seines Satzes bleibend erfährt).

Gott ist ständig ganz verschenkt. Das ist die Charakterisierung unseres »liberalen Chefs«! »Der ist ständig weg« – diesen Vorwurf kann man nur einem Vorgesetzten machen, von dem man nicht weiß, was er tut. Unserer (wenn ich das einmal so vereinnahmend sagen darf) ist aber nicht ständig weg nach Irgendwohin, sondern die Chefetage ist leer, weil er ständig bei jedem seiner Geschöpfe ist. Darum kann man im Notfall nicht auf der Chefetage vorsprechen, weil sie gar nicht besetzt ist. »Chef ist mal wieder verreist, Fehlanzeige!« – Keineswegs, er ist schon längst bei dir, noch bevor du dich in deiner Not an ihn wendest! Das löst zwar das Theodizeeproblem auch nicht, aber enthält doch eine Solidarität, die verstummen lässt – so wie den alttestamentlichen Ijob am Ende all seiner Vorwürfe gegen Gott.

Gott ist ständig bei seinen Geschöpfen, und er ist es ganz. Verstehen wir das bitte nicht zu oberflächlich. Nicht nur, dass er ganz bei der Sache ist, sondern dass er als der ganze Gott bei seinen Geschöpfen, in jedem seiner Geschöpfe ist. Der ganze Gott in mir, in dir, in der Amsel am Baum, im Regenwurm … – »Aber, Herr Pater, das ist doch Pantheismus!« – »Ja, hoffentlich«, kann ich da nur antworten. Selbstmitteilung heißt Mitteilung seiner selbst, und nicht nur ein nettes Grußkärtchen davon. Durch dieses Teilhaben an Gott wird das Geschöpf möglich, und für diesen permanenten Schöpfungsakt braucht es den ganzen Gott – ständig und unabdingbar. Natürlich hängt es von der Maßgabe des einzelnen Geschöpfs ab, wie viel von dieser Teilhabe an Gott es sichtbar machen kann, und das ist bei einem Regenwurm halt weniger als bei einer Amsel oder bei mir und meinesgleichen (und auch hier ginge noch viel mehr, als ich bis jetzt erlaubt habe …). Aber wenn ich schon nach allen Regeln der Schultheologie als »Ebenbild Gottes« zu bezeichnen bin, obwohl noch so viel von diesem Gott an mir nicht zum Vorschein kommt, was gestattet mir dann, diese Bezeichnung anderen Geschöpfen vorzuenthalten, nur weil Gott bei ihnen noch undeutlicher zur Erscheinung kommt? Es hilft nichts: Alle Geschöpfe sind »Ebenbilder Gottes«, wie ich es einmal im Interview einer Kirchenzeitung formuliert habe (ohne oberhirtliche Kritik dafür zu ernten) – nur das Raster der Wiedergabe ist verschieden grob.

Und schließlich: Dieser Gott ist verschenkt. Seine Selbstmitteilung ist ein Geschenk an mich. Gott erdrückt mich nicht mit seiner ständigen Präsenz, wie man angesichts mancher geradezu bedrängenden biblischen Formulierungen meinen könnte, z. B. im Psalm 139: »Wohin könnte ich fliehen vor deinem Geist, wohin mich vor deinem Angesicht flüchten?«. Mit einem Geschenk kann ich tun und lassen, was ich will; es ist zu meiner Verfügung – so verblüffend sich das für das Geschöpf anhören mag, und so riskant das für den Schöpfer selbst ist. »Wenn du in Not bist, ich erhöre dich« – das ist die (einzige) Antwort Gottes auf das Theodizeeproblem: Ich habe mich dir geschenkt, bediene dich meiner, wann und wo du mich brauchst. Natürlich freut es keinen, wenn sein Geschenk achtlos in die Ecke gestellt wird; erst recht nicht, wenn er selbst dieses Geschenk ist. Und gewiss bedarf es im Umgang mit Geschenken auch der Rücksicht auf Seiten des Empfangenden, weshalb es z. B. ein Unding ist, kleinen Kindern, die noch nicht damit umgehen können, ein lebendes Tier zu schenken. Entsprechend gibt es auch rechten und falschen, aufrichtigen und unbedachten, ehrfürchtigen und frevelhaften Umgang mit Gott, aber das ändert nichts an seinem bedingungslosen Dasein für seine Geschöpfe. »Gott, unser Vater, du bist groß in deiner Huld für deine Geschöpfe, gewaltig in deiner Hoheit und wehrlos in deiner Liebe«, heißt es in einer Oration des »Messbuchs für die Bistümer des deutschen Sprachgebiets«. – Tiere strapazieren diese Wehrlosigkeit Gottes vermutlich weniger als wir Menschen. – Und schließlich: Wenn dieser Gott ständig ganz verschenkt ist, dann ist er auch nicht irgendwo fern im Himmel zu suchen, sondern dort, wo er sein will: in den Geschöpfen. Insofern du sie als seine Ebenbilder ansiehst und sie demgemäß achtest und behandelst, findest du auch ihn. Das ist nicht ein inflationär hinzugesagter Theologizismus, sondern die authentische Erfahrung der Mystiker wohl aller Religionen.

Biblische Konsonanz

Bei aller Faszination, die von einem solchen evolutiven Entwurf unseres Schöpfungsglaubens ausgehen kann (ich erlebe das immer wieder in Vorträgen), melden sich dagegen auch manch kri-

tische Stimmen, vor allem aus den Reihen theologisch gebildeter Zuhörer. Ist das, bei allem spirituellen Elan, noch theologisch orthodox? Vom Vorwurf des Pantheismus war schon die Rede, auch davon, dass er mich nicht schreckt, weil ich Pantheismus für eine tragfähige christliche Basis halte. – »Sie meinen wohl ›Panentheismus‹ im Gegensatz zur Irrlehre des Pantheismus«, werde ich dann korrigiert. – »Gut, einverstanden, wenn Ihnen an den zwei Buchstaben so viel liegt, aber ich sehe wenig Gewinn darin«, ist hierauf meine Antwort. Gewiss gibt es neben einem echt christlichen auch manch »falsche«, d. h. theologisch nicht akzeptable, Pantheismen. Aber die gibt es im Theismus auch. Muss ich deshalb sagen, ich bin ein »Eutheist« – oder etwas Ähnliches? Kann ich mich nicht wenigstens in erster Näherung zufrieden damit geben, unter dieser Etikettierung eingestuft zu werden und die nähere Spezifizierung meiner christlichen Version davon weiteren Gesprächen und, vor allem, Einschätzungen meines Tuns überlassen? So meine ich, dass Pantheismus, gleichgültig welcher Provenienz, eine günstige Basis für den Glauben an einen christlichen Schöpfergott ist, eine günstigere jedenfalls als alle rationalistischen dogmatischen
|192| Begriffsgebilde. Einen Mitbruder, der überzeugter Vertreter einer solchen Theologie ist, habe ich beim Abstieg von einem Berg einmal in seinem zielbewussten Heimwärtsstreben gebremst und darauf hingewiesen, wie schön die Zugspitze am Horizont hervortrat. »Gut, gehen wir!«, war seine ganze Reaktion. Was helfen da noch die drei Ave-Maria, die er regelmäßig bei der Mittagsrast am Gipfel betet, wenn er keinen Blick hat für die Schönheit der »natürlichen Offenbarung«, von der ich, unabhängig vom physikotheologischen Begriffsgeklapper, sehr wohl überzeugt bin? Um der Wahrheit Ehre zu geben, er ist nicht immer so zugeknöpft, dieser Mitbruder, und wir blicken auf gemeinsame Gipfelerlebnisse bei Schnee und strahlender Sonne zurück, wo wir beide aus voller Kehle, mehr fromm als richtig, das »Großer Gott wir loben dich« angestimmt haben. Aber wenn er beim Zwölfuhrläuten aus dem Tal zu seinem »Engel des Herrn« ansetzt, sage ich heute noch zu ihm: »Mach das bitte allein, das ist da heroben nichts für mein pantheistisches Gemüt!«

Ich werde also keine Rechtfertigung meines evolutiv geprägten Gottesglaubens vor einer rationalistischen Schultheologie antreten. Aber auf einige biblische Bezüge will ich eingehen und zeigen, wie sehr eine »Schöpfung durch Evolution« auf dem Boden der biblischen Grundaussagen über Schöpfung steht. Sicher kann man (fast) alles und jedes mit der Bibel beweisen, wenn man dafür nur einzelne Stellen aus dem Zusammenhang herauspickt, wie das leider die Schuldogmatik häufig getan hat. Und erst recht kann man von einem biblischen Verfasser, der vor zweieinhalb Jahrtausenden gelebt hat, keinen evolutionären Schöpfungsbegriff erwarten – so wenig wie die Kreationisten einen historischen Bericht über die Entstehung der Welt. Aber es ist doch erstaunlich, dass der Verfasser des ersten, jüngeren Schöpfungsberichts (Gen 1,1 bis 2,4), der mit den bekannten Worten beginnt: »Am Anfang schuf Gott Himmel und Erde, die ganze Welt«, für dieses Schaffen ein Wort verwendet, das in der hebräischen Sprache ausschließlich Gott vorbehalten bleibt: bārā'. Liegt dem nicht zumindest ein Gespür zugrunde, dass göttliches Schaffen etwas ganz anderes ist als menschliches Machen: viel souveräner und ohne Hand anzulegen? Er sprach, und es wurde, oder, so geschah es, heißt es bei (fast) allen Schöpfungswerken. Zwar kommt daneben auch ein ›Machen‹ vor (Gott sei Dank, dass die biblischen Texte nie so eindeutig sind, wie es unsere theologische Interpretation gern hätte), aber das betrifft vor allem die Gestirne. Die sind ausdrücklich von Gott »gemacht«, um ihnen den Charakter von Gottheiten abzusprechen, den sie in anderen Mythologien besaßen. Aber selbst der Mensch, den sich Gott vornimmt zu »machen« (Vers 26), wird dann einen Vers weiter mit dem für Gott eigentümlichen Wort »geschaffen«.

Im zweiten, älteren Schöpfungsbericht (Gen 2,4b–25) kommt dann allerdings die Herstellung ausdrücklich zur Sprache: Gott nimmt Ackerboden und formt daraus den Menschen. Dieses Formen (jasăr) ist jedoch der Inbegriff des künstlerischen Tuns – es steht für den Töpfer, der auf seiner Scheibe aus formloser Materie Gestalt hervorbringt. Dieses Bild des Töpfers wird in einem anderen Text, der zunächst gar nichts mit Schöpfung zu tun hat, wieder aufgenommen, in Jer 18,1–6, wo Gott den Propheten zusehen lässt, wie der Töpfer an seiner Scheibe arbeitet und immer wieder neu mit demselben Tonklumpen ein Gefäß in die Höhe zieht, bis es seinen Wünschen entspricht. Dieses Bild soll, wie oft im Buch Jeremia, prophetisch gedeutet werden als Umkehrpredigt für das Volk Israel, das sich der Hand Gottes gegenüber widerspenstig zeigt wie der Tonklumpen dem Töpfer. Aber es enthält oder insinuiert auch noch etwas anderes: dass Gestaltung, Verwirklichung einer künstlerischen Idee in Auseinandersetzung mit dem Stoff geschieht. Kunst und Kunstding sind zweierlei. Nicht umsonst habe ich bei meinem Analogiebeispiel einen »Kitschengel« gewählt. Der wird tatsächlich nach vorgegebenem Plan aus dem entsprechenden Material gemacht; er ist, wenn überhaupt, Kunst-*Gegenstand*, hergestellt wie jede Art anderer Gegenstände, Löffel, Stühle, Bilderrahmen auch. Bei eigentlicher Kunst geht das etwas anders: Die Idee ist am Anfang im Kopf des Künstlers noch keineswegs (oder nicht notwendigerweise) so klar, dass alles Weitere nur noch Ausführung nach Plan wäre. Vielmehr treibt den Künstler am Beginn seines Werkes etwas um, er hat eine vage

Vorstellung, aber er braucht dafür den Stoff, die Wahl eines entsprechenden Materials, um diese Idee zu konkretisieren. Und das Arbeiten am Material beeinflusst die Idee womöglich auch, lässt sie nicht nur hervortreten, sondern wandelt sie auch ab. Kunst ist Zwiesprache mit dem Material unter den Händen, wie Künstler gerne betonen. Auf der anderen Seite ist diese Zwiesprache aber auch nichts rein Zufälliges; wenn das Werk am Ende geglückt ist, gibt es wieder, was der Künstler von Anfang an im Sinn hatte, ohne es noch als Plan zu besitzen. Diese Unschärfe ist es auch, die das Produkt als Kunstwerk vom Kunstgegenstand unterscheidet. Sie lässt dem Betrachter Interpretationsspielräume des Werkes, die stimmig sein können, ohne vom Urheber selbst intendiert gewesen zu sein.

Gott, der als Künstler schafft. Die Bezüge sind vielfältig und müssen hier nicht alle ausgeführt werden. Wichtig ist vor allem, dass bei lebenden Objekten die »Auseinandersetzung mit dem Stoff« von der Hand des Urhebers in die Eigentätigkeit der Lebewesen (nun nicht mehr als Objekte, sondern als Subjekte zu bezeichnen) übergeht. In einer evolutiven Welt erzeugt Gott keine Kreaturen, sondern verleiht Kreativität. Was dieser Kreativität des Lebens gelingt, wir haben es früher schon betont, ist dann ganz in seinem Sinn. Dass der geistige Gehalt, den solche kreativen Geschöpfe als eigene – Dembski möge mir verzeihen – »intelligent agencies« aus sich hervorbringen, nicht wieder verloren geht, sondern in seiner Ausrichtung auf die ermöglichende Schöpferabsicht erhalten bleibt, ist freilich mehr als das bloße Desiderat einer natürlichen Theologie. Es ist die Hoffnung auf die Wahrheit der biblischen Offenbarung, aber deshalb nicht schon von vornherein gegen alle Vernunft.

Was soll man noch weiter sagen? Die Bibel präsentiert sich in dieser Sicht wirklich als ein »Buch des Lebens«. Nicht, weil sich so vielerlei aus ihr herauslesen lässt. Sondern weil sie unter dem Anspruch steht, Gottes Wort zu enthalten. Das soll heißen: Wenn ich im Glauben an die Texte herangehe, darauf aus bin, von dem, was geschrieben steht, eine Antwort auf die Fragen meines Leben zu erhalten, dann beginnen diese Texte auf mich zu wirken wie das Werk des Künstlers auf den Betrachter. »Offenbarung Gottes geschieht in der Antwort des Menschen«, habe ich in meiner Theologie gelernt. (Es war einer der wenigen wirklich erhellenden Sätze.) Was also den biblischen Verfasser als inspiriert ausmacht, dass er die Resonanz Gottes in seinem Inneren in gültige Worte bringt, das macht den Text inspirierend auch für den heutigen gläubigen Leser. Diesen bewegt dieselbe »Wellenlänge« für Gott, und er entdeckt im biblischen Text den Gleichklang. Natürlich gibt es wie beim Kunstwerk, das die Bibel eben auch ist, viele mögliche Interpretationen, die auf ihre Weise »wahr« sein können und nicht gegeneinander ausgespielt werden dürfen. Nur eine Interpretation gibt es nicht: die buchstäbliche. Es ist wie beim Kunstwerk: zu sagen, es enthielte nur, was sich unmittelbar den Sinnen bietet, wäre an der Sache vorbei. Das ist der Grund, warum Kreationisten auch mit ihrer wortwörtlichen Bibelauffassung falsch liegen, nicht nur mit der Evolution.

6 Die Sprödheit der Theologie

Bei einem Wochenendseminar zum Thema ›Evolution und Schöpfung‹, auf dem ich einmal Teilhards Auffassung vom ›dieu évoluteur‹, der »macht, dass die Dinge sich machen«, vorgetragen habe, wurde ich – nach einer angemessenen Stille der Ergriffenheit – von einem Teilnehmer gefragt: »Herr Kummer, wo bleibt denn hier die Unterscheidung von *creatio originans* und *creatio continua*?« Nun war ich derjenige, der eine kurze Pause brauchte, in der mir durch den Kopf ging: »Mein Gott, lernen die das immer noch?« (Der Fragende war offensichtlich Theologiestudent; nicht älter als 23 oder 24 Jahre.) Laut habe ich dann geantwortet, dass ich froh bin, diese Unterscheidung nicht mehr nötig zu haben. Wenn Gott als Erstursache Kreativität ermöglicht, dann muss ich nicht mehr trennen zwischen einem Schöpfungsakt, bei dem die Dinge in die Welt gesetzt werden, einer fortdauernden Schöpfung, bei der Gott mit seinen Geschöpfen Schritt für Schritt mitlaufen muss, um sie im Sein zu erhalten, und einer vorausschauenden Schöpfung, mit der er aufpasst, dass seine Geschöpfe auch dort landen, wo er sie haben will. Gott als transzendentaler Einigungspol ist das alles zugleich, und das Aufdröseln in die geschilderten Einzelakte ist für meinen Begriff einfach zu stark nach dem Maß eines Modelleisenbahn-Bastlers gestrickt, der seine Anlage erst aufbaut, dann in Stand hält und schließlich Acht hat, dass die Züge in den Bahnhof einfahren, ohne zusammenzustoßen. Der Frager war durch diesen Vergleich zwar von weiterem Insistieren abgehalten, aber offensichtlich nicht zufrieden gestellt. Ähnlich wird es wohl etlichen studierten Theologen gehen, die sich durch den frommen Überschwang im letzten Kapitel nicht beirren lassen, sondern hinter der gerunzelten Stirn kritische Anfragen parat haben. Zu zahlreich und auffallend sind die Dissonanzen zum offiziellen theologischen Lehrgebäude (oder zumindest gewissen Ausgaben davon), als dass ich hier ungeschoren davonkommen könnte. Wie soll man das verstehen, dass Gott wie ein Bildhauer einen Stoff braucht, um an ihm seine Geschöpfe hervorzubringen? Muss er erst probieren, was er will? Oder sollte die Schöpfung gar notwendig sein, damit er seine Ideen begreift? Ist Gott nicht mehr der ganz bei sich selbst Seiende, wenn er an die Dinge »verschenkt« ist? Wo bleibt seine Transzendenz, dieser von unserer Seite unüberwindliche Graben zwischen Geschöpf und Schöpfer? Andererseits, wenn er als »liberaler Chef« nicht eingreift: Wird damit nicht die Möglichkeit von Wundern geleugnet? Und, wenn das Übel in der Welt nur zu Lasten der noch unfertigen, selbst durch Versuch und Irrtum voranschreitenden Geschöpfen geht, wo bleiben da die göttliche Vorsehung und gleichzeitig das Mysterium des Bösen, das nur durch Erlösung überwunden wird? Ist dieses ganze Schöpfungsmodell nicht hoffnungslos naturalistisch infiziert – ohne Platz für Himmel, Engel, Paradies, Erbsünde? Und hinter alldem natürlich meine unverhüllte Sympathie für

den Pantheismus – kann auf einem solchen Boden überhaupt etwas Solides gedeihen?

Ein geschulter Theologe wird sicher noch mehr Einwände erheben können als das, was mir selbst ohne zu langes Nachdenken in den Sinn gekommen ist. Die Reminiszenzen einer nur mit Mühe überstandenen Theologie sind offenbar immer noch wirksam genug, um in mir den dankbaren Schauder hervorzurufen: »Wie gut, dass ich das hinter mir habe!« Es gibt, Gott sei Dank, heutzutage auch ganz andere Theologien, die nicht mehr als Sachwalterinnen eines Katalogs von Glaubenswahrheiten auftreten, deren Vollständigkeit bei jeder sich ergebenden Kontroverse kontrolliert und abgehakt werden muss. An die anthropologische Wende Karl Rahners ist hier vor allem zu erinnern, der es unternommen hat, diesen ganzen Wust von überkommenen Glaubenslehren (die er gekannt hat, wie kaum ein anderer) einzuordnen in die Perspektive des menschlichen Subjekts, das in all seinen Vollzügen als »Hörer des Wortes« vor dem unendlichen und darum »unsagbaren Geheimnis, Gott genannt«, steht. (Ein wenig davon ist im letzten Kapitel schon angeklungen, als ich meine Sicht von Offenbarung kurz skizziert habe.) Auch andere Namen wären zu nennen, insbesondere solcher Theologen, mit denen ich seit Jahren in verschiedenen naturwissenschaftlich-theologischen Gesprächskreisen in Kontakt stehe. *Nomina sunt odiosa*, aber ihnen allen sei Dank gesagt für ihren Einsatz beim Entsorgen der unverdaulichen Rückstände einer verflossenen Theologie. Davon abgesehen, gibt es sie aber noch (oder wieder), jene Kompendien einer Schultheologie, denen Vollständigkeit der Glaubenswahrheiten wichtiger ist als ihr Bezug zur menschlichen Lebenswelt. Ich werde mich nicht auf einen Kampf mit ihnen einlassen – der ist nie zu gewinnen. Stattdessen greife ich zurück auf die Situation des im letzten Kapitel schon eingeführten Jesuiten Pierre Teilhard de Chardin (1881–1955), der aus seiner eigenen Erfahrung als Naturwissenschaftler und Theologe den Versuch unternommen hat, die Verkrustungen der traditionellen Theologie aufzubrechen und überkommene Glaubensinhalte aus seiner Weltsicht heraus neu zu formulieren. Er hat dafür den Einspruch von Seiten der Schultheologie in voller Schärfe erfahren und mit lebenslangem kirchlichem Lehrverbot bezahlen müssen.

Teilhard de Chardin: ein kühnes System und seine Brüche

Wir haben schon davon gesprochen, dass es das Verdienst Teilhards ist, Darwins Theorie positiv aufzunehmen und für den christlichen Schöpfungsglauben fruchtbar zu machen. Also nicht mehr die bis dahin übliche Strategie der kirchlichen (nicht nur katholischen) Apologetik, den »Darwinismus« als falsch zu verurteilen, weil er mit der Abstammung des Menschen aus dem Tierreich dessen Gottesebenbildlichkeit leugne (welch ein Unding dieser Vorwurf ist, sollte mit dem letzten Kapitel klar geworden sein), sondern im Gegenteil, den Evolutionsgedanken positiv aufzunehmen und in eine universale Welt- und Glaubenssicht einzubauen. Schöpfung wird damit zu einer einzigen großen Synthese der Geschichte des Kosmos, wie sie die Naturwissenschaft lehrt, und der Heilsgeschichte der biblischen Offenbarung. Natürlich kann das kein geradlinig-kontinuierlicher Verlauf sein (dass es so etwas nicht gibt, hat schon unsere Diskussion der Höherentwicklung gezeigt), sondern ist ein in mehreren Stufen aufeinander aufbauender Prozess, der dem Schichtenmodell des realen Seins nicht unähnlich ist, das der Philosoph Nicolai Hartmann (1882 bis 1950) entworfen hat. Davon hat sich mein naturphilosophischer Lehrer Adolf Haas wohl beeinflussen lassen bei seinem Versuch, die Weltsicht Teilhards in ein systematisches Schema zu bringen. Dieser Entwurf ist durchaus diskutierbar, aber das Schema ist zugleich so einprägsam, dass wir ihm für die Darstellung des Teilhardschen Systems folgen wollen (Abbildung 24).

In der linken Hälfte des Schemas begegnet uns die übliche Reihung einer abstrakten Stufenleiter der Gesamtnatur, hier als »Welten« bezeichnet: atomare Welt, molekulare Welt, vegetative Welt, sensitive Welt – und Mensch. Dass diese höchste Seinsstufe nicht wie bei N. Hartmann als ›Geist‹, sondern mit ›Mensch‹ bezeichnet wird, beruht auf einer Eigenart in Teilhards Denken, die wir bereits kennengelernt haben. Es ist die Bedeutung des »menschlichen Phänomens« mit dem darin zutage tretenden (Selbst-)Bewusstsein, das Anlass für die Erweiterung von Darwins Evolutionsansatz um die Dimension des Geistigen gab. Als ›réflexion‹ wird dieses Phänomen von Teilhard auch mit Vorliebe bezeichnet, und das mag verwundern. Denn aus heutiger neurowissenschaftlicher Sicht ist es viel weniger die Reflexivität, eine auch auf dem Computer simulierbare kognitive Eigenschaft, als das nur innerlichem Erleben zugängliche ›mentale Phänomen‹, was die oberste Seinsstufe auszeichnet (und auch, zumindest teilweise, mit der darunterliegenden sensitiven Welt der Tiere verbindet). Aber für den Franzosen Teilhard hat der Ausdruck ›réflexion‹ einen zusätzlichen, besonderen Klang. Das zugrunde liegende lateinische ›reflectere‹ bedeutet nämlich nicht nur das uns vertraute Reflektieren (des Lichts an einem Spiegel), sondern heißt wörtlich genommen ›zurückbiegen‹. Auf dieses Bild will Teilhard hinaus, und es ist ihm wichtig, weil sich im Phänomen des Bewusstseins zeigt, wie der Weltstoff auf

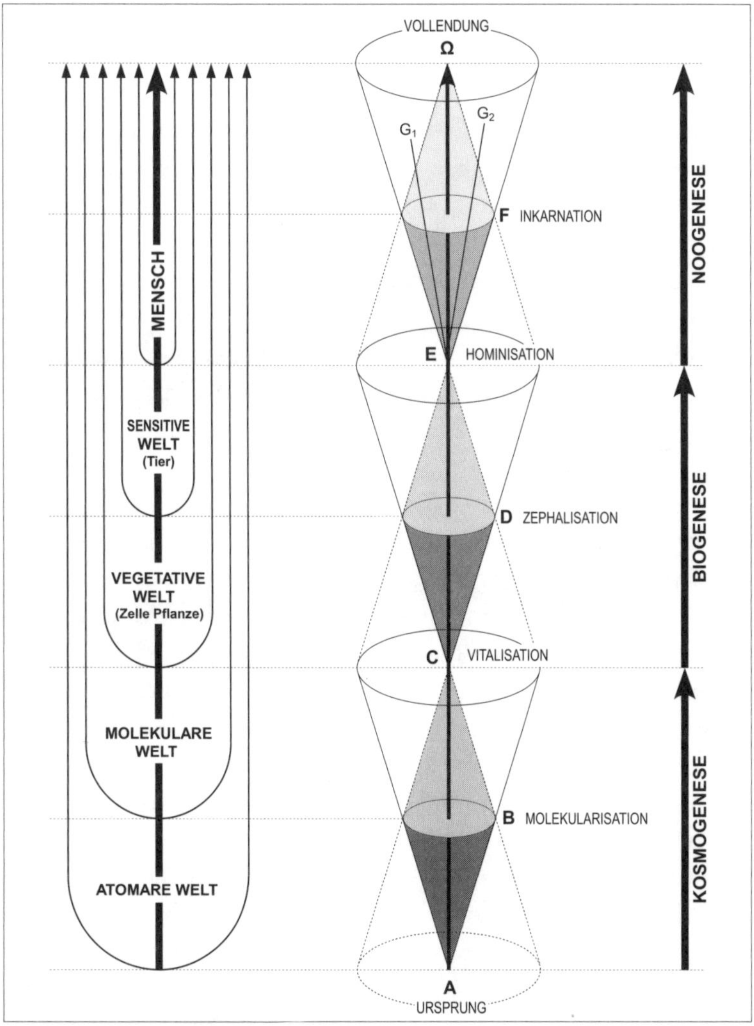

Abb. 24: Schema des Weltbilds von Teilhard de Chardin
(nach A. Haas; umgezeichnet)

seine »Innenseite« (auch das ist uns schon bekannt) zurückgebogen oder, wie Teilhard auch sagt, »eingerollt« wird. Dass Teilhard daneben genauso gern den Ausdruck ›conscience‹ (= Bewusstsein) für die Bezeichnung dieses Phänomens gebraucht, konnten wir an der Benennung der beiden Brennpunkte F_1 und F_2 der »evolutiven

Korpuskel«, also seinem exakt so bezeichneten »Komplexitäts-Bewusstseins-Gesetz«, sehen (vgl. Kap. 5).

Durch diese Einbeziehung, ja Fokussierung auf das Bewusstsein wird der evolutive Prozess zu einer Gesamtbewegung von der ›Materie‹ zum ›Geist‹. Aber auch das vollzieht sich nicht als uniforme Aufwärtsbewegung, sondern in drei Stufen, die jetzt besser (wegen ihres dynamischen, evolutiven Charakters) als ›Genesen‹ aufgefasst werden müssen: Kosmogenese, Biogenese und Noogenese. Noch einmal ist hier auf die Eigenart der Teilhardschen Begrifflichkeit zu achten. Die Ausdrücke bedeuten nicht einfach dasselbe wie im entsprechenden naturwissenschaftlichen Kontext – Kosmogenese für Entstehung des Universums, Biogenese für das Hervorgehen der lebendigen Materie aus dem Anorganischen. Vielmehr ist hier Kosmogenese die erste große evolutive Bewegung des Weltstoffs von den Anfängen der Teilchenwelt bis zur Grenze der Lebensentstehung und Biogenese die Entwicklung des Lebendigen von der ersten Zelle bis zum Auftreten des Menschen. Noogenese, eine eigene Wortschöpfung Teilhards, bedeutet die Ausbreitung (und Vollendung) der Menschheit bis

zu ihrer Einheit im »Punkt Omega«. Warum diese letzte Phase im Schema meines verehrten Lehrers ursprünglich als ›Anthropogenese‹ bezeichnet wurde, ein Wort, das sonst nur manche Paläontologen für die Evolution des Menschen verwenden, entzieht sich meiner Kenntnis. Vermutlich hat es mit einer gewissen theologisch motivierten Sorge zu tun, den Punkt Omega idealistisch als bloße Leistung des menschlichen Geistes misszuverstehen. Darüber später. Jedenfalls habe ich mir erlaubt, im dargestellten Schema den Ausdruck ›Anthropogenese‹ wieder durch die authentischere ›Noogenese‹ zu ersetzen.

Diese drei Genesen sind nicht unabhängig voneinander, sondern die jeweils spätere entspringt aus der früheren und baut auf ihr auf. Auch das Lebendige besteht aus Atomen und die Welt des Geistes aus Zellen. Dieser ›enkaptische‹ Aspekt der Evolution, also das Eingeschachteltsein des Geistigen vom Lebendigen und des Lebendigen vom Physikalischen ist in der linken Hälfte der Abbildung als Bündel von Evolutionspfeilen dargestellt. Entscheidender ist die evolutive Dynamik auf der rechten Seite. Die drei Genesen unterliegen jedes Mal derselben Grundgesetzlichkeit, allerdings in spezifischer, der jeweiligen Seinsebene entsprechender Weise. Diese Grundgesetzlichkeit besteht in einer doppelten Bewegungsrichtung des evolutiven Weltstoffs: einmal als Ausbreitung (Divergenz) und einmal als Konzentration oder Synthese (Konvergenz). Den Grund dafür kennen wir bereits: Es ist das Zusammenspiel der zweifachen »Energie« der evolutiven Korpuskeln – ihre ›tangentiale‹ Ausbreitung und ›radiale‹ Einigungsfähigkeit. Was wir im letzten Kapitel als Kennzeichen der evolutiven Einheiten kennengelernt haben, sehen wir nun auf den Prozess in seiner Gesamtheit übertragen. So ist die Kosmogenese zunächst einmal ein gewaltiger Ausbreitungsprozess – ganz in Übereinstimmung mit dem, was uns das Standardmodell der modernen Astrophysik lehrt. Gleichzeitig ist die Entstehung der Teilchenvielfalt, die Bildung von Atomen und Sternen, nicht allein materielle Ausbreitung, Folge der Ausdehnung des Universums, sondern auch auch Konzentration, Folge der Gravitation, der Anziehungskraft zwischen den Materieteilchen. Divergenz und Konvergenz sind also von allem Anfang an in der Kosmogenese am Werk. Nur überwiegt in den Phänomenen zunächst das Divergierende, die Ausbreitung, die Vielheit. Erst ab einem gewissen Punkt drängt sich für den Beobachter die Konvergenz in den Vordergrund, nämlich von da an, wo die materielle Genese nicht mehr nur Zusammenballung, Vermehrung der Stoffmenge besagt, sondern Mannigfaltigkeit, d. h. Erhöhung der inneren Einheit, Komplexität. Innerhalb der Kosmogenese wird das mit der »Molekularisation« sichtbar: nicht mehr nur neue und immer größere Atome, sondern Verbindung von Atomen miteinander, entsprechend dem tangential-radialen Modell der beiden »Energien«. Je komplexer die Molekülbildung wird, d. h., je mehr verschiedene Bestandteile zu einer höheren Einheit zusammengefasst werden, desto näher kommen wir an den Punkt, wo die konvergente Bewegung der Komplexitätszunahme eine neue Seinsstufe erreicht, das Lebendige oder die »Biogenese«.

Diese neue Ebene ist nicht einfach nur aus dem traditionellen

Stufenschema des realen Seins übernommen, sondern ergibt sich auch zwangsläufig aus Teilhards eigenem System. Während sich die divergente Bewegung der Entstehung neuer Korpuskeln unbegrenzt fortsetzen könnte, setzt die gegenläufige Konvergenz solcher unbegrenzter Ausbreitung ein definitives Ende. Auf einer bestimmten ontologischen Ebene, hier des Anorganischen, ist Einigung der Elemente nicht beliebig erhöhbar, sondern durch einen Endpunkt der Konvergenz begrenzt. Dieser Punkt, im Schema »Vitalisation« genannt, ist ein ›kritischer Punkt‹. Mit diesem Begriff belegt Teilhard einmal das Ende der Entstehung von evolutiv Neuem, von Komplexitätszunahme, über das hinaus unter den gegebenen materiellen Voraussetzungen »nichts mehr geht«. Das Maximum an Eigenschaften, die das materielle System hergibt, ist damit erreicht, weil das vorhandene Potenzial an (qualitativen) Beziehungen zwischen den Elementen ausgeschöpft ist. Um hier evolutiv weiterzukommen, bedarf es eines Elements, dessen Eigenschaften eine neue Ebene des Komplexitätswachstums einleiten können. In diesem Sinn bekommt der »kritische Punkt« seine zweite Bedeutung: nicht mehr nur Endpunkt, sondern auch Neu-

beginn. In ihm schlägt die kosmische Evolutionsbewegung um und beginnt auf einer neuen Ebene, hier der Stufe des Lebens oder Biogenese. Die Zelle, Maximum an Komplexitätsleistung der anorganischen Evolution, ist nun das neue Zentralelement, das der Biogenese ein innovatives Entwicklungspotenzial verleiht wie das Atom der Kosmogenese.

Wohlgemerkt, es gibt für Teilhard mit diesem Konzept des kritischen Punkts keinen eigentlichen Bruch zwischen den Seinsstufen. Das Leben, die Zelle, ist ebenso von der vorausgehenden Phase, der anorganischen Evolution als maximale Systemeigenschaft, hervorgebracht, wie es als Element der nachfolgenden Genese eine wirkliche Neuheit darstellt, die nicht durch Extrapolation, durch weiteres Verlängern des bisherigen Entwicklungsverlaufs der Kosmogenese, abgeleitet werden kann. Vor der schöpferischen Kraft eines solchen Konzepts prallt die kreationistische Argumentationstaktik, unser Nichtwissen über die Ursachen der Lebensentstehung bloßzustellen, genauso ab wie ein allzu platter Reduktionismus, der uns weismachen möchte, dass Leben »im Grunde« nichts Neues sei. Freilich wartet die Kühnheit der Teilhardschen Vision erst noch darauf, von der Biogenese-Forschung eingeholt zu werden. Insofern ist seine Überzeugung von der Richtigkeit des evolutionären Paradigmas oder, wie er sagen würde, von der Dimension des Evolutiven viel umfassender und grundsätzlicher als alles, was an naturwissenschaftlicher Beweiskraft bisher dafür aufgeboten wurde.

Mit dem kritischen Punkt der Zellbildung tritt die evolutive Bewegung wie gesagt in eine neue Phase. Diese unterliegt aber derselben Grundgesetzlichkeit von Divergenz und Konvergenz wie die vorige und zeigt darum auch denselben Verlauf. Teilhard nennt dies das »Gesetz der Rekurrenz«, und es erlaubt ihm, in der dritten Phase, der Noogenese, die Zukunft der Menschheit in Übereinstimmung mit den bisher erfolgten Genesen zu konstruieren. Zunächst sind wir aber bei dem Phänomen, das innerhalb der Biogenese die konvergente Gegenbewegung zur Divergenz des Lebendigen ankündigt. Es wird im Schema nicht, wie man erwarten könnte, als »Bewusstsein« bezeichnet, sondern als »Zephalisation«, als Kopf- bzw. Gehirnbildung. Das ist nun kein bloßes äußeres Stilmittel, um möglichst nur Abstrakta mit derselben Endung im Schema unterzubringen, sondern ganz im Sinne Teilhards. Er bleibt mit dieser Beziehung auf der tangentialen Außen-seite, also dem, was man biologisch konstatieren kann, weil das eindeutig für die gleichzeitig dazu existierende Innenseite steht. Die Bezeichnung unterstreicht damit auch die Bedeutung, die Teilhard dieser Außenseite für die Zunahme der Komplexität beimisst. Es ist die organische Differenzierung, der Zuwachs an Zelltypen – für sich genommen Ausdruck der Divergenz des Lebendigen –, die nach Integration dieser Vielfalt durch ein Steuerzentrum verlangt, das die Grundlage für das Auftreten von Bewusstsein schafft. (Genau das haben wir bereits bei den Kriterien für Höherentwicklung kennengelernt.) Es braucht also ein genügend komplexes Nervensystem (Ausdruck der konvergenten Integration der organismischen Differenzierung), um die Innenseite des Lebendigen erfahrbar werden zu lassen. Oder: Ein gewisses

Mindestmaß an tangentialer Energie ist erforderlich, um die radiale Energie zur »Überzentrierung« des mentalen Phänomens zu bringen. Darum erscheint das Etikett ›Zephalisation‹ völlig korrekt gewählt, um den Beginn des qualitativen Wechsels von äußerer Vielfalt zu innerer Einheit auszudrücken. Mit dem damit einsetzenden Phänomen des Mentalen, der sensitiven Welt, wie es auf der linken Seite des Schemas heißt, gelangt die Biogenese folgerichtig zu einem neuen Maximum an Konvergenz, der »Hominisation«. Damit ist der Mensch, schwierig für den naturwissenschaftlichen Nachvollzug, eindeutig als Endpunkt, ja als Ziel der biologischen Evolution bestimmt, gleichzeitig aber als neuer »kritischer Punkt« Beginn einer weiteren Phase der Evolution. Die Evolution ist mit dem Menschen nicht zu Ende, sondern setzt sich auf neuer Ebene, als Evolution des Geistigen oder »Noogenese«, fort.

Bis hierher ist Teilhards Denksystem naturphilosophisch akzeptabel, ja sogar fruchtbar. Selbst das Umschlagen der Evolution des Menschen auf eine neue Ebene lässt sich empirisch in etwa nachvollziehen, setzen doch seine kulturellen Leistungen das Wirken der natürlichen Selektion so sehr außer Kraft, dass das Weitergehen der Evolution eines neuen, von Darwin nicht mehr vorgesehenen Antriebs bedarf. Auf dem Boden der Naturwissenschaft argumentierende Autoren wie Carsten Bresch oder Hoimar von Ditfurth haben darum ganz ähnlich wie Teilhard (oder angeregt durch ihn) für eine Fortsetzung der Evolution als kulturelle und geistige Bewegung plädiert. Für Teilhard soll die Divergenz der kulturellen Evolution aber wiederum in ein konvergentes Ziel münden, den berühmten »Punkt Omega«. Er stellt die Einheit, zunächst die Einigungsfähigkeit, der geistigen Bemühungen der Menschheit in einem neuen kritischen Punkt dar. Auch das könnte noch eine gewaltige Vision unseres humanen Potenzials sein, der allerdings auch erhebliche konträre Erfahrungen entgegenstehen. Nur, wohin sollte die in einem »Ultra-Humanum« geeinte Menschheit als Maximum der noogenetischen Konvergenzbewegung umschlagen? Für Teilhard ist hier die menschliche Geschichte an ihrem Endpunkt, und es bleibt nur noch ein Umschlagen in die Transzendenz: ›Omega‹ ist sowohl Inbegriff der maximal möglichen geistigen Einheit der Menschheitsfamilie als auch Gott als Ziel aller Evolution. Hier aber beginnen die Widerstände gegen das System – die theologischen genauso wie die naturwissenschaftlichen.

Zunächst: Welches Phänomen sollte die konvergierende Kapazität bezeichnen, welche die divergent sich über den ganzen Erdball ausbreitende Menschheit zur zunehmenden Einigung veranlasst? Man könnte an die Sprache denken, oder die Technik, die mit den Mitteln der elektronischen Kommunikation tatsächlich so etwas wie eine ›Noosphäre‹ auf der Erdoberfläche erzeugt. Was man sich dann als Endpunkt einer solchen Superkommunikation vorstellen könnte, etwa einen kosmisch unzerstörbarem Datenspeicher, wie der amerikanische Physiker J. Tipler in seiner »Physik der Unsterblichkeit« gemeint hat, steht auf einem anderen Blatt. Bei Teilhard findet sich nichts Derartiges; er wendet vielmehr die noogenetische Konvergenzbewegung ins Theologische. »Inkarnation« steht an der entsprechenden Rekurrenz-Etappe des Schemas: Die (Glaubens-)Tatsache, dass Gott sich mit seiner Schöpfung im Menschen verbindet, garantiert den Fortgang der Evolution bis zum Punkt Omega und macht das Christentum fortan zur Achse der menschlichen Einigungsbewegung. Ein solcher Synkretismus, eine derartige Verschmelzung von erfahrungsabhängiger und glaubensgeleiteter Weltsicht, muss natürlich den Widerspruch kritischer Denker herausfordern. Welch eine Überheblichkeit, allein das Christentum zur Achse der menschlichen Einheit zu machen! Warum nicht auch die anderen Religionen mit einbeziehen, wenn man schon daran festhalten will, die Kraft religiöser Ideale als geeignetes einigendes Band der Menschheit anzusehen, ohne zu berücksichtigen, wie viel Zwist und Vernichtung in der Geschichte gerade auch auf das Konto der Religionen geht? Warum überhaupt das System nach oben abschließen wollen und sich dazu der List eines Wechsels von der immanenten in die transzendente Sphäre bedienen? Und woher die Unverfrorenheit, eine Glaubensaussage wie die Menschwerdung Gottes unabhängig von ihrer erkenntnistheoretischen Eigenart in den realen Verlauf der Evolution einzubauen? Auf derlei kritische Anfragen der Sache nach einzugehen könnte Bände füllen – und hat sie in den Jahrzehnten der Teilhard-Begeisterung auch gefüllt. Wir wollen lieber bei der Persönlichkeit Teilhards ansetzen, um zu verstehen, was in aller Welt ihn dazu verleitet hat, in seinem System einen solchen methodischen Bruch zu riskieren. Warum hat er es nicht dabei belassen, die Noogenese mit natürlichen Mitteln weiterzuführen und sich dafür auf die Kommunikationsfähigkeit des Menschen zu berufen? Er hätte den weiteren Verlauf ja getrost in seinem Punkt Omega münden lassen können, um dann den Entwurf mit dem Hinweis abzuschließen, dass dieser kritische Punkt in eine neue Seinsebene vorstoße, die nur noch dem Glauben, nicht aber der Erfahrung zugänglich sei. Selbst das Christentum hätte sich hierbei noch unterbringen lassen als Modell (vielleicht auch nur als Utopie) dieser Einigungsbewegung – aber doch nicht als reale Achse.

Um Teilhard in diesem Punkt verstehen zu können, muss man sich erinnern, zu welchem Zeitpunkt er sein Hauptwerk, das bereits erwähnte »Le Phenomène Humain«, geschrieben hat, auf das sich unsere Darstellung seines Denksystems stützt. Es war in den Jahren des Zweiten Weltkriegs, die Teilhard in einer für sein Naturell kaum erträglichen Isolierung in Peking verbringen musste. In dieser Zeit seines – kirchlich verordneten – Exils muss er von ferne mit ansehen, wie die Menschheit, jedenfalls die für ihn so maßgebliche westliche Welt, konträr zu all seinen Einheitsvisionen sich gegenseitig zerfleischte und vernichtete. Um seine Überzeugung von einer schöpferischen Einigung, eines Siegens der radialen Innenseite über die Zerstörungskraft der tangentialen Energien, allem äußeren Anschein zum Trotz doch aufrechtzuhalten, suchte er Bestätigung im Glauben. Die Existenz des Christentums gab ihm hier die Hoffnung, dass die Kraft der Konvergenz in der Noogenese letztlich doch stark genug sei, die in der Schöpfung angelegte Einigungsbewegung dorthin zu bringen, worauf sie von allem Anfang an ausgelegt war. Die beiden den Konvergenzkegel durchbrechenden Seitenlinien G_1 und G_2 sollten demnach die denkmögliche Gefahr einer ihr Ziel verfehlenden Menschheit symbolisieren, der aber angesichts des göttlichen Jaworts zu seiner Welt keine letzte (»eschatologische«, würde der Theologe sagen) Bedrohlichkeit für das Gelingen des Ganzen zukommen durfte. Es ist die persönliche Tragik Teilhards, dass gerade dieses Glaubenszeugnis zum Anlass für den Konflikt mit seiner Kirche geworden ist.

Enge der kirchlichen Reaktion

Gewiss bedeutet es für eine orthodoxe Theologie eine Herausforderung, auf die sie reagieren muss, wenn Gott nur als Konvergenzpunkt erscheint, in den die evolutive Einigungsbewegung mit Notwendigkeit mündet. Und erst recht kann man argwöhnen, dass entsprechend dem Rekurrenzgesetz die Inkarnation hierbei als ein geradezu naturnotwendiges Ereignis in der evolutiven Höherentwicklung begriffen wird, und nicht als freie Tat Gottes in seiner Heilsgeschichte. Die Frage ist nur, ob man Teilhards System so missverstehen muss. Der zentrale Vorwurf, dem Teilhard sich von den ersten Entwürfen seines Denkens an ausgesetzt sah und der für das gegen ihn verhängte Lehrverbot wie seine (zweimalige) Verbannung nach China den Ausschlag gab, war die Unterstellung, in seinem System gebe es keinen Platz für die Erbsünde und damit auch nicht für eine echte Erlösung durch Gott. Vielmehr sei Erbsünde in seinen Schriften nur als Folge der noch unvollkommenen schöpferischen Einigung einer Evolution begriffen, die noch auf dem Weg zu ihrem endgültigen Ziel ist, und Erlösung damit ein Vorgang, den die Menschheit in ihrem weiteren Fortschritt selbst bewerkstellige. Mag sein; zumindest der erste Vorwurf lässt sich aus einschlägigen Entwürfen Teilhards zur Erbsündenlehre belegen. Der zweite ist eher eine Unterstellung, die Teilhards Sicht des »Christischen« (›le Christique‹ im französischen Text) als Achse im Einigungsprozess der Noogenese nicht ernst nimmt oder nicht verstehen will. (Wie drohend die Gefahr ist, hier der Häresie verdächtigt zu werden, zeigt sich wie erwähnt daran, dass Adolf Haas in seinem Schema den Ausdruck ›Noogenese‹ durch ›Anthropogenese‹ ersetzt, um nur ja jedem Vorwurf einer idealistischen Uminterpretation der Heilsgeschichte aus dem Weg zu gehen.)

Aber, Hand aufs Herz, was stand zur Zeit Teilhards diesen Vorwürfen als orthodoxe Lehre gegenüber? Die Vorstellung eines ersten Menschenpaares, das durch Übertretung eines göttlichen Befehls sündigte, damit den Zustand der ursprünglichen Begnadung ein für alle Mal für das gesamte Menschengeschlecht verlor, so dass seither alle Nachkommen mit dem Unvermögen ihrer »gefallenen Natur« beladen sind und nur durch den Kreuzestod Christi erneut Zugang zu ihrer göttlichen Heimat gewinnen können. Man sage nicht, dies sei nur ein Zerrbild echter Theologie. Gewiss gibt es andere Entwürfe, aber es ist genau der Inhalt jener Schulbuchdogmatik, mit der sich Teilhard konfrontiert sah und die bis heute nicht ausgestorben ist. Oder wie soll man das verstehen, wenn noch 2005 als »sichere Lehre« vertreten wird, der Mensch habe nach dem ursprünglichen Plan Gottes weder leiden noch sterben müssen, oder gesagt wird, der Bericht vom Sündenfall verwende zwar eine bildliche Sprache, beschreibe damit aber ein Urereignis, das zu Beginn der Geschichte des Menschen stattgefunden hat? Sind Adam und Eva als das erste Menschenpaar damit historisch zu nehmen oder nicht? Wenn ja, könnte kein Paläontologe der Welt mit gutem Gewissen katholischer Christ sein! Ist der Mensch ursprünglich unsterblich geplant gewesen oder nicht? Wenn ja, wäre der Mensch kein biologisches Wesen, und man braucht sich wirklich nicht zu wundern, wenn Biologen es unter diesen Voraussetzungen vorziehen, Atheisten zu sein. Oder gilt das alles nur in einem höheren (und wohl auch unklaren) Sinn, den man in den überkommenen Bildern darstellt, um dem frommen Volk nicht sein Recht auf Glaubenssicherheit zu nehmen? Was soll überhaupt die Ausdrucksweise einer »sicheren Lehre«? In welchem anderen Fach redet man so? Wer möchte eine »sichere« Zusammenfassung des Glaubens statt einer brauchbaren? Höchstens wer Angst hat, mit selbständigen Glaubensvorstellungen außerhalb des Schoßes der Kirche und als Folge davon in den Schlund der Hölle zu geraten. Man muss das nicht so zynisch karikieren, zugegeben, aber der Geschmack einer vernünftig nicht zu rechtfertigenden Bevormundung des Glaubens, der sich darin ausdrückt, stößt sauer auf.

Vermutlich kann man diesen und ähnlichen Glaubensaussagen (es gibt ihresgleichen in großer Zahl) mit entsprechendem Interpretationsaufwand sogar einen guten Sinn abgewinnen. Das ist aber gerade das Tragische an dieser Art Theologie (oder sollte man besser sagen: Glaubenslehre?). Es bedarf ganzer Bibliotheken, um dem, was hier »klar und sicher« ausgesagt wird, einen einigermaßen erträglichen Sinn abzugewinnen. Das war ja gerade die besondere Leistung Karl Rahners. Oft hört man von heutigen Theologiestudenten: »Warum hat denn dieser Mann so viel geschrieben? Es ist ja immer wieder dasselbe Schema, nach dem er in seinen Abhandlungen vorgeht!« – Ja, es ist immer wieder dasselbe Szenario des Menschen unter dem Anspruch Gottes, das er nicht müde wird, auf all die vielen Einzelthemen und Quisquilien der dogmatischen Traktate anzuwenden, um den darin enthaltenen »tieferen Sinn« dem Menschen von heute intellektuell verantwortbar zu erschließen. Aber wenn das möglich, notwendig und sogar lehramtlich legitim ist, heißt das doch, dass eine bestimmte Weise der Interpretation, in der dies geschieht, nicht die einzig zulässige ist. Die traditionelle Urstandslehre (also das, was wir vorhin in Bezug auf die Erbsünde angesprochen haben) ist trotz ihrer buchstäblichen Nähe zum biblischen Bericht sicher nicht die einzige Weise, den Offenbarungsgehalt der Bibel über Sündigkeit und Erlösungsbedürftigkeit des Menschen auszudrücken – denn selbst sie bedient sich theoretischer Erklärungskonstrukte, die so im biblischen Text nicht vorkommen. Wenn man erst einmal erhoben hat, worin der »Offenbarungsgehalt« einer bestimmten biblischen Erzählung bestehen soll (eine Aufgabe, die sicherlich der Kirche obliegt), dann bleibt immer noch Raum für ein Spektrum an unterschiedlichen Darstellungen, in denen dieser Gehalt Menschen verschiedener Kulturen und Denkstile vermittelt werden muss. Wenn der dogmatische Sinn der biblischen Sündenfall-Erzählung in der Erlösungsbedürftigkeit aller Menschen durch Christus besteht, wie der Römerbrief derselben Bibel es nahelegt, was ist dann dagegen einzuwenden, wenn eine bestimmte theologische Interpretation das lehrt, ohne den Begriff der Erbsünde zu verwenden? Dass sie, wie im Fall Teilhards, auch ohne das klassische theologische Erklärungsschema auskommt, wonach der Tod seines Sohnes das einzige angemessene Mittel ist, den über den Ungehorsam der Menschheit erzürnten Gottvater wieder zu versöhnen? Das müsste nicht unbedingt ein Nachteil sein, ist doch diese sogenannte ›Satisfaktionstheorie‹ auch für viele gutgläubige Christen ein harter Brocken – und beileibe nicht die einzige Weise in der theologischen Tradition, Erlösung des Menschen als Erneuerung seines Zugangs zu Gott verständlich zu machen. Was war also an Teilhard zu kritisieren, wenn er es unternahm, genau diese Botschaft von der Unverzichtbarkeit Christi für den Weg des Menschen zu Gott in sein System aufzunehmen (und es gerade dadurch wissenschaftlich angreifbar zu machen)? Interessanterweise sollte derselbe Teilhard, dem man zu Lebzeiten mangelnde Rechtgläubigkeit vorgeworfen hat, Jahrzehnte später als Kronzeuge dafür dienen, dass die Kirche im Akzeptieren der Evolutionstheorie keine Schwierigkeiten sieht. Weder hat man dazu etwas an seiner Theologie verändert noch das Verdikt zurückgenommen, dass seine Schriften an kirchlichen Lehranstalten nicht verwendet werden dürfen. Auch die Herausgabe seiner Werke hat nichts mit einem posthumen Einlenken der kirchlichen Autorität zu tun. Es ist einzig dem Patronat einer Anzahl hochgestellter französischer und internationaler Persönlichkeiten in und außerhalb der Kirche zu verdanken, gegenüber denen Rom weder das Gesicht verlieren wollte noch einen Einfluss geltend machen konnte, dass das Erscheinen der französischen Werkausgabe wie ihrer verschiedenen Übersetzungen toleriert wurde. Wenn so Prestige- und Machtfragen über die Gültigkeit theologischer Interpretationen entscheiden, kann es mit der »Sicherheit« bestimmter Einzelformulierungen nicht allzu weit her sein.

Machtwille, Bereitschaft zur Gängelung und die Überzeugung, im Besitz eines höheren Wissens zu sein – dieser Vorwurf ist einer bestimmten Attitüde des kirchlichen Lehramts nicht zu ersparen, mit der es meint, auch anderen Wissenschaften ihren Kanon der Wahrheitsfindung vorgeben zu können. Ein klassisches Beispiel dafür ist die »Affäre Rüschkamp«, die der Frankfurter Kirchenhistoriker Klaus Schatz verdienstvollerweise veröffentlicht hat. P. Felix Rüschkamp war seit 1927 Professor für Biologie an der von Jesuiten geleiteten Philosophisch-Theologischen Hochschule St. Georgen in Frankfurt, nachdem er zuvor unter Anleitung des »Ameisenpaters« Erich Wasmann sich als Käferspezialist einen Namen erworben hatte. Getreu seinem Lehrer trat er in den Vorlesungen vor den Priesteramtskandidaten ziemlich unverfroren positiv für die Evolutionstheorie ein und vertrat (die Vorsicht seines Lehrers missachtend, der aber trotzdem selbst in die Fußangeln der römischen Zensur geriet) auch eine Abstammung des Menschen aus dem Tierreich. Das war damals noch stark vermintes Gelände (erst 1950 sollte hier durch Pius XII. mit der Enzyklika *Humani Generis* eine gewisse vorsichtige Öffnung erfolgen). Entsprechend geriet er mit seinen Vorgesetzten in Orden und Amtskirche zunehmend in Konflikt und wurde schließlich nach dem üblichen brieflichen Hin und Her auf dem Instanzenweg seines Amtes als kirchlicher Lehrer enthoben. So weit wäre das – leider – nichts Besonderes, sondern nur eine von vielen Wiederholungen des Teilhard-Dramas auf provinzieller Bühne. Erwähnenswert ist allerdings die Argumentation, mit welcher der damalige Rektor des römischen Bibelinstituts, P. Augustinus Bea, als Zensor mit dem Fall Rüschkamp betraut, seinem Mitbruder die Unbotmäßigkeit seines Eintretens für naturwissenschaftliche Ansichten vorhielt:

> »Gott der Herr, der den Menschen als leib-seelisches Wesen an die Spitze der sichtbaren Schöpfung stellen wollte, hat ihn natürlich seinem Leib nach so geschaffen, dass er in den ganzen Zusammenhang der Lebewesen hineinpasste, dass er als Haupt der Schöpfung auch als Glied der Schöpfung erscheint. Das besagt an sich noch nicht, dass er aus der übrigen Schöpfung auch tatsächlich (dem Leib nach) hervorgegangen ist. Wenn aus den Quellen der Offenbarung, Schrift und Tradition, sich die Notwendigkeit ergibt, den menschlichen Leib durch unmittelbares Eingreifen Gottes direkt aus der anorganischen Materie gebil-

det anzunehmen, so lässt sich aus den Naturwissenschaften nichts Zwingendes dagegen sagen.«

Man kann aus heutiger Sicht nur erschüttert sein, dass eine solche Meinung noch 1939 allen Ernstes vertreten wurde. Natürlich wird man als Naturwissenschaftler auf ein derartiges Ansinnen (das, Gott sei Dank, nie zur offiziell gültigen Lehrmeinung erhoben wurde) nichts mehr sagen können. Aber nicht, weil es dagegen keine Argumente gäbe, sondern weil jedem redlich Denkenden bei einer solchen Ansicht einfach die Luft wegbleibt. Weitere Diskussion ist in diesem Fall zwecklos – genau wie beim Eintreten der Kurzzeit-Kreationisten für ein Erdalter von 6000 Jahren. Ist es nur Ignoranz oder methodische Spitzfindigkeit, die hier der Theologie eine naturwissenschaftlich unangreifbare Position sichern will? Ich glaube nicht, dass man mit einer solchen Verharmlosung der Situation ganz gerecht wird. Meiner Meinung nach ist dies vielmehr der typische Ausdruck eines überzogenen theologischen Selbstbewusstseins, ja eines Machtanspruchs, der anderen Wissenschaften zeigen will, wer in Fragen der Wahrheit das eigentliche Sagen hat. Der Widerspruch, den man erzeugt, wenn man den übrigen »Einzel«-Wissenschaften ihren Beitrag zur Wahrheitsfindung abspricht, wird dabei nur zu selbstverständlich in Kauf genommen. Die Frage ist nur, was die Kirche dabei gewinnt, wenn sie sich so geriert. Anlässlich aktueller Personalquerelen an der Katholischen Universität Eichstätt hat Matthias Drobinski in der *Süddeutschen Zeitung* einen Kommentar veröffentlicht, in dem er den Bischöfen empfiehlt, einiges an Geld zu investieren, dass in Eichstätt »in großer Weite geforscht und gelehrt werden kann«:

»Dann würde eine Kirche über ihren Schatten springen, die über Jahrhunderte hinweg unabhängige Forschung und Lehre als Bedrohung empfand, dann würde sie sich scharf von allen unterscheiden, für die vom Teufel kommt, was das eigene Glaubensgebäude in Frage stellen könnte. Oder sie [gemeint sind die Bischöfe] begreifen die Eichstätter Universität als intellektuellen Vorposten im Kampf gegen die ›Diktatur des Relativismus‹, die Joseph Ratzinger am Tag vor seiner Wahl zum Papst beklagte. Dann wäre sie nicht mehr der herausfordernde, sondern der polemische Gegenentwurf zur staatlich organisierten Forschung und Lehre. Dann stünde sie für den Versuch, Romano Guardinis Weltanschauungsdenken wiederzubeleben: Es gibt einen katholischen Standpunkt, von dem die Welt anzuschauen ist. Guardinis Weite würde dabei allerdings fehlen.«

Es scheint, dass das Pendel wieder in die letztgenannte Richtung ausschlägt. Muss es nicht hellhörig machen, wenn ein einflussreicher Kardinal der römischen Kirche wie der Wiener Erzbischof Christoph von Schönborn längst verlorenen Boden auf dem Feld der Evolutionstheorie gutzumachen versucht? Mir geht es weniger um sein Eintreten für Intelligent Design, das er mit jenem ominösen Artikel in der *New York Times* vom 7. 7. 2005 – absichtlich oder nicht – bekundet hat. Das wäre immerhin sein persönliches Recht und gehörte nur als ein Belegstück unter vielen in die Schublade des vierten Kapitels, zu dessen Urteil es nichts Neues beizutragen hätte. Was alarmierend wirkt, ist vielmehr die in diesem Artikel und der ganzen dazugehörigen Diskussion sichtbare Abkehr von der Linie des Wohlwollens, zu der Papst Johannes Paul II. gefunden hatte. Sie war zurückhaltend genug, keine Frage, aber sie hat als Fanal gewirkt in der Öffentlichkeit und zu einem befreiten Aufatmen in weiten kirchlichen Kreisen geführt. (Zu deutlichen Protesten am rechten Rand des konservativen Lagers allerdings auch!):

»Heute, beinahe ein halbes Jahrhundert nach dem Erscheinen der Enzyklika [gemeint ist *Humani generis* aus dem Jahr 1950], geben neue Erkenntnisse dazu Anlass, in der Evolutionstheorie mehr als eine Hypothese zu sehen. Es ist in der Tat bemerkenswert, dass diese Theorie nach einer Reihe von Entdeckungen in unterschiedlichen Wissensgebieten immer mehr von der Forschung akzeptiert wurde. Ein solches unbeabsichtigtes und nicht gesteuertes Übereinstimmen von Forschungsergebnissen stellt schon an sich ein bedeutsames Argument zugunsten dieser Theorie dar.«

Es ist bezeichnend, dass der Text dieser Ansprache, gehalten vor der Vollversammlung der Päpstlichen Akademie der Wissenschaften am 22. Oktober 1996, auf der Homepage der *Santa Sede*, des »Heiligen Stuhls«, praktisch nicht zu finden ist. Angesichts dieser Stelle der Evolutionstheorie den Rang der Wissenschaftlichkeit abzusprechen, wie Schönborn das in seinem Artikel tut, kann nur als gezielter Widerspruch verstanden werden:

> »Die katholische Kirche überlässt der Wissenschaft viele Details über die Geschichte des Lebens auf der Erde, aber sie verkündet zugleich, dass der menschliche Verstand im Licht der Vernunft leicht und klar Ziel und Plan in der natürlichen Welt, einschließlich der Welt des Lebendigen, erkennen kann. Die Evolution im Sinn einer gemeinsamen Abstammung (aller Lebewesen) kann wahr sein, aber die Evolution im neodarwinistischen Sinn – ein zielloser, ungeplanter Vorgang zufälliger Veränderung und natürlicher Selektion – ist es nicht. Jedes Denksystem, das die überwältigende Evidenz für einen Plan in der Biologie leugnet oder wegzuerklären versucht, ist Ideologie, nicht Wissenschaft.«

Da ist er wieder, jener unselige Hoheitsanspruch einer Theologie, die über die Berechtigung anderer Theorien befinden will, ohne auch nur einen Gedanken daran zu verschwenden, welcher Wahrheitsgehalt wohl ihren eigenen »Theorien« in der Sicht der von ihr kritisierten Disziplinen zukäme. Woher nimmt der Kardinal die Autorität, ein naturwissenschaftliches System wie die Evolutionstheorie als falsch abzuqualifizieren? Ist er Fachmann dafür, und wo sind seine Gründe? Er erklärt – andernorts – ausdrücklich, kein Fachmann zu sein, sondern nur ein an solchen Fragen interessierter Laie. Und an Gründen hat er nur den »gesunden Hausverstand« anzubieten, der ihm sagt, dass die Annahme eines Plans in der Natur eben »völlig der Vernunft entsprechend« sei. Was von der Geltung dieses Analogieschlusses von der eigenen Erfahrung auf die Natur zu halten ist, haben wir im vierten Kapitel ausführlich dargelegt. Mag sein, dass die Berufung auf David

Hume nicht so recht nach dem Geschmack des Kardinals ist, aber er täte gut daran, sich mit dessen Einwänden auseinanderzusetzen, statt sich nur auf einen »Hausverstand« zu verlegen, der philosophisch wenig mehr besagt als, »ich bin halt der Meinung«. Woher nimmt Schönborn überdies das Recht zur Unterscheidung von Evolution und darwinistischer Evolutionstheorie? Woher hat er denn Kenntnis von der Evolution, wenn nicht durch Darwins Theorie? Gibt es ›Evolution‹ etwa auch unabhängig als schieres Faktum und nicht erst als Interpretation von Beobachtungen im Rahmen dieser Theorie? Dieser wissenschaftstheoretische Fauxpas wiegt für mein Empfinden schwerer als die Arroganz in der Formulierung »Evolution mag ja richtig sein …«. Dass eine derart unsachliche Beurteilung dann auch den Einsatz von grobem Geschütz auf der Gegenseite nach sich zieht, kann nicht verwundern. So darf der Evolutionsbiologe Thomas Junker mit der Sympathie weiter Kreise rechnen, wenn er (in Kutschera 2007) schreibt:

> »Historische und aktuelle Erfahrungen sprechen dafür, dass Schönborn hier nichts anderes als die allgemeine wissenschaftspolitische Überzeugung der katholischen Kirche verkündet: Die Wissenschaftler sollen ihren Anspruch und ihr Selbstverständnis beschränken und sich damit abfinden, dass sie ein »Geschlecht erfinderischer Zwerge [sind], die für alles gemietet werden können«, wie es Bert Brecht im Leben des Galilei so plastisch umschrieb. Dies allerdings hätte weitreichende Konsequenzen, von denen ich an dieser Stelle nur eine in Erinnerung rufen möchte: Hätten die Wissenschaftler sich an diese Empfehlung gehalten, dann wüsste die Menschheit bis heute nichts von der Evolution! Nicht nur Wissenschaftler werden sich glücklich schätzen, dass dies nicht der Fall war und dass die Kirche gegenwärtig nicht in der Lage ist, die von ihr angestrebte geistige Knechtschaft zu erzwingen.«

Erfreulicherweise erhob sich Widerspruch gegen Schönborns Artikel auch innerhalb der Kirche. Vor allem der langjährige Direktor der Vatikanischen Sternwarte, George Coyne, ist hier zu nennen, der offenbar genug einflussreiche Freunde in höchsten römischen Kreisen hat, um den Fehdehandschuh unbesorgt aufnehmen zu können:

> There appears to exist a nagging fear in the Church that a universe, which science has established as evolving for 13.7 × 1 billion years since the Big Bang and in which life, beginning in its most primitive forms at about 12 × 1 billion years from the Big Bang, evolved through a process of random genetic mutations and natural selection, escapes God's dominion. That fear is groundless. [...] The classical question as to whether the human being came about by chance, and so has no need of God, or by necessity, and so through the action of a designer God, is no longer valid. And so any attempt to answer it is doomed to failure. The fertility of the universe, now well established by science, is an essential ingredient, and the meaning of chance and necessity must be seen in light of that fertility.[3]

Zwar lässt sich diskutieren, ob der verschwommene Ausdruck ei-
|218| ner »fertility«, wörtlich also »Fruchtbarkeit« des Universums, die richtige Wortwahl ist, um neben Zufall und Notwendigkeit die schöpferische Kraft der Evolution gegen ein geplantes Design herauszustellen, aber immerhin ist Coynes Stellungnahme ein beredtes Zeugnis, dass Schönborns Ansicht nicht einhellige Meinung der katholischen Kirche ist. Gelegentlich wird sein kurz danach erfolgter Rücktritt vom Leitungsamt der *Specola vaticana* in Zu-

3 Es scheint eine tief sitzende Angst in der Kirche zu existieren, dass sich ein Universum, das für die Wissenschaft vor 13,7 Milliarden Jahren aus einem Urknall hervorgegangen ist und in dem sich das Leben, angefangen mit seinen primitivsten Formen ungefähr 12 Milliarden Jahre nach dem Urknall, durch einen Prozess zufälliger genetischer Mutationen und natürlicher Selektion entwickelt hat, der Herrschaft Gottes entzieht. Diese Angst ist grundlos. Die klassische Frage, ob der Mensch durch Zufall entstanden ist und deshalb keinen Gott benötigt oder aus Notwendigkeit und darum durch die Tätigkeit eines Designer-Gottes, ist überholt. Und entsprechend ist jeder Versuch, sie zu beantworten, zum Scheitern verurteilt. Die Fähigkeit zur Erzeugung von Neuem, von der Wissenschaft inzwischen gut bestätigt, ist ein wesentliches Element im Universum, und die Bedeutung von Zufall und Notwendigkeit muss im Licht dieser Fähigkeit gesehen werden.

sammenhang mit diesem Einspruch gegen Schönborn gebracht, aber das ist wohl nur aus den Fingern gesogen. Wer Coyne kennt, weiß, dass er ernstlich krank ist und seinem Gesundheitszustand das Klima in Tucson, Arizona, (wo das Observatorium der *Specola* steht) besser bekommt als ein Aufenthalt in Rom, den die Leitungsfunktion erforderte. Mehr Wahrheitsgehalt könnte die Nachricht besitzen, er habe auf Anraten seiner Ordensoberen auf eine Besprechung von Schönborns Schöpfungskatechesen-Buch (»Ziel oder Zufall?«) verzichtet. Auch das habe ich nur gerüchtweise. Sollte die Nachricht stimmen, wäre sie ein weiterer Beleg dafür, dass der Geist der »Affäre Rüschkamp« noch keineswegs verschwunden ist, sondern derzeit unselige Urständ feiert.

Das doppelte Spiel mit der Seele

Gewiss ist Schönborn recht zu geben, dass so vorbehaltlos, wie die Öffentlichkeit meinte, die Anerkennung der Evolutionstheorie durch Johannes Paul II. nicht war. Nicht anders als seine Vorgänger bestand auch er darauf, die Erschaffung der menschlichen ›Geistseele‹ vom Evolutionsprozess auszunehmen und als unmittelbaren Schöpfungsakt Gottes zu konzipieren. Dies ist in der Tat der »rote Hering«, der im allgemeinen Jubel über die päpstliche Anerkennung der Evolution übersehen wurde. Was soll man davon halten? ›Seele‹ ist ein mehrdeutiger Begriff, und, leider muss man das sagen, mit dieser Mehrdeutigkeit treibt eine gewisse Theologie ein zweifelhaftes Spiel. Die Absicht, die hinter diesem Schöpfungsvorbehalt steckt, ist unverkennbar die Wahrung der personalen Würde des Menschen; man möchte um jeden Preis seine Einebnung zu einem rein biologischen Wesen vermeiden. Diese Absicht ist aller Ehren wert. Als Person ist der Mensch zweifellos nicht mit den Mitteln der Naturwissenschaft und dementsprechend auch nicht mit der Evolutionstheorie erklärbar. Aber gilt diese Einschränkung auch für sein biologisches Menschsein? Und dieses ist doch nicht etwa nur ein Teil seines Personseins, sondern betrifft seine Personalität als Ganzes. Als biologisches Wesen ist der Mensch Person, und umgekehrt. Das bedeutet, dass ›Person‹ und ›biologisches Wesen‹ zwei verschiedene Aspekte (ob nur der Erklärung oder auch des Seins, lassen wir einmal dahingestellt) desselben Menschen sind. Erschaffung der Seele im theologischen Sinn muss dann aber etwas anderes bedeuten als Herausnahme eines Stücks seiner biologischen Existenz. Die theologische Bedeutung von ›Seele‹ ist vielmehr der besondere Bezug, den der einzelne Mensch als Person zu seinem Gott und Schöpfer hat. ›Seele‹ ist also theologische Sinndeutung dessen, was wir philosophisch als ›Person‹ bezeichnen. Das ist aber etwas ganz anderes als ›Seele‹ im biologischen oder, sagen wir allgemeiner, im empirischen Sinn, also das, womit sich Psychologen, Neurowissenschaftler und Anthropologen befassen. Psyche oder »das Seelische« sollte man dafür besser sagen oder, wenn man auch die untrennbar damit verbundenen kognitiven Fähigkeiten in Rechnung stellt, Bewusstsein. Und dieses kann sehr wohl der Evolution unterliegen, d. h. nur mittelbar von Gott erschaffen sein. Natürlich gehören auch Bewusstsein und Psyche des Menschen zu seinem Personsein, wie überhaupt seine ganze »Leiblichkeit« (ein entsetzliches Wort, das

nur von jemandem erfunden sein kann, der vor lauter Starren auf den menschlichen Geist Kopfweh bekommen hat und sich dann erinnert, dass die Medaille auch noch eine andere Seite besitzt). Aber das ist es ja gerade, dass der ganze Mensch hier auf zwei Ebenen bzw. unter zwei Rücksichten erklärt wird und somit zwischen Erschaffung der Seele im theologischen Sinn und evolutiver Entstehung des Menschen kein Gegensatz bestehen muss.

Freilich kann man das, was wir Geist des Menschen nennen, auch dualistisch erklären und diesen Geist als eigene Entität oder ›Substanz‹ dem bloßen Körper des Menschen entgegenstellen. Wenn man so vorgeht, wäre diese Geistseele in der Tat Gott vorzubehalten. Aber das ist eine bestimmte Philosophie (z. B. des Descartes), die keineswegs die einzig mögliche Voraussetzung für eine theologische Schöpfungslehre darstellt. Ja, heutige Theologen werden nicht müde, darauf hinzuweisen, dass ein solcher Leib-Seele-Dualismus unbiblisch sei und theologisch einer ganzheitlichen Sicht des Menschen zu weichen habe. Dann sehe ich jedoch nicht, wie man an der oben unternommenen Interpretation dessen, was ›Seele‹ theologisch sein soll, vorbeikommen kann, nämlich der besondere geschöpfliche Bezug des ganzen menschlichen Individuums aufgrund seiner Gottgewolltheit.

Es geht auch gar nicht anders. Wenn man versucht, die Einheit des Menschen auseinanderzureißen, um seine Seele Gott vorzubehalten und seine biologische Natur der Evolution zu überlassen, bedeutet das nichts anderes, als dass man den Eltern abspricht, einen wirklichen Menschen zu zeugen. Karl Rahner hat darauf hingewiesen und mit der ihm bisweilen eigenen Derbheit erklärt: Wenn der Mensch erst durch die göttliche Erschaffung der Geistseele zum Menschen wird, heißt das genau genommen, dass die Eltern einen Affen erzeugen, der erst durch einen besonderen göttlichen Eingriff zum Menschen wird. Auch die von Rom (vielleicht auch aus diesem Grund) so vehement favorisierte Beseelung des Menschen zum Zeitpunkt der Befruchtung ändert nichts an der Gültigkeit dieser Feststellung. Gerade darum hat Rahner ja das Konzept der ›Selbsttranszendenz‹ eingeführt, das wir im fünften Kapitel kennengelernt haben, um den ganzen Menschen als von den Eltern erzeugt und zugleich von Gott geschaffen aufzufassen.

Warum dann diese so pointierte Betonung der »unmittelbaren« Erschaffung der menschlichen Seele in den päpstlichen Verlautbarungen bzw. die Mehrdeutigkeit, was dabei mit ›Seele‹ gemeint sei? Die Antwort ist klar: Es geht um die Deutungshoheit des Menschen, und die will sich die Kirche nicht aus der Hand nehmen lassen. Ob es aber zur Erreichung diese Ziels die richtige Taktik ist, der Biologie ein »Stück Menschennatur« wegnehmen zu wollen bzw. ihr vorzuschreiben, wie viel vom Menschen sie erklären darf? Ja, mit welchem Recht beansprucht sie eine allgemein verbindliche Gültigkeit ihrer theologischen Erklärung des Menschen als Person? Gewiss ist das, was wir mit ›menschlicher Person‹ meinen, nicht allein mit Biologie zu erklären. Aber haben hier nicht auch die verschiedenen philosophischen Konzepte des menschlichen Geistes ihr Wort mitzureden? Und kann in diesem Konzert der Meinungen die Kirche mehr, als ihren Beitrag mit einzubringen und darauf zu vertrauen, dass das, was sie theologisch als Sinn und Wesen des Menschen angibt, seine Wirkung nicht verfehlt. (Freilich müsste dann das Eintreten für die Würde des Menschen in den Reihen ihrer Mitglieder genauso deutlich sein wie in den Verlautbarungen zur Bioethik.) Aber an derlei konzertierten Aktionen beteiligt sich Rom nur ungern und bevorzugt grundsätzliche Deduktionen von höherer Warte aus. Dazu kann es verlockend erscheinen, sich des Konstrukts einer ›Geistseele‹ zu bedienen, um so einen theologischen Anspruch auf etwas anzumelden, das zur allgemeinen ›Natur‹ des Menschen gehört und darum von jedermann, ob gläubig oder nicht, anerkannt werden muss. Fair ist aber ein solches Vorgehen nicht, wenn es, wie gezeigt, mit einer Doppeldeutigkeit der zugrunde liegenden Begrifflichkeit operiert. Und durchsetzbar ist ein solcher Deutungsanspruch in unserer pluralistischen Welt auch nicht. Man ist geneigt, hinzuzufügen »Gott sei Dank«, wäre da nicht der Verlust an moralischer Autorität und Glaubwürdigkeit, der mit diesem Begründungsspiel auf doppeltem Boden verbunden ist. Es ist ja wahrhaftig nicht so, dass der Einsatz für die Personwürde nicht aller Mühe wert wäre. Aber redlich müsste er betrieben werden und dazu gehörte auch die Be-

reitschaft, sich mit der Rolle eines »Rufers in der Wüste« zufrieden zu geben, statt zu meinen, man könne jedermann die eigenen Wertvorstellungen aufoktroyieren.

Die »Affäre Rüschkamp« ist lehrreich in verschiedener Hinsicht. War es damals die Erschaffung des Menschen »dem Leib nach«, der man meinte, ein unmittelbares Eingreifen durch Gott schulden zu müssen, ist es gegenwärtig die menschliche Seele. Die direkte Erschaffung des Leibes hat man sang- und klanglos fallenlassen, nachdem sie gegenüber dem Druck der Naturwissenschaften nicht mehr zu halten war. Wird die ›Geistseele‹ eines Tages dasselbe Schicksal erleiden, wenn der Siegeszug der Neurowissenschaften auch diese theologische Bastion geschleift hat? Und wäre das dann ein Schaden? Einerseits gewiss nicht, würde es die Theologie doch zwingen, ihre Aussagen wirklich theologisch zu begründen, und nicht durch Anleihen aus fremdem Terrain. Andererseits steht hier mehr auf dem Spiel als nur die Glaubwürdigkeit einer ohnehin obsoleten theologischen Schützengrabentaktik. Die Neurobiologie räumt ja nicht nur mit einem falschen theologischen Seelenbegriff auf, wenn sie das, was traditionell Geistseele genannt wird, in molekulare Mechanismen aufzulösen versucht, die einer Evolution genauso unterliegen wie der übrige Körper. Sie versucht vielmehr – jedenfalls ist das ihr Anspruch, wenn wir uns an das dritte Kapitel zurückerinnern – auch die Gültigkeit unserer Erfahrungen zu bestreiten, die mit diesen Mechanismen einhergehen oder sogar durch sie zustande kommen. Ichbewusstsein und psychisches Erleben wären demnach bloße Erfindungen des menschlichen Denkens ohne reales Fundament. Ohne eigenständige Wirklichkeit des Geistes geht aber nicht nur ein theologisch dubioser Seelenbegriff verloren – das wäre nicht weiter tragisch –, sondern auch die Voraussetzung für die Echtheit unserer religiösen Erfahrung. Literatur gibt es gegenwärtig genügend, in der versucht wird, das Phänomen des Religiösen auf evolutionsbiologischer oder neurophysiologischer Grundlage zu erklären. Solange dabei kein Anspruch auf Ausschließlichkeit erhoben wird, haben solche Erklärungen durchaus ihren Wert und sind auch religionsphilosophisch interessant. Schließlich ist davon auszugehen, dass ein so komplexes Phänomen, wie es die Religion nun einmal ist, aus durchaus heterogenen Quellen gespeist ist. Bemerkenswert ist nur, wie wenig die Theologie, und diesmal nicht nur die klassisch-lehramtliche, sondern auch die aktuell an den Universitäten reflektierte, von solchen Erklärungsansätzen Notiz nimmt. Möglich, dass eine moderne Theologie für ihren »gereinigten« Seelenbegriff (im Sinn der dargestellten Bezogenheit des Menschen auf Gott) von derartigen Reduzierungen nichts mehr zu fürchten hat, weil der Mensch, wie umfassend naturwissenschaftlich erklärbar er sein mag, auch dann noch von diesem grundsätzlichen Gottesbezug bestimmt ist. Wie aber, wenn dieser Gott, der auf alles Geschöpfliche bezogen werden kann, selbst als Scheinbegriff entlarvt wird? Wenn sich unser Glaube an ein höheres Wesen, unser Verlangen nach Transzendenz und unsere Hoffnung auf endgültige Geborgenheit als verursacht durch neurophysiologische Prozesse herausstellen, die unseren Gottesbegriff als schlichten Überbau bloßstellen, den sich unser Verstand genauso dazu gedichtet hat wie den freien Willen?

Im Fall der Willensfreiheit bzw. des absichtsvoll handelnden menschlichen Subjekts habe ich zwar im dritten Kapitel darauf hingewiesen, dass es, wenn überhaupt, noch lange dauern würde, bis die Neurowissenschaften ihre vollmundig reduktionistischen Versprechungen einlösen könnten, und darum kein Grund für sonderliche Aufregung bestehe. Im Fall des Gottesbegriffs bzw. der religiösen Erfahrung als seiner Grundlage bin ich mir allerdings nicht so sicher. Dazu gleich ein persönliches Beispiel. Nur vorweg noch etwas zum naheliegenden Einwand, dass wir einen Begriff von Gott, unabhängig von Offenbarung und Erfahrung, in der Metaphysik allein mit den Mitteln der natürlichen Vernunft gewinnen könnten. Etwas Derartiges haben wir ja mit der Suche nach einem hinreichenden Grund für Höherentwicklung unternommen und als ermöglichende Ursache von Selbsttranszendenz aufgewiesen. Aber Vorsicht; Kants Diktum, dass Gedanken ohne Inhalt leer seien, gilt immer noch, genauso wie die Umkehrung, dass Anschauung ohne Begriff blind ist. Entsprechend wäre religiöse Erfahrung ohne metaphysischen Begriff von Gott tatsächlich blind, weil nur zu schnell bereit, sich mit allen möglichen esoterischen Vorstellungen in die Irre leiten zu lassen. Aber ein Gottesbegriff ohne Grundlage in der religiösen Erfahrung wäre das genaue Gegenteil – zu leer, weil theoretisch und inhaltsarm, um jemanden auf den Weg des Glaubens zu bringen. Darum also die Preisgabe einer recht persönlichen Geschichte, die aber für mich (in mehrfacher Hinsicht) äußerst lehrreich war und es darum wohl wert ist, auch den Leser einen Nutzen daraus ziehen zu lassen, selbst auf die Gefahr hin, einmal mehr von der theologischen Zunft dafür belächelt zu werden.

Gotteserfahrung zwischen naturwissenschaftlicher Erklärung und theologischem Desinteresse

Es war vor über 20 Jahren, als ich als frisch bestallter Dozent an der Hochschule für Philosophie daranging, Seminare über Lorenzsche Verhaltensforschung zu halten. Die Absicht dahinter war, angehenden Philosophen einen Begriff davon zu vermitteln, dass ihre vielgepriesene Vernunft keineswegs über alle Erdenschwere erhaben ist, sondern durch eine ganze Menge ererbter Programme kanalisiert und belastet wird. Nun hatte Mitte der 80er Jahre die Verhaltensforschung den Zenit einer aufstrebenden Wissenschaft schon hinter sich. Um darum die Hörer nicht mit altbekanntem Schulbuchwissen zu langweilen, erhoffte ich mir Anleihen bei der relativ jungen humanethologischen Forschungsstelle in Andechs, deren Mitglieder damals regelmäßig im Zoologischen Institut der LMU München lasen. Und dort war es – bei einer Veranstaltung von Irenäus Eibl-Eibesfeldt, dem Gründer jener Forschungsstelle, der berühmt war für sein Filmmaterial, mit dem er das Verhaltensrepertoire von sogenannten ›Naturvölkern‹ kulturvergleichend dokumentierte. Diese Filme lockten eine beträchtliche Zuhörerschaft in den großen Hörsaal des Instituts, während Eibls Vortrag, vielleicht wegen der nachmittäglichen Stunde, eher zäh war – ganz im Gegensatz zu seinen spannenden Büchern. Aber genau während einer solchen trockenen theoretischen Erklärung wurde ich hellhörig. Eibl behandelte Lorenz' Instinktmodell und sprach davon, dass dessen Innenseite (Teilhard lässt grüßen!) des lustvollen Erlebens der befreienden Wirkung der Endhandlung nicht länger bloße theoretische Spekulation sei, sondern durch die Entdeckung von Belohnungssystemen im Gehirn und die euphorisierende Wirkung gewisser Neuropeptide eine solide empirische Basis habe. Vor allem die Endorphine machten damals von sich reden, morphinähnliche Substanzen, die vergleichbare Wirkung (und Struktur) wie die berüchtigte Droge haben und die der Körper selbst synthetisiert und bei bestimmten Stresssituationen freisetzt, um durch das einsetzende Glücksgefühl besser damit fertig zu werden. »Diese Ausschüttung kann auch durch Selbstmanipulation herbeigeführt werden«, führte der Professor aus, »z. B. durch Trance-Tänze oder intensives Joggen.« – Oder durch Meditation, schoss es mir durch den Kopf, und der Gedanke nahm mich so gefangen, dass ich von der restlichen Stunde nicht mehr viel mitbekam. Dazu muss man wissen, dass ich erst wenige Monate zuvor aus dem »Tertiat« zurückgekehrt war, jener letzten Probezeit, in der der »junge« Jesuit nach all den Jahren seiner Ausbildung (22 Jahre waren das immerhin bei mir) noch einmal zu den Quellen der Spiritualität seines Ordensvaters Ignatius von Loyola zurückkehrt. Auch die »großen«, dreißigtägigen Exerzitien werden in dieser Zeit ein zweites Mal gemacht. Ich will auf deren Einzelheiten nicht eingehen; nur so viel: Ignatius kommt es darauf an, ein Gespür dafür, was Gott von mir will, durch »Unterscheidung der Geister«, sprich: Achten auf meine inneren Regungen, zu entwickeln. Ob ich also bei meinem inneren Gebet, meiner Betrachtung und Meditation, feststelle, dass das, was mir da gekommen ist, Traurigkeit in mir erzeugt oder Freude, Verwirrung oder inneren Frieden. Anhand dieser verschiedenen Regungen lasse sich dann mit mehr Gewissheit feststellen, ob das, was ich vorhabe, mir auch guttut und zu mir passt (und insofern Ausdruck des Willens meines Schöpfers ist), als nur aufgrund eines vom Verstand gefassten Vorsatzes. Dabei unterscheidet Ignatius als echter Mystiker mit entsprechender Eigenerfahrung verschiedene Weisen, wie Gott eine ›Seele‹ zu sich hin bewegen kann. Eine davon, die höchste, sei der unmittelbare Verkehr des Schöpfers mit seinem Geschöpf, bei der der Beter ob der Stärke und Unerwartetheit der göttlichen Mitteilung gar nicht anders könne, als diese Bewegung des Geistes für wahr und echt zu halten. »Trost« (spanisch ›consolación‹) nennt Ignatius diesen Zustand, und natürlich ist derjenige, der sich diesen Übungen unterzieht, darauf aus, diese Erfahrung zu machen. Er weiß allerdings auch, dass dieser Zustand sehr störanfällig ist, weshalb es nach Ignatius wichtig ist, den Seelenzustand während des Trostes genau von der Zeit danach unterscheiden. Nur im Falle echten Trostes bleibe die Seele auch dann, wenn sich Gott wieder entfernt habe, noch weiter in seinem Licht und sei heiter und froh gestimmt und von Liebe erfüllt. Andernfalls stellt sich schnell ein schales Gefühl der Unechtheit ein, eine Art seelischer Katzenjammer, oder auch Unruhe und Verwirrung. Für mich waren diese Bemerkungen des Ignatius eine Wiederentdeckung – Schande genug nach so langer Zeit – und eine Offenbarung zugleich. So hatte ich die Exerzitien bei meinem Ordenseintritt nicht erlebt – kein gutes Zeugnis für die Art, wie sie damals gegeben wurden. Und sie haben mir geholfen, ein durch die langen Studienjahre spirituell einigermaßen entleertes Ordensleben wieder zu beleben und vor der zu befürchtenden endgültigen Korrosion zu bewahren.

Ich hatte also diese Lehren zur Unterscheidung der Geister wie den wiedergewonnenen Schatz im Acker nach Hause getragen – und dann diese Ernüchterung in Eibl-Eibesfeldts Vorlesung! Nicht, dass es hier darum gegangen wäre, noch skeptischer hinsichtlich der Möglichkeit religiöser Selbsttäuschung zu werden. Nein, die davon zu unterscheidende göttliche Selbstmitteilung als solche stand auf dem Spiel! Woher sollte ich wissen, dass das, was ich als göttlich verursachten Trost erfahren hatte, nicht bloße Ausschüttung von Endorphinen im Gehirn war, zwar nicht von mir beabsichtigt, aber durch mein Beten nicht minder in Gang gebracht als beim Trance-Tanz eines Waika-Indianers? Ließ sich beides überhaupt noch voneinander unterscheiden, die freie göttliche Mitteilung und der neurophysiologische Prozess, wenn sich auf der Erfahrungsebene dafür keine Handhabe mehr bot? Natürlich wäre es möglich, dass Gott genau durch diese hirnphysiologischen Prozesse wirkte, aber ebenso gut konnte er eine Worthülse sein, die zu diesen Prozessen hinzugesagt wird, ohne dafür nötig zu sein. Man müsste mehr darüber wissen, war meine erste Reaktion. Empirisch, ob sich bei der Ausschüttung von Neuropeptiden nicht verschiedene Zustände unterscheiden lassen, und historisch, ob in den Schriften der Mystiker detailliertere Selbstbeobachtungen aufzufinden sind, die der Unterscheidung von ›göttlich verursacht‹ und ›selbst gemacht‹ mit neuen Einsichten weiterhelfen. Die Aussicht, hierzu meterweise lateinischen Folianten durchstöbern zu müssen, hat mich dann abgehalten, mit diesem Vorschlag zu Eibl-Eibesfeldt zu gehen, denn im Fall der Verwirklichung eines solchen Forschungsprojekts hätte mir sicher diese historische Recherche geblüht. Stattdessen habe ich später der Verhaltensforschung den Rücken gekehrt und mich auf Entwicklungsbiologie und Bioethik verlegt – ob mit mehr Erfolg, sei dahingestellt. Manchmal bedauere ich noch meine damalige Zurückhaltung, wenn ich Veröffentlichungen lese über das Neuro-

Imaging betender oder meditierender Versuchspersonen, Nonnen oder buddhistischer Mönche. Mehr noch angesichts jener fragwürdigen, pseudowissenschaftlichen Untersuchungen über den »empirisch feststellbaren« Vorteil des Betens für Heilungserfolge nach Operationen und dergleichen. Wenn so etwas Wissenschaft sein soll, hätte ich mich mit meiner Idee vor 20 Jahren nicht verstecken müssen. Vielleicht war ja die Zeit damals für so etwas noch nicht reif. Aber die Zeit wird nie anders reif als durch die Ideen in unseren Köpfen.

Neben meiner wissenschaftlichen Neugier habe ich selbstverständlich auch Theologen gefragt, was sie von dieser Herausforderung durch die Hirnforschung hielten und wie man ihr begegnen könne: in Gesprächen mit Mitbrüdern, Hochschullehrern, bei Vorträgen und Bildungsveranstaltungen – ja, sogar einen ganzen Gesprächsabend mit den Mitgliedern der Innsbrucker Theologischen Fakultät habe ich auf das Thema verwendet. Das Ergebnis war jedes Mal eine erstaunliche Fehlanzeige. Während es das Laienpublikum bei den Vorträgen meist sehr ernst nahm, war von den Herren Theologen niemand wirklich beeindruckt: Mag ja sein, dass man religiöse Erfahrung so erklären kann und dass diese Erklärung auch noch stimmt, aber das berührt doch unsere Theologie nicht! – Wirklich nicht? Ist es so selbstverständlich, dass Gott als ermöglichende Erstursache gebraucht wird, dass man die Alternative gar nicht mehr in Betracht zieht, es könnten Kausalketten ein hinreichender Grund für etwas sein, auch ohne alle Erstursache? Ja, dass das ganze Gerede von der Erstursache einem empirischen Trugschluss aufsitzt, nämlich dass die Innenperspektive religiöser Phänomene ein Beweis für ihre Realität sei! Oder war man bereits so abgebrüht im Umgang mit ›Offenbarung‹, dass man sie als fraglose Voraussetzung der theologischen Wissenschaft hinnahm und dann unbekümmert dazu übergehen konnte, die Inhalte dieses *depositum fidei,* dieses »Glaubensdepots«, wie ich den Ausdruck einmal respektlos übersetzen möchte, zu sortieren? War den Herren gar nicht mehr bewusst, dass die eigentliche theologische Frage in der Rechtfertigung bestehen muss, wie der Mensch überhaupt auf so eine ungeheuerliche Idee kommen kann, einen »sich offenbarenden« Gott anzunehmen, statt dessen ›Worte‹ in Bücher abzufüllen und von diesen aus zu beurteilen, was an der Wahrheitssuche des Menschen richtig oder falsch ist? In der Tat scheint ›theologische Erkenntnislehre‹ nicht gerade zu den Kernfächern an unseren Lehranstalten zu gehören, wenn man sich die Vorlesungsverzeichnisse daraufhin durchsieht. »Ich habe Theologie für das 12., höchstens noch für das 13. Jahrhundert studiert«, pflegte Oswald von Nell-Breuning, der große Vorkämpfer der katholischen Soziallehre, spöttisch zu bemerken und meinte damit, wie wenig die theologische Reflexion an den wirklich aktuellen Fragen der Zeit orientiert ist. Nell-Breuning lebte von 1890 bis 1991 und hat dementsprechend noch völlig vorkonziliare Theologie studiert, gewiss; aber meine Erfahrung mit der Behandlung des »Trostthemas« lassen Zweifel aufkommen, ob sich daran seither viel geändert hat.

George Coyne ist also nicht ganz zuzustimmen, dass dem Dialog der Theologie (bzw. der Kirche) mit den modernen Naturwissenschaften bloß eine »nagging fear« von Seiten gewisser Theologen und Amtsinhaber im Wege stünde. Es ist mehr noch ihre Vorliebe für den »elfenbeinernen Turm«, der die Gotteswissenschaft so dialogunfähig macht und vieles ihrer Gedankenwelt als unbrauchbar für das reale Leben erscheinen lässt. Das gilt nicht nur für die amtlichen Verlautbarungen der römischen Kirche, aber dort in besonderem Maß. Ich habe mich lange über deren Redeweise und Begründungsstil geärgert, bis ich kurz nach dem Mauerfall Gastvorlesungen an einer sächsischen Hochschule zu halten hatte. Mangels besserer Nachtlektüre las ich die im Gästezimmer aufliegenden akademischen Jahresberichte, und da fiel mir auf, wie wichtig in all den abgedruckten Rektoratsreden die Übereinstimmung des Geleisteten mit den Parteitagsbeschlüssen früherer Jahre war. Das kennst du doch irgendwoher, ging es mir durch den Kopf. Ja, es war derselbe Stil (wenn auch nicht der gleiche Inhalt), der auch die Lektüre amtlicher kirchlicher Dokumente so unerträglich macht. Dieses Argumentieren aus der Übereinstimmung mit den Vorgängen, die *feliciter regnantibus* schon immer genau dieselben ewig gültigen Wahrheiten verkündet hatten. Dieses nur rückwärts gewandte Argumentieren aus den vorhandenen Dokumenten heraus, aus den Glaubensquellen »Schrift und Tradition« wie Kardinal Bea so bezeichnend an Rüschkamp schrieb, verhindert jedes wirkliche Sicheinlassen auf die konkrete Situation einer Frage und führt zu Antworten, die ebenso richtig sind, wie sie jedermann kaltlassen. Die Kirche wird nie etwas Wegweisendes zu den aktuellen Fragen der Bioethik beitragen können, solange das oberste Motiv ist, ihrer Lehre von der absoluten Unerlaubtheit der Abtreibung Gehör zu verschaffen. Diese Lehre in allen Ehren, ich teile sie, aber sie darf nicht zum Nadelöhr werden, durch das jedwede bioethische Thematik, ob unmittelbar in Zusammenhang damit oder nicht, gefädelt wird, sonst fühlt sich die biomedizinische Forschung in ihren Anliegen nicht ernst genommen und nimmt auch ihrerseits die Autorität der Kirche nicht mehr ernst. Das gilt allerdings nicht nur für den amtlichen römischen Stil. Ich kenne Mitbrüder, die schreiben sich die Finger wund über die Richtigkeit des Verbots der Wiederverheiratung Geschiedener oder den Ausstieg der Kirche aus der Schwangerschaftsberatung, ohne auch nur einmal in ihrem Leben mit davon betroffenen Personen zu tun gehabt zu haben.

Das ist es, die bescheidene, unschuldige Vorliebe des Theologen für seine Bücher, die es ihn vorziehen lässt, in der *splendid isolation* seiner Studierstube über die Probleme der Welt nachzudenken, statt im Verein mit anderen darüber zu diskutieren. Experimentelle Wissenschaftler stehen weit weniger in dieser Gefahr einer solchen selbst gewählten Abgeschiedenheit. Sie brauchen einander schon zur technischen Durchführung ihrer meist aufwendigen Experimente und erst recht zum Diskutieren ihrer in der Regel nicht für sich selbst sprechenden Ergebnisse. Von Physikern am Atomreaktor in Garching wurde mir einmal gesagt, das Wichtigste an ihrer Institutsbibliothek seien nicht die Anzahl der Bücher oder die vorhandenen Zeitschriften, sondern die Nischen zum gemeinsamen Kaffeetrinken. So etwas bräuchten theologische Seminare auch. Und, um wieder einmal auf Darwin zurückzukommen (ich stelle ihn mir vor wie den geladenen Ehrengast, der still auf seinem Sofa sitzt und sich wundert, wohin das Gespräch, weswegen er gekommen war, inzwischen abgedriftet ist): Von ihm lässt sich wirklich nicht sagen, er habe sein Werk im stillen Kämmerlein geschrieben. Wenn man seine Autobiographie liest und die vielen Briefe und Notizen zur Kenntnis nimmt, kann man nur staunen, mit wie vielen Fachleuten er Kontakt aufgenommen hatte, um die wissenschaftlichen Fragen zu klären, die ihn seit seiner Reise mit der ›Beagle‹ bewegten. Eine ähnlich breite Kontaktbasis möchte man theologischen Autoren bisweilen ebenfalls wünschen, und wer weiß, vielleicht ließe sich ihr Einfluss dann auch mit dem von Darwins Werken vergleichen.

In diesem Zusammenhang halte ich es nicht für einen Nebenschauplatz, dass unser gegenwärtiger Papst ein Jesusbuch veröffentlicht hat – nicht als offizielles Dokument, sondern als seinen persönlichen Beitrag zur theologischen Diskussion, wie er ausdrücklich bemerkt. Das ist die typische Haltung des Wissenschaftlers, der in ihm steckt. Man kann darüber räsonieren, ob es richtig ist, dass das Oberhaupt der römischen Kirche seine Zeit für so etwas verwendet, auch, ob das Buch den Standards heutiger Exegese gerecht wird. Das alles ist nicht der Punkt. Entscheidend ist, dass hier ein Papst bewusst nicht *ex cathedra* spricht, sondern seine persönliche Meinung vorlegt (nicht die Übereinstimmung mit seinen Vorgängern seligen Angedenkens) und zur Diskussion stellt (die in den vielen Rezensionen ja auch deutlich erfolgt), und das alles im Ich-Stil (was auch seine Predigten wohltuend auszeichnet) und nicht im herkömmlichen *pluralis majestatis* (»Wir erklären und verkünden«, oder auch »der Papst freut sich«, wie noch Johannes Paul II. zu sagen pflegte, wenn er sich selbst meinte). Das alles gibt zu Hoffnungen Anlass, wenngleich ich weiß, dass es bewährte römische Diplomatie ist, gleichzeitig auf zwei gegenläufigen Klaviaturen zu spielen.

Selbstverständlich sind nicht alle Theologen von derselben Weltferne, und es ist wohltuend zu sehen, wie gerade an Universitäten, wo es keine eigene Fakultät für die Theologie gibt, sondern sie als kleine Fachschaft im bunten Reigen der übrigen geisteswissenschaftlichen Disziplinen aufzutreten hat, die Dialogbereitschaft blüht und ein zahlenmäßig bescheidenes Team von theologischen Kollegen weit mehr Einfluss besitzt und von sich reden macht als andernorts eine ganze hohe Fakultät mit doppelt besetzten Lehrstühlen. – Ich habe, noch als Philosophiestudent, einen Goldhamster auf meinem Zimmer gehalten, der abends (und meist auch die ganze Nacht hindurch) frei herumlaufen durfte. Er war völlig handzahm, und man musste ihm nur den Jackenärmel hinhalten, dass er einem entgegenkam und daran herumturnte. Bei meinem Umzug in die Theologie nahm ich ihn zusammen mit meinen sonstigen Habseligkeiten samt Käfig mit. Unterwegs machte ich Station im elterlichen Wohnhaus, wo meine Mutter ebenfalls einen Goldhamster besaß. Wie es Abend wurde, wollte meiner natürlich seiner Gewohnheit gemäß heraus, was aber unter den Gegebenheiten eines wohlmöblierten Wohnzimmers mit Klavier und dergleichen nicht so unproblematisch möglich war wie in der Kargheit meiner Jesuiten-Bude. So ließ ich ihn halt auf meinen Armen herumturnen und zeigte ihm zur Abwechslung auch seinen – stets nur käfiggewohnten – Artgenossen. Der schoss nur kurz mit einem wütenden Schnapper ans Gitter, um gleich darauf wieder in seinem Nest zu verschwinden. Das ging so

schnell, dass ich nicht einmal weiß, ob er seinen unbekümmerten Gegenspieler überhaupt wahrgenommen hat oder sich nur über die Störung empörte, die ich durch das Klappern mit den Fingern an seinen Gitterstäben erzeugte. Ob es das ist, was George Coyne mit »nagging fear« meinte? Mir war es jedenfalls ein bleibender Eindruck für meine Weiterfahrt in die Theologie – wo mein Hamster, wie gewohnt, weiter frei laufen durfte.

Unerwartete Lösung

Vielleicht interessiert es Sie, verehrter Leser, nach alldem noch, wie ich selbst mit dem ungelösten Problem der Echtheit religiöser Erfahrung fertig geworden bin. Es geschah ohne mein eigenes Zutun. Und es ist ein bisschen schwierig zu erzählen, weil es sich um den eigentümlichen Bereich der inneren Erfahrung handelt. Kurz und gut, es war während eines stillen Gebets in der Hauskapelle meines Ordenshauses. Sie lesen richtig, ich habe auch während oder trotz meiner Zweifel, ob religiöse Erfahrung echt sein könne, nicht mit dem Beten aufgehört. Und ich würde das auch jedermann in einer Krisensituation empfehlen, bei der es um die eigenen Wertvorstellungen geht – gleichgültig, ob solche des Glaubens oder andere: nicht aufzuhören mit dem, was man bisher für richtig und bedeutungsvoll für das eigenen Leben gehalten hat. Erst wenn sich der innere Sturm gelegt hat, man wieder festen Boden unter den Füßen spürt, kann man beginnen, nach neuen Horizonten Ausschau zu halten, und überlegen, ob die bisherige Fahrtrichtung zu korrigieren ist. Während dieser Gebetsstille, in die ich eingetaucht war, völlig absichtslos und ohne allen Erwartungsdruck, soweit mir das noch erinnerlich ist, überkam mich mit einem Mal die ganze sichere Gewissheit, dass Gott tatsächlich »da« ist. Natürlich erinnerte ich mich sofort meiner naturwissenschaftlichen Zweifel, die waren nicht weg, aber sie waren, wie man heute sagen würde, »außen vor«. Es war einfach völlig außer Frage, dass das, worum es in der Hirnphysiologie ging, diese Euphoriezustände, nicht das Geringste zu tun hatten mit dem, was ich da an Gottes Gegenwart in Ruhe und Sicherheit erfuhr. Von da an waren meine Zweifel über die Entstehung religiöser Erfahrungen keine Verunsicherung mehr für meinen Glauben. Sie blieben ein intellektuelles Problem, gewiss, das mich immer noch interessiert und mit dem ich mich auch immer wieder befasse. So habe ich erst unlängst eine Magisterarbeit zum Thema »Die Evolution des Religiösen. Naturwissenschaftliche Ansätze zur Erklärung eines menschlichen Grundphänomens« vergeben und dafür selber mit Gewinn einen der behandelten Autoren (Dean Hamer, »Das Gottes-Gen«) studiert. (Eine lesenswerte Arbeit wurde das übrigens, auch wegen der anderen behandelten Autoren.) Aber zu einem Einwand, der die Gewissheit der Erfahrbarkeit Gottes zu erschüttern vermochte, konnte das alles nicht mehr geraten. Viel eher zu einem Kaleidoskop erklärlicher Elemente, die alle auch für das Phänomen des Religiösen ihre Rolle spielen können, ohne es in seinem Kern zu treffen.

Später wurde mir dann bewusst, dass das, was ich da erfahren hatte, oder besser, was mir da widerfuhr, gar nichts so Außergewöhnliches ist, sondern im Leben vieler bewusst gläubig gewordener Menschen vorkommt. Gewiss, das »Memorial« Blaise Pascals war mir bekannt, aber ich wäre früher nicht auf den Gedanken gekommen, die Inbrunst seines Erlebnisses mit meiner ganz ruhig verlaufenden Gewissheitswiederkehr in Verbindung zu bringen. Erst die genauere Lektüre dieses Bekenntnisses auf dem Hintergrund meiner eigenen Erfahrung ließ mich die Ähnlichkeit entdecken: »Vollkommene und liebevolle Unterwerfung unter Jesus Christus« – genau das war es. Noch deutlicher fand ich mich in dem wieder, wie Paul Claudel seine eigene Bekehrung schildert, die sich während des Weihnachtshochamts 1886 in Notre-Dame in Paris ereignete. Zu seinem größten Erstaunen war die Gewissheit von Gott in ihn zurückgekehrt, schreibt er, ohne von seinen Zweifeln überhaupt Notiz zu nehmen. Diese Zweifel waren nicht weg, sie waren die Quelle eines noch vier Jahre anhaltenden inneren Widerstandes und Kampfes, »aber Gott achtete ihrer nicht und überließ sie ihrem Schicksal«. (Das unterscheidet offenbar die Autorität Gottes von der theologischen, dass wir bei Gott anstandslos akzeptieren, was wir bei Menschen als arrogant ablehnen.) Ähnliche Erfahrungen wurden mir auch von nicht in die Literatur eingegangenen Zeitgenossen berichtet. Sie gibt es, wenn man erst einmal ein durch Selbsterfahrung erworbenes Gespür dafür hat, häufiger, als man meinen möchte. Anscheinend nimmt das Gegenüber hierfür Signale wahr, die zum Gespräch darüber einladen. – Und natürlich, klassisches Beispiel, Mose am brennenden Dornbusch. Man muss allerdings erst selbst etwas Derartiges erlebt haben, um hier nicht bei der Mirakelgeschichte stehen zu bleiben, sondern zur Aussagekraft des Namens ›Jahwe‹ vorzustoßen – als Bezeichnung für den, der »da« ist.

Natürlich wird der Religionskritiker auf all das sagen: »Wo bleiben die Beweise?« Es sind genügend psychologische Erklärungen zur Hand, um dieses Gewissheitserlebnis als Selbstsuggestion abzustempeln. Und wenn er schon an der Schwelle der Innenerfahrung aus Respekt vor ihrer Nichtobjektivierbarkeit stehen bleibt, tut er das nicht ohne den guten Rat: »Ist ja schön für dich, dass du dir deines Gottes so gewiss bist, aber geh damit bitte nicht öffentlich hausieren!« Darauf habe ich nichts zu erwidern, und es gibt dagegen auch kein Argument – außer vielleicht einem. Bei Teresa von Avila habe ich das gefunden: »Ob wir Gott lieben, wissen wir nicht« (sagt sie als eine der größten Mystikerinnen!), »aber ob wir den Nächsten lieben, das sieht man.« Gegen so viel selbstkritische Glaubenssouveränität nimmt sich der Religionskritiker farblos aus. Wenigstens diese Wirkung sollte er anerkennen – allerdings wir Frommen auch.

Drei Nachbemerkungen

Um das in der Luft liegende »Amen« des letzten Absatzes ein wenig zu verwischen, eine erste Nachbemerkung. Vielleicht ist Ihnen, geneigter Leser, nun klar, woher die leise Ambivalenz kommt, die in meine Einschätzung des Kreationismus hin und wieder einfließt. Sosehr ich die Intelligent-Design-Argumentation ablehne und ihre Logik zerpflücke, sosehr kann ich meinen Respekt denjenigen ihrer Anhänger nicht versagen, die ihre Hinwendung dazu aus persönlichen Glaubensgründen vollzogen haben. Beispielhaft dafür mag die Person des Ingenieurs und Theologen H. W. Beck stehen, des Gründers der kreationistischen »Studiengemeinschaft Wort und Wissen«. Er hat unter dem Eindruck seines eigenen Bekehrungserlebnisses gefordert, die Glaubensumkehr müsse so radikal sein, dass sie auch vor einer Neubewertung der erworbenen wissenschaftlichen Überzeugungen nicht Halt machen dürfe. Da ist sie wieder, diese Pascalsche »vollkommene und liebende Unterwerfung«, nur dass ich nicht glaube, dass Christus von uns ein *sacrificium intellectus*, eine Aufopferung der eigenen Vernunft, fordert – ganz im Gegenteil. (Solche Vokabeln sind in der Regel eher Ausgeburten eines Hangs zum Fundamentalismus als Forderungen des Glaubens.) Sosehr ich aber den solcherart gezogenen Konsequenzen (etwa der davon motivierten Annahme eines kurzen Erdalters) widerspreche, sosehr anerkenne ich die Lauterkeit ihrer religiösen Gesinnung. Nur ließen sich daraus eben auch andere Konsequenzen ziehen. Das fünfte Kapitel sollte das gezeigt haben.

Eine zweite Nachbemerkung. Sie geht an die Adresse theologisch versierter Leser. Sie werden sich fragen, warum ich denn trotz meiner mehrfachen Beteuerung, dass es auch andere Theologien als jene der dogmatischen Schulbücher gibt, keinen der darin zu findenden modernen Schöpfungsentwürfe vorgestellt habe, sondern statt dessen – aus theologischer Sicht wohlfeil – gegen überholte Schemata der dogmatischen Tradition polemisiere. Sind etwa die alten Traumata meiner eigenen theologischen Ausbildung immer noch nicht verheilt, so dass es hier noch offene Rechnungen zu begleichen gibt? Ich denke, das wäre zu billig – sowohl als Unterstellung wie als Motiv. Es gibt vielmehr sachliche Gründe dafür.

Erstens ist die in den amtlichen Katechismen dargestellte Glaubenslehre genau jene Theologie, gegen die sich Teilhard de Chardin zur Wehr setzen musste bzw. die er zu überwinden suchte. Insofern ist seine Weltsicht auch so etwas wie ein moderner Gegenentwurf zu dieser Theologie, auch wenn er bei heutigen Theologen aufgrund der darin vertretenen Christologie bzw. allgemein wegen seiner Bibelferne nicht mehr hoch im Kurs steht. Und eben diese – von vielen schon als überwunden betrachtete – Theologie meldet sich in Kardinal Schönborns Ausführungen erneut zu Wort. Es ist also nicht einfach Schnee von gestern, sich damit auseinanderzusetzen.

Zweitens ist der Stil der modernen Theologie nicht gerade dergestalt, dass ein naturwissenschaftlich Gebildeter viel damit anfangen könnte. Entweder steht die Darstellung der biblischen Vorstellungswelt bzw. die redaktionelle Absicht im Vordergrund – ein durchaus löbliches (weil in der klassischen Dogmatik vernachlässigtes) Unterfangen. Dazu wird der Naturwissenschaftler jedoch sagen: »Schön, aber was muss ich erst wissen, wie sich die Israeliten von 3000 Jahren die Welt vorgestellt haben, um einen Zugang zum Glauben zu bekommen? Ich möchte ihn von meinem Weltbild aus!« Oder sie konzentriert sich zu stark auf das Theodizeeproblem, also die Frage, warum es in Gottes guter Schöpfung so viel Negatives gibt, und vernachlässigt darüber die Faszination, die das naturwissenschaftliche Weltbild auszuüben vermag. Oder es bleibt bei existenziellen Einlassungen, also dabei, wie die Rede von ›Schöpfung‹ unsere Sehnsucht nach Sinn in der Welt befriedigen kann. Dann läuft sie Gefahr, genau auf dem Abstellgleis zu landen, das atheistische Naturwissenschaftler dem Glauben so gern zuzuweisen versuchen: eine subjektive Angelegenheit ohne objektiven Realitätsanspruch zu sein. Der Fehler liegt hier – das ist mein Vorwurf – in einem gewissen »antimetaphysischen Affekt«, den sich viele heutige Theologen zu eigen gemacht haben. Man möchte um jeden Preis der Schablone entkommen, mit Notwendigkeit etwas andemonstrieren zu wollen, was bestenfalls im persönlichen Gespräch zu vermitteln ist. So stellt man den theologischen Beitrag zur Sinnfrage mit viel Geistesschärfe und Wortaufwand als ein »Sprachspiel« neben andere und wundert sich, dass Andersdenkende hieraus nur Beliebigkeit, nicht aber begründete Überzeugung ablesen. Darum meine Vorliebe für eine metaphysische Behandlung des Schöpfungsthemas statt einer theologischen, weil, wie schon einmal gesagt, die Metaphysik jenes »Interface« zwischen ›objektiver‹ Naturwissenschaft und ›subjektivem‹ Glauben abgeben kann, das für die Klärung des Wahrheitsanspruchs vonnöten ist.

Der dritte Grund ist ein persönliches Eingeständnis. Ich habe selbst noch keine moderne Schöpfungstheologie gefunden, die mich befriedigt hätte. Zugegeben, ich habe mich nicht umfassend genug umgesehen. Aber was ich gelesen habe, hat mich nicht so überzeugt, dass ich darüber Rahner und Teilhard de Chardin hätte hintansetzen wollen. Auch scheint mir, dass ›Schöpfung‹ nicht gerade zu den Favoriten unter den heutzutage behandelten Themen gehört. Dass, wo man das Thema aufgreift, dies in ausdrücklicher und erstaunlich kompetenter Auseinandersetzung mit den Naturwissenschaften erfolgt, ist immerhin ein Hoffnungszeichen. Aber auch da: Wenn bei dieser Auseinandersetzung Metaphysik ausgeblendet wird, gerät das Ergebnis merkwürdig dünn. Darum meine Meinung: Ja, ich halte die Theologie auch heute noch für eine spröde Dame im Umgang mit der Naturwissenschaft. Theologen, die ihre Sache darstellen könnten wie Richard Dawkins die Theorie Darwins, sind eher rar. Ein, sagen wir, Augustinus oder, besser noch, Thomas des Grashalms steht meines Erachtens immer noch aus.

Die dritte Nachbemerkung. Sosehr ich gegen eine rationalistische Schuldogmatik angegangen bin, wie sie lehramtlich vertreten wird, sosehr muss ich zugeben, das sie letztlich keiner anderen Quelle entstammt wie meine spirituelle Glaubensgewissheit. Bei Wilhelm von Saint-Thierry, einem Zisterziensermönch und Mystiker des 12. Jahrhunderts, habe ich folgende Sätze gefunden, wie man mit Schwierigkeiten in Glaubensfragen umgehen soll:

> »Bleib getrost und sag – nicht aus Lust am Widerspruch, sondern aus Liebe zur Nachfolge: Wie geht das zu? Deine Frage sei dein Gebet, sei Liebe, Frömmigkeit und demütiges Verlangen; sie soll nicht in hochfliegenden Gedankenspielen die Majestät Gottes zu ergründen trachten, sondern in den Großtaten Gottes, die er zu unserem Heil gewirkt hat, das Heil suchen. Dann wird der Bote des großen Ratschlusses antworten: ›Wenn der Beistand kommt, den ich euch vom Vater senden werde, wird er euch an alles erinnern und euch die Wahrheit lehren.‹ […] Eilends bemühe dich also, des Heiligen Geistes teilhaftig zu werden.«

Fromme Worte, die genau jene Haltung zu unterstützen scheinen, die ich weiter oben als Vorliebe für Gängelung und Unterwerfung apostrophiert habe. Das römische Lehramt hätte das nicht schöner formulieren können. Aber das ist, einmal mehr, nur die Außenseite. Zunächst, als Innenseite, steht dahinter die Überzeugung des betenden Theologen, dass er die göttliche Wahrheit nicht mit den Anstrengungen seines Intellekts erringen kann, sondern sie ihm als »Licht von oben« gegeben werden muss – ganz ähnlich wie meine Erfahrung der göttlichen Selbstmitteilung als subjektive Gewissheit. Die Frage ist nur, wie mit diesem Geschenk der göttlichen Mitteilung umgegangen wird, sobald der – zweifellos unumgängliche – Versuch gemacht wird, sie in Worte zu fassen. Kann ich ihre Grenzunschärfe aushalten, die, wie bei der biblischen Inspiration festgestellt, mehr als eine zulässige Interpretation erlaubt, oder meine ich, aus Ehrfurcht zweifellos, ihren Geist in ein für alle Mal gültige eherne Lettern gießen zu müssen? Hier taucht sie wieder auf, die Versuchung des *sacrificium intellectus*, das dann vom Hörer dieser Botschaft vermeintlich zu fordern ist. Eine Vernunft, die durch den Glauben in Schranken gehalten wird, ist das – derzeit hoch im Kurs stehende – Denkschema dahinter. Es übersieht allerdings, dass auch die Glaubenseinsicht noch einmal ein Werk unserer Vernunft ist – was auch sonst? Einen archimedischen Punkt außerhalb gibt es nicht für unsere Erkenntnis. So ist unser Verhalten angesichts der göttlichen Wahrheit eine Variante mehr des ewigen Themas »Erfahrung und Idee«, dessen Problematik Goethe in »Bedenken und Ergebung« (1823) so meisterhaft formuliert hat:

> »Hier treffen wir nun auf die eigene Schwierigkeit, die nicht immer klar ins Bewusstsein tritt, dass zwischen Idee und Erfahrung eine gewisse Kluft befestigt scheint, die zu überschreiten unsere ganze Kraft sich vergeblich bemüht. Demungeachtet bleibt unser ewiges Bestreben, diesen Hiatus mit Vernunft, Verstand, Einbildungskraft, Glauben, Gefühl, Wahn und, wenn wir sonst nichts vermögen, mit Albernheit zu überwinden.«

Damit soll nichts unterstellt werden. Außer die Überzeugung, dass dieser Hiatus alle verbindet, welche die Idee Gottes in menschlicher Rede auszubuchstabieren suchen – in welcher Form auch immer. Es wäre nicht die schlechteste Basis für Einheit im Glauben.

7 Naturalistischer Vorbehalt

Wenn mir Leser aus meinem »atheistischen« Bekanntenkreis bis hierher gefolgt sind (eine ziemliche Zumutung, zugegeben), dann wird ihre Reaktion wohl folgendermaßen sein: Nach einer gewissen Skepsis über mein Zielursachen-Plädoyer (»Kein Mensch leugnet die Zweckmäßigkeit des Organischen, auch Darwin nicht!«) und voller Zustimmung zu meiner ID-Kritik werden sie nach den letzten zwei Kapiteln bestenfalls bemerken: »Nun, Herr Kummer, das haben Sie ja alles ganz nett dargestellt, und es mag auch gut für Sie sein, dass Sie einen solchen Glauben haben, aber mehr als Ihre persönliche Privatsache ist das nicht. Lassen Sie es doch dabei, dann können wir gut miteinander umgehen und im Kampf mit den Kreationisten gemeinsame Sache machen!« Das ist es, was der uns schon bekannte Evolutionsbiologe Ulrich Kutschera das »Dobzhansky-Mayr-Prinzip der Nichtinterferenz von Glaube und Naturwissenschaft« genannt hat. Theodosius Dobzhansky (1900–1975), ein aus Russland in die USA ausgewanderter Biologe, war bekennender Christ und stark von Teilhard de Chardin beeinflusst. In den USA war er zusammen mit Ernst Mayr führend an der Ausarbeitung der modernen Form des Darwinismus, der synthetischen Evolutionstheorie, beteiligt. Ernst Mayr (1904–2005) stammte aus Kempten im Allgäu und war seit 1953 Professor an der Harvard University in Cambridge (Mass.). (Ich denke, Sie verstehen nun, warum mir der Besuch des dortigen naturhistorischen Museums, von dem ich im zweiten Kapitel berichtete, so wichtig war.) Er ist das typische Exemplar des ungläubigen, bestenfalls agnostischen Naturwissenschaftlers. Von Dobzhansky kennen wir bereits den berühmten Ausspruch: »Nothing in biology makes sense except in the light of evolution.«

Und auch E. Mayr ist uns kein Unbekannter mehr seit seinem Erklärungsschema der Selektion, das im zweiten Kapitel vorgestellt wurde. Die beiden haben jahrelang Hand in Hand gearbeitet und ganz ähnliche Ansichten vertreten, wenn es um ihr wissenschaftliches Arbeitsfeld, die Evolutionstheorie, ging. Darauf will Kutschera hinaus: Auch wenn Dobzhansky Christ war, war er das nicht in dem verbissenen Sinn jener Kreationisten, die den Glauben auch noch zur Richtschnur ihrer wissenschaftlichen Überzeugungen machen, sondern liberal genug, um vernünftig in einem biologischen Team zu kooperieren. Was daran anerkennenswert ist, betrifft somit weniger die Vernünftigkeit seines Glaubens als die Tatsache, dass er trotz dieses Glaubens ein vernünftiger Mann war. Das ist der negative Beigeschmack, der mir bei dieser Art »Versöhnungsangebot« kommt, das Kutschera unter dem Stichwort der ›Nichtinterferenz‹ vorlegt. Steht hier der gläubige Naturwissenschaftler nicht unter dem dauernden Erfolgsdruck, sich vor seinen ungläubigen Kollegen beweisen zu müssen, ohne dass sie geneigt wären, etwas Ähnliches ihm gegenüber zu unternehmen? Wie wäre es, wenn Dobzhansky eines Tages gesagt hätte: »Lieber Herr Mayr, ich weiß, Sie sind Atheist, und ich traue Ihnen darum nicht über den Weg mit den Daten, die Sie mir vorlegen, weil Sie sich ja nicht an das achte Gebot (»Du sollst nicht lügen«) zu halten brauchen. Legen Sie also in Zukunft bitte all Ihre Versuchsprotokolle zur Gegenprüfung vor, ehe wir dazu übergehen können, auf dieser Grundlage über Evolution zu diskutieren!« Helle Empörung hätte so etwas ausgelöst, nicht nur bei Herrn Kutschera, sondern überall in der *Scientific Community*, und das mit Recht. Warum sollte einer erst Christ sein müssen, dass man dem Wahrheitsgehalt seiner Aussagen trauen kann? Wahrheitsethos als Grundlage von Wissenschaft gibt es auch außerhalb der Domäne des religiösen Glaubens, und vielleicht sogar in besserer Form. Warum dann trotzdem die Asymmetrie: »Du bist ein guter Naturwissenschaftler trotz deines Glaubens«, aber nie: »Du bist ein guter Naturforscher trotz deines Unglaubens«? Wenn ich als gläubiger Christ mich für Teilhards Konzept der ›radialen Energie‹ erwärmen kann, um eine befriedigende Lösung für das evolutive Komplexitätswachstum zu finden, heißt es sofort: »Betrug, Herr Kummer, Sie versuchen auf diese Weise eine Zielursache in die Interaktionen der materiellen Partikel einzuschmuggeln!« Die Gegenposition, eine solche Zielursache gebe es nicht in der Natur, steht nicht unter Ideologieverdacht. Niemand käme auf die Idee, den Vorwurf auszusprechen: »Was, Sie bezweifeln die Teleologie der Natur? Wer gibt Ihnen das Recht, Ihren Atheismus in die Naturbetrachtung einzuschleusen?« Allerdings sind Beobachtungsdaten nicht dasselbe wie naturphilosophische Interpretationen, und dies zeigt uns, dass wir bei der naturalistischen Ablehnung des Glaubens verschiedene Ebenen auseinanderzuhalten haben. Es geht dabei, so viel wird jetzt schon deutlich, nicht nur um die Alternative von persönlichem Glauben und sachgerechter naturwissenschaftlicher Arbeit. Hier könnte man sich, wie Kutschera vorschlägt, relativ leicht einigen. Aber auch Metaphysik ist im Spiel, und zwar auf beiden Seiten. Das wollen – viele – Naturwissenschaftler nicht wahrhaben, und es stimmt: Ihre metaphysischen Voraussetzungen sind hintergründiger, versteckter, aber damit nicht weniger virulent. Streit ist hier also vorprogrammiert (es ist schade, dass Metaphysik immer mit diesem Beigeschmack daherkommt) – aber er soll nicht ins Unversöhnliche ausarten.

Ein erkenntnistheoretisches Programm

›Naturalismus‹ – so heißt also das erkenntnistheoretische Programm der Naturwissenschaften, um das es jetzt gehen soll. Das Weltbild des Biologen ist nicht so explizit vom Atheismus bestimmt, wie wir es einleitend im ersten Kapitel dargestellt haben, sondern eigentlich vom Naturalismus. Das war das Charakteristikum von Darwins Theorie. Er hat eine Erklärung für die Vielfalt der Arten vorgelegt, die ganz dem Begründungsideal der neuzeitlichen Naturwissenschaften entspricht und ohne allen Plan oder Schöpfungseinfluss in der Natur auskommt: Es werden auf empirischem Weg Gesetzmäßigkeiten erfasst, bei deren Geltung aus bestimmten Voraussetzungen genau die Phänomene als notwendig abgeleitet werden können, die tatsächlich zu beobachten sind. Der Atheismus ist eine – vermeintlich – logische Folge dieser »natürlichen« Erklärung, aber nicht (jedenfalls bei Darwin) ihr eigentliches Ziel. Dabei halte ich es für nebensächlich, ob jemand, der diese Konsequenz zieht, sich dann als Atheist bezeichnet oder »nur« als Agnostiker. Man soll vom durchschnittlichen Atheisten nicht mehr Linie verlangen als vom durchschnittlichen Gläubigen.

Darwin unterschied sich bei diesem Vorgehen in nichts von seinen naturforschenden Kollegen wie Lyell, Sedgwick oder Owen. Wenn diese eine Evolution des Lebendigen nicht (oder nur mit Vorbehalt) akzeptierten, dann lediglich, weil sie meinten, dass dieser Gegenstand zu groß für die naturwissenschaftliche Methodik sei und besser der Philosophie vorbehalten bliebe. Sie waren ›Naturalisten‹ gemäß der Devise: »Such dir einen Gegenstand für deine Forschung, auf den die Methodik der Naturwissenschaft anwendbar ist, und lass die Finger von allem, was darüber hinausgeht, denn da bewegst du dich im Reich bloßer Spekulationen!« Entsprechend blieb Sedgwick beim Leisten seines stratigraphischen Arbeitens und brachte es auch Darwin bei; ansonsten aber war er mit Fleisch und Blut anglikanischer Geistlicher und verteidigte die Bibel mit derselben positivistischen Unnachgiebigkeit wie die Abfolge seiner geologischen Schichten. Dass Lyell daraus auf eine kontinuierlich sich verändernde Erdoberfläche schloss und dafür ein sehr hohes Erdalter postulierte, schien ihm genauso verwegene und nutzlose Spekulation, wie es für jenen eine berechtigte Ausweitung des naturalistischen Ansatzes war. Und beide schüttelten gleicherweise (aber unterschiedlich stark) den Kopf über das, was Darwin für eine unabdingbare Erweiterung der naturalistischen Methode hielt. Diese ging indessen auch Alfred Wallace, dem kongenialen Mitbegründer von Darwins Theorie, zu weit, der von einer Einbeziehung der geistigen Eigenschaften des Menschen in die Evolution nichts wissen wollte. Auf der anderen Seite war Darwins Mitstreitern Thomas Huxley und Ernst Haeckel die Zurückhaltung gegenüber einer evolutiven Erklärung der Religion unverständlich, weshalb letzterer die naturalistische

Methode zur »monistischen« Weltanschauung hochstilisierte, mit der sich alle Welträtsel lösen lassen sollten.

Wir sehen schon an diesem kurzen Streiflicht, was es mit dem Naturalismus auf sich hat. Zunächst ist er nichts weiter als eine methodische Beschränkung, um sich auf dem sicheren Boden naturwissenschaftlicher Objektivierbarkeit zu bewegen. Zugleich kennzeichnet ihn aber auch eine Neigung zur weltanschaulichen Ausweitung, wenn er alles, was nicht mit naturwissenschaftlichen Methoden zu fassen ist, als Spekulation abtut. Damit ist Naturalismus auch ein Programm, bei dem von einer erfolgreichen Naturalisierung zur nächsten fortschreitend der Geltungsbereich immer mehr erweitert wird und sich im Stillen die Hoffnung nährt, schließlich doch die gesamte Wirklichkeit auf diese Weise erklären zu können. »Consilience« hat der amerikanische Evolutionsbiologe E. O. Wilson dieses Vorgehen genannt und damit auf ein Wort zurückgegriffen, das der Wissenschaftsphilosoph William Whewell (den Darwin in Cambridge gehört hatte) als »Fähigkeit, viele Einzelbefunde erklärend zusammenzuführen« zum Kennzeichen einer guten Theorie erhoben hatte.

So weit, so gut. Hoffnungen soll man nie ohne Grund aufgeben, aber das ist etwas anderes, als zu unterstellen, die naturalistische Wirklichkeitserklärung sei schon umfassend gelungen und darum nur diese Methode legitim. Keinem Physiker wird einfallen, die methodische Beschränkung der Physik auf das Messbare als Inbegriff der Wirklichkeit anzusehen. Vielmehr ist ihm klar, dass es sich hierbei um einen Verzicht auf eine Erklärung des Ganzen, d. h. aller Seinsbereiche, handelt, man aber bereit ist, diesen Preis zu zahlen um des Vorteils der Präzision des Erklärbaren willen. Was aber ist von diesem Vorbehalt bei der etwas saloppen, aber sehr populär gewordenen Naturalismusdefinition B. Kanitscheiders übrig geblieben, der zu sagen pflegt: »Naturalismus ist die Überzeugung, dass es überall auf der Welt mit rechten, d. h. natürlichen Dingen zugeht, und wer anderer Meinung ist, der trägt die Beweislast.« Das klingt auf den ersten Blick überzeugend und auch wenig aufdringlich im Geltungsanspruch. Es wird ja nicht behauptet, es gebe keine außernatürlichen Erklärungen oder Wesenheiten, sondern nur, dass derjenige, der meint, sie einführen zu müssen, auch den Beweis für ihre Unabdingbarkeit bzw. Existenz zu erbringen hat, und nicht demjenigen, der diese Dinge nicht benötigt oder ablehnt, die Last der Widerlegung zukommt. Das ist nur argumentatives Fairplay. Nur, welchen Beweis würde Herr Kanitscheider wohl anerkennen, dass es doch außernatürliche Ursachen gibt? Wenn ich davon überzeugt bin, dass es überall natürlich zugeht, werde ich gar nicht in der Lage sein, irgendein Ereignis als außerhalb der rechten Dinge einzustufen. Das beginnt schon bei den so genannten Psi-Phänomenen. Wenn ich überzeugt bin, dass Parapsychologie Humbug ist, dann wird es kein paranormales Phänomen auf der Welt geben, das ich nicht als Betrug oder Sinnestäuschung bewerten würde, selbst wenn es keinen berechtigten Zweifel an der Korrektheit der Beobachtung gibt. Um wie viel mehr ist da erst die Rede von einem Schöpfergott chancenlos, wenn dieser »nur« erstursächlich, wie wir dargelegt haben, über lückenlose innerweltliche Kausalketten wirkt? Anders gesagt: Es geht um die Frage, was denn genau mit ›natürlichen Dingen‹ gemeint ist. Wie ›natürlich‹ ist die Wirklichkeit? Sind die ›natürlichen Dinge‹ nur eine Teilmenge davon, oder sind sie gleichbedeutend damit? Heißt ›natürlich‹ so viel wie ›naturwissenschaftlich erklärbar‹, dann besagt das im Umkehrschluss auch: was nicht naturwissenschaftlich erklärbar ist, ist nicht wirklich. Das aber widerspricht ganz entschieden unserer Alltagsüberzeugung wie auch der weiter oben von der Physik angemahnten Bescheidenheit in der Wirklichkeitserfassung. Naturalismus in diesem Sinn wäre methodisch unsauber bzw. ein ungerechtfertigtes Diktat gegenüber unserer lebensweltlichen Erfahrung.

Materialistische Ontologie nach Bunge & Mahner

Nun, so einfach lassen sich Naturalisten natürlich nicht aufs methodische Glatteis führen. Sie würden zunächst einmal bestreiten, dass ›natürlich‹ erklärbar einfach dasselbe wie ›naturwissenschaftlich‹ erklärbar sei. Was ist die »Natur der Dinge«? Mario Bunge und Martin Mahner, ein amerikanischer Philosoph und ein deutscher Biologe, haben zu genau dieser Frage ein Buch geschrieben, in dem sie die ontologischen Grundlagen des Naturalismus darstellen. Mit ihrem Titel, der auf den lateinischen Dichter-Philosophen Lukrez (97–55 v. Chr.) Bezug nimmt, vertreten sie eine klassische Position: nur Dinge sind real, nicht aber Ideen. So dachte schon Aristoteles im Gegensatz zu Platon. Doch selbst ein solcher Realismus ist nicht frei von Metaphysik. Bunge und Mahner halten nämlich nur *materielle* Dinge für real, und viele Naturwissenschaftler würden ihnen hierin wohl beipflichten. Nur, diese Position ist eine Festlegung, eine Vorentscheidung, die ihrerseits nicht erwiesen, ja nicht einmal beweisbar ist. Sie ist bestenfalls praktikabel. Bunge und Mahner sind sich dieser Vorentscheidung vollauf bewusst, und das ist der Grund, warum sie ihre materialistische Position als Metaphysik einstufen. Das Vorurteil, nur materielle Dinge für real zu halten, ist eine Entscheidung, die den Dingen voraus liegt, ›meta ta physika‹, d. h. jenseits der Natur der Dinge liegt und nicht daraus abzuleiten ist. Die Entscheidung impliziert, dass Geistiges für nicht real gehalten wird – es gibt keine geistigen Dinge. Wir werden sehen, wie mit einer solchen Voreinstellung die Welt unseres Geistes erklärt werden soll.

Zunächst aber die entscheidende Frage, was denn mit ›materiell‹ eigentlich gemeint ist. Die von Bunge und Mahner gelieferten Beispiele: Stein, Frucht, Elektron, Magnetfeld, Ökosystem zeigen schon, dass es sich hier um keinen »Klötzchen-Materialismus« handeln kann, für den alles Konkrete Ausdehnung und Schwere, also Masse, besitzen muss. Bunge und Mahner gehen hier weit geschickter vor und wählen die *Veränderbarkeit* zum Kennzeichen materieller Dinge. Und in der Tat, das trifft auf alle genannten Beispiele zu: Auch ein Ökosystem oder ein Magnetfeld sind veränderlich, wohingegen es schwer, ja unmöglich ist, ihnen eine bestimmte Masse zuzuschreiben. Das zeigt schon, dass wir uns davor hüten müssen, der Materie z. B. Energie als etwas ›Geistiges‹ oder ›Immaterielles‹ gegenüberzustellen (vgl. Kap. 5). Energie ist zwar masselos, aber dennoch materiell. Die berühmte Äquivalenzformel von Masse und Energie sagt also nur etwas über den

Zusammenhang dieser beiden Materieformen aus, nichts jedoch über die Transformierbarkeit von Materiellem in Nichtmaterielles. Materie als Prinzip der Veränderbarkeit ist also keineswegs immer »materiell« in unserem herkömmlichen Sinn.

Bis hierher ist alles solide Physik. Wenn wir nun weiterfragen, wie denn Veränderbarkeit zu definieren sei, heißt die Antwort: als Wechsel von Eigenschaften. Materielle Dinge haben also Eigenschaften – klar. Und diese können sich ändern – auch klar. Aber worin besteht dieser Wechsel? Ein Apfel ist zunächst reif und später faul: Sind das Eigenschaften des Apfels selbst oder bloß Etikettierungen, die wir an den Gegenstand herantragen? Worin besteht denn das Reifsein? Dass uns der Apfel schmeckt. Reif im biologischen Sinn ist er erst, wenn er in unseren Augen faul ist: als nährendes Substrat für die keimenden Samen. Also, die Eigenschaften, die ein Ding zweifellos hat, sind keineswegs so einfach davon zu isolieren, wie es bei Bunge und Mahner den Anschein hat. Es ist nicht so, dass wir sie ›real‹ in Händen hätten, sondern wir machen uns einen Begriff davon, und der ist keineswegs real, sondern eine Fiktion, ein Gedankending oder, wie man mit dem sprachlogischen Fachausdruck sagt, ein Prädikat. Prädikate geben in unserem begrifflichen Denken (hoffentlich) etwas von den Eigenschaften der Dinge wieder, aber das hängt weitgehend von unserem Wissensstand, der Erkenntnistiefe oder auch, wie im Beispiel des reifen Apfels, von unseren Erwartungen und Wünschen an das betreffende Objekt ab.

Mit der Einführung von Prädikaten ist bereits ausgesagt, dass es neben der realen Welt der materiellen Dinge noch eine zweite Klasse von Gegenständen gibt: die Welt unserer Gedanken und Begriffe. Sie sind in Bunge-Mahners Ontologie nicht real, sondern fiktiv: von unserem Denken geschaffene Konstrukte, um die Welt des Materiellen ordnend zu durchdringen. Wohlgemerkt, diese Ordnung soll keineswegs bloß als unser Werk verstanden werden, wie der Konstruktivismus meint, sondern dazu dienen, die Wirklichkeit der Welt zu »begreifen«, d. h. in unseren Begriffen, so gut es geht, abzubilden. Aber die Qualität dieser Abbildung hängt, wie gezeigt, von einer Reihe Faktoren ab, welche die Objektivität der Wiedergabe verringern, wenn auch nicht ausschließen. Fiktion und Realität, Begriff und reales Ding sind also aufeinander bezogen, aber sie sind nicht dasselbe, und vor allem gibt es keine hundertprozentige Eins-zu-eins-Übersetzung von der einen Gegenstandsebene in die andere. Fiktionen sind notwendig, wie wir am Beispiel der Prädikate gesehen haben. Ohne sie kann der Materialist seine Realität nicht beschreiben. Er ist, wie Bunge und Mahner das nennen, ein »methodischer Dualist«: Nicht die Wirklichkeit ist dualistisch, etwa bestehend aus Dingen und Ideen, sondern ihre Erfassung. Die Wirklichkeit besteht nur aus einer Klasse von Gegenständen, den materiellen Dingen, nur sie sind real. Aber zu ihrer Wiedergabe brauche ich eine zweite Klasse – die fiktive Welt der Begriffe. Es ist also die Methode der Wirklichkeitserfassung, die den Materialisten dualistisch sein lässt, nicht die Wirklichkeit selbst.

Mit dieser Unterscheidung von Realität des Materiellen und Fiktion des Begrifflichen, oder kürzer gesagt von konkret und abstrakt, beansprucht der Materialismus, sämtliche Phänomene unserer Erfahrungswelt erklären zu können. Der Vorwurf, der sich bei der weiter oben getroffenen Gleichsetzung von ›real‹ und ›naturwissenschaftlich erklärbar‹ nahelegt, scheint nunmehr ausgeräumt: Was ist denn mit Phänomenen wie Wahrheit oder Liebe oder Gewissen? Gibt es die etwa nicht, nur weil sie naturwissenschaftlich nicht erfassbar sind? Der Materialist würde darauf antworten: Gewiss gibt es Wahrheit und Liebe und sittliche Verpflichtung, aber dennoch sind das keine realen (= materiellen) Dinge, sondern nur gedankliche Abstraktionen. Wären sie materiell, müssten sie veränderlich sein. Aber das ist Wahrheit oder Liebe gerade nicht. Zwar gibt es Schwankungen in der Liebe zwischen zwei Menschen, ja sie kann sogar völlig zum Erliegen kommen. Aber was da erlischt, sind bestimmte Eigenschaften der sich Liebenden, und für deren Gesamtheit setzen wir den abstrakten Begriff ›Liebe‹. Ebendas zeigt uns, dass dieses Abstraktum unser Konstrukt ist und als solches, weil ohne Eigenschaften, auch nicht veränderbar, während die Eigenschaften, auf die wir den Begriff Liebe (in Ermangelung einer genaueren Kenntnis, was sich im

Menschen dabei eigentlich abspielt) beziehen, sehr wohl wechseln können. Sind sie weg, bleibt der Begriff Liebe dennoch bestehen; er ist auf den konkreten Fall nur nicht mehr anwendbar. Entsprechend sei mit allen ›geistigen‹ Eigenschaften zu verfahren: Was hier real ist, sind lediglich ihre materiellen Grundlagen, die neuronalen Erregungsmuster, die sie hervorrufen. Die Bezeichnungen der davon zustande gebrachten Phänomene, ›Geist‹, ›Ich‹, ›Gefühl‹, ›Bewusstsein‹, sind aber lediglich unsere Konstrukte, Fiktionen, die zwar bezogen sind auf Reales, aber selbst keine Realgeltung besitzen. Entsprechend diesen Beispielen lasse sich in allen übrigen Fällen vorgehen; die Disjunktion von realem Ding und fiktivem Begriff sei vollständig und hinreichend, um unsere Welt, so wie sie ist, zu beschreiben. – Allerdings kann man Zweifel anmelden, ob der Übergang vom neuronalen Substrat zur geistigen ›Eigenschaft‹ (die eben für Bunge und Mahner keine Eigenschaft ist) von derselben Art ist wie jener vom realen Apfel zum Prädikat ›reif‹. Aber auch dafür hätte der Materialismus einen Lösungsvorschlag bereit, den wir aus dem dritten Kapitel schon kennen: ›Emergenz‹ heißt hier das Zauberwort, und es betrifft die Eigenschaften eines ›Systems‹.

Was ist ein System? Ein System ist nach Bunge und Mahner charakterisiert durch seine Komponenten (Bestandteile) und deren bindende und nichtbindende Relationen. Relationen werden aufgefasst als eine besondere Unterklasse von Eigenschaften, nämlich solche, die nicht einem Ding selbst (›intrinsisch‹) zukommen, sondern nur im Zusammenhang mit anderen Dingen. Klar: Nicht alle Bestandteile eines Systems müssen miteinander in Beziehung stehen; aber wenn es gar keine Bindungen zwischen den Komponenten gibt, dann liegt kein System mehr vor, sondern bloß ein Haufen. Die bindenden Beziehungen machen aus der bloßen Aggregation oder Anhäufung von Teilen etwas Neues – eine Veränderung, die, wie könnte es auch anders sein, dadurch charakterisiert ist, dass neue Eigenschaften auftreten, welche die Bestandteile vor ihrem Zusammentritt zum System nicht hatten. Solche Eigenschaften heißen ›Systemeigenschaften‹ oder, gleichbedeutend damit, ›emergente Eigenschaften‹. Sie betreffen entweder das Ganze des Systems oder einen Bestandteil im Fall seiner Inkorporation in das System. Als Beispiele für die erste Gruppe von emergenten Eigenschaften, man spricht hier von ›intrinsischer‹ oder ›globaler‹ Emergenz, werden von Bunge und Mahner genannt: strukturiert sein (d. h. ein komplexes, kein einfaches Ding sein); lebendig sein (eine Zelle und kein Molekül); ein Bewusstsein haben (für ein hoch evolviertes Gehirn). Klar, in jedem dieser Beispiele betrifft die Emergenz des Neuen das ganze System: Weil die Teile (die Moleküle, die Neurone) in bestimmter Weise in Beziehung zu einander treten, entsteht ein neuer Gesamteffekt, der nur deshalb nicht ein neues ›Ding‹ genannt wird, weil es sich um eine Zusammensetzung und nicht um ein neues Einzelding handelt. Ein Ding besteht aus Eigenschaften, und wenn diese sich genügend stark ändern, kann man von einem neuen Ding sprechen; wann und wo man das tut, ist aber weitgehend eine Frage der Konvention. Ein System besteht nicht nur aus Eigenschaften, sondern ist selbst aus Dingen zusammengesetzt, und deren Zusammensetzung oder bindenden Relationen machen die Eigenschaften des Ganzen, des Systems, aus. Wären diese Eigenschaften samt und sonders schon in den Bestandteilen nachweisbar, wäre ihre Gesamtheit im System nur *resultant*. Ist das nicht der Fall, sondern hat das System als Ganzes Eigenschaften, die nicht schon an den Bestandteilen anzutreffen sind, dann handelt es sich um *Emergenz*.

Probleme mit der Emergenz

So säuberlich auf einander abgestimmt dieser Begriffsapparat ist, so logisch die Unterscheidungen auch sein mögen, sie haben, der Systemtheorie sei's geklagt, wenig Erklärungswert. Wenn man Bunge und Mahner nämlich fragt, was denn die Mechanismen seien, durch die solche Emergenz zustande kommt, erhält man eine wenig befriedigende Antwort: Allgemein gültige Emergenzmechanismen gebe es nicht, sondern jedes System habe seine eigenen dafür zuständigen Prozesse. Das ist nun nicht gerade das, was man von einer Erklärung erwartet. Normalerweise versteht man darunter die Rückführung unbekannter Einzelphänomene auf eine gemeinsame bekannte Grundlage, während hier bestenfalls die von Popper karikierte Umkehrung am Werk ist: Rückführung von Bekanntem (die Einzelprozesse) auf Unbekanntes (die geheimnisvolle Emergenz). Genau genommen ist Emergenz im hier vorgelegten Sinn nicht einmal das, sondern nur ein anderes Wort dafür, dass neue Systemeigenschaften da, wo sie auftreten, eben auftreten, ohne dass man das Wie und Wann dafür angeben könnte. Entweder man kennt die dafür entscheidenden Prozesse, dann ist Emergenz nur ein zusätzliches, aber eigentlich überflüssiges Wort dafür, oder man kennt sie nicht, dann erklärt dieses Wort auch nichts. Zu sagen, Bewusstsein sei eine emergente Eigenschaft des neuronalen Substrats, besagt überhaupt nichts, solange ich nicht weiß, wie dessen Prozesse Bewusstsein erzeugen. Und bei diesem (Un-)Kenntnisstand zu behaupten, real sei nur dieses neuronale Substrat, Bewusstsein jedoch nur ein von uns geschaffener fiktiver Begriff dafür, ist nachgerade kühn. Wenigstens das Phänomen Bewusstsein müsste man unabhängig davon, wie ich es benenne, als real gelten lassen, solange ich über die Vorgänge, die diese emergente Eigenschaft des Gehirns erzeugen, nicht Bescheid weiß. Es gibt hier eine Ebene mehr zu unterscheiden als beim Apfel und seinen Eigenschaften. Während sich dort unsere Prädikate (Fiktionen, wie wir wissen) direkt auf das materielle Phänomen Apfel beziehen und dessen materielle Eigenschaften mehr oder weniger gut wiedergeben, bezieht sich das Prädikat ›bewusst‹ nicht unmittelbar auf die materiellen Eigenschaften des Gehirns, die Verschaltung der Neurone und ihre Aktivitäten, sondern zunächst auf eine Sonderklasse von mentalen Phänomenen, von denen noch gar nicht geklärt ist, ob sie sich in materielle Eigenschaften überführen lassen oder nicht. Erst nach dieser Klärung kann ich, wenn sie zugunsten einer Rückführbarkeit ausfällt, die mentalen Eigenschaften als Prädikate einstufen und die materialistische Position, nur die neuronalen Prozesse seien real, anerkennen. Solange das nicht gelungen ist, hilft mir der Begriff der Emergenz hier wenig. Er bezeichnet höchstens ein Programm, aber keinen Vorgang.

Nun erinnern wir uns: Bunge und Mahner kennen auch eine zweite Gruppe von emergenten Eigenschaften, die nur die Komponenten beim Aufgenommen-Werden vom System verändern, nicht aber das System selbst: die ›relationale‹ oder ›strukturelle‹ Emergenz. Beispiele hierfür wären etwa: »ein Gen sein (kein isolierter DNA-Faden), ein Ehepartner sein, ein Pilot sein«. Nun, das ist nicht sonderlich aufregend. An der materiellen Struktur der Komponenten ändert sich hier (im Vergleich zur Emergenz eines Systems von Molekülen zur Zelle) gar nichts, nur die Zahl ihrer relationalen Eigenschaften wird um eine (oder mehrere) weitere vermehrt. Emergiert hier überhaupt etwas, d. h. taucht hier etwas Neues, vorher noch nicht Dagewesenes »aus dem Untergrund« (wie ein U-Boot an der Meeresoberfläche) auf? Nehmen wir das Beispiel der Ehepartner. Wir nennen, um mich einmal dieser Ausdrucksweise zu bedienen, die Ausbildung einer bestimmten bindenden Relation zwischen zwei Menschen Ehe, aber die Eigenschaft, Ehepartner zu sein, kommt nicht dadurch zustande, dass die beiden Partner zu Komponenten eines neuen Systems werden. Es gibt kein ›System Ehe‹, das Menschen zu Ehepartnern macht, sondern es sind die Menschen selbst, die die Absicht haben, sich in dieser Weise zu binden, und das wird dann Ehe *genannt*. Die Kausalität hierfür ist nicht auf Seiten des Systems, sondern der Partner, und sie ist auch nicht neu und unerklärlich, sondern durch die Absicht dieser Partner gegeben. Was neu ist, ist lediglich die Bezeichnung für diese Art Zusammentritt, die Definition, und dafür brauche ich nun wirklich keine Emergenz zu bemühen. Aber geschenkt. Meinetwegen mag man das Auftreten der Beziehung von Ehepartnern ›relationale Emergenz‹ nennen. Was mich dann stört, ist deren Gleichsetzung mit ›struktureller Emergenz‹. Unter Änderung der Struktur stellt man sich normalerweise etwas anderes vor, nämlich – gemäß dem Vokabular von Bunge und Mahner – einen Wandel in den intrinsischen Eigenschaften, und nicht nur eine veränderte Anzahl an bindenden Relationen. Würde man von jemandem sagen, dass er allein durch das Eingehen einer Ehe »seiner Struktur nach« anders geworden ist? Ja, würde man von irgendeinem Molekül, sagen wir Cholesterin, das für den Zellaufbau eine Rolle spielt, behaupten, es sei innerhalb der Zelle strukturell anders als außerhalb? Dies zeigt, dass ›strukturelle Emergenz‹ unserem Verständnis nach ein System als Ganzes betrifft und nicht nur seine Komponenten. Das nährt dann den leisen Verdacht eines Etikettenschwindels: Handelt es sich bei der Gleichsetzung von relationaler und struktureller Emergenz nicht um eine Taktik, den Erklärungswert des Emergenzkonzepts auf terminologischem Weg akzeptabel zu machen? Wenn mit Emergenz so durchschaubare Sachverhalte wie Pilot zu werden oder in eine Ehe einzutreten bezeichnet werden, dann ist doch wohl auch nichts Geheimnisvolles dabei, wenn damit das Auftreten von Leben bei einer Zelle oder Bewusstsein in einem neuronalen Netzwerk »strukturell« erklärbar wird. Genau da wird aber ein doppeltes Spiel mit dem Wort ›Struktur‹ getrieben, weil sich im einen Fall, bei der Komponente, qualitativ nichts ändert, dagegen im anderen Fall, beim System, eine ganze Menge. Das wäre indessen nicht der erste Fall von ›Äquivokation‹, von Argumentation mit dem Doppelsinn von Begriffen, der uns bisher begegnet ist. Nicht ohne Grund dringt darum der Philosoph auf begriffliche Schärfe,

und diese angewandt, heißt unser Ergebnis schlicht und eindeutig: Relationale Emergenz ist überflüssig; intrinsische Emergenz ohne eigenen Erklärungswert. Und: Vor dem Ausdruck ›strukturelle Emergenz‹ gilt es sich zu hüten, solange nicht sichergestellt ist, dass beide Seiten dasselbe damit meinen.

Nun mag es ja sein, dass es wirklich so etwas gibt wie eine ›starke‹ Emergenz: die Entstehung von Systemeigenschaften, die aus dem Bisherigen, d.h. den Komponenten des Systems, so unableitbar sind, dass es für die Erklärung ihres Auftretens die Annahme neuer Gesetzlichkeiten auf der Systemebene braucht. Einer meiner Schüler versucht sich gerade an diesem Thema mit seiner Magisterarbeit. (Das ist eine der schönen Seiten am Professorendasein, dass man seit langem mit sich herumgeschleppte Fragen abgeben kann und dann neugierig zusehen darf, was ein jüngerer Verstand daraus macht.) Dem Materialisten würde eine solche starke Emergenz wenig helfen – sie zerstörte die Universalgeltung seiner Naturgesetze. Und der für ihn zulässige Emergenzbegriff (unter Einhaltung des naturgesetzlichen Kausalnexus) rettet ihn auch nicht, weil er das Neue nicht erklärt. Brauchbar oder nicht – die unvermeidliche Zuhilfenahme solcher Konzepte kann zeigen, dass die Zweiteilung einer naturalistischen Ontologie in die Realität materieller Dinge und die Fiktion abstrakter Begriffe nicht genügt, um alle Facetten unserer erfahrbaren Welt angemessen zu erfassen. Das gilt nicht nur für den Begriff der Emergenz, sondern auch für den der Zahl.

Probleme mit der Natur der Zahlen

Dem aufmerksamen Leser wird nicht entgangen sein, dass wir eingangs von naturalistischer Erklärung gesprochen haben, uns dann aber mit einer materialistischen Ontologie auseinandersetzten. Was ist der Unterschied zwischen beidem – Naturalismus und Materialismus? Nun, auf weite Strecken gibt es keinen – außer (bis vielleicht auf Weiteres) im Bereich der Mathematik. Für den Materialisten sind auch Zahlen und geometrische Formen wie Kreis, Gerade, Dreieck und dergleichen begriffliche Fiktionen; der Na-turalist dagegen hält sie womöglich für real. In unserem »Gesprächskreis Kirche und Wissenschaft« an der katholischen Akademie in Bayern, der Theologen, Philosophen und Naturwissenschaftler in regelmäßigem Dialog vereint (eine Initiative, die auf den ersten Münchenbesuch von Papst Johannes Paul II. zurückgeht), hat der bereits erwähnte Philosoph Bernulf Kanitscheider, seines Zeichens dezidierter Naturalist, unlängst einen Vortrag über den »Platonismus in der Mathematik« gehalten. Er hat darin verschiedene Zahlentheorien diskutiert mit dem Ergebnis, dass alle bisher entwickelten Theorien zu Widersprüchen führten, die zeigen, dass es unmöglich ist, den Begriff der Zahl in der Alternative von Ding oder Konstrukt unterzubringen. Ich habe daraufhin nachgefragt, ob das bedeute, dass Zahlen für ihn etwas Reales, wenngleich nichts Materielles seien und damit sein Naturalismus eine idealistische Komponente enthielte. Er hat das zugegeben und hinzugefügt, dass dies ein Ausdruck unserer noch nicht hinreichend klaren Erkenntnis von Wirklichkeit sei. Wenn unsere Erkenntnis einmal weit genug fortgeschritten sei, würden wir auch die Zahlen naturalistisch erklären können. Das war aber einem anderen Teilnehmer nicht genug: »Herr Kanitscheider, sind Sie der Meinung, dass wir die Zahlen *erfinden* oder dass wir sie *vorfinden*?« Glücklich über seine gelungene Unterscheidung, wollte er damit seinen Gegner zu einem Bekenntnis in die Knie zwingen. Für meinen Geschmack ist das zu inquisitorisch. Ich bin es zufrieden, dass ein Naturalist bereit ist zuzugeben, dass seine Ontologie weniger erklärt, als sie sollte. Wenn ich mir als Metaphysiker den Vorwurf gefallen lassen muss, mich zu weit aus dem Fenster zu lehnen (denken Sie an das fünfte Kapitel), kann ich dem Naturalisten entgegenhalten, dass sein Blickwinkel zu sehr durch das Zimmerinnere eingeschränkt ist. Beides zusammen, seine Vorsicht und mein Vorwitz, könnte sich ergänzen und dazu verhelfen, die richtige Perspektive zusammen mit dem nötigen Gleichgewicht zu finden.

Probleme mit dem Realismus

Ganz ähnlich lässt sich an der Bunge-Mahnerschen Ontologie ein »idealistischer Rest« nachweisen. (Wem das zu viel binnenphilosophisches Hickhack ist, der kann diesen Abschnitt ruhig überschlagen – er bringt nichts Neues, sondern nur eine weitere Bekräftigung, dass die materialistisch-naturalistische Realitäts-Bestimmung unvollständig bzw. widersprüchlich ist.) Es geht um den Begriff der Eigenschaft, der, wie wir gesehen haben, für den von Bunge und Mahner verwendeten Materiebegriff zentral ist. Wenn nur materielle Dinge real sind und materielle Dinge veränderlich sind, d. h. wechselnde Eigenschaften haben, sind selbstverständlich auch diese Eigenschaften real. So weit, so gut. Wer aber hat diese Eigenschaften? Das Ding? Ist das Ding nur die Summe seiner Eigenschaften? Dann würde es, wenn eine Eigenschaft sich ändert, d. h. die Summe anders wird, auch zu einem anderen Ding werden. Von einem sich verändernden Ding könnte dann nicht mehr die Rede sein. So zu sprechen hat nur Sinn, wenn es etwas am Ding gibt, das sich im Wechsel der Eigenschaften durchhält und das Ding in all seinen Veränderungen zu ›diesem Ding‹ macht. Ganz auf dem Boden der aristotelischen Tradition nennen Bunge und Mahner dieses Etwas, das Träger aller Eigenschaften eines Dings ist, ›Substanz‹. Damit stellt sich die nächste Frage: Nachdem Eigenschaften real sind, ist dann auch ihr Träger, die Substanz, real? Bunge und Mahner beeilen sich zu versichern, dass die Rede von der Substanz und ihren Eigenschaften natürlich nur eine begriffliche Unterscheidung sei. – Begrifflich? Dann ist die Substanz, aber folglich auch die Eigenschaften, nur unsere Fiktion? Eigenschaften wären damit nichts weiter als Prädikate. Wohin gerät dann aber die Veränderung und mit ihr die Materie? Bunge und Mahner können sich aus dieser Zwickmühle nur retten, indem sie die begriffliche Seite, die Prädikate, zum Platzhalter für die realen Eigenschaften machen. (Wie unterscheidet man Prädikate, die für reale Eigenschaften stehen, von solchen, die wir nur erfunden haben? Das wäre dann die Preisfrage, die wir aber beiseitelassen wollen.) Steht aber die begriffliche Seite der Unterscheidung von Substanz und Eigenschaft in einem Platzhalterverhältnis zur Realität, dann muss ihr auch am realen Ding etwas entsprechen, genauso wie unser Prädikat ›lebend‹ zur Charakterisierung einer Zelle etwas Wirkliches an dieser Zelle meint. Wie man sich auch wendet, ›materielles Ding‹ ist damit kein Letztbegriff, sondern basiert auf Prinzipien, die ihrerseits nicht mehr materiell sind (weil sie der Veränderung voraus liegen) und in Bunge-Mahners Terminologie wohl oder übel als ›idealistisch‹ klassifiziert werden müssen – derselbe Befund wie bei der Natur der Zahlen.

Aristoteles hat übrigens dasselbe Lehrgeld bezahlt, als er im Gegensatz zu Platon nicht die Idee, sondern das konkrete Ding zur eigentlichen Wirklichkeit erhob. Auch er musste zu dieser »ersten Substanz« genannten konkreten Wirklichkeit eine idealistisch konzipierte »zweite Substanz« hinzukonstruieren, um das Werden, die Veränderung des Dings, erklären zu können. Aber das nur nebenbei. Das ist die Crux, wenn man sich erkenntnis-

theoretisch auf eine realistische Position festlegen will. Außer im
Fall des – philosophisch indiskutablen – naiven Realismus geht
das nicht ohne einen »Schuss« Idealismus oder, wie ich lieber sagen
würde, echter Metaphysik – auch nicht im Fall des sogenannten
›kritischen Realismus‹ von Bunge und Mahner. Der ihm zugrun-
de liegende methodische Dualismus (d. h. die Unterscheidung
von Ding und Konstrukt bzw. von Eigenschaft und Prädikat) ist
ontologischer, als es seinen Erfindern lieb sein dürfte.

(Der Philosophie Überdrüssige kann nun wieder weiterlesen.)
Es ist nicht so, dass wir uns jetzt genüsslich die Hände reiben, weil
wir wieder einmal einen Widersacher unserer geliebten Metaphy-
sik auf dem Papier erledigt haben. Ich halte es auch nicht für eine
Schande, Schwachstellen im philosophischen Denksystem nach-
gewiesen zu bekommen. Vermutlich ist keine Philosophie, die den
Versuch wagt, eine umfassende Welterklärung vorzulegen, dage-
gen gefeit – auch der von mir so verehrte Aristoteles nicht. Gerade
deshalb sollte ja der philosophische Disput gepflegt werden, und
es darf in ihm auch scharf geschossen werden, solange klar ist, dass
es Tore auf beiden Seiten geben wird und immer nur vorüberge-
|258| hende Sieger, weil es bei diesem Spiel keinen Schlusspfiff gibt. Al-
lerdings bedeutet unser Ergebnis etwas für den Umgang mit na-
turalistischen Positionen in der Wissenschaft. Wenn wir jetzt zum
›Dobzhansky-Mayr-Prinzip‹ der Nichtinterferenz von Glaube
und Wissenschaft zurückkommen, wie es Ulrich Kutschera pro-
pagiert, dann ist in diesem Angebot kein Platz mehr für die Über-
legenheit einer Seite, sondern sie ist ein gegenseitiger Kompro-
miss: Jawohl, Herr Kutschera, ich bin ganz damit einverstanden,
am Laboreingang unsere Glaubensüberzeugungen abzugeben,
weil sich Naturwissenschaft nur unter der Voraussetzung treiben
lässt, dass allein der innerweltliche Kausalzusammenhang zählt.
Aber das gilt für Sie genauso wie für mich. Ich rechne nicht mit
einem Gott und etwaigen Wundern, wenn ich die Gesetzmäßig-
keiten der Natur erforschen will. Und was dabei herauskommt,
ist schlichte Faktizität ohne Anspruch auf einen höheren Sinn.
Genau das ist methodologischer Naturalismus. Aber dieses Fo-
kussieren auf das, was der Fall ist, erwarte ich von Ihnen ebenso.

Wenn wir nach des Tages Arbeit das Labor verlassen, haben Sie keinen Grund dazugewonnen, ihre naturalistische Weltanschauung gerechtfertigt zu sehen, so wenig wie ich, dadurch ein Stück näher an den Sinn dieser Welt herangekommen zu sein!

Innerhalb des methodologischen Naturalismus sind Glaubensüberzeugungen subjektiv und gehören für sich behalten. Aber wenn wir an der Garderobe wieder das Gewand unserer Weltanschauung abgeholt haben, kann das Nachsinnieren beginnen, und ein Vergleichen liegt nahe: »Was hat das für mein Leben als Mensch zu bedeuten, was ich heute im Labor getan habe?« Vielleicht (und sogar sehr häufig) nichts, vielleicht aber doch auch Bestätigung, Erweiterung oder Infragestellung meines Glaubens. »Was wird es für Herrn Kutschera gebracht haben?« Vermutlich den Triumph, dass sein Weltbild stimmt, was auf der Ebene des Sandkörnchenzählens, das der Laboralltag weitgehend darstellt, ja auch kein Wunder ist. Wenn mir aber dann im Vollbewusstsein seiner wissenschaftlichen Rechtschaffenheit derselbe Herr Kutschera erklärt: »Religiöse Überzeugungen sind rein subjektiv und haben in der realen Welt keinen Platz«, dann muss ich ihm, da wir uns jetzt außerhalb des Labors befinden, erklären: »Halt, Herr Nachbar, nur nicht so ungestüm! Wenn Sie auf die methodischen Lücken Ihres – nun nicht mehr methodologischen – Naturalismus reflektieren, würden Sie den Mund nicht so voll nehmen!« Ich muss ihm gegenüber also gar nicht die Vernünftigkeit meines Glaubens, d. h. seine Vereinbarkeit mit der Vernunft, beweisen, wie ich das im fünften Kapitel getan habe, sondern es genügt, ihn auf die unsicheren Fundamente seiner eigenen Position hinzuweisen, real sei nur, was materiell und damit naturwissenschaftlich erforschbar ist. Wenn ich an die Schwierigkeiten mit der naturalistischen Begründung von Eigenschaften, Zahlen oder Emergenz zurückdenke, kann ich ohne alle Aufregung, aber mit Entschiedenheit dem Spiel den Strom abdrehen: »*No more Bolero*, Herr Kutschera! Für Ihr Urteil über die Berechtigung des Glaubens fehlt Ihnen die nötige Grundlage.«

Keine Nullhypothese

Es ist keineswegs so, dass der Übergang vom Naturalismus als methodologisch gebotener Beschränkung zu einer erkenntnistheoretischen Allgemeinverbindlichkeit, gewöhnlich ›ontologischer Naturalismus‹ genannt, den Vorzug gegenüber anderen metaphysischen Systemen verdiente, weil es sich bei ihm um eine »Nullhypothese« handle. Diese Meinung vertritt beispielsweise Andreas Beyer in seinem Beitrag zu dem Sammelband »Kreationismus in Deutschland« von Kutschera. Er unterscheidet darin nicht nur zwei, sondern gleich vier Fassungen des Naturalismus. Der erste, von ihm »methodischer Naturalismus« genannt, ist die rein pragmatische Haltung (wie sie tatsächlich vielen Wissenschaftlern eigen ist), sich auf das empirisch Erforschbare zu konzentrieren und die Frage, ob es »außerdem« noch etwas gibt, gar nicht erst aufkommen zu lassen. – Es sei dahingestellt, ob man eine solche erkenntnistheoretisch indiskutable Position (wie auch den naiven Realismus, der damit zusammengehört) überhaupt als eigene Form klassifizieren sollte. Die zweite Form, »operationaler Naturalismus« genannt, entspricht völlig dem, was wir hier als methodologischen Naturalismus gekennzeichnet haben. Auch seine Tendenz, sich zur Allgemeingültigkeit auszuweiten, wird von Beyer gesehen:

> »In der Praxis ist allerdings zu konstatieren, dass der Gültigkeitsbereich des so verstandenen Naturalismus sehr umfassend ist; die Biologie samt Evolution ist mit enthalten. Aber mehr noch! – bisher hat niemand eine Grenze aufzeigen können, hinter welcher der Naturalismus nicht mehr gilt oder gelten kann.«

Die dritte Form betrifft diesen Übergang von der bisher bewährten Überzeugung auf eine allgemeine Gültigkeit. »Allgemeinontologischer Naturalismus« heißt das bei Beyer, und sein Vorzug sei, wie schon bemerkt, sein Status als Nullhypothese. Diese Bewertung wage ich allerdings zu bezweifeln. ›Nullhypothese‹ besagt in diesem Zusammenhang, dass der Naturalismus keine zusätzlichen Variablen zur Erklärung der Wirklichkeit einführen muss wie eine ›idealistische‹ Weltanschauung – um dieses (kritisierbare) Gegensatzpaar aus der Bunge-Mahnerschen Terminologie einmal zu verwenden. Diesen Vorzug kann aber der Naturalismus nach allem, was wir jetzt über ihn wissen, schwerlich für sich in Anspruch nehmen. Weder ist er voraussetzungslos – Bunge und Mahner betonen das ausdrücklich, wenn sie die Festlegung auf materielles Sein als metaphysische Vorentscheidung deklarieren –, noch ist sein Erklärungsanspruch der Wirklichkeit widerspruchsfrei oder vollständig eingelöst. Nur zu sagen, ich streiche gewisse Phänomene aus meiner Theorie, macht daraus noch keine Nullhypothese, denn auch die Aussage, dass etwas nicht als Realität zu gelten hat (etwa die mentalen Eigenschaften), ist eine inhaltliche Aussage, die entweder bewiesen werden muss oder zum Paket der unbewiesenen bzw. unbeweisbaren Voraussetzungen gehört. Von ›Null‹ kann da keine Rede sein. Freilich kann man die nichtnaturalistische Welt mit allerlei Fabelwesen, Demiurgen, Dämonen, Geistern etc. anreichern, die dann für die naturalistische Nullhypothese eine leichte Beute sind. Aber das ist unwissenschaftlicher und billiger Stil. Worum es geht, ist nicht die Beweiskraft von Zerrbildern des Glaubens, sondern schlicht, ob die naturalistische Wirklichkeitserklärung ohne jede idealistische Anleihe auskommt, und das ist, wie wir gesehen haben, bisher jedenfalls nicht der Fall. Andreas Beyer würde vermutlich damit kontern, dass das ›Bisher‹ genau ein Beweis für die prinzipielle Revidierbarkeit der naturalistischen Auffassung sei. Auch daran habe ich meine Zweifel. Wenn wir an Kanitscheiders Auskunft zurückdenken, dass die idealistische Interpretation der natürlichen Zahlen und der damit gegebene Widerspruch zum Naturalismus in der Tatsache begründet sei, dass unsere Erkenntnistiefe der Wirklichkeit noch nicht genüge, dann können wir auf eine Revision des Naturalismus lange warten. Mit dieser Zusatzannahme lässt sich diese Theorie (wie jede andere) immunisieren, solange es Menschen gibt auf dieser Erde.

Dass dann die letzte unterscheidbare Form, der »starke Naturalismus«, seinem Wesen nach weltanschaulich-dogmatisch ist, weil er außernatürliche Einflüsse nicht nur nicht braucht, sondern sie auch prinzipiell leugnet, darin sind wir mit Beyer einig. Wir bestreiten lediglich, dass sein »allgemein-ontologischer« Naturalismus eine durchhaltbare schwache Variante dazu ist. Er hat unseres Erachtens lediglich die Wahl, sich als methodologischer Naturalismus zu bescheiden, oder er driftet unweigerlich in den starken Naturalismus ab. Wenn wir die außerirdischen Wesen einmal weglassen, die der schwache Naturalismus so gerne als Kontrastprogramm zur Wirklichkeitsauffassung einführt, dann heißt seine These: »Ich brauche keine Metaphysik zur Erklärung der Welt.« Dass das nicht stimmt, haben wir hoffentlich deutlich genug gezeigt. Wenn der Naturalismus trotzdem noch die ontologisch zutreffend(st)e Position sein soll, dann geht das nur mit der Behauptung: »Es gibt keine Metaphysik!« Nur unter der Voraussetzung, dass es zu einer unvollständigen Theorie keine (besseren) Alternativen gibt, kann ich sie trotz Kenntnis ihrer Lücken weiter vertreten – so wie Herr Kanitscheider ein Naturalist bleibt trotz des Platonismus der natürlichen Zahlen. Wenn die »Revidierbarkeit«, von der Andreas Beyer sprach, indessen bedeuten soll, dass er weiß, dass der Naturalismus auf schwachen Füßen steht, aber möchte, dass er recht hat, und hofft, dass er noch besser wird, dann kann ich mit einem derart kritischen Realisten getrost mein metaphysisches Bierchen trinken.

Gibt es eine ›theistische‹ Evolution?

Es ist mir klar, dass dieses Versöhnungsangebot wenig zu Freundschaften aus dem naturalistischen Lager beitragen wird. Zu groß ist der Vorbehalt gegen den »theistischen Evolutionisten«, wenn er sich gegen die Herabstufung seines Glaubens als subjektive Privatsache zur Wehr setzt. Zu anfällig sind auch viele Gläubige für den von Kutschera vertretenen Dobzhansky-Mayr-Waffenstillstand. »Warum denn dieses ganze argumentative Hin und Her mit den Naturalisten wegen einer Sache, die man ohnehin nicht beweisen kann«, hat mir einmal ein Biologielehrer bei einer Fortbildungstagung zum Kreationismus entgegengehalten. – Stimmt, Gott kann man nicht beweisen. Aber heißt das, dass ich mir von Seiten der Wissenschaft sagen lassen muss, dass er darum lediglich die subjektive Ausgeburt derjenigen ist, die einen unersättlichen Bedarf an Sinn für ihr Leben haben? Ein pathologischer Befund sozusagen oder jedenfalls nicht mehr als eine private Marotte – vergleichbar der Passion von Rennradfahrern oder Wagner-Verehrern oder FC-Bayern-Fans: »Mag ja gut sein für dich, aber verlang das bitte nicht von jedem!« Religion also als subjektive Lebenshilfe für den, der es nötig hat. Mich erinnert diese Einstellung stark an die Komödie »Mein Freund Harvey« der Amerikanerin Mary Chase. Darin tritt der schrullige Elwood P. Dowd auf, der zum Entsetzen seiner Schwester auf einer Party seinen Freund Harvey vorstellt, einen etwa zwei Meter großen weißen Hasen, der allerdings unsichtbar ist. Elwood entzieht sich dem Versuch seiner Schwester, ihn deshalb in ein Sanatorium einweisen zu lassen, und meistert auf der Flucht die abenteuerlichsten Situationen mit dem Beistand seines unsichtbaren Freundes. Am Ende lässt sich Elwoods Schwester davon überzeugen, dass der eingebildete Harvey für ihren Bruder von Vorteil ist, und akzeptiert seine Marotte. – Ein nur eingebildeter Gott zur Lebensbewältigung – warum nicht, wenn es hilft? Man wäre damit alle Streitigkeiten um seine Existenz los, Metaphysik hätte ausgedient, und Religionskriege gehörten der Vergangenheit an. Mir wäre es allerdings zu wenig, zu einem nur eingebildeten Gott zu beten. Wenn ich Gott als Gegenüber, als »Du«, anspreche, dann muss dieses Gegenüber, auch wenn es transzendent ist, real sein. Selbst wenn ich mir dessen nicht sicher sein kann, ist von dieser Voraussetzung nicht abzurücken – alles andere wäre ein auf die Dauer nicht durchzuhaltender Selbstbetrug. Wenn es auch richtig ist, dass die Theologie ihren Gott nicht beweisen kann, ist es mir nicht minder wichtig, dass die Naturwissenschaft ihn auch nicht widerlegen kann. Dazu diente mein Eintreten für eine echt theologische Metaphysik bzw. einen metaphysischen Realismus: um zu zeigen, dass es gute, wenn auch nicht zwingende Gründe für den Glauben an Gott gibt. Um Dawkins' ›God Delusion‹, seinen

Vorwurf, Gott sei eine Wahnidee, zu parieren, ist keine Empörung vonnöten, sondern nur die ruhige Desillusionierung des Atheisten über die Gültigkeit seiner naturalistischen Voraussetzungen.

»Da haben wir's! Wenn die theistischen Evolutionisten ihr Visier herunterlassen, sind sie schlimmer als die Kreationisten«, höre ich Anhänger des Naturalismus in Rage geraten. (Das ist nicht nur fingiert.) Wenn ›schlimmer‹ bedeuten soll ›schwerer zu widerlegen als die Kreationisten‹, bin ich einverstanden. Dennoch ein Wort zur – soweit ich sehe – naturalistischen Begriffsprägung ›theistische Evolution‹. Wenn damit eine Evolution gemeint sein soll, die von Gott dirigiert wird, muss ich Widerspruch anmelden. Das fünfte Kapitel sollte gezeigt haben, dass ich keine theistische Evolution in diesem Sinn vertrete. Wenn Gott macht, dass die Dinge sich machen, dann dirigiert er weder sie noch den Ablauf der Evolution. Selbst in dem ganz von Gott als Achse und letztem Einigungspol der Evolution konzipierten Weltschema Teilhards war sichtbar, dass diese schöpferische Einigungsbewegung aus Prozessen besteht, die von den Geschöpfen selbst getätigt sind, und dass diese Einigung (auch wenn Teilhard nicht daran glauben

mochte) ihr Ziel auch verfehlen kann. Wie wäre ein »dirigierender Gott« damit verträglich? Es hilft nichts: Meine Evolution ist keine andere als diejenige Darwins, und darum sind auch meine Einwände gegen den Kreationismus dieselben wie die der Naturalisten. Ich muss die Evolutionstheorie nicht erst theistisch umfunktionieren, um sie zu bejahen, sondern ich akzeptiere sie als naturwissenschaftliche Theorie, die sie ist, wegen ihrer Gründe, die für sie sprechen. Dafür muss ich weder Theist noch Atheist sein. Mein ›Theismus‹ resultiert nicht aus der Evolutionstheorie, sondern speist sich aus eigenen Quellen (aus welchen, habe ich im sechsten Kapitel angedeutet). Dass die evolutive Weltsicht für meinen Gottesglauben, ähnlich wie bei Teilhard de Chardin, eine große Rolle spielt, steht außer Frage. Das ändert aber nichts an der wissenschaftlichen Relevanz der Evolutionstheorie, noch liefert es eine (zusätzliche) Motivation für ihre Akzeptanz. Wo ich die Stacheln aufstelle, ist erst, wenn man mir weismachen möchte, der Naturalismus bzw. Atheismus sei eine praktisch unvermeidliche Konsequenz aus der Evolutionstheorie und über jeden Ideologieverdacht erhaben. Wenn Dawkins hier doch die Toleranz (oder auch nur die Vorsicht) seines »Kirchenvaters« Darwin walten ließe, könnte das der Beginn einer wunderbaren Freundschaft sein.

8 Warum Biologie und Theologie nicht voneinander lassen sollten

Keine Frage, ich bin für eine Verbindung von Biologie und Theologie. Nicht nur in dem Sinn, dass auch ein Theologe trotz seines Gottesglaubens sich mit wissenschaftlicher Biologie beschäftigen und die Evolutionstheorie vertreten kann. Dass er also dem im Dobzhansky-Mayr-Prinzip formulierten Anspruch Kutscheras genügt, nicht obwohl, sondern *weil* er Theologe ist und darum auch aus Gründen einer wissenschaftlichen Theologie diese von der Evolutionstheorie methodisch zu unterscheiden versteht. Nein, ich meine es nicht nur in diesem theoretischen Sinn, sondern ganz praktisch und existentiell: Weil ich in meiner Person beide Wissenschaften vereine und es trotz allen Methodenbewusstseins nicht möglich ist, eine Trennmauer im eigenen Denken aufzurichten, die jede Berührung der einen Seite mit der anderen vermeidet. Natürlich gehen mir auch fromme Gedanken durch den Kopf, wenn ich in einer Fachzeitschrift lese, wie kompliziert der Genbegriff geworden ist und wie wenig von der Komplexität der genetischen Steuerung wir bisher begriffen haben – etwa der Art: »Kein Wunder, bei dem Chef!« Und natürlich wirken naturwissenschaftliche Erkenntnisse, die zu meinem theologischen Weltbild allem Anschein nach im Widerspruch stehen, belastend für meinen Glauben, auch wenn ich theoretisch weiß, dass das »eigentlich« nicht der Fall sein dürfte. Aber das sind Herausforderungen – und Angebote, die integriert sein wollen und nicht für immer einfach nebeneinander stehen bleiben können. Integration verlangt Energieaufwand, aber keine Gewalt. Wie im fünften Kapitel an Teilhards tangential-radialem Energiemodell gezeigt, müssen die einzelnen Elemente erst miteinander in Berührung kommen, um zu interagieren. Ob dann bei dieser Interaktion wirklich etwas herauskommt, zeigt sich erst nach anfänglicher Irritation. Jedes neu hinzukommende Element, gleichgültig, ob die Aktivierung eines zusätzlichen Gens oder die Aufnahme eines neuen Wissenselements, stört erst einmal die Stabilität des vorhandenen Systems. Ob diese Störung zu überwinden, das Neue integrierbar ist, muss sich erst zeigen. Wenn aber die Integration gelingt, dann hebt sie den Komplexitätsgrad des Systems. »Überzentrierung« hat das in Teilhards Modell geheißen.

(Nur am Rande – und vom eiligen Leser getrost zu überschlagen – eine Replik auf den zu erwartenden naturalistischen Einwand an dieser Stelle: »Unsere Emergenz haben Sie abgelehnt, Herr Kummer, und nun vertreten Sie mit Teilhards Überzentrierung genau dasselbe!« – In der Tat, Teilhards Überzentrierung ließe sich gut anhand der Zahl der bindenden Relationen in einem System darstellen. Der Unterschied ist nur, dass ihr als Wirkung der radialen Energie die Annahme einer ›Innenseite‹ der Materie zugrunde liegt, während naturalistisch alles über die ›Außenseite‹ laufen muss. Überzentrierung ist also ein Metaphysik voraussetzender Begriff, Emergenz gerade nicht. Wird sie als solcher verstanden, habe ich nichts dagegen einzuwenden, aber dann sind die Grenzen der naturalistischen Ontologie ohnehin schon gesprengt.)

Gegenseitige Herausforderung

Überzentrierung, Erweiterung meiner Weltsicht – das ist es genau, was ich durch die Verbindung beider Wissenschaften, Theologie und Biologie, für mich gewonnen habe, was ich mir weiter davon erhoffe und warum ich diese Kombination für spannend halte. Es ist ja nichts ausgestanden bei dieser gegenseitigen Herausforderung. Gut möglich, dass die Hirnforschung eines Tages doch ein überzeugendes Konzept für die materielle Reduzierbarkeit mentaler Eigenschaften vorlegt. Dann hat die Theologie in der Tat schlechte Karten, und es bliebe abzuwarten, ob sich mein Schock wieder mit einem Kapellenbesuch kurieren ließe. Gut möglich aber auch, dass die Komplexität der genetischen Steuerung unser Vorstellungsvermögen so sehr übersteigt, dass Biologen mit ähnlichem Kopfschütteln vor dem, was ›Leben‹ ist, resignieren wie Physiker hundert Jahre zuvor gegenüber der ›Materie‹. Die Wissenschaft vom Leben hätte damit zwar noch keine schlechten Karten, ganz und gar nicht, wenn wir uns vom Vergleich mit der Physik leiten lassen, aber die Theologie weit bessere. Kurz und gut, das Verhältnis bleibt spannend, wird es, je länger, je mehr, und ich könnte nicht im Traum daran denken, meine Biologie um einer »theologischen Beruhigung« willen aufzugeben, noch, die theologische Neugier nach dem Sinn all dieser naturwissenschaftlichen Neuerungen zu unterdrücken. Was ich hier als eigene Betroffenheit erlebe, das möchte ich auch den beiden Wissenschaften insgesamt ins Stammbuch schreiben: »Auch wenn euer Verhältnis zueinander auf weite Strecken von einer Art Hassliebe geprägt ist – lasst nicht voneinander, um der gegenseitigen Horizonterweiterung willen!«

Diese Aufforderung mag von vielen Biologen als starkes Stück empfunden werden: »Wo erweitert die Theologie unseren Horizont?« Nun, vergessen wir nicht, dass Darwin sein Konzept von der Veränderlichkeit der Arten in ausdrücklicher Auseinandersetzung mit der vorher studierten Physikotheologie gewonnen hat. Seine Notebooks sind voll von diesbezüglichen Überlegungen. Und dieses Erbe ist weiter spürbar geblieben. Ich will hier keine Geschichte des gegenseitigen Einflusses von Biologie und Theologie schreiben. Aber stellen Sie sich nur einmal vor, es würde tatsächlich gelingen, eine Zelle auf künstlichem Weg zu synthetisieren. Wären die Biologen nicht die Ersten, die der Theologie unter die Nase reiben würden, wo denn jetzt ihr Schöpfungsakt hingeraten sei, der die angebliche Kluft zwischen Unbelebtem und Lebendigem zu überwinden habe? Es geht mir nicht um die Möglichkeit oder Unmöglichkeit dieses Beispiels, auch nicht um die schlechte Theologie bei diesem Einwand, sondern nur um die Wahrnehmung theologischer Herausforderungen in der Biologie.

»Schön und gut«, wird nun der ob solcher »theologischer Kränkung« herausgeforderte Biologe sagen, »wir erweitern unseren Horizont durch die Behandlung theologischer Fragen, aber das heißt nicht durch Anerkennung oder Integration ihres Inhalts, sondern, im Gegenteil, auf seine Kosten. Was einstmals theologische Themen waren, Schöpfung, Lebensprinzip, Seele, sind nunmehr Gegenstände der Biologie, und mit dem ›menschlichen Geist‹ wird es eines Tages genauso gehen!« – Also, wieder einmal das ganze *Consilience*-Programm Wilsons, d. h. die Vereinigung unseres Wissens unter der Biologie als Leitwissenschaft. Wir haben das ja schon kennengelernt. Und in der Tat, es ist zuzugeben, die Theologie hat eine ganze Reihe ihrer Fragen den Naturwissenschaften überlassen müssen oder, besser gesagt, sich für ihre Beantwortung als nicht zuständig geschlagen gegeben. Aber sie ist darüber nicht ärmer geworden, sondern, ganz im Gegenteil, sie hat dadurch gewonnen. Das ist besonders deutlich an der Evolutionstheorie.

Evolution – ein Segen für die Theologie

Vor einiger Zeit bin ich an die Universität Jena eingeladen worden, um dort zusammen mit einem Paläontologen über Evolution zu sprechen. Dessen Part sollte sein, was er als christlicher Biologe über die Evolution denke, und der meine, was ich als biologisch gebildeter Theologe über Schöpfung zu sagen habe. Während der Vorbereitung wollte er das Thema meines Vortrages wissen, und obwohl ich noch nichts ausgearbeitet hatte, antwortete ich auf der Stelle: »Evolution – ein Segen für die Theologie«. Und so hieß der Vortrag dann auch, denn genau das ist sie, die Theorie Darwins: ein Segen für uns Theologen! Gäbe es die Evolution nicht als naturwissenschaftliche Theorie, müsste man sie extra für die Theologie erfinden. Und selbst wenn die Naturwissenschaften dazu übergingen, die Evolutionstheorie für falsch oder überholt zu halten, bliebe sie für die Theologie ein unverzichtbarer Gewinn. Dobzhanskys Diktum (»Nothing in biology makes sense except in the light of evolution«) liefert weithin auch ein neues Licht für die Theologie. Erinnern wir uns nur daran, was für ein hölzernes, selbstgeschnitztes Wesen der göttliche Planer des Intelligent Design war. Ein oberster Hersteller, ein »Handwerker-Gott«, wie Teilhard de

Chardin dafür sagt, der nach Menschenmaß konzipiert ist und der Eigenart des göttlichen Schaffens, wie sie in der Bibel steht, nie und nimmer gerecht wird. »Kreationismus ist Evolution für Kontrollfanatiker«, schrieb der englische Paläobiologe Simon Conway Morris einmal. Gott gerät darin zum obersten Kontrolleur des Universums, der stets alle Fäden in der Hand hält und nichts dem Zufall überlässt. Es muss jemand schon eine überaus zwanghafte Natur besitzen, wenn ihm dagegen ein Gott, der »macht, dass die Dinge sich machen«, nicht als Befreiung und Erweiterung vorkommt. »Euer christlicher Gott ist mir zu kleinkariert; er müsste viel, viel größer werden, dass ich an ihn glauben könnte«, sagte mir einmal ein Freiburger Molekulargenetiker (nicht derjenige, dessen Suche nach dem Sinn in der Evolution ich im dritten Kapitel erwähnte, aber ein Kollege von ihm). Zwar kann man auch das noch einmal zur Masche machen, um einer Glaubensentscheidung auszuweichen, denn der Gott, den wir in unsere Begriffe zwängen, gerät notwendigerweise immer zu klein, aber in diesem Vorwurf steckt doch auch etwas Richtiges. Die Welt, in der die biblischen Autoren dachten und lebten, ist gegenüber unseren heutigen Vorstellungen von der Ausdehnung des Universums eine hoffnungslos enge Mittelmeeridylle, und die klassische Theologie in ihrem Gefolge zu sehr auf diesen kleinen Erdenball mit dem Menschen als Krone der Schöpfung fixiert. Gewiss kann man sagen, dass ein Universum, das dergestalt ist, dass bewusste Intelligenz in ihm entsteht, ein Ziel hat, das im Menschen zum Vorschein kommt, und darum die Theologie zu Recht anthropozentrisch sei. Aber dürfen wir uns deshalb für die einzige Intelligenz im Weltall halten oder von der Bibel erwarten, dass ihre Aussagen für alles intelligente Leben in diesen 100 Milliarden Galaxien mit jeweils 100 Milliarden Sonnensystemen enthaltenden All gelten, für welches das Licht mit seiner Geschwindigkeit von 300 000 km pro Sekunde 14 Milliarden Jahre braucht, um es zu durchmessen? Welche Möglichkeiten an Lebensentstehung können in dieser unvorstellbaren Weite stecken, von denen wir nie etwas ahnen, geschweige denn wissen werden – wir, die wir schon Jahrzehnte benötigen, um herauszufinden, ob es auf unserem Nachbarplaneten Mars einmal

Leben gegeben hat oder nicht. Und wie unsagbar winzig wird von dieser Sternenmasse aus der Fokus auf unsere Erde und darin auf Jerusalem als dem Zentrum der biblischen Heilsgeschichte!

Ich habe meinen Mitbruder Karl Rahner beim Kaffeetrinken (wir lebten jahrelang in derselben Kommunität) einmal gefragt, wie denn das sei, wenn die Weltraumforschung eines Tages kleine grüne Männchen auf dem Mars fände, ob dann Christus neben seiner menschlichen auch eine »Kleine-grüne-Männchen-vom-Mars«-Natur annehmen müsse. Er hat mich kurz angeschaut und dann in seiner üblichen Art gebrummt: »Darüber sollen sich die in Rom mal was Gescheites einfallen lassen!« Selbstverständlich war diese Frage auch als Provokation nicht ganz ernst gemeint, aber das Anliegen dahinter schon: Wir müssen unsere theologischen Begriffe und Denkschemata aus der engen Vorstellungswelt ihrer antiken Herkunft befreien und in kosmische Dimensionen übertragen. Was Erlösung ist, kann nicht länger im Ausgang von einem altorientalischen Paradiesmythos als Beseitigung des ›Sündenfalls‹ eines ersten Menschenpaares verhandelt werden, sondern verlangt das Eingehen auf die Frage, ob das etwas für das ganze Universum bedeutet, das ja doch auch Gottes Schöpfung darstellt. Natürlich kann man diese Frage vermeiden, indem man die theologische Allgemeingültigkeit gerade in der mythologischen Fassung belassen will. Das wird aber Naturwissenschaftler wenig überzeugen und zu einem Achselzucken veranlassen: »Na ja, Christentum und Bibel sind offensichtlich etwas für Orientalisten und Religionsgeschichtler, aber nichts für wissenschaftlich denkende Normalbürger.« Man kann sich auch theologisch bescheiden und die Offenbarung der Bibel wirklich nur auf diese unsere menschliche Welt beziehen. Dann machen wir uns – evolutionstheoretisch unbegründet – zu den einzigen intelligenten Wesen des Universums, oder unser Gottesbild wird vom erwähnten Vorwurf getroffen: Es ist zu klein, als dass man angesichts der kosmologischen Dimensionen noch daran glauben könnte. Man kann sich aber auch der Herausforderung stellen, wie Teilhard de Chardin das beispielhaft getan hat, und versuchen, den christlichen Glauben vor dem Hintergrund einer solchen kosmisch-evolutiven Drift neu zu formulieren. Wie das Schema seiner Weltsicht, das wir im sechsten Kapitel besprochen haben, zeigen kann, muss das gar nicht bedeuten, auf unsere menschliche Perspektive zu verzichten – welche andere sollten wir auch einnehmen? Aber die Bewegung der ›Noogenese‹ ist weit genug für jedwede kosmische Intelligenz, und dennoch hat das von der Bibel erzählte Heilsgeschehen darin seinen Ort. Die Vorstellung vom ›Punkt Omega‹ für das natürliche wie theologische Ziel des Universums klingt dann gar nicht mehr so phantastisch, sondern erscheint durchaus geeignet, die theologischen Inhalte der biblischen Offenbarung aufzunehmen und in eine universale Perspektive zu übertragen. Gewiss hat Teilhard die Transformation theologischer Inhalte in eine kosmisch-universale Sicht nur in Ansätzen durchgeführt, aber etwas anderes lag weder in seiner Absicht, noch ließ ihm Rom dazu die Möglichkeit. Immer wieder betonte er, dass sein System nur von denjenigen richtig verstanden würde, die den Mut und die Mühe aufbrächten, es weiterzudenken.

Ob es Teilhard de Chardin gelungen ist, eine kosmisch dimensionierte Theologie ins Leben zu rufen oder nicht, ob man ein solches Unternehmen im Ausgang von ihm oder besser unter anderen Voraussetzungen beginnen sollte – darüber kann man diskutieren. Entscheidend ist, dass das Denken in der Dimension des Evolutiven der Theologie einen Impuls gegeben hat, der es ihr erlaubt, nicht mehr nur für das 12. oder 13. Jahrhundert zu gelten, um Nell-Breunings Bonmot noch einmal aufzugreifen. Dass die Theologie sehr zögerlich auf diese Möglichkeit reagiert, ist eine andere Sache. Immerhin hat Karl Rahner mit seinen Überlegungen zur »Hominisation als theologische Frage« einen Meilenstein gesetzt, als er, wie im fünften Kapitel dargestellt, das Zusammengehen von geschöpflicher und göttlicher Kausalität bei der ›Erschaffung der menschlichen Seele‹ in die so überaus glückliche Formel der geschöpflichen Selbstüberbietung durch göttliche Selbstmitteilung zu bringen verstand. Ohne Teilhard im Hintergrund bzw. den Einfluss des evolutionären Denkschemas vom Zusammenhang alles Organischen wäre dieser Durchbruch kaum möglich gewesen. Seither gibt es (besonders, aber nicht nur) mit Eugen

Drewermann eine ganze Serie theologischer Bände, die das naturwissenschaftliche Weltbild der Kosmologie, Paläontologie, Biologie und Anthropologie bewusst aufnehmen, um vor diesem Hintergrund die theologischen Aussagenkataloge zu durchmustern und auszusondern, was daran aus naturwissenschaftlicher Perspektive obsolet geworden ist. Allerdings überzeugt mich hierbei die theologische Entrümpelung meist mehr als die Neuanschaffung, also das, was nach Beseitigung des Alten an dessen Stelle gesetzt wird. Das Feld, welches das evolutionäre Denken der Theologie übergeben hat, ist also meiner Ansicht nach längst noch nicht hinreichend bestellt.

Dass darüber hinaus die Evolution ein Segen auch für die spirituelle Seite des Glaubens, die Frömmigkeit des Gläubigen, sein kann, habe ich im fünften Kapitel anhand der Formel des Gottes, der »ständig ganz verschenkt« ist, illustriert. Ein Pfarrer hat mir nach einem Vortrag dazu geantwortet: »Wunderbar, damit habe ich meinen Stoff für die nächste Dreifaltigkeitspredigt. Aber wo bleibt hier Gott als eigenständiges, direkt ansprechbares Gegenüber?« Ihm sei versichert, dass nur derjenige, der wirklich im Besitz seiner selbst ist, auch fähig sein kann, sich ganz herzugeben, ohne Angst, dabei seine eigene Identität zu verlieren. Wenn das nicht genügt, sei ihm versichert, dass die Gewissheit, Gott in den Dingen zu finden, auf jeden Fall größer ist als in dem, was sich der Fromme so unter ›Himmel‹ zurechtzumachen pflegt.

Kohärenz des Weltbilds

Damit kommen wir zu einem weiteren Punkt, wo sich nicht nur die Evolution, sondern das naturwissenschaftliche Denken überhaupt als Segen für die Theologie entpuppt. Auch wenn wir auf die Schwachstellen einer naturalistischen Weltsicht hingewiesen haben, der Grundüberzeugung Kanitscheiders ist Recht zu geben, dass es in dieser Welt mit »rechten Dingen« zugehen müsse. Wir haben zwar gezeigt, wie diese ›rechten Dinge‹ richtig zu verstehen seien; das ändert aber nichts daran, dass auch der aufgeklärte Christ nicht mit dem direkten Eingreifen Gottes, mit Wundern, Dämonen oder himmlischen Wesen in dieser Welt rechnet. Warum er das ohne Glaubensverlust kann, haben wir im fünften Kapitel am Konzept eines Gottes gezeigt, der ermöglicht, statt zu machen. So beeinflusst naturwissenschaftliches Denken auch die Art und Weise, wie ich als Theologe über die Inhalte der biblischen Offenbarung rede. Ich kann von der Kanzel herab nicht von Wundern predigen, auch nicht über die Auferstehung Jesu, ohne mich zu fragen, was davon und auf welche Weise es mit meinem naturwissenschaftlichen Weltbild zusammengeht. Ich kann den Gläubigen, selbst wenn sie das wollen, nicht einen Blasiussegen gegen Halskrankheiten spenden, ohne diesem Brauch einen Sinn zu unterlegen, der meine naturwissenschaftlichen Begriffe nicht Lügen straft. Und wenn man gegen alle bessere Einsicht der Psychiatrie versucht, den Exorzismus neuerdings wieder theologisch salonfähig zu machen, so gibt mir die Überzeugung von der Einheit unseres Wissens das Recht auf Verweigerung.

Zwar macht auch der aufgeklärte Theologe gelegentlich die Rechnung ohne den Wirt, will sagen, die Ironie des Schicksals. So habe ich bei ebendiesem Blasiussegen, schon genervt durch die endlose Kolonne der erwartungsvoll Anstehenden, einem seit Wochen im Gottesdienst hustenden Jungen nach der Segensformel »Auf die Fürsprache des hl. Blasius bewahre dich der Herr vor Halsleiden und allem Übel« zwischen den gekreuzten Kerzen dazugesagt: »Und dass dein elendiger Husten endlich aufhört!« Wochen darauf, beim Stehempfang anlässlich der Firmung, ist mir der Junge wieder begegnet, und ich habe ihn gefragt: Na, was macht denn dein Husten?« – »Der ist weg.« – »Seit wann?« – »No ja, seit S' des damals g'sagt ham!« – Gott sei Dank war der Junge so gänzlich unbeschwert von allen übernatürlichen Begriffen, dass er nichts Besonderes dabei gefunden hat und mein Ruf als Wunderheiler noch einmal unentdeckt blieb. Natürlich folgt aus so einer Geschichte gar nichts, außer, dass Humor vonnöten ist, um mit den Schwachstellen des eigenen Weltbilds leben zu können. Dadurch werden aber weder die Naturgesetze außer Kraft gesetzt, noch die Reichweite des Naturalismus in Frage gestellt. Ein

Körnchen Wahrheit steckt allerdings schon in ihr, nämlich, dass die Anerkennung berechtigter naturalistischer Erklärungen kein plumpes Anbiedern bedeutet. Die Theologie muss sich und dem Naturalismus nichts beweisen, wenn sie nach innerweltlichem Einklang mit den Naturwissenschaften sucht – genauso wenig wie Herr Dobzhansky seinem Kollegen Ernst Mayr etwas beweisen musste. Wir Theologen müssen nicht mit andauernd schlechtem Gewissen auf den Naturalismus schielen, wie viel von unseren Ansichten wohl in seinen Augen Gnade findet. Die Forderung nach Übereinstimmung unserer Theologie mit den Gesetzen der Erfahrungswelt gilt vielmehr aufgrund derselben Logik, mit der wir die Schwachstellen der naturalistischen Ontologie aufgezeigt haben. Wenn es auch wahr ist, dass nicht alle Realität naturalistisch erklärbar ist, so folgt daraus nicht, dass es beliebig wäre, wie viel Naturalismus wir gelten lassen. Dass nicht alles Wirkliche messbar ist, bedeutet nicht, dass Messungen, dort, wo sie gemacht werden können, ignoriert werden dürften. Und dieselbe Metaphysik, die eine ermöglichende Erstursache für die Kausalketten der Zweitursachen verlangt, schreibt auch der Theologie vor, die Geschlossenheit dieses Kausalnexus zu respektieren und nicht dessen Geltungsbereich opportunistisch mit inadäquaten Einsprengseln des Wunderbaren zu durchbrechen. Beides kann die naturalistische Konfrontation einer aufgeschlossenen Theologie beibringen: die Bereitschaft, ihr Glaubensgebäude auf dem Fundament der natürlichen Welt und ihren Gesetze zu errichten, und das Selbstbewusstsein, sich die Höhe ihres Gebäudes nicht vom naturwissenschaftlich Erlaubten vorschreiben zu lassen.

Es ist eine ganze Menge, was die Theologie der Evolutionstheorie Darwins direkt oder indirekt verdankt. Offensichtlich tun die Theologen gut daran, mit der Biologie oder allgemein den Naturwissenschaften im Gespräch zu bleiben, auch wenn sie oft genug Scheu vor deren kalter Art haben, die Dinge ungerührt auf den messbaren Punkt zu bringen. Es ist darum auch notwendig – dieses Plädoyer in eigener Sache kann ich mir an dieser Stelle nicht verkneifen – Theologen, insbesondere Priester, zusätzlich Naturwissenschaften studieren zu lassen, um diese Scheu von innen her abzubauen. Das gilt in Zeiten notorischen Priestermangels umso mehr. Selbst wenn ein Bischof nur vier Priester hätte (eine Gefahr, die, trotz aller Klage, doch nicht unmittelbar bevorsteht), wäre er gut beraten, die Hälfte davon in die Wissenschaften (beileibe nicht nur in die Biologie) zu schicken, statt alle vier im Pfarreibetrieb zu verschleißen. Ob die zwei das allerdings selbst wollten bzw. geeignet dafür wären, steht auf einem anderen Blatt, und hier liegt vermutlich des Pudels Kern. Aber der Priestermangel, so es denn wirklich einen gibt, könnte auf andere Weise behoben werden als ausgerechnet durch Verzicht auf den Kontakt mit der (natur)wissenschaftlichen Welt. Kirche und Theologie haben viel von diesem Kontakt profitiert, wenn auch oft genug wider Willen, und sie könnten nur weiter profitieren, wenn sie nicht der Versuchung erliegen, sich in Irrationalismus zu verschanzen. Der Gewinn an Zustimmung aus gewissen postmodern-spirituellen Kreisen stünde in keinem Verhältnis zum Verlust an kritischer Kontrolle, welche die Naturwissenschaften seit Darwin der Theologie gegenüber – weit mehr zu ihrer Stärkung als zu ihrer Beseitigung – ausüben.

Bisher war es nur ein einseitiger Vorteil, warum Theologen und Biologen miteinander im Gespräch bleiben sollten. Symbiose bedeutet aber Zusammensein zu gegenseitigem Nutzen. Gibt es auch einen Gewinn, den die Biologie aus ihrem Umgang mit der Theologie ziehen könnte bzw. der sie veranlassen könnte, diesen Kontakt zu suchen, obwohl er ihr auf den ersten, eigenen Blick nichts bringt? Zugegeben, der Vorteil für die Biologie liegt nicht so offen zutage, aber er ist nicht minder vorhanden. Wenigstens in dreierlei Hinsicht meine ich ihn ausmachen zu können.

Kritisches Wissenschaftsverständnis

Zunächst ist es keineswegs so, dass sich in diesem Verhältnis nur naive Gläubigkeit auf der einen Seite und kritische Wissenschaft auf der anderen gegenüberstehen. Naivität gibt es in der Naturwissenschaft, namentlich der Biologie, genauso wie im Glauben und wahrscheinlich mehr als in der wissenschaftlichen Theologie.

Mein Freund Harald Lesch kann Lieder davon singen, wie viel Daten in der Astronomie mit teuersten Geräten gewonnen und gespeichert werden, ohne dass sie jemals genutzt würden – vielfach einfach deshalb, weil die Speichermedien in der Zwischenzeit veraltet und damit unlesbar geworden waren, bis man endlich Zeit für den Zugriff auf sie gefunden hatte. Natürlich, es ist verlockend, die modernen Teleskope, die irgendwo in der klaren Luft eines chilenischen Berggipfels aufgebaut sind, Nacht für Nacht über elektronische Kameras »auszunützen«, statt Menschen dafür aus dem Schlaf zu scheuchen, deren Schweiß nur den hochempfindlichen Linsen schaden könnte. Ob Datenmüll in ähnlicher Menge auch von den Super-Collidern wie beispielsweise am CERN in Genf erzeugt wird, weiß ich nicht – ausgeschlossen ist es jedenfalls nicht. Dafür bin ich mir umso sicherer, dass es in der Biologie eine ähnliche Geisteshaltung gibt. Wenn einem angesichts der Größenordnung der Komplexität genetischer Netzwerke der Schwindel überfällt und Zweifel aufkommen, ob das jemals in den Griff zu bekommen ist – dann lautet die Entgegnung: »Dafür brauchen wir einfach noch größere Computer!« Irgendwann muss die Datenflut aber schließlich in unser Gehirn, wenn wir damit etwas anfangen wollen. Ich habe einmal auf einem Kongress für Zellbiologen dem Vortrag zweier Russen zugehört, die mit einem hochmodernen Magnetspin-Messgerät oder dergleichen die Dichte der Zellbestandteile, Kern, Mitochondrien, Ribosomen usw., untersucht haben. Nach der ob des schlechten Englischs nahezu kommentarlosen Präsentation etlicher Messkurven habe ich gefragt, was für eine Aussage damit verbunden sei. Die Antwort war ein bloßes Achselzucken. Sollte das heißen: »Das wissen wir selbst nicht, aber wir haben das Gerät, und darum setzen wir es ein«? Mir kam es so vor, aber es konnte natürlich auch bedeuten, dass diese Frage eines Außenseiters so daneben war, dass ihre Beantwortung nicht der Mühe wert schien. Hoffen wir letzteres; aber wenn ich auf den Trend in der wissenssoziologischen Literatur schaue, den »Werkstattcharakter« naturwissenschaftlichen Forschens zu betonen, dann kommen Zweifel auf. Oft scheint es wirklich so zu sein, dass die vorhandene Laboreinrichtung bestimmt, was als Forschung

»produziert« wird, und nicht die an der Überprüfung von Hypothesen abgearbeitete Bestätigung (oder Widerlegung) einer Theorie. Wissenschaftstheoretisch sind diese Dinge längst hinreichend analysiert und in guten Lehrbüchern dargestellt, aber derartige Reflexionen gehören nicht gerade zur Lieblingslektüre des Biologen. Dass unser umgangssprachliches ›Erfahrung machen‹ in den experimentellen Wissenschaften einen ganz neuen Sinn bekommt, weil Forschungsresultate vielfach weit mehr »erzeugt« als »entdeckt« werden, ist für Wissenschaftsphilosophen heutzutage Allgemeingut. Das 1935 verfasste Büchlein des Mediziners Ludwik Fleck »Entstehung und Entwicklung einer wissenschaftlichen Tatsache« ist in dieser Hinsicht ein Klassiker, zeigt es doch, welche empirischen und spekulativen psychischen und sozialen Faktoren im wissenschaftlichen Denkverkehr dafür zusammenspielen, dass am Ende etwas als »wissenschaftliche Tatsache« in den Büchern steht. Das ist in der Biologie nicht viel anders.

Nun ist die Zerstörung des naiven Forscherglaubens, Faktenerhebung sei gleichzusetzen mit Realität, eigentlich keine Leistung der Theologie, sondern der Wissenschaftstheorie. Aber weil diese eher in der Physik zu Hause ist als in der Biologie (Ausnahmen bestätigen die Regel) und weil die Biologie mit ihrer volltönenden, ja bisweilen kämpferischen Abschaffung Gottes der Theologie empfindlich auf den Leib gerückt ist, ist es gerade die Theologie, die hier in Abwehr überzogener Behauptungen bei der Wissenschaftstheorie ihre Zuflucht gesucht und die Biologie damit konfrontiert hat. Und der Biologie tut diese Konfrontation nur zur Not, um aus dem Dornröschenschlaf eines immer noch als »genügend« erachteten Newtonschen Weltbildes herausgeholt zu werden, in dem man davon träumt, das Leben klassisch mechanistisch zu erklären. Es ist nun einmal nicht des Biologen eigenstes Metier, Grundsatzüberlegungen anzustellen – er lässt sich eher durch geschickte Versuchsanordnungen faszinieren, mit denen es gelingt, der Tücke des Objekts ein Schnippchen zu schlagen. Gerade darum braucht es des »katalytischen Effekts« einer Diskussion über die Voraussetzungen seines Fachs. Als Ansatzpunkte dafür kommen, Darwin sei's gedankt, theologische Inhalte eher in Frage als philosophische. Die Kreationismus-Debatte mit ihrem Rekurs auf die Reichweite und Geltung des Naturalismus hat das gezeigt. Sie zeigt auch, dass Kreationisten wie R. Junker und S. Scherer in ihrem Lehrbuch mehr und tiefer gehende Überlegungen zu den wissenschaftstheoretischen Grundlagen der Biologie anstellen, als das in biologischen Lehrbüchern sonst zu finden ist. »Aus reiner Taktik und Spiegelfechterei«, giften viele Biologen dagegen. Mag sein, aber ihr Ärger zeigt, dass ihnen Kreationisten in diesem Punkt meist überlegen sind. Genauso bin ich überzeugt, dass meine Einlassungen zum Naturalismus viele seiner Anhänger in Rage versetzen werden, würden sie doch zeigen, dass ich immer noch nicht verstanden hätte, wie wertneutral und ideologieunabhängig diese Position sei. Was davon zu halten ist, habe ich mit meinem Zweifel an der naturalistischen »Nullhypothese« im letzten Kapitel dargelegt. Hier und in ähnlichen Fällen hilft kein Rückzug auf weltanschauliche »Nichtinterferenz«, sondern nur das geduldige, aber beharrliche Abklopfen der methodischen Schwachstellen. Die Auseinandersetzung mit der Theologie kann der Biologie dazu verhelfen, auch wenn der eigentliche Dienst philosophisch geleistet werden muss. Die Biologie kann von einem solchen regelmäßigen Wartungsdienst nur gewinnen, selbst wenn sie der Meinung ist, damit unnötig Zeit zu vergeuden.

Kreativität des Lebendigen

Während so der erste Nutzen, den die Biologie aus einem Kontakt mit der Theologie ziehen kann, das Nachdenken über die stillschweigenden Voraussetzungen von Wissenschaft, hauptsächlich in der Konfrontation geschieht, hat der zweite Punkt eher den Charakter eines Angebots. Wir haben am »Hersteller-Gott« des Intelligent Design kritisiert, dass bei einem solchen Schöpfungsverständnis Lebewesen wie Artefakte, wie technische Produkte aufgefasst werden, und gezeigt, dass diese Analogie nicht stimmt. Nun hat zweifellos auch die moderne Biologie eine Vorliebe für das Maschinenmodell des Lebendigen. »Kraftschlüssige energiewandelnde Maschinen« seien die Lebewesen, pflegte der von mir sonst so verehrte W. F. Gutmann zu betonen. Von »lebendigen Systemen« wird häufig gesprochen, kaum von »lebendigen Subjekten«. Um die Aufklärung von molekularen Mechanismen geht es, und das unterstellt ein Verständnis der lebendigen Zelle als kompliziertes Räderwerk mechanischer und chemischer Interaktionen. Auch Darwins Erklärung der Evolution leistet diesem Verständnis Vorschub. Die Organismen werden von ihr nicht als aktive Subjekte gesehen, denen ein inneres Streben auf Vervollkommnung eignet, wie das von Lamarck angenommen wurde, sondern als passiv funktionierende Elemente, an denen die Gesetze von erblicher Variabilität und natürlicher Zuchtwahl mit Notwendigkeit ihre Anpassungseffekte hervorbringen.

Es war ja, wie betont, gerade das Erfolgreiche an Darwins Theorie, dass sie sich von subjektiven Naturstrebungen losgesagt und als strikt naturwissenschaftliches Erklärungsschema verstanden hat. Genauso ist ohne Zweifel das Maschinenmodell des Lebendigen höchst effektiv. Die moderne Entwicklungsbiologie wäre nicht, was sie ist, wenn sie sich nicht ausdrücklich unter den Anspruch einer mechanistischen Interpretation der Entwicklungsvorgänge gestellt hätte. Wäre man weiter von »morphogenetischen Feldern«, »Ganzheitskausalität« oder einem halb magisch verstandenen Begriff der »Induktion« ausgegangen, hätte es nie zu dem Verständnis der genetischen Steuerung der Embryonalentwicklung kommen können, das uns Nüsslein-Volhard am Modellobjekt *Drosophila* so schlüssig vorgestellt hat. Genauso würde ich einem Orthopäden misstrauen, der mein Kniegelenk operieren will, ohne dessen Mechanik im Kopf zu haben. Auf der anderen Seite behält allerdings auch sein nichtchirurgischer Kollege recht, der in bestimmten Fällen stirnrunzelnd erklärt, hier sollte man besser auf klassische physikalische Behandlungsmethoden setzen. ›Physikalisch‹ heißt in diesem Fall, auf die Selbstheilungskräfte des Organismus zu vertrauen und diese nur durch indirekte Maßnahmen zu unterstützen. »Ganzheitliche Medizin« ist zum Schlagwort geworden, das im Streit über die Grenzen rein naturwissenschaftlich orientierter Heilungsmethoden immer wieder auftaucht und

Hinweis dafür ist, dass dem Maschinenmodell des menschlichen Körpers Grenzen gesetzt sind. Es mögen nur Grenzen unseres Wissens sein, aber weil man auch in Fällen, wo dieses Modell versagt, gesund werden möchte, wird die mechanistische Interpretation ohne Reue verlassen und bei anderen, »alternativen« Methoden Zuflucht gesucht. Beim Menschen ist das gang und gäbe, und auch von vielen Ärzten akzeptiert – einfach aus der Einsicht heraus, wie viel am Verhalten eines komplexen Organismus unverstanden ist. Was sind schon Spontanheilungen, was psychosomatische Effekte, und wie oft wird der Begriff des Immunsystems nur zur pseudomechanistischen Chiffre für die unbekannten Seiten organischer Reaktion. Dass diese Not der Behandlungsunkenntnis auch ihren Segen hat, wird schnell klar, wenn man bedenkt, wie viel »Heilungserfolge« letztlich auf das Konto eines Organismus gehen, der fähig ist, Eingriffe abzupuffern und zu verarbeiten, statt auf das klare kausale Verständnis dessen, was man tut. Man spritzt Stammzellen in ein infarktgeschädigtes Herz und preist den Erfolg einer »adulten Stammzelltherapie«, ohne zu wissen, ob nun die eingespritzten Zellen das zerstörte Muskelgewebe wirklich ersetzt haben oder nur die noch gesunden Partien des Herzens zu erneuter Zellteilung stimulierten. »30 Prozent verbesserte Herztätigkeit nach AS-Zell-Injektion« heißt das Ergebnis, und das zählt. Ob es hilft, ist (oft) das letzte Argument in der Behandlung, nicht, ob man versteht, warum.

Was uns für den Menschen aufgrund unserer Innenperspektive (ich weiß, was ›gesund‹ bedeutet, auch wenn ich es nicht erklären kann) selbstverständlich erscheint, sollte bis zu einem gewissen Grad auch für die übrigen Lebewesen gelten. Müsste man nicht auch bei ihnen davon ausgehen, dass das Maschinenmodell nur einen Teilaspekt ihres Lebendigseins abdeckt? Dass sie mehr sind als das, was man mit wissenschaftlichen Methoden an ihnen erklären kann? Im dritten Kapitel haben wir gezeigt, dass die Idee eines kybernetischen Entwicklungsprogramms eine überholte Vorstellung ist, weil Genwirkungen immer nur kontextabhängig vorhanden sind und dieser Kontext zunächst einmal in der ›Umwelt‹ der lebendigen Zelle besteht, in die das Genom eingebettet ist und

mit der es interagiert. Das Konzept einer zellautonomen Auswahl genetischer Information, vergleichbar der Zusammenstellung von Einrichtungsgegenständen aus einem Warenkatalog, kann nahelegen, dem Lebewesen eine gewisse Kreativität zuzusprechen, die sich in den feststellbaren Mechanismen ausdrückt, ohne durch sie nachweisbar zu sein. Diese zugegebenermaßen naturphilosophische Spekulation trifft sich nun mit dem theologischen Konzept eines Schöpfergottes, der nicht Kreaturen schafft, sondern Kreativität verleiht, wie wir im fünften Kapitel entwickelt haben. Freilich ist es müßig, von der Kreativität eines Elementarteilchens zu sprechen, und Teilhards Ellipsenmodell mit seinen zwei Brennpunkten von Bewusstsein und Komplexität konnte auch zeigen, warum. Aber nach allem, was uns die moderne Genetik lehrt, bezogen auf die lebendige Zelle, hat eine solche Sprechweise durchaus ihren Sinn, und bei höheren, zu innerem Erleben fähigen Tieren erst recht. Es ergibt sich eine Einheit des Organismischen mit dieser Innenperspektive, die nicht weniger eindringlich ist als der genetische Zusammenhang. »Leben heißt lebendig sein«, hat der Jenaer Zoologe Heinz Penzlin (*1932) einmal formuliert, und wie wenig tautologisch das ist, lehrt uns die eigene innere Erfahrung.
Dieses Hilfsmittel sollten wir nicht übersehen, wenn uns daran liegt, die Lebensvorgänge zu verstehen, war die Meinung des Entwicklungsphysiologen und Nobelpreisträgers Hans Spemann (1869–1941) und der war nun gewiss kein Vitalist. Diese Sichtweise in der Biologie hochzuhalten könnte eine Aufgabe für die Theologie sein, jedenfalls für eine solche, für die Geschöpfe nicht nur geformter Ton sind, sondern selbsttätiger Ausdruck schöpferischer Gestaltungskraft in der Materie. Sich selbst überbietende Kreativität könnte dafür ein besserer Ausdruck sein als der von George Coyne gewählte Begriff einer ›fertility‹ (Fruchbarkeit) des Universums.

Die Theologie übernimmt damit weder eine Prophetenrolle für die Biologie noch den Versuch, sie zur Rückkehr in den Vitalismus zu bekehren. Sie bietet nur einen größeren Rahmen, eine weitere Perspektive für die naturwissenschaftlichen Erklärungen. Für eine wissenschaftliche Biologie ist die Maschinentheorie, die mechanistische Interpretation, die einzig legitime Möglichkeit, aber sie sollte sich bewusst bleiben, dass es sich hierbei um eine methodische Einengung handelt, die womöglich verhindern kann, die ganze Wirklichkeit des Lebendigen erfolgreich zu beschreiben. Verhindern *kann:* Anders als bei unserer Kritik des ontologischen Naturalismus handelt es sich diesmal um keinen Vorwurf, der auf eindeutigen logischen Defiziten der Wirklichkeitserklärung beruht. Es geht vielmehr um eine bloße Möglichkeit, um einen gut gemeinten Rat zur Vorsicht. Eine Theologie, die Kreativität der Geschöpfe proklamiert, stiftet der Biologie sozusagen ein Regal, das groß genug sein sollte, alle Erkenntnisse einzuordnen. Sie zweifelt mit ihrem Geschenk zwar im Stillen daran, dass es der Biologie jemals gelingt, dieses Regal ganz zu füllen. Die Biologie dagegen ist davon überzeugt, wenigstens im Prinzip. Macht ja nichts, wenn die Ansichten darüber auseinandergehen, wenn nur die Fassungskraft des Regals groß genug ist. Fatal wäre es nur, wenn sich die Biologie von vornherein mit einem zu kleinen Regal zufriedengäbe.

Lesen im Buch der Natur

Der dritte Bereich, wo die Biologie den Kontakt mit der Theologie suchen sollte, betrifft des Theologen ureigenstes Gebiet, die Sinnfrage. Natürlich wird sich hier sogleich der Protest des Biologen melden, denn bei den Naturwissenschaften geht es um keinen Sinn – diese Tabuzone des methodologischen Naturalismus sollte doch in gegenseitigem Interesse respektiert bleiben. Aber Naturwissenschaftler sind auch nur Menschen, und ob sie es wahrhaben wollen oder nicht, sie fragen auch außerhalb der Dienststunden nach der Bedeutung dessen, was sie im Labor getan haben. Es ist eine immer wiederkehrende, erstaunliche Erfahrung beim Durchmustern meiner Zeitschriften-Newsletter auf naturphilosophisch relevante Artikel: Wie oft ich auf spektakulär aufgemachte Überschriften von großer Tragweite hereinfalle, hinter denen nur kleine, sehr spezielle Befunde stecken. Sage mir keiner,

Naturwissenschaftler hätten kein Gespür für den Sinn ihrer Arbeit! Ebenso selbstverständlich wird jemand, der täglich unter der methodischen Voraussetzung, die Natur sei von keinem höheren Plan gesteuert, von einer erfolgreichen Entdeckung zur nächsten vorwärtsschreitet, irgendwann auch glauben, in der Natur stecke wirklich kein höherer Sinn. Eben darum schlägt ja der anerkennenswerte methodologische Naturalismus so leicht in seine »hassenswerte« (würde mein Freund H.-D. Mutschler sagen) ontologische Variante um. »Wissen Sie, Herr Kummer, das Bedauerliche am reduktionistischen Programm ist, dass wir im Falle seines Erfolgs keine Möglichkeit mehr haben, in der Natur wie in einem Buch zu lesen«, sagte mir der Bremer Neurobiologe Hans Flohr einmal beim abendlichen Wein am Ende einer Tagung. Er bedauerte dies, obwohl er gleichzeitig mit aller Kraft an der Verwirklichung des reduktionistischen Programms arbeitete, das mentale Eigenschaften restlos auf physische zurückführen soll. An diese und ähnliche Adressaten war vermutlich die Botschaft Kardinal Schönborns gerichtet, dass mit den Mitteln unserer Vernunft klar und deutlich ein Plan aus der Natur herauszulesen sei und dessen Verneinung keine Wissenschaft, sondern Ideologie (materialistischer Prägung, versteht sich) bedeute. Was aber soll eine Theologie zu einer solchen Lesbarkeit beitragen, wenn sie selbst den Herstellungscharakter dieser Natur ablehnt und betont, die Geschöpfe würden aus eigenem Antrieb, ohne übergeordnete Intelligenz oder Design, ihr »Manuskript« erstellen? In dieser prekären Situation sind mir Überlegungen des Münchner Religionsphilosophen Richard Schaeffler zu Hilfe gekommen (er hat an den Universitäten von Bochum und Tübingen gewirkt, aber es widerstrebt mir, darüber die Heimat dieses bekennenden Altbayern zu übergehen). »Lesen im Buch der Welt« hieß das Thema seines Festvortrags anlässlich der Verleihung der Ehrendoktorwürde an unserer Hochschule, und er erzählte darin in seiner unnachahmlichen Art folgende Episode: Einer seiner Freunde, dessen Sohn in den USA Astrophysik studiert, sei völlig aufgelöst zu ihm gekommen, weil besagter Sohn bei seinen Professoren gelernt habe: »There is no place for any God in modern cosmology!« Was man denn darauf antworten könne, damit der Sohn seinen Glauben nicht noch ganz verliere. Ungerührt schaut Schaeffler sein Gegenüber an und bittet ihn, den »Wallenstein« im Regal hinter seinem Rücken herauszuholen. Er blättert eine Zeit lang darin, um dann dem verdutzten Freund zu erklären: »There is no place for any Frederic Schiller in Wallenstein!« Schiller kommt im Wallenstein auch nicht vor – und doch ist jede Zeile von ihm. Die Anwendung dieser Parabel liegt auf der Hand, und so hatte ich zunächst meine helle Freude an dieser schlagfertigen Pointe. Dann aber hielt ich den Vergleich doch für etwas gezinkt. Beim Wallenstein wissen wir, dass Friedrich Schiller ihn geschrieben hat; auch wenn er selbstverständlich nicht im Text vorkommt – auf dem Buchrücken steht sein Name, fein säuberlich und eindeutig. Bei der Natur oder der Welt steht aber die Verfasserschaft gerade in Frage!

Gott sei Dank gab es keine Gelegenheit, meinen Einwand in einer öffentlichen Diskussion vorzubringen. Über Nacht wurde mir klar, was Schaeffler wohl darauf geantwortet hätte: »Lieber Pater Kummer, was wissen S' denn von Schiller, wenn Sie nur wissen, dass er den Wallenstein geschrieben hat?« Erst wenn man das

Stück liest, das, was da geschrieben ist, zum eigenen Leben in Beziehung setzt, Übereinstimmendes darin entdeckt, Widersprüchliches, Herausforderndes, Abzulehnendes …, erst dann beginnt der Name ›Friedrich Schiller‹ sich mit Inhalt zu füllen. Und erst wenn man das immer wieder tut, Jahr um Jahr, das Buch auch öfter beiseitelegt, sei es aus Überdruss oder Ärger, und dann doch wieder zu ihm zurückkehrt und dabei Neues entdeckt, was nunmehr Bedeutsamkeit enthält, und anderes darüber nebensächlich geworden ist – erst dann kann es sein, dass Friedrich Schiller zu jemandem wird, auf dessen Bekanntschaft man nicht mehr verzichten möchte, auch wenn man weiß, dass man niemals ganz hinter sein Geheimnis kommen wird. Mit ähnlichem Ergebnis, meint Schaeffler, könne man von Gott auch im Buch der Welt lesen, beim Widerspiegeln der eigenen Lebensgeschichte in ihrem Rahmen, und in derselben Weise meine ich, kann man das auch mit dem Buch der Natur. Schönborn hat also mit seinem Anliegen schon recht, nur nicht mit seiner Vorstellung von der Art dieses

Buches. Natur ist kein Vexierbild und keine Detektivgeschichte, wo man bei genügend Pfiffigkeit schon dahinterkommt, wo die gesuchte Person steckt. Sie ist vielmehr wie ein ungeheuer vielschichtiger Roman, spannend zu lesen, voller Unklarheiten und Widersprüche, mit abgründigen und erhebenden Passagen, offensichtlich unfertig, aber im Bisherigen doch so eindrucksvoll, dass man nicht mehr imstande ist, davon loszukommen, wenn man sich einmal festgelesen hat. Die Romanmetapher verlangt nach einem Autor, freilich. Auf dem Rücken steht keiner. Und wenn es überhaupt einen Autor gibt, dann lässt dieser seine Gestalten das Stück erfinden, statt sich selbst mit gespitzter Feder an den Konzeptblock zu setzen. Aber selbst unter dieser Voraussetzung scheint es nicht das Schlechteste, dem Rat Schaefflers zu folgen und durch Lesen und Wiederlesen dieses »Buches« ein Gespür für seinen Inhalt zu bekommen, auch auf die Gefahr hin, dass dabei ein Autor Gestalt gewinnt, den man eigentlich für die Handlung gar nicht in Anspruch nehmen wollte. Dafür vor allem möchte der Theologe den Biologen gewinnen oder, persönlicher, sich mit ihm in der Meinung über dieses Buch austauschen – beim Wein eher als am Vortragspult.

Damit wollen wir den »Fall Darwin« abschließen. – Fall? – Nicht im Sinn eines Gerichtsverfahrens, dessen Akte nun, mangels hinreichender Anklagepunkte, geschlossen wird. In diesem Sinn war Darwin nie ein Fall. Es wurde ihm, anders als bei Galilei, auch nie ein Prozess gemacht, und er ruht, durch die Fürsprache einflussreicher Freunde mit allen Segnungen eines christlichen Begräbnisses versehen, ehrenvoll im Chor der Londoner Westminster Abbey – direkt neben Isaac Newton. Ein Fall für die Kirche war Darwin schon eher, und sie hätte ihm vielleicht gern ebenso den Prozess gemacht wie Galilei zwei Jahrhunderte zuvor – wäre er ihrem Einfluss ausgesetzt gewesen. Trotz und gerade wegen dieses historischen Ballasts bleibt Darwin ein Fall für die Theologie, sowohl als Herausforderung wie auch als Anfrage. Als philosophischer Fall ist Darwin weitgehend abgeschlossen. In vielen Untersuchungen ist seine Theorie als Grundlage der naturwissenschaftlichen Biologie gewürdigt und das noch Uneingelöste an ihrem Anspruch ohne Polemik analysiert. Davon könnten Biologen nur lernen, wenn sie bereit(er) wären, philosophische Literatur zu rezipieren, statt jeden sofort für einen Feind zu halten, der Evolution nicht als Tatsache akzeptiert. Um es noch einmal klar zu sagen: Eine Tatsache ist die Evolutionstheorie auch nach 150 Jahren Bewährung immer noch nicht und wird sie auch nie sein. Hierzu seien ein letztes Mal Bunge und Mahner (2004, S. 90) zitiert, diesmal ohne alle Kritik: »Theorien werden auch nicht zu Tatsachen, wenn sie gut bestätigt und damit approximativ wahr sind. Auch wahre Theorien bleiben immer Theorien *über* bestimmte Tatsachen.«

Bekannt ist der Ausspruch, ob wahr oder nicht, mit dem die Frau des Bischofs von Worcester nach dem berühmten Streitgespräch zwischen dessen Kollegen Samuel Wilberforce und »Darwins Bulldogge« Thomas Huxley ihr Entsetzen über die Affenabstammung des Menschen ausdrückte: »My dear, descended from the apes! Let us hope it is not true. But if it is, let us pray it will not become generally known.« (Meine Güte, von den Affen sollen wir abstammen! Hoffentlich ist das nicht wahr. Aber wenn es wahr ist, wollen wir beten, dass es nicht allgemein bekannt wird.) Nun, sie ist allgemein bekannt geworden, unsere Abstammung, und nicht nur die von den Affen, so dass auch die Frommen gut daran tun, sie für wahr zu halten. Und froh darüber zu sein, dass ihre Gebete bisweilen anders erhört werden, als sie es erwarten.

Literaturverzeichnis

Werke Darwins:

The Complete Work of Charles Darwin Online: http://darwin-online.org.uk/
Charles Darwins gesammelte Werke, 16 Bde. Aus d. Engl. übers. v. J. V. Carus. Schweizerbart: Stuttgart (1874–1888)
Taschenbuch-Ausgabe daraus (1370 Seiten, Auswahl):
Charles Darwin »Gesammelte Werke«. Zweitausendeins: Frankfurt a.M. (2006)

Verwendet wurden:

On the Origin of Species. A Facsimile of the First Edition (1859). Harvard University Press: Cambridge, MA/London (1964; 1998)
[Zitate nach der deutschen Übersetzung der 6. Auflage von J. V. Carus 1884: http://www.zeno.org/Philosophie/M/Darwin,+Charles (25. 9. 2008)]
The autobiography of Charles Darwin, 1809–1882: with original omissions restored, edited with appendix and notes by his granddaughter, Nora Barlow. (Collins: London 1958) Norton: New York/ London (1969; 1993)
[Zitate nach der deutschen Ausgabe von S. L. Sobol, Leipzig/Jena 1959]
Deutsche Übersetzung von Christa Krüger: Charles Darwin, Mein Leben. Insel-Verlag: Frankfurt a. M./Leipzig (1993; 2008)
Über die Einrichtungen zur Befruchtung britischer und ausländischer Orchideen durch Insekten und über die günstigen Erfolge der Wechselbefruchtung. Mit Nachträgen und Verbesserungen des Verfassers, aus d. Engl. übers. v. H. G. Bronn. Schweizerbart: Stuttgart (1862)

Biographien:

Clark, R. W.: Charles Darwin. Biographie eines Mannes und einer Idee. Fischer Taschenbuch Verlag: Frankfurt a. M. (1990)
Continenza, B.: Darwin: Ein Leben für die Evolutionstheorie. Spektrum der Wissenschaft Biographie: Heidelberg (1999)
Desmond, A., Moore, J.: Darwin. List: München (1992)
Desmond, A., Moore, J. und Browne, J.: Charles Darwin – kurz und bündig. Spektrum Adademischer Verlag, Heidelberg (2008)
Engels, E.-M.: Charles Darwin. C. H. Beck: München (2007)
Hemleben, J.: Charles Darwin in Selbstzeugnissen und Bilddokumenten. Rowohlt: Reinbek bei Hamburg (1968; 2004)
Hösle, V. und Illies, C.: Darwin. Buchner: Bamberg (2005)
Stone, I.: Der Schöpfung wunderbare Wege. Das Leben des Charles Darwin. (München/Zürich 1981) Rowohlt: Reinbek bei Hamburg (2005)

Zitierte, verwendete und weiterführende Literatur:

Anselm, R. und Nocke, F.-J. (Hg.): Was bekennt, wer heute das Credo spricht? Pustet: Regensburg (2000)

Attenborough, D.: Das Leben auf unserer Erde. Parey: Hamburg/Berlin (1979)

Behe, M.: Darwin's black box: the biochemical challenge to evolution. Free Press: New York (1996; 2003)

Beyer, A.: Was ist Wahrheit? Oder wie Kreationisten Fakten wahrnehmen und wiedergeben, in: Kutschera (2007) 98–162

Bresch, C.: Zwischenstufe Leben. Piper: München/Zürich (1977)

Bresch, C., Daecke, S.M. und Riedlinger, H. (Hg.): Kann man Gott aus der Natur erkennen? Herder: Freiburg/Basel/Wien (1990)

Bucher, A. J. und Peters, D. S. (Hg.): Evolution im Diskurs. Pustet: Regensburg (1998)

Bunge, M. und Mahner, M.: Über die Natur der Dinge. Hirzel: Stuttgart/Leipzig (2004)

Coen, E.: The art of genes: how organisms make themselves. OUP: Oxford (1999)

Coyne, G.: God's chance creation, in: The Tablet, August 6 (2005)

Dawkins, R.: Gipfel des Unwahrscheinlichen. (Orig.: Climbing mount improbable, London 1996) Rowohlt: Reinbek bei Hamburg (2001)

Dawkins, R.: The God delusion. Bantham: London (2006)

Dembski, W. A. und Kushiner, J. M.: Signs of Intelligence. Prazos Press: Grand Rapids, MI (2001)

Dennett, D. C.: Darwin's dangerous idea. Touchstone: New York (1996)

Ditfurth, Hoimar v.: Wir sind nicht nur von dieser Welt. Hoffmann und Campe: Hamburg (1981)

Dobzhansky, T.: Nothing in biology makes sens except in the light of evolution in: American Biology Teacher 35 (1937) 125–129

Dodson, C. H. und Gillespie, R. J.: The biology of the orchids. Benson Printing Co., Inc.: Nashville (1967)

Drewermann, E.: Wenn die Sterne Götter wären. Moderne Kosmologie und Glaube. Herder: Freiburg/Basel/Wien (2004)

Drobinski, M.: Glaube und Vernunft, in: Süddeutsche Zeitung, 19. 6. 2008

Fleck, L.: Entstehung und Entwicklung einer wissenschaftlichen Tatsache. Suhrkamp: Frankfurt a. M. (1935; 1980)

Gillespie, N. C.: Charles Darwin and the problem of creation. The University of Chicago Press: Chicago/London (1979)

Goethe, J. W.: Bedenken und Ergebung, in: Goethe Anschauendes Denken: Goethes Schriften zur Naturwissenschaft in einer Auswahl herausgegeben von H. Günther. Insel Verlag: Frankfurt a. M. (1981) 156–157

Gutmann, W. F.: Die Evolution hydraulischer Konstruktionen. Kramer: Frankfurt a. M. (1989)

Gutmann, W. F.: Autonomie und Autodestruktion der Organismen, in: Jahrbuch für Geschichte und Theorie der Biologie 4 (1997) 149–178.

Haas, A.: Der Entwicklungsgedanke und das christliche Welt- und Menschenbild, in: H. Haag, A. Haas und J. Hürzeler (Hg.): Evolution und Bibel. Herder: Freiburg/Basel/Wien (1962) 53–96

Hamer, D.: Das Gottes-Gen: warum uns der Glaube im Blut liegt. (Orig. The God gene, New York 2004) Kösel: München (2006)

Hilpert, K. und Hasenhüttl, G. (Hg.): Schöpfung und Selbstorganisation. Schöningh: Paderborn (1999)

Hooper, J.: Of moths and men. Fourth Estate: London/New York (2002)

Horn, O. und Wiedenhofer, S. (Hg.): Schöpfung und Evolution. Sankt Ulrich Verlag: Augsburg (2007)

Hume, D.: Dialogues concerning natural religion. Online – Ausgabe der Textversion von 1854: http://www.anselm.edu/homepage/dbanach/dnr.htm (22. 9. 2008); deutsche Ausgabe: David Hume, Dialoge über natürliche Religion, übersetzt und herausgegeben von N. Hoerster. Reclam: Stuttgart (1981)

Johnson, P. E.: The wedge: breaking the modernist monopoly on science, in: Touchstone Magazine July/August (1999)

Junker, R. und Scherer, S.: Evolution – ein kritisches Lehrbuch. Weyel: Gießen ([6]2006)

Junker, T. und Hoßfeld, U.: Die Entdeckung der Evolution. Wissenschaftliche Buchgesellschaft: Darmstadt (2001)

Kanitscheider, B.: Naturalismus und logisch-mathematische Grundlagenprobleme, in: Erwägen Wissen Ethik 17 (2006) Heft 3

Kanitscheider, B.: Entzauberte Welt: über den Sinn des Lebens in uns selbst; eine Streitschrift. Hirzel: Stuttgart (2008)

Kehl, M.: Und Gott sah, dass es gut war. Eine Theologie der Schöpfung. Herder: Freiburg/Basel/Wien (2006)

Kirschner, M. W. und Gerhart, J. C.: Die Lösung von Darwins Dilemma. (Orig.: The plausibility of life, New Haven/London 2005) Rowohlt: Reinbek bei Hamburg (2007)

Klinnert, L. (Hg.): Zufall Mensch? Das Bild des Menschen im Spannungsfeld von Evolution und Schöpfung. Wissenschaftliche Buchgesellschaft: Darmstadt (2007)

Körtner, U. H. J. und Popp, M. (Hg.): Schöpfung und Evolution – zwischen Sein und Design. Böhlau: Wien (2007)

Küng, H.: Der Anfang aller Dinge: Naturwissenschaft und Religion. Piper: München/Zürich ([8]2006)

Kull, U.: Evolution in Stichworten. Gebr. Borntraeger: Berlin/Stuttgart (2007)

Kummer,C.: Philosophie der organischen Entwicklung. Kohlhammer: Stuttgart/Berlin/Köln (1996)

Kummer, C.: Evolution und Schöpfung. Zur Auseinandersetzung mit der neokreationistischen Kritik an Darwins Theorie, in: Stimmen der Zeit 224 (2006) 31–42

Kummer, C.: Ein neuer Kulturkampf? Evolutionsbiologen in der Auseinandersetzung mit dem ›christlichen Schöpfungsmythos‹, in: Stimmen der Zeit 226 (2008) 87–100

Kummer, C. (Hg.): Die andere Seite der Biologie. Books on Demand: München (2003)

Kummer, C. (Hg.): Was ist Naturphilosophie und was kann sie leisten? Alber: Freiburg/München (2009)
Kutschera, U.: Evolutionsbiologie. Parey: Berlin (2001)
Kutschera, U.: Streitpunkt Evolution. Lit: Münster (2004)
Kutschera, U. (Hg.): Kreationismus in Deutschland. Lit: Berlin (2007)
Land, M. F. und Nilsson, D.-E.: Animal eyes. OUP: Oxford (2002)
Lesch, H. und Zaun, H.: Die kürzeste Geschichte allen Lebens. Eine Reportage über 13,7 Milliarden Jahre Werden und Vergehen. Piper: München/Zürich (2001)
Libreria Editrice Vaticana / Deutsche Bischofskonferenz (Hg.): Katechismus der katholischen Kirche – ein Kompendium. Pattloch: München (2005)
Linder, H.: Biologie. Metzler: Stuttgart (^{14}1964)
Lorenz, K.: Die Rückseite des Spiegels. Piper: München/Zürich (1973)
Lüke, U.: Das Säugetier von Gottes Gnaden. Herder: Freiburg/Basel/Wien (2006)
Majerus, M.: Melanism: evolution in action. OUP: Oxford (1998)
Majerus, M.: The peppered moth: the proof of Darwinian evolution (2007): http://www.gen.cam.ac.uk/Research/majerus.htm (22.9.2008)
Mayr, E.: Das ist Evolution (Orig. What evolution is, New York 2001) Goldmann: München (2005)
Morris, S. C.: Darwins Suchmaschine, in: Frankfurter Allgemeine Zeitung, 16. 7. 2005
Mutschler, H.-D.: Gibt es Finalität in der Natur?, in: C. Kummer (2003) 25–45.
Mutschler, H.-D.: Gibt es Metaphysik in der Natur?, in: C. Kummer (2009) 76–86.

Nagel, T.: What is it like to be a bat?, in: Philosophical Review 83 (1974) 435–450
Nilsson, D. E. und Pelger, S.: A pessimistic estimate of the time required for an eye to evolve, in: Proceedings of the Royal Society of London B 256 (1994) 53–58
Nilsson, D. E.: Advanced optics in a jellyfish eye, in: Nature 435 (2005) 201 to 205
Nüsslein-Volhard, C.: Das Werden des Lebens. C. H. Beck: München (2004)
Overhage, P.: Die Evolution des Lebendigen. Das Phänomen. Herder: Freiburg/Basel/Wien (1963)
Pallen, M. J. und Matzke, N. J.: From the Origin of Species to the origin of bacterial flagella, in: Nature Reviews Microbiology 4 (2006) 784–790
Pennock, R. T. (ed.): Intelligent Design creationism and its critics. MIT press: Cambridge, MA. (2001)
Penzlin, H.: »Leben« – was heißt das?, in: Biologen in unserer Zeit. Informationen des Verbandes Deutscher Biologen e.V. Nr. 415 (1994) 81–86
Purves, W. K., Sadava, D., Orians, G. H. und Heller, H. C.: Biologie. (Deutsche Ausgabe der 7. Auflage von »Life: the science of biology«, hg. v. J. Markl). Spektrum Akademischer Verlag: Heidelberg (2006)
Rahner, K.: Die Hominisation als theologische Frage, in: P. Overhage und K. Rahner: Das Problem der Hominisation. Herder: Freiburg/Basel/Wien (1961) 13–90

Reichholf, J. H.: Was stimmt? Evolution. Die wichtigsten Antworten. Herder: Freiburg/Basel/Wien (2007)
Remane, A., Storch, V. und Welsch, U.: Kurzes Lehrbuch der Zoologie. G. Fischer: Stuttgart (³1978)
Rensch, B.: Biophilosophie auf erkenntnistheoretischer Grundlage. G. Fischer: Stuttgart (1968)
Ruse, M.: Can a Darwinian be a Christian? Cambridge University Press: Cambridge U.K. (2001)
Schaeffler, R.: Lesen im Buch der Welt. Ein Weg philosophischen Sprechens von Gott, in: Stimmen der Zeit 224 (2006) 363–377
Schatz, K.: Die Affäre Rüschkamp, in: Theologie und Philosophie 77 (2002) 357–373
Schönborn, C.: Finding design in nature, in: The New York Times, July 7 (2005)
Schönborn, C.: Ziel oder Zufall? Schöpfung und Evolution aus der Sicht eines vernünftigen Glaubens. Herder: Freiburg/Basel Wien (2007)
Schrenk F. und Bromage T. G.: Adams Eltern. C. H. Beck: München (2002)
Schwartz, J.: Sudden origins: fossils, genes, and the emergence of species. Wiley: New York (1999)
Seidel, J.: Das Genom als Quellekatalog, in: Stimmen der Zeit 219 (2001) 591 bis 600
Spaemann, R. und Löw, R.: Die Frage Wozu? Piper: München/Zürich (1981)
Stebbins, L.: Evolutionsprozesse. G. Fischer: Stuttgart (²1980)
Storch, V., Welsch, U. und Wink, M.: Evolutionsbiologie. Springer: Berlin/Heidelberg (²2007)
Teilhard de Chardin, P: Der Mensch im Kosmos (Orig.: Le phénomène humain, Paris 1955) C. H. Beck: München (1959)
Teilhard de Chardin, P: Was soll man vom Transformismus halten? (Orig. Que faut-il penser du transformisme?, Ed. du Seuil, vol. 3, Paris 1957, 213–223), in: Die Schau in die Vergangenheit (Werke Bd. 4) Walter: Olten/Freiburg (1965) 221–233
Tipler, J.: Die Physik der Unsterblichkeit. Piper: München/Zürich (1994)
Vollmer, G.: Auf der Suche nach Ordnung: Beiträge zu einem naturalistischen Welt- und Menschenbild. Hirzel: Stuttgart (1995)
Voss, J: Darwins Bilder. Fischer Taschenbuch Verlag: Frankfurt a. M. (2007)
Waschke, T.: Intelligent Design. Alter Wein in neuen Schläuchen. URL: http://www.waschke.de/twaschke/gedank/diskuss/id/index.htm (20. 9. 2008); auch: Intelligent Design: Eine Alternative zur naturalistischen Wissenschaft?, in: Skeptiker 16 (2003) 128–136.
Wilson, E. O.: Consilience: the unity of knowledge. Vintage Books: New York (1999)
Zimmermann, W.: Evolution. Alber: Freiburg/München (1953)

Register

Namenregister

A
Aristoteles 11, 65, 68, 74, 90, 108, 109, 152, 161, 165, 166, 168 f., 257 f.
Augustinus 238

B
Bacon, Francis 151
Bea, Augustinus 213, 230
Baer, Karl-Ernst v. 101
Beck, Horst W. 235
Behe, Michael 124–127, 129, 131, 133, 151, 160, 163
Benedikt XVI. 231
Beyer, Andreas 260 ff.
Bonnet, Charles 90 ff., 98, 101, 121
Bresch, Carsten 206
Buber, Martin 61
Buckland, William 49
Bunge, Mario 246–251, 253, 256–258, 261, 288

C
Chase, Mary 263
Claudel, Paul 234
Cleanthes 157–163
Conway, Simon 271
Coyne, George 217 ff., 229, 232, 283
Crick, Francis 76

D
Dante Alighieri 49
Darwin, Erasmus 35
Darwin, Robert 37
Dawkins, Richard 14 f., 31, 117, 134, 155, 238, 263, 265
Dembski, William 153, 160, 162, 195
Demea 157
Descartes, René 220
Ditfurth, Hoimar v. 206
Dobzhansky, Theodosius 27, 61, 241 f., 262, 270, 276
Dowd, Elwood P. 263
Drewermann, Eugen 273
Driesch, Hans 11, 168
Drobinski, Matthias 214
Dubois, Eugène 94 f., 98

E
Eibl-Eibesfeldt, Irenäus 225, 227
Einstein, Albert 176

F
Fleck, Ludwik 279
Flohr, Hans 285

G
Galilei, Galileo 19, 287
Gehlen, Arnold 107
Gerhart, John C. 25, 141
Goethe, Johann Wolfgang v. 110, 239
Guardini, Romano 215
Gutmann, Wolfgang Friedrich 182 f., 281

H
Haas, Adolf 9, 43, 200, 209
Haeckel, Ernst 16, 93 ff., 244
Haldane, John B. S. 65
Hamer, Dean 233
Hartmann, Nicolai 200
Heine, Heinrich 65, 67, 102, 110
Heller, H. Craig 141
Henslow, John Stevens 40, 45, 48
Herschel, John F. William 41
Hoerster, Norbert 159

Hooker, Joseph Dalton 63
Hooper, Judith 148
Humboldt, Alexander v. 41, 59
Hume, David 42, 72, 157 ff., 161, 216,
Hutton, James 49
Huxley, Aldous 34
Huxley, Julian 34
Huxley, Thomas Henry 33 f., 244, 288

I
Ignatius von Loyola 226
Ijob 190

J
Jacob, François 146
Johannes Paul II. 215, 219, 231, 255
Johnson, Philip E. 150
Junker, Reinhard 280
Junker, Thomas 217

K
Kanitscheider, Bernulf 245 f., 255 f., 261 f., 274
Kant, Immanuel 79, 181, 224
Kerkeling, Hape 13
Kettlewell, Bernhard 147 ff., 151
Kirschner, Marc W. 25, 141
Kuhn, Thomas S. 26
Kutschera, Ulrich 27 f., 129, 217, 241 f., 258 ff., 262, 267

L
Lamarck, Jean-Baptiste de 63, 183, 281
Leibniz, Gottfried Wilhelm 160
Lesch, Harald 30, 65, 278
Linné, Carl von 45 f.
Lorenz, Konrad 29, 102 f., 107, 113, 150
Löw, Reinhard 108
Lukrez 247
Lyell, Charles 49 f., 56, 244

M
Mahner, Martin 247–251, 253, 256 ff., 261, 288
Majeru, Michael 149
Malthus, Thomas Robert 20 f., 55
Mayr, Ernst 56, 173, 241 f., 262, 276
Mendel, Gregor 24, 78
Morris, Simon Conway 271
Mutschler, Hans-Dieter 64 f., 113 f., 285

N
Nagel, Thomas 31
Nell-Breuning, Oswald v. 229, 273
Newton, Isaac 28, 79, 86, 287
Nilsson, Dan-Eric 122 f., 134, 142, 144, 146
Nüsslein-Volhard, Christiane 29, 74, 87, 281

O
Overhage, Paul 106
Owen, Richard 244

P
Paley, William 41 f., 64, 157 f., 163
Parmenides 186
Pascal, Blaise 234 f.
Paulus 38
Pelger, Susanne 122 f.
Penzlin, Heinz 283
Philo 157 f., 160 f.
Pius XII. 213
Platon 247, 257
Polkinghorne, John 44
Popper, Karl 151 f.
Potter, Harry 85 f.
Purves, William K. 141

R
Rahner, Karl 189, 198, 211, 221, 237, 272 f.
Ratzinger, Joseph (s. a. Benedikt XVI.) 215
Rensch, Bernhard 174
Romer, Alfred 39
Rüschkamp, P. Felix 213, 230

S
Sadava, David 141
Schaeffler, Richard 285 ff.

Schatz, Klaus 213
Scherer, Siegfried 127, 131, 280
Schiller, Friedrich v. 286
Schönborn, Christoph v. 215–219, 236, 285 f.
Schrödinger, Erwin 174
Schwartz, Jeffrey 24
Sedgwick, Adam 40, 244
Seidel, Johannes 88
Seneca 158
Simpson, Georg Gaylord 75
Spaemann, Robert 73, 108
Spemann, Hans 283
Stones, Irving 9
St-Thierry, Wilhelm von 238

T

Teilhard de Chardin, Pierre 10, 12, 14, 96, 133, 172–179, 181–187, 197, 199, 200 ff, 204–210, 212 f., 225, 236 f., 241 f., 264, 267 f., 270, 272 f., 283
Teresa von Avila 235
Thomas 238
Tipler, J. 207

V

Voss, Julia 180

W

Wallace, Alfred R. 22, 244
Wallenstein, Albrecht v. 286
Waschke, Thomas 127, 153
Wasmann, Erich 213
Watson, James D. 76
Wedgewood, Emma 44
Whewell, William 245
Wilberforce, Samuel 288
Wilson, Edward Osborne 39, 245, 270
Woo Suk Hwang 18

Sachregister

A

Abschaffung Gottes 279
Abstammung 16
– des Menschen 93, 97, 288
Abstammungslinie 93
Abtreibung 230
Affäre Rüschkamp 213, 219, 222
Affenabstammung 288
Affe-Vogel-Übergang 92
Agnostiker 244
Akademie der Wissenschaften, päpstliche 216
Anpassung 61
Anthropisches Prinzip 68 ff., 108
Anthropogenese 202
Anthropologie 274
antimetaphysischen Affekt 237
Apologetik 10, 199
Argument, theistisches 157
Aristotelisches Werden 168, 170
Artefakt 163 f., 280
Artkonstanz 165
Astronomie 278
Atheismus 31, 243 f.
Atheist 210, 244, 264
Atome 203 f.
Auferstehung Jesu 275
Augen 119
–, Organisationstypen von 120
Augenevolution 134, 140, 145, 151, 154, 180
Augenfleck 135
Augenlid 140
Augentierchen 134 f.
Aussterben 57, 180
Australopithecus 97

B

Bakteriengeißel 129, 131, 133, 135, 154, 161
Bauplan-Evolution 183
Beagle 41, 48, 50
Begriffsdichtung 185
Begründung, naturalistische 259
Bekehrungserlebnis 235
Bevölkerungsentwicklung 21, 56
Beweis (Gottes aus der Natur) 164
Bewusstsein 202, 220
Bibel 195, 211, 273
–, Offenbarung der 272
–, Offenbarungsgehalt der 211
Bienentanz 161
Bioethik 222, 227, 230
Biogenese 83, 202–206
Biologie 268 f., 274, 277, 279 f., 284, 287
biologischer Atheismus 31
biologisches Wesen 220
Bionomie 183
Biophilosophie 174
Birkenspanner 147 ff., 153
Blasiussegen 275
Blaufußtölpel 53 ff., 108
Blütenschema 58
Bohrsches Modell 88
Bonnets Stufenleiter 90, 93
Bunge-Mahnersche Ontologie 256

C

CERN 278
Chlorophyll 135
Christ, aufgeklärter 274
Christentum 208
Chromosomen 84
Code-Sonne 76
Cold Spring Harbor Symposium 76, 87
Consilience-Programm 270
creatio continua 197
creatio originans 197

D

Dämonen 275
Darwinfinken 47, 53
Deduktion 11
Designer-Gott (s. a. Intelligent Design) 122
Deszendenz 16, 98
dieu évoluteur 197

Diktatur des Relativismus 214
Divergenz 203, 205
DNA 76 f., 80, 82–85, 87, 253
DNA-Doppelhelix 76
DNA-Matrize 87
DNA-Moleküle 75 f., 85
DNA-Sequenzen 76, 85
Dobzhansky-Mayr-Prinzip 241, 258, 267
Dogmatik, klassische 236
Dominus Jesus, Erklärung 12
Drusenkopf 52, 53

E
Ebenbild Gottes 190
Ehepartner 253
Eigenschaften, emergente 250 f.
–, materielle 252
–, mentale 252, 261
einkeimblättrige Blüte 58
Eizelle 82, 83
Elektron 174
Ellipsenmodell 283
Embryologie 17
Embryonale Induktion 141
Emergenz 113, 250 ff., 259, 268
_, relationale 253
_, strukturelle 253 f.
Emergenzmechanismen 251
Energie 203, 247
–, radiale 172 f., 176 f., 179, 181–185, 206, 268
–, tangentiale 172 f, 176–179, 206
Energiemodell, tangential-radiales 267
Engel 198
Entelechie 168 ff.
Entomologie 36
Entstehung komplexer Organe 136
Entwicklungsbiologie 17, 25, 227, 281
Entwicklungsprogramm, kybernetisches 282
Eozän 49
Epigenese 17, 19, 22, 84, 87
Epigenetik 84
Epigenetiker 20
epigenetische Genkontrolle 12, 80, 83
Epiphyten 59
Erbsünde 198, 209, 211 f.
Erfahrung, religiöse 224, 233
Erlösung 209
Erlösungsbedürftigkeit 211
Erstursache, ermöglichende 187
Evolution 16 f., 29, 43, 62, 104 ff., 151, 172, 197, 219 f., 223, 244, 264, 281
–, anorganische 204
– der Autokarosserie 129
–, kulturelle 206
–, Lehrbuch der 57
–, theistische 262, 264
Evolutionsprinzip erblicher Variation 21
Evolutionstheorie 10, 23, 53, 98, 219, 264, 288
–, synthetische 173
Evolutionsverlauf, Lücke im 180
Exorzismus 275

F
Fiktion 250, 252
Finalität 65
Finken (s. Darwin-Finken u. a. Galapagos-Finken)
Flagelle 129 f.
Formursache 109
Fossilien 48, 50
–, menschenähnliche 94
Froschauge 141
Fruchtknoten 58, 60
Fundamentalismus 235

G
Galápagos 46, 52
Galápagosfinken 47
Galápagosinseln 45, 48, 55, 57
Galápagos-Meerechsen 53
Galaxien 271
ganzheitliche Medizin 281
Ganzheitskausalität 281
Gehirn, materielle Eigenschaften 252
Geißel 136
Geißelantrieb 132, 134

Geißel-Basalkörper 135
Geißelmotor 130, 132
Geißelzelle 136
Geistigkeit 168
Geist in der Materie 184
–, materieller 166
–, menschlicher 113
Geistseele 219, 222 f.
Gen 24, 82, 267 f.
Genaktivität 79
Genbegriff 267
Gene, fehlende 132
–, veränderte 132
Genese 202
Genetik 283
genetische Variabilität 182
Genkatalog 89
Genkombination 23
Genom 78, 81 f., 88 , 283
Genomik 78
Genotyp 23, 89, 169
Gesetz der Rekurrenz 205
Gewissheitserlebnis 234
Glaube 223
Glaubenseinsicht 239
Glaubenssicherheit 210
Glaubensumkehr 235
Glaubensverlust 275
Glaubenswelt 27
Glücksgefühl 225
God Delusion 15, 263
Gott 275
–, Begriff von 224
–, Gewissheit von 234
Gottesbeweis 164
– aus der Natur 43
–, naturtheologische 152
Gottesebenbildlichkeit 199
Gottes-Gen 233
Gotteswahn 15, 263
Gottes Wirken 186
Gravitation 203
Großbaupläne 173
Grubenauge 138 f.
Grundbauplan 61
Gynostemium 58, 60

H

Häresie 209
Haustierzucht 19
Heilsgeschichte 200, 209 f.
Heilungsmethoden 282
Henne-oder-Ei-Frage 164
Herstellergott 184
Heterobathmien 145 f.
Himmel 198, 274
himmlisches Wesen 275
Hirnforschung 228, 268
Hirn-Korallen 51
Hirnphysiologie 233
Höherentwicklung 99, 171
Hohltiere 142
Hominiden 98
Hominisation 206
Homo erectus 94 f.
Homo neanderthalensis 96
Homo sapiens 93, 95 f.
Homo stupidus 93, 95
homologe Gene 132
Hornhaut 140
horror vacui 59
Humangenetik 78
Human Genome Project 76 f., 79
Humani Generis, Enzyklika 213, 215
Hypothesen, Überprüfung von 279

I

ID, ID-Anhänger (s. a. Intelligent Design)
Idealismus 258
Immunsystem 282
Induktion 281
Inkarnation 207, 209
Instinkte 112
Integration 179
intelligent agencies 195
Intelligent Design 10, 42, 90, 117, 122, 124, 126 f., 129, 133, 140, 145, 147–157, 160, 164, 168, 171, 181, 184, 215, 270, 280
Intelligent-Design-Argumentation 235
Intelligent-Design-Vertreter 147, 150

intelligenter Designer 152 ff., 160, 164, 181
Interaktion 179
Ionenkoordination 177
Iris 143
Irrationalismus 277

J
Java 94
Javamensch 98

K
Kataklysmentheorie 50
Kausalnexus 255
Kelchblätter 58
Klötzchen-Materialismus 247
kognitive Eigenschaft 200
Kompaktion 60
Komplexität 203
–, irreduzible 125 f., 129, 131, 133, 151, 154
–, natürliche 128
Komplexitäts-Bewusstseins-Gesetz 176
Komplexitätswachstum 178, 204
–, evolutives 178, 242
Konkurrenz 57
Konstruktivismus 248 ff.
Konvergenz 203, 205
Korallenpolypen 50 f.
Korallenriffe 51, 70
Korpuskel 173–179, 185, 204
–, evolutive 202
Korpuskelbildung 30
Korpuskelmodell 174 f.
Korpuskelmodell Teilhards 175
Kosmogenese 202 ff.
Kosmologie 30 f., 274
Kosmos 200
Kränkung, theologische 269
Kreationismus 10, 90, 235, 260, 263 f., 271
Kreationismus-Debatte 280
Kreationisten 150 f., 195, 242, 264, 280
kreationistische Argumentationstaktik 204
kreationistischer Einfluss auf den Biologieunterricht 131
Kreativität 197, 280, 283 f.
Kreativität der Geschöpfe 284
Kunstdinge 166, 186, 194
Kurzzeit-Kreationisten 214

L
Labellum 118
Lamarckismus 88, 99
Leben 204, 269
–, nichtmenschliches 168
Lebensprinzip 270
Lehramt, römisch-katholisches 172
Leib-Seele-Dualismus 220
Leiter-Modell 121
Le Phenomène Humain 208
Lernen 112
Linsenauge 120–123, 133 f., 138 ff., 142–146, 151, 153 f., 180
Lorenz' Instinktmodell 225
Lorenzsche Verhaltensforschung 224

M
Makroevolution 100
Maschinenmodell des menschlichen Körpers 281 f.
Maschinentheorie 284
Maskentölpel 55
Masse 247
Mastergene 24
Materialismus 174, 250, 255
Materialist 249, 254
Materialursache 109
Materie 174, 247, 269
–, Innenseite der 268
Mausefalle 125 ff., 131 f.
Meditation 225
Meerechse 52
Mendelsche Faktorengenetik 88
menschliche Abstammung 96
menschliches Ich 114
mentale Phänomene 200
Metaphysik 11 f., 70, 171, 173, 185, 237, 243, 247, 258, 262 f., 268, 276
Metaphysiker 256

Methoden, alternative 282
Methodenbewusstsein 267
Mikroevolution 100
Miozän 49
missing links 181
Molekül 174, 251
Molekularbiologie 87
Molekularisation 203
morphogenetischen Felder 281
Mount Improbable 14 f., 23, 26, 51
Mutation 21 ff., 31, 117
Mystiker 191, 226 f., 238

N

Naivität 277
Nanomotor 131, 133
Naturalismus 10, 243, 245, 255, 260 ff., 264, 275, 276, 280
–, methodologischer 258 f., 284
–, ontologischer 260, 262, 284
–, operationaler 260
Naturalisten 244, 256
Naturding 163 f., 166, 186 f.
Naturgesetze 275
Naturteleologie 181
Naturwissenschaft 277
Naturwissenschaftler, atheistische 237
Nautilus 139
Neandertaler 97
Netzhaut 139
Neurobiologie 222
Neuro-Imaging 227
Neurowissenschaft 222
Newtonsches Weltbild 279
Nichtinterferenz von Glaube und Wissenschaft 258
Noogenese 202, 205 f., 208 f., 273
Noosphäre 207
Nullhypothese 260 f., 280

O

Objektivierbarkeit 245
Offenbarung 199, 213, 228
–, biblische 200, 275
–, natürliche 192
Omega (s. Punkt Omega)
Ontologie 246 ff., 256
–, materialistische 246, 255
–, naturalistische 268, 276
Orchideen 57–61, 118, 161
Orchideenbestäubung 60
Orchideenblüte 58, 61, 161
Ordnung, materielle 166
Ordnungszunahme, materielle 167
Organisationshöhe 103
Organismustheorie 182

P

Paläontologie 93, 274
panpsychistischer Identismus 174
Pantheismus 190, 192, 198
Paradies 198
Parapsychologie 246
Personwürde 222
Petalen 58
Phänotyp 23 f.
Philosophie 244
Photosynthese 59, 135
Phylogenie 16
Physik der Unsterblichkeit 207
Physikotheologie 43 f.,269
physikotheologischer Schluss 43
–, Schöpferglaube 44
Pigmentbecheraugen 143
Pigmentbecherozellen 144
Pigmentzelle 136–139
Pithecanthropus 93 ff.
Plan Gottes 210
Platonismus in der Mathematik 255
Pleiotropie 78
Plinian Society 35
Pliozän 49
Pollinarium 60
Pollinien 60
Polypen 142
Präformation 84
Präformismus 17 ff., 22
Präzisionsauge 142 ff.
Proteomik 78
Prozesse, neuronale 252
Psi-Phänomen 246
Psyche 220

Punkt Omega 172, 202, 206 ff., 273
Purpurschnecke 139

Q

Quallen 142 ff., 146, 153

R

Radioaktivität 174
Realismus 247, 258, 260
Realismus, naiver 260
Realmöglichkeit 170
Reflexion, metaphysische 11
–, theologische 11
Reflexivität 200
Relationen 250
Relativitätstheorie 176
Religionskritiker 234
Ressourcen 21
Rhodopsin 135
Rhopalien 142 f., 146
Richtungssehen 136
RNA 81, 88
Rotationsmotor der Bakteriengeißel 130
r-und K-Selektion 108

S

Satisfaktionstheorie 212
Schöpfergott 31, 192, 246, 283
Schöpferwille 188
Schöpfung 10, 29, 43, 157, 170, 184, 187, 197 ff., 213, 236 f., 270
Schöpfungsakt 197, 269
Schöpfungsauftrag 188
Schöpfungsbegriff 185 f.
–, evolutionärer 193
Schöpfungsglaube 10, 171, 191
–, christlicher 199
Schöpfungslehre 220
Schöpfungspsalm 38
Schöpfungstheologie 50, 237
Schöpfungsvorbehalt 219
Schöpfungsziel 172
Seele 220, 270
Sehnerv 138 f.
Seinsstufe 204
Seinszuwachs, evolutiver 187
Sekretionsmechanismus 133
Selbstmitteilung 189, 190
– Gottes 187, 238
Selbstorganisation 184
–, organische 167
Selbstorganisationsphänomen 167
Selbsttäuschung, religiöse 227
Selbsttranszendenz 187 f., 221
Selbstverdoppelung 104
Selektion 22 f., 31, 52, 57, 117, 132, 186
–, äußere 182
– durch Predatoren 149
–, innere 182
Selektionstheorie 20, 25, 148
Sign Detecting 127
Sinnfrage 284
Sinnzelle 136 f.
Sonnensystem 271
Spanner 147
Specht 47
Spiritualität 226
–, christliche 172
Sprachphilosophie, analytische 185
sprachunfähige Affenmenschen 93
Stammbaum-Schema 94 f.
– der Primaten 93 f.
Stammesgeschichte 16
Stammzelltherapie, adulte 282
Statozysten 143 f.
Staubblätter 58
Steuerung, genetische 267
Stufenleiter 93
Stufenleiter Bonnets 98
Subjekt, lebendiges 281
Sumatra 94
Sündenfall, biblischer 211
Sündigkeit 211
Super-Collider 278
Süßwasserpolypen 50
Symbiose 277
Synkretismus 172, 207
Synthetische Evolutionstheorie 171, 241
Synthetische Theorie 25

System 250 f., 254
–, lebendiges 281
Systemeigenschaft 250

T
Tanzsprache der Bienen 113
Teleologie 65, 68, 74, 90, 102, 111 ff., 115, 186, 243
–, äußere 90
–, innere 73 f.
teleomatisch 112
Teleonomie 111 f.
Tepalen 58
Tertiär 49
Theismus 192, 264
Theodizee 159, 161, 190 f., 236
Theologie 171 f., 197 f., 212, 268 f., 279 f., 287
–, aufgeschlossene 276
–, wissenschaftliche 277
Theologizismus 191
Tierzucht 20
Tinkering 146
Tötungshemmung 103
Toxodon 48
Transformation 51, 57, 61 f.
Transformismus 52
– der Geologie 50
Transkriptomik 78
Transzendenz 198, 207, 223
tropischer Regenwald 59
Tulpe 58

U
Überzentrierung 179, 268
Universum 203
Unterscheidung der Geister 226 f.
Urstandslehre 211

V
Vanda 59
Variabilität 57
–, erbliche 281
Variation 21, 22
Verhaltensforschung 112, 225, 227
Vermehrungsprozess 104
Vernunft 171
–, planende 129
vikariierenden Arten 48
vis formativa 17
Vitalisation 204
Vitalismus 17, 283
Vorsehung, göttliche 198

W
Wahrheitsfindung 214
Wechselbefruchtung 57
Wedge-Strategie 147, 150, 155
Weltanschauung, idealistische 261
Weltbild, naturwissenschaftliches 274 f.
Weltsicht, naturalistische 274 f.
Weltstoff 174 f.
Wende, anthropologische 198
Wertvorstellung 233
Willensfreiheit 112, 224
Wirkursache 109
Wissenschaftsverständnis, kritisches 277
Wunder 198, 275
Würde des Menschen 219
Würfelquallen 144 ff.

Z
Zellbildung 205
Zellbiologe 278
Zelle 174, 204, 251, 257, 283
Zellteilung 104
Zephalisation 205 f.
Zerrbildern des Glaubens 261
Zielursache 109, 243
Zuchtwahl 20, 23, 141
–, natürliche 117, 122, 170, 281
Zweckmäßigkeit 161
– der Schöpfung 63
– des Organischen 241
–, innere 126
–, organische 154
Zweckursache 79
Zweiter Weltkrieg 172